中国少数民族设计全集

The Design Collection of Chinese Ethnic Minorities

毛南族

中国少数民族设计全集编纂委员会 编

广西人民出版社　人民美术出版社

图书在版编目（CIP）数据

中国少数民族设计全集.毛南族／中国少数民族设计全集编纂委员会编；刘明来著.—太原：山西人民出版社，2019.7
ISBN 978-7-203-10852-8

Ⅰ.①中… Ⅱ.①中… ②刘… Ⅲ.①毛南族-民族文化-研究-中国 Ⅳ.①K28

中国版本图书馆CIP数据核字（2019）第097121号

中国少数民族设计全集.毛南族

编　　　者：中国少数民族设计全集编纂委员会
著　　　者：刘明来
责任编辑：阎卫斌
复　　审：刘小玲
终　　审：秦继华
装帧设计：谢　成

出 版 者：山西人民出版社　人民美术出版社
地　　址：太原市建设南路21号
邮　　编：030012
发行营销：0351-4922220　4955996　4956039　4922127（传真）
天猫官网：http://sxrmcbs.tmall.com　电话：0351-4922159
E—mail：sxskcb@163.com　发行部
　　　　　sxskcb@126.com　总编室
网　　址：www.sxskcb.com

经 销 者：山西出版传媒集团·山西人民出版社
承 印 者：山西出版传媒集团·山西新华印业有限公司

开　　本：889mm×1194mm　　1/16
印　　张：25.5
字　　数：297千字
印　　数：1—1 000册
版　　次：2019年7月　第1版
印　　次：2019年7月　第1次印刷
书　　号：ISBN 978-7-203-10852-8
定　　价：310.00元

如有印装质量问题请与本社联系调换

中国少数民族设计全集编纂委员会

总 主 编（按年龄排序）
张夫也　王立端　戴晋明　廖军　王琥　李豫闽　过伟敏　顾平
王强　李岗

执行主编　王琥

编务统筹　张明山

中国少数民族设计全集编辑工作委员会

主　任　刘伟冬

编　委（排名不分先后）

王琥	王峰	王强	王立端	王浩滢	白波	过伟敏	许星
许边疆	李岗	李丽	李豫闽	成光虎	肖飞	余强	汪传跃
罗力	杨明朗	陈述	陈见东	邱珂	胡万明	顾平	郑静
郭立忠	姬莹	张夫也	张泽国	张明山	张秋平	张耀引	梁盛平
樊进	谢玮	熊伟	熊微	熊建新	蔡克中	葛芳	鞠斐
魏洁	廖军	戴晋明					

中国少数民族设计全集出版工作委员会

主　任　胡彦威　周伟

执行主任　姚军　欧京海

编务统筹　阎卫斌　周小龙

编　辑（排名不分先后）

王新斐	史美珍	冯昭	冯灵芝	吉昊	吕绘元	刘小玲	任秀芳
孙琳	孙宇欣	李广洁	李建业	李靖	员荣亮	张小芳	张志杰
张书剑	何赵云	陈俞江	吴春华	武静	周小龙	柳承旭	郝文霞
赵玉	赵晓丽	席青	秦继华	高雷	郭向南	阎卫斌	崔人杰
傅晓红	蔡咏卉	翟丽娟	樊中	薛正存	魏红	魏美荣	

整体设计　谢成

中国少数民族设计全集·毛南族

本册著者 刘明来
民族顾问 谭自安　谭家乐　覃自昆
参与撰写 张强玮　阮　晨

求同存异　和合共荣

刘伟冬

中华民族，是一个由56个民族组成的大家庭。在漫长的文明发展史中，汉族和各少数民族都为中华文明的繁荣发展贡献了自己的聪明才智。纵观中华文明史，其实就是一部各族群之间"求同存异，和合共荣"的文化演进史。

从根子上讲，4000年前的"中国"，仅指北方中原地区，居住在这里的相传是上古时期黄帝部落和炎帝部落的后裔，故而自称"炎黄子孙"。其时的"中国"，不过是黄河中下游（西起陇山，东至泰山）区域。在千年发展与民族融合之后，尤其是晋末"衣冠南渡"，南迁的中原汉族与南方百越民族彻底融合，来自北方的鲜卑等民族融入汉族，使汉族前所未有地壮大发展，逐渐形成后来疆域辽阔、人口众多、物产繁盛、文化昌明的中华民族的主体族群。特别值得强调的是，自从作为一个民族整体之后，中华民族就从未中断过自己的民族发展史——这在世界历史上是硕果仅存、独一无二的。

中华民族具备兼容并蓄、虚心好学的民族天性。仅以设计学范畴的事例讲：在数千年文明发展历史中，中华民族在不断向外输出优秀的文明成果（如烧造之陶瓷砖瓦、营造之榫卯斗拱、织造之丝绸刺绣、锻造之"失蜡"分模等），影响全人类的日

常生活与生产方式的同时，也不断地吸纳域外各民族的优秀文明成果，如汉魏之印度佛教和西域音乐、隋唐之西亚服饰和家具、宋元之东洋印染和漆艺、明清之西洋机器与建筑……在中华民族内部，这样的文化交流更是从未停止过，而且是风生水起、枝繁叶茂，愈发流畅、深入，中华民族各族群之间"求同存异，和合共荣"的文化大演进，共同创造了中华民族极为灿烂辉煌的造物文明历史。仍以设计学范畴为例：原本是匈奴人发明的单足绳圈，被晋代的汉族人设计成铁质双镫；最早是鲜卑人原创的毡毯卷边，被晋代的汉族人改造成"高桥马鞍"，这宗中国式马具设计案例，被誉为"13世纪中国传入欧洲的最重要文化成果"（李约瑟语）。再如，西域（今新疆地区）是全世界最早的皮靴生产地，哈尼族为主的红河地区出现了全世界最早的梯田。再如，全世界最早的"干栏式建筑"和全世界最早的稻米人工育种、栽培，均起源于长江中下游的百越地区；全世界最早的竹藤编结器物起源于闽越地区……由中华民族共同创造、发明，后来又影响了全人类文明进程的优秀造物设计案例很多，不胜枚举。几千年中华民族的文明史，就是各种文化多元融合、共同发展的最好例证。不了解中华民族内部各族群的文明交流史，就无法真正理解中国文化史，也不能理解为什么中华民族总是能在逆境中成长强大。甚至可以说，能否完整地理解中华民族的文化史，是检验每一个当代中国知识分子（特别是文史哲专业的学者）文化立场的"试金石"。

随着改革开放的逐渐深入，各民族地区的经济与社会状态已发生了天翻地覆的变化。令人遗憾和担心的是，由于各地区政策执行力度不平衡，保护措施不得力，少数民族的文化特性正在逐步衰退，有些地区的少数民族文化特征甚至已经消失殆尽，仅仅

存在于徒具形式，充满口号、标语的民族文化村旅游景点中。有学者预言，再不加快整理抢救工作，中国的少数民族可能在物质形态和文化内涵的特征上，若干年后将不复存在。

从少数民族地区反映古代中国社会某些面貌的文化遗存看，这些少数民族之所以一直与汉族地区差距巨大，存在多方面的原因，其中历代汉族统治者对少数民族的歧视政策是主要原因。此外这些地区本身就处于偏僻荒地，不是沙漠就是山区，自然条件远不及汉族聚集地区，社会发展水平滞后。20世纪50年代，有相当比例的少数民族在当时仍处于原始农耕社会或奴隶制社会，不要说通电、通水、通汽车，不少人一辈子连铁器长什么样都没见过。部分少数民族聚集地的各种自然条件也较差，缺肥少水，基本生活来源，一靠老天爷恩赐的"望天收"农作物；二靠家庭手工作坊制作些竹藤编结物和土织、土陶等土特产来换取粮食；三靠养猪、兔、羊和鸡、鸭、鹅等家禽来换取日用品，如灯油、农具、衣物和油盐酱醋等；四靠为土司、头人和大户们出卖劳力（社会底层奴隶身份），年老即被抛弃。中华人民共和国成立后，党和政府在这些地区实行社会主义改造，打倒以土司、巫师和头人为首的剥削阶级，将土地和生产资料一律收归集体所有，解放了全体少数民族民众，使他们历史上第一次有了自由劳作和生活的权利。

中华人民共和国成立之初，党和政府就高度关注民族事务问题，为如何保护、关心各少数民族制定了一系列方针、政策，也为当代中国社会处理民族问题、保护民族文化树立了光辉典范。中央人民政府政务院于20世纪50年代初发布了《关于民族事务的几项决定》，为新中国民族政策奠定了最初的思想基础，其主要内容是：一、各大行政区军政委员会（人民政府）须指导各有关

省、市、行署人民政府认真推行民族区域自治及民族民主联合政府的政策和制度，并随时向政务院报告推行经验，请示者须事前向政务院请示。二、各大行政区军政委员会（人民政府）须指导各有关省、市、行署人民政府认真并有计划地实行政务院在1950年颁发的《培养少数民族干部试行方案》，并将该项工作进行情况定期加以检查，每半年向政务院报告一次。中央民族学院及西北、西南、中南各军政委员会和新疆省人民政府的民族学院，必须依计划实行，并向政务院报告。三、政务院于1951年下半年适当时间将同时召开有关少数民族的卫生、教育及贸易三个专业会议，责成政务院文教委员会、中财委指导中央卫生部、教育部、贸易部开始筹备，并责成中央民族事务委员会协助进行。有关部门如农业部、文化部也须派人参加。四、责成中央人民政府各委、部、会、院、署、行注意建立有关民族事务的业务。五、在政务院文教委员会内设民族语言文字研究指导委员会，指导和组织少数民族语言文字的研究工作，帮助尚无文字的民族创立文字，帮助文字不完备的民族逐渐充实其文字。六、扩大中央民族事务委员会委员名额，责成中央民族事务委员会提出补充名单的建议，并于1951年下半年召开中央民族事务委员会扩大会议，检查与总结关于推行民族区域自治及民族民主联合政府的经验。

20世纪50年代，中央人民政府和政务院，曾多次组织"中央慰问团""土改工作队"和"普查工作队"等，花费大量人力和物力，深入各少数民族地区，进行了大量较为翔实的社会历史调查。50年代这轮由政府统筹、由中央民委组织行政领导和人类学、社会学专家学者以及民族同志组成工作队与考察队的少数民族大考察活动，1953年正式启动，1956年结束（个别地区延期至1958年才结束）。直接成果之一，就是为1956年国务院公布的55

个少数民族的正式定名和划分，提供了可靠的依据。

从当时考察的资料看，各少数民族的社会发展水平参差不齐，不少民族呈现类似汉族曾经历过的各种历史发展状况，为我们今天考察、了解并研究过去的历史以及各学术分支问题，提供了绝好的活体范本。比如以"设计发生学"研究为例，以山寨（村落）为主的初级社会组织形态，原始手工业在农耕环境中的地位，原始造物的手工技艺与设备、工具等，都是我们极感兴趣的研究对象。

在西北、西南和东北各少数民族聚集地区，有些古时流传下来的本民族手工造物技术，迄今仍保存良好。其吸收了汉族和其他兄弟民族的技术长处之后演变出来的各时段手工造物技术，则印证了各民族互相融合、取长补短的史实。更有些原始手工艺，特别具有艺术和历史研究价值。以维吾尔族人为例，本世纪初，笔者在新疆喀什城艾格孜艾日克老街看到几样手工艺绝活：其一是整条街的维吾尔族乐器店，除了热瓦普、曼陀林和冬不拉等少数维吾尔族知名乐器外，全是些笔者叫不上名来却似曾相识的弹拨乐器和拉弦乐器，于是从心里认可了"西域古乐成就了中国传统民乐"这句话所言不谬。其二是亲眼所见一个拖着鼻涕的不到10岁的维吾尔族小男孩，拿着电砂轮在铜壶上信手飞快地刻着精美细腻的图案，一不要底稿，二没有图纸，真是佩服得五体投地，也相信了"汉族人长于热铸，西域人长于冷锻"这个说法。其三是在喀什近郊著名的大巴扎"金器一条街"上看见近百家金店生意红火，家家门前毡毯上都围坐着一群金店伙计和顾客，正在热烈讨论、共同设计着花样繁多的未来金饰嫁妆，感受到了"中国传统样式的金银首饰工艺，最富有创意的设计和最先进的工艺制作，原来在维吾尔族人手里"这句大实话。还有，笔者

在云南景洪县城集市上，曾亲眼见过景颇族老乡用古老的"焖烧法"烧出的红彤彤的土陶——跟笔者一知半解的仰韶彩陶的烧制工艺几乎一模一样。还有，笔者在大西北甘陕宁各省亲眼所见的回族、保安族、裕固族和东乡族老乡巧手做出的那些花样繁多、样式复杂的面塑造型，真是个个精妙绝伦。这方面的事例实在太多了。

50年代的少数民族地区社会大普查，以及半个多世纪以来社会各界对其丰富而珍贵的考察、研究，意义深远，价值极为重大。这些地区客观上保存的较为完整的、与数千年前中国原始社会最初形态近似的许多社会特征，为我们研究社会的最初形态形成和当时的经济、文化、政治的基本状况以及"设计发生学"的相关课题，提供了珍贵的类型学"活化石"范本，价值非凡。改革开放以来，这些少数民族地区也获得了前所未有的巨大发展，人民生活日新月异；但与此同时，少数民族地区的民族性在不可避免地愈发衰减、退化，甚至消失。如果我们再不采取保护措施，若干年后，各少数民族的许多宝贵民族文化遗产将无法挽救地彻底消亡，这部分同属于全人类精神财富和中华民族集体智慧的宝藏，我们将再也看不到了。

在"设计发生学"问题上，我们一向秉持文化多元论的观点，认为人类文明是全世界人民共同创造的，各国家、地区、民族均做出过大小不一、形态各异的贡献；同理，中华民族的灿烂文明是中国的各族人民共同创造的，每个民族都对中华传统文化做出过贡献，也都应当得到尊敬和肯定。中国的各少数民族在中华文明漫长的演化过程中，都曾经以自己独特而充满智慧的文明成果，补充、完善甚至改良着中华文明。比如，古代西域的龟兹古国各民族创造或引自西亚的弹拨乐器和拉弦乐器以及音律、曲式，彻底改造了中国古代音乐，新创作出代表中国古乐精髓的江南丝竹；南疆的维吾尔族和北疆的哈萨克、塔塔尔、塔吉克等族首创了制革术，并引进古波斯革皮书籍装帧术和制靴术、制毡术、毛衣编结术；海南岛的黎族率先种植棉花并纺织棉布，传入内地后棉织业逐渐形成中国古代手工行业的"天下第一营生"……保护少数民族的民族文化特性，就是保护我们的历史遗产，就是传承我们的文明。我们应进一步发扬文化兼容的优良传统，把振兴中华的百年民族复兴梦，逐步落实为将大中华建设成为中国各民族共同拥有的美好家园。

由上千名来自全国各高等艺术院校的教授、研究生组成的55支团队参与编撰的《中国少数民族设计全集》（55卷），正是有识之士基于对各少数民族的民族文化特性正在快速衰减、消亡的严重现实问题的深切忧虑而进行的抢救、发掘、整理中国少数民族文化遗产的重要文化工程。经过两年精心筹划，六年努力写作，在国家出版基金管理部门的支持下，在山西人民出版社和人民美术出版社的策划和组织下，目前《中国少数民族设计全集》的书稿编撰工作已基本完成，即将付梓。在长达八年的漫长过程中，全国兄弟院校各团队涌现出的各种可歌可泣的事迹经常感动着笔者，并不时鞭策着全体作者克服千难万险，一路向前。有的分卷作者身患绝症仍不眠不休地忘我工作，有的分卷作者遭遇各种意外仍坚持工作。特别是，很多民族同志公而忘私、不计较个人得失，有人不惜将自己赚钱的企业关张歇业，全身心地投入各自所负责分卷的繁重编撰工作中；有人义无反顾地将自己珍藏多年的本民族实物、资料和研究成果无偿提供给相关分卷作者。大家万众一心，克服各种复杂得难以想象的困难，以确保这部凝聚了众人八年心血的巨著，能按计划如期完成。借此机会，笔者谨

代表本丛书编委会全体成员,向领导、编辑和作者们表示衷心的感谢!

作为一项文化创举,笔者深信《中国少数民族设计全集》必将在未来岁月的长期检验中,愈发显现其非凡的、独特的文化价值。

2017年夏季于南京

前言

一、毛南族基本情况

毛南族是我国西南少数民族之一，他们主要居住在广西环江毛南族自治县（以下简称"环江县"）的上南、中南、下南山区，以及贵州平塘县、独山县交界的卡蒲河、六硐河河谷地带。环江县毛南族，前称为"毛难族"，1986年6月，经国务院批准改名为"毛南族"。环江毛南族有5.7万人。贵州毛南族，原称"佯黄人"，由于语系和生活特征等原因，1990年正式改名为毛南族。贵州毛南族有3.2万人。其余散居在广西环江县内的水源、木论、川山、洛阳、思恩等乡镇，以及周围的河池、南丹、宜山、都安和贵州的惠水等市县。现毛南族人口总数为11万人。在长期的历史发展中，毛南族与毗邻的壮、汉、瑶、侗、仫佬、水等民族共同生活，相互学习，形成了独具特色的民族文化传统。

毛南族分布的地区，古为"百越"，南北朝以后，由"百越人"衍生为"僚人"居住于此。唐宋封建王朝加强了对该地的管辖，因地名称该地少数民族为"抚水蛮""安化蛮""荔波蛮"等。这些名称泛指居住在该区域的毛南族、壮族、侗族、仫佬族、水族等民族的先民。从语言、风俗习惯和文化传统上看，毛南族与这些民族有着历史渊源关系。在长期的历史发展中，毛南族形成了自己的语言，但没能创造自己的文字。毛南语属汉藏语系壮侗语族侗水语支。据考证，毛南语约在12世纪从侗水语支分离成为独立的语种，并形成自己的结构系统及特点。受汉族、壮族等兄弟民族影响，部分毛南人可以同时用毛南语、壮语和汉语（桂柳话）进行交流。毛南族的书写记录主要使用汉字。在历史上，为了弥补没有

文字的欠缺，人们用汉字音义拼记或以汉字为基础创造新字来记录本民族的民歌和宗教经书，这种"土俗字"只有师公或少数学者认识。

毛南族聚居的环江县位于广西西北部，地处云贵高原南麓的余脉之间。地势西南高，东北低，喀斯特山地、丘陵、峰林、谷地交错发育。西南的大石山区，山高谷深，地势险峻，人烟稀少，在崇山峻岭之间形成蜂窝状的大小峒场，毛南语称为"晓峒"。东北段是半石山区，为半平原区，群山环抱中分布着大大小小的田峒。而贵州的毛南族聚居区是一条呈南北走向的狭长盆地。毛南族一般聚族而居，主要的姓氏有谭、覃、蒙、卢、韦等。每个姓氏族群的来源不同。在一个村寨中，很少有异姓杂居，村屯同根同族同姓。村屯的居民在宗教信仰、风俗习惯、道德伦理方面高度一致。村落依山而建，一般为十几户人家组成的小村庄，分布在山脚田峒之间，最大的村落不超过百户。毛南族居住的亚热带地区，温和多雨，适合农作物的生长。但山地的地理条件，导致可耕地面积少，耕地狭窄，只能使用小型的农业生产工具进行农业生产，这些制约了毛南族的农业生产的发展。在长期自给自足的农耕生活中，为了充分利用有限的土地资源，毛南族采用轮种、间种、套种的方法来提高农业生产力。种植的粮食作物主要有水稻、玉米、红薯、黄豆、猫豆、芋头、南瓜等。经济作物有油菜、棉花、黄麻、烟草等。毛南族利用山区草木茂盛的特点养殖菜牛，"三南"地区成为槽养菜牛的最佳基地，几乎家家户户都在干栏建筑的底层设置牛圈。毛南族总结了一套养殖菜牛的方法，使得毛南菜牛以膘肥、肉嫩、味美成为久负盛名的特色产品。

二、毛南族造物文化传统溯源

毛南族所在的地区，在唐朝时统称为"蛮地"或"峒地"，这个时期的毛南族可能尚处在原始的氏族和部落社会。唐宋两代对该地区加强了管辖，该地区的人们与汉族的"通贡互市"活动也逐渐增多，汉族的先进的生产技术和文化知识得以传播，对该地区经济文化的发展起到了积极的推动作用。宋代鼓励屯田，引导该地人从事农桑，脚踏犁在这个时期广泛用于农业生产，它的形制适合该地区的地理环境，大大提高了生产效率，促进了当地生产的发展。根据史料记载，在这个时期，人们会制造和使用环刀、标、牌和木弩等，这些器具既可作为狩猎工具，也可作为战斗时的武器。

明清以后，毛南族由原始社会逐步过渡到封建社会，社会经济和文化进一步发展。屯田由官府提供牛、农具和种子，农业生产得到了快速发展。毛南族在明朝以前"山高地瘠，田寡人稀"，从明朝以后逐步增加的官民田地塘税面积来看，耕地面积在逐步扩大。先进的农业生产技术和生产工具不断传入，生产水平显著提高。在较为平坦的地区种植稻米，引水灌溉，还在旱地里种植玉米、红薯、黄豆、南瓜、芋头、猫豆等农作物，作为粮食补充。另外还出产葛麻、棉花、青麻、蓝靛等。开始饲养家畜作为农副产品，其中黄牛成为毛南族的一大特色产品。饲养的家畜还有猪、马、鸡、鸭等。人们在不断的生产实践中，对生产工具进行设计和改造，尤其是铁制农具的使用，大大提高了农业生产力。常用的农具有脚踏犁、耙、三角钩锄、锄头、刮子、禾剪、镰刀等。这些农具虽然在壮、汉地区也普遍使用，但毛南族根据自身的地理环境、土地条件和生产习惯对农具都进行了创造性的改进。

清朝中叶以后，土地兼并盛行，土地私有制得到迅速发展，农业生产的进步也带动了毛南族地区手工业和商业的发展，在与周围汉族和壮族地区的交流中，打制铁、锡、银、石器具和纺织、染布、缝纫、制陶、编织竹器的技术有了显著提高。毛南族手工业主要为家庭化特征，大多数手工业者是将手工业生产与农业生产相

结合。农忙时务农，农闲时从事手工制作。手工业多为父母和兄弟姐妹组织的家庭自营型，没有师徒和雇工之分，造物所需原料一般为自采自购，产品自产自销。有些需求量大的手工业开始从农业中逐渐脱离开来，生产者从农村迁至圩镇，专门从事手工业生产。在这个时期，人们的集市活动开始频繁。位于思恩县西南部的下南六圩，对外交通便利，因逢六赶圩而得名。发展到清末民初后，这里已成为毛南族地区的经济中心，也吸引附近的壮、汉、苗、瑶等民族前来交流。圩市的繁荣，在带来丰富物资的同时，也将先进的文化和生产技术带入毛南人的生活之中，丰富了毛南族的造物活动。

明清时期，封建王朝在毛南族等地区设立书院、社学等文化机构，汉族的文化思想得以传播，密切了民族间的来往和经济文化的交流，巩固了统一的多民族国家的发展。应该说，在这个时期，毛南族将对自然和生存的理解与汉族文化思想结合，产生了自身的文化形态，影响着他们的生产生活方式。多神的信仰、祖先的崇拜、道德伦理的规范等，也成为维系毛南族社会和家庭的纽带。毛南族文化生活是在物质进步和文化交流中不断发展的，注重生活和精神的实用性目的。现存的神话故事、民间传说和"肥套"祭祀活动无不与生产生活有关。其表现内容和形式质朴平易，感人至深，散发着毛南族特有的泥土气味。

毛南族造物在接受其他民族先进技术和工具的同时，始终与自身的生存环境和生活方式紧密结合。他们使用的材料大部分取自于自然，用土、石、树木建造所居住的干栏式建筑，用石材打制石桌、石凳、石缸等日常生活用具，用竹篾编织竹筐、竹篮子和竹笠，种植棉花和蓝靛用于纺纱织布和印染。由于受材料和制作手段的限制，在造物过程中，存在着顺应自然、量材为用的特点。强调人与客观世界的和谐统一，带有"物我一体化"的人本主义色彩。注重经验性和有效性，而非科学上的精确性。毛南族居住环境、建

筑式样、生活器具、生产工具等都是其造物理念的体现。在精神产品的营造上，不注重客观的真实性，更注重情感意向的表达，围绕人这一主干，把道德伦理和内在情感因素融入其中，从心灵出发去追求情感的真实性。这种内在情感的真实性也造就了毛南族面对艰难困苦的乐观主义精神。毛南族"肥套"还愿祭祀活动中诸神木面造型，大多源于对生活中人的想象而创造出来的，朴实亲切。仪式活动集音乐、舞蹈、戏剧表演、工艺美术为一体，是毛南族生活情感和审美意识的集中表现，起到娱神娱己的作用。

　　毛南族自给自足的自然经济状态，决定了手工业的发展是与农业紧密结合的家庭型。手工技艺的传承也基本在家庭内部和亲属之间展开，传授也基本是单一的经验化示范和口头形式，缺乏集体大规模生产和商品流通的意识。从事手工生产的工匠艺人局限在较为狭小的范围内从事手工生产，在生产劳作中寻求精神上的寄托和情感上的慰藉。也正因为如此，毛南族许多手工艺产品有着很强的情感色彩和程式化特点。从毛南族整体文化发展来看，该民族是在不断吸收和融合周边兄弟民族的科技文化中发展起来的。因此，有些生产工具、生活用具和手工产品与壮、汉等民族极为相似，难追源头。如毛南族竹笼织锦机和壮族织锦机在形制和操作上基本相同，只是竹笼的大小不同而已。织锦的图案也相似。又如在毛南族博物馆陈列的毛南族童车，在汉族地区也极为常见。改革开放以后，商品经济的发展不断改变着毛南人的传统观念和生活方式，冲击着毛南族传统文化和技艺。依靠口传身授的许多民间文化和技艺濒临失传。传统的花竹帽由于工艺复杂，费时费力，很少有人编织，目前只有谭顺美、谭素娟等少数花竹帽的传承人从事花竹帽的编织。市场价格昂贵，使花竹帽成为纯粹的装饰工艺品。毛南族"肥套"祭祀活动在"文化大革命"中被禁止，改革开放后，在政府的支持和培育下环江县形成了五个师公班子。这些师公班子主要靠少数资深

艺精的老师公带领，单一的口传身授方式。目前从事木面雕刻的为数很少，能够雕刻全部36种木面的仅有谭信慈、方振国2人。

三、毛南族生活方式与传统造物设计

人类的居住环境和建筑形式的营造，是以满足其生活的生理和心理需要为目的的。不同民族都根据所处的自然环境和气候条件创造了与之相适应的村落形式和建筑式样。建筑文化是民族文化重要的组成部分，它的形式和内涵反映了一个民族的群体意识，也是文化思想、生活方式、营造技艺的集中体现。

毛南族村落布局，大多依山而建，不占耕地。村落由一排排干栏式建筑组织而成，干栏式建筑一般根据地形特点有层次地排列变化。村落大多"负阴抱阳"，面向开阔地，村落背后有大片树林，以防山石滚落。村边种植竹木，起到挡风和美化环境的作用。每个村落一般都有几棵奇特的大树，是毛南族世世代代保护下来的守护神树。村屯开阔的地方设有集体活动场所，在大树下、小溪边、水井旁摆放有石凳、石台、石桌，供给人们休闲娱乐。依山傍水的毛南族村落，小河、溪流蜿蜒于村前田峒，桥梁成为向外延伸的通道。桥梁多为石拱桥，用石料筑成，由于毛南族山区小河、溪流跨度不大，因而石拱桥建造得小巧玲珑。远处看去，小桥隐约于村头之上，田峒之间，与自然相依相融，构成了一幅毛南山乡绝美的画面。

毛南族建筑有两种形式，一种为历代传承下来的干栏式建筑，另一种是受汉式建筑影响而发展起来的硬山搁檩式建筑。干栏式建筑从较为简陋的全木式，逐步发展成砖石、土木结构的干栏石屋。干栏式建筑结构大体相同，一般为上下两层，人居其上，牲畜栖其下，面阔三间，中间大门设木梯，双斜坡屋顶。这种形制适应亚热带山区温和多雨、地面潮湿、瘴气浓重的自然气候条件，同时，可以防止野兽和蚊虫的侵扰。居室布局，中间为厅堂，面向大门的正

中板壁上设有供奉祖先牌位的神龛。左右前进和中部后进用木板沿立柱隔成小间作为卧室。其余地方敞开，在左边后进处设置灶膛，作为厨房，供一家做饭、就餐或烤火之用。左右空场的上方架设阁楼，用来放置粮食和杂物。底层用竹木条或砖石沿立柱纵向分割，用来圈养牛、猪、羊等牲畜。硬山搁檩式建筑多为20世纪五六十年代修建，由于修建年代较晚，大部分分布在村落外围。其四面墙体虽为砖石、夯土筑砌，但内部构造仍为木框架结构。因生活习惯的原因，硬山搁檩式建筑的居室布局与干栏式建筑大同小异。从毛南族居室营造形式来看，"天地君亲师"的宗法观念和道德伦理规范留下了深深地烙印。明堂暗屋，正屋厢房，长幼尊卑井然有序，这种合秩序、合法度、合伦理性的布局方式，对应了毛南族的心性，有很强的教化功能。

　　毛南族建筑装饰图案主要有狮子、麒麟、花瓶、铜钱、八仙的法器等。石础是房屋的基本构建，它是房屋木柱下的基石，具有实用和装饰功能。石础最大的实用价值是将房屋木柱垫高，防止木柱受潮腐烂。同时石础的造型和装饰具有很高的审美价值。毛南族石础造型有顶鼓石础、莲花石础、花篮石础、南瓜石础等，石础上的装饰纹样多为花草瑞兽、几何纹样。石础的造型和装饰风格与整个建筑浑然一体，对建筑起到了很好的美化作用。山墙花窗用石料雕凿或砖石砌成，造型有寿字、喜字；金童花窗则采用毛南族民间剪纸"婆王送花童"图案与回字纹、如意纹的组合。花窗多为简洁的几何造型，集采光透气的实用功能和装饰审美功能为一体，寓意吉祥。

　　毛南族的建筑材料大都就地取材，使用的山石、黄土、砖块、木料皆取自自然，这些材料是毛南族最熟悉和最亲近的，与毛南族的心性相吻合，是心性与物性的高度统一。工匠面对复杂多样的地理环境，在营造上随坡就势，利用地势的起伏变化，构成了村落层

叠多变的人居空间，将营造空间与自然空间有机结合，相互交融，形成了毛南族山村特有的景致。

毛南族村落布局和建筑构造充分反映了毛南族尊重自然和利用自然的能力。在营造理念上，注重人与自然的和谐统一，体现了对情感、伦理的关照。

服饰是一个民族在特定的历史环境中逐步发展而形成的，它与生产生活、风俗习惯、文化思想、审美情趣紧密联系，是一个民族性格和气质特征的外在表现。它的演变在一定程度上体现了一个民族的发展过程。毛南族良好的气候条件，适合植物的生长，他们种植棉花和蓝靛草，自制木纱车和织布机开展家庭手工纺纱、织布、印染、制衣活动。织布技术成为毛南族妇女智慧和才干的标志。

毛南山区的自然条件和农耕生活，决定了毛南族服装不求奢华，以自然朴素实用为美。明清以后，毛南族服装受壮族和汉族文化影响较大，同时也保留了本民族的特点。毛南族男女服装均是圆立领，右开襟，布纽扣。男装有五粒扣子，称"五扣衣"，外无口袋和装饰，口袋设在右开襟的里面，男装多为深蓝色。裤子较为宽大，系腰带，赤脚或脚穿黑布鞋或草鞋。女装较为注重衣边装饰，一般在上装的肩周和袖口绲有三道细边，裤子的下端也绲有细边与上衣呼应。女装的色彩以青、蓝、黑为主，衣边的装饰根据布料颜色的变化而变化。平时穿黑色布鞋，节日和走亲访友时穿精美的猫鼻绣花鞋。为了使衣着更加实用和美观，通常在腰间系上绣花的围裙来补充装饰。毛南族服装的设计以舒适、方便、实用为目的，其穿着根据年龄、时令和场合的不同而不同。童装颜色较为鲜艳，样式随年龄的变化而变化，婴儿穿线扣衣，儿童穿带子裤和攀肩裤。年长男人穿长衫，外套"马镫衣"。老年妇女大衣襟齐膝，领口、袖口和底边镶有黑布片。毛南族服装配饰方面，男子较为简单，喜欢戴圆筒形蓝布帽或在头上缠长约八尺的头巾，头巾一端有布须，

露出头顶，毛南话叫"挂爪"，此外再无其他装饰。女子身上佩戴各种银饰，银饰主要有发簪、手镯、耳环、梳子等。头上戴花竹帽，花竹帽图案精美，工艺精湛，它已超出了原有的实用功能，成为毛南族姑娘必备的装饰之物。在民间，花竹帽有着优美动人的爱情传说，是幸福和吉祥的象征。

随着时代的变化，毛南族服装也在发生着改变。男子的服装除了右开襟五扣衣外，民国以后还流行对开襟的唐装，五六十年代穿中山装，现代毛南族的衣着已基本汉化。根据历史留下的衣物，吸收周边民族的装饰特点，毛南人设计制作了用于文艺演出的传统服装。尤其是节日盛装，色彩欢快艳丽，领口、袖口和裤脚在毛南族服饰原有特征的基础上增加了精美的图案装饰，体现了现代毛南人的审美情趣和精神风貌。

毛南族饮食经历了生食、熟食和烹饪三个阶段。直到现在还有人喜欢将菜牛的鲜血浸酒喝，将白切鸭肉蘸酸醋调制生鸭血吃。毛南族喜欢吃火锅，为了方便几乎每个家庭都备有四条边的漏桌（围桌），漏空的桌子中间架上铁锅，铁锅上用铁条架一个调料碗，一家人围坐漏桌四周，将鸡、鸭、牛肉和素菜等放入锅中边煮边吃。毛南族农忙时一天吃三餐，农闲时一天只吃两餐。早上喝粥，中午喝粥或吃干饭，晚餐较为正式，菜品也较为讲究一点，有客时以酒肉款待。成年男子普遍喜欢饮酒，酒类品种较多，一般都为家庭用粮食酿造的土酒。根据酿造材料的不同，酒的名称也不同，有米酒、高粱酒、玉米酒、红薯酒、南瓜酒等等，酒的度数一般不高。

毛南族喜欢吃酸，他们用淘米水、米饭、藠头等，通过发酵制作出腩醒、索番、瓮煨，成为毛南族有名的特色风味食品，被称为"毛南三酸"。腩醒，是毛南族别有风味的酸肉，肉有嚼劲，酸香可口。索番，也叫螺丝酸，酸汤可生饮，也可作为佐料拌菜煮开下饭使用。瓮煨，也叫藠斗酸水，是毛南族家家户户必备的酸水坛，

可腌制萝卜、黄瓜、豆角、猪耳朵、猪脚、猪尾巴等多种菜品。瓮煨腌制的肉类食品,毛南人称之为"腩清",是招待客人的佳肴。酸味食品酸甜可口,增强食欲,有助于消化。在毛南族湿热的气候下,可生津解渴,醒脑提神。

豆腐圆也是毛南族常见的食品,他们将五花肉、花生仁、虾米、嫩蒜苗剁碎,加入食盐、砂姜、胡椒粉拌匀后,制成肉丸。将豆腐捏碎,将肉丸包入豆腐中,放碗中滚圆,放入油锅煎炸至金黄色,可以直接食用,也可以蒸煮食用,味道鲜嫩、可口。豆腐圆成为节日或红白喜事中不可缺少的食品。

米蜂子,是毛南族夏季制作的清凉食品。主要用玉米制作,将玉米碾成米粒大的玉米头,用水浸泡2—3天,然后把玉米头磨成浆,将浆倒入锅中文火熬煮成糊状。乘热将米糊倒入竹筛中,米糊通过竹筛子的筛孔滴入事先准备好的冷水盆中,凝固成虫状的粉条。吃时调以辣椒、番茄、葱花、韭菜等,味道嫩滑、清凉、可口。

五色糯米饭是毛南族最有特色的节日食品之一。人们收集天然的植物染料,将香糯染成白、红、青、黑、黄五色。其色彩鲜艳,口感绵柔,并带有植物的自然清香。毛南族特别钟爱五色饭,并把它用于传统节日"分龙节"的祭祀活动中,寓意着五方祥龙相汇聚,保佑毛南族风调雨顺,五谷丰登。人们也用五色饭粘在树枝之上,制成丰收树,并寄托以美好的愿望。五色糯米饭是用毛南族特制的蒸饭器蒸煮的,传统的蒸饭器主要有木质和陶质两种,木质蒸饭器是将砍伐来的树干掏空,在树干侧面中间部分打上小孔,交叉穿以竹条,构成器底,用丝瓜瓤制成垫布铺在器底上即成。陶制蒸饭器一般为上下两个连体的喇叭口,中间为器底,器底上有气孔用来蒸煮。这两种蒸饭器简单实用,制作方便,成本很低,成为过去毛南族人家必备生活用具。

毛南族灶具的发展经历了原始坑灶、传统炉灶、清洁能源和电气化灶具三个阶段。在偏远的村屯,至今还习惯使用土灶。毛南族土灶较低矮,主要用泥土垒成,没有烟囱,烟从灶口直接排出。一般根据家庭人口的多少设置灶口数量。有单灶口和多灶口,大部分家庭使用三个灶口的土灶。

毛南族居处山地,地形闭塞,交通不便,过去家庭生活用品大多是自制。心灵手巧的毛南人,有的一人就会干几种手工活。

木器用品多数为自家栽种的树木打制,有板凳、漏桌、八仙桌、木桶、木盆、木勺、升降灯、碗橱等。其中升降灯和漏桌最为特别。升降灯是由底座、升降杆、置灯活动板三部分组成,升降杆安插在底座上,高1米左右,上面有锯齿状台阶。升降杆上穿一块置灯活动板,活动板可在升降杆上进行上下移动,调节灯的高低。它的升降功能比起一般的油灯来说,更适合毛南人晚上围坐漏桌吃饭或进行织布等手工劳动。漏桌是毛南族一家就餐用的低矮餐桌,桌面是用四条木板拼凑成中间漏空的式样,漏空处的地面上支起铁架,铁架上放置铁锅,铁锅下面支起柴火就可以吃起火锅。漏桌的条板虽然不宽,但可以放置碗筷、酒杯等餐具。这种漏桌简单、轻巧、实用,不用时可置于墙角或悬挂在墙壁之上。毛南族富裕的家庭在木质家具的制作上较为讲究,一般请手艺好的木工师傅上门打制。加工的桌椅板凳在形制上深受壮族和汉族影响,现存留的八仙桌、靠背椅、条凳、童车等,制作工艺已达到了壮族和汉族家具制作水平,有的家具还雕有花鸟草虫等吉祥图案。

生活在山区的毛南族善于用竹子编织各种生活用具,竹筐、竹篮、竹篓、竹箕、竹筛、竹席、竹盖、鸡笼、鸭笼等在毛南人的生活中随处可见。这些竹篾编织的生活用具形式多样,充分发挥材料结实、韧性和弹性的特点。竹篾编织艺人将竹子通过锯、切、剖加工成竹条,在通过劈篾、刮篾、劈丝、抽丝、浑丝等方法加工成各

前言

种竹丝篾片。在编织中，运用挑、压、弹、插、绕、穿、贴等编织手段，制作成独具特色的竹编用具。毛南族竹编注重结构的合理性和整体的美观性，常见的编织技法有十字编、人字编、圆面编、装饰编和弹插编等。洗米箕是毛南族用来淘洗米的生活用具，它用篾片和细竹丝经纬交叉编织而成。与汉族的淘米篮不同，没有提手，形似水瓢，一侧有圆口，另一端有抓手。在编织工艺上巧妙利用竹篾的弹性，注重结构力学的思考，讲究篾片和细竹丝合理的挑压交织。其设计形式与功能结合紧密，注重结构的整体性，因而非常结实耐用。竹火笼是冬天取暖的器具，竹笼中放有烧木炭的瓦钵，十分小巧，可以携带取暖。毛南人还在锡桶、油壶、酒壶等器皿上用竹篾编织外套便于提携，方便使用。花竹帽在毛南族竹篾编织工艺中最具代表性，特征明显，赏心悦目。花竹帽为圆形，帽顶呈锥形，并有六边形蜂巢状小孔。帽边有黑色几何装饰图案环绕。花竹帽以当地石山上的金竹和墨竹为材料，将竹子加工成很薄的篾片，再将篾片用手弯扯成细如发丝的分篾进行编织，其编织细密的程度和精湛的编织技艺让人惊叹。

毛南族铁匠除了打制日常的农业生产工具外，还根据毛南族山地居民的特殊需要，创造性地打制小口锡桶、锡壶、锡盆等。尤其小口锡桶，形似花瓶，小口加盖，并按照锡桶的外形编织竹套和提手，这样的设计有效地解决了人们山高路远担水易泼洒的困难。

毛南族吸食烟草的历史很长，烟具大多自制，烟草也自己种植。毛南族烟枪多用细竹竿或竹根制成，配以金属烟锅和烟嘴。烟枪在长短粗细上差别很大，老人用的烟枪较长，青壮年用的烟枪较短。有的烟枪做工讲究，并刻有几何图案。过去毛南族百姓贫穷，大部分抽烟者用粗布缝制烟袋挂于烟枪杆上，少数富裕人家则使用银或铜打造的精致烟盒。

四、毛南族生产方式与传统造物设计

毛南族是以农耕为主的民族，长期以来，在特殊的地理环境下，摸索出一套适合山区生存的传统的生产生活方式，设计改造了赖以生存的生产工具。近代毛南族的农业发展离不开铁制农具的普遍使用。据《思恩县志·经济篇》记载，"后区下墙乡之下依村人，制造家用刀、锹、耙、普通镰刀及细齿镰刀等农具最精美，昔商人运往河池、东兰各地发售者颇多。"毛南族打铁具有三百多年历史，发展到民国后期，毛南族从事打铁的有六七十户。打铁的钢材、生铁等原料主要从宜山、怀远等壮族、汉族地区输入。毛南族铁制农具主要分人力和牛力两种。完全使用人力的工具主要有脚踏犁、锄头、三角锄刮、镰刀、禾剪、耙子、脚踏打谷机等。牛力工具有铁铧犁、铁耙。有些农业生产工具与周围其他民族相同，但在尺度上普遍较小，适合狭窄的田地使用。

脚踏犁是完全靠人力的一种农业生产工具，宋代传入毛南族，以其结构小巧，适合毛南族狭窄而分散的耕地、黏结而多石的地理环境使用。因此，直到现在还是毛南族家庭必不可少的生产工具。使用时脚踏手翻，每人每天可翻地四至五分，被毛南人称为"山地的功臣"。脚踏犁结构简单，毛南族人均能自行制造。过去的脚踏犁的犁头是用铁片包裹，其他部分均为木质。现在完全用铁制成，更加坚固耐用。

毛南族耙有牛耙和手耙两种。牛耙是毛南族耘田用的工具，铁齿木架结构，大的有九根铁齿，小的有七根铁齿。用时，将套锁套在牛上，人随其后，操纵牛耙将泥土耙碎耙平。手耙是专门清理牛粪的工具，耙齿有四根，因此又叫四齿钉耙，它由铁耙和木把两个部分组成，木把长一米左右。毛南族普遍重视积肥和施肥，他们将稻草、树叶等垫在牛栏和猪圈中，经过牲口的反复踩踏与牲口的粪便一起沤成粪土。粪土中由于掺有稻草等杂物，变得难以清理，四

齿钉耙可刮入粪土，提拉稻草，抓出粪土。

三角刮是毛南人根据特定的地质状况而创造的生产工具，主要用来在山区鸡窝地里除草、点种黄豆。它前端铁质部分呈钩状，刮头类似三角形，因此又被称为三角钩锄，毛南语叫"拱"。这种小型农业生产工具，由木柄和铁刮两部分构成，铁刮的三角形的尖角朝下，三角形的两条边制作成刮背和刮刃。刮尖可轻松刮开泥土点种黄豆，刮刃可刮锄杂草。它小巧轻便，便于携带，易于使用，是毛南族普遍使用的生产工具。

禾剪与镰刀是毛南族用来收割的工具。禾剪十分小巧，主要由握杆、夹板和剪口三个部分组成，操作时将禾剪握于掌中，利用五指操作就能轻松割下谷穗。操作熟练的人，每人每天可收割谷穗五六十斤。收割时不用弯腰，人们通常排成行站立在齐腰深的稻田中，有唱有说有笑地进行收割。后来镰刀传入后，禾剪只用来收割不易掉穗的糯谷和金银粘，以及小麦、小米和红薯藤。

毛南族柴刀与其他地区不同，它一头套木柄，一头为长而弯曲的柴刀，因此又称为弯柴刀。它既能砍柴又能收割，上山劳作时，可钩住树枝藤蔓辅助攀爬。为了方便携带，使用安全，毛南人给柴刀编织了竹套，将柴刀放在竹套中，系于腰后。

尖头扁担是毛南族用于日常收集稻草、红薯藤、牧草等植物的挑具。它两头尖，中段窄，中心宽，尖头呈四菱锥体状，有的锥体尾部套上铁质空心锥子。扁担的尖头可以轻松插入柴草中，而且不易脱落。

毛南族居住地区地形复杂，农业灌溉较为困难。在没有抽水机的过去，毛南人制造了戽斗、排车、筒车等灌溉工具。戽斗是毛南族使用最普遍的小型农业灌溉工具，对于水浅、地窄、田低的环境非常实用。它一般用木材打制或用竹篾、藤条编织而成，制作简单，形式多样。两人操作的戽斗，将一只水桶上下沿各穿两根绳子，扎紧后，两人双手拉提绳子的两端，打水时同时俯身，泼水时同时起身将斗提起飞出，周而复始，就可以将水灌溉到田地里。一人操作的戽斗，一般在水中用竹竿架立起三脚架，将戽斗吊挂在三脚架上。戽斗前有斗腔后设手柄，按提尾杆，使戽斗作弧形运动，一汲一倒即可将低处水泼往高处。

织布、染织、缝纫是毛南族较为普遍的传统家庭手工业。他们自己种植棉花，用自制的纺纱机纺纱，然后在自制的织布机上织布。一般十天左右就可以织出宽1尺，长10丈的土布。土布厚重结实，经久耐用。土布为棉纱本色，要经过染色方能使用。毛南人用种植的蓝靛草捆扎成团，在陶缸中放入石灰和水，将蓝靛草放入缸中泡三天左右，蓝靛草的汁液渗出与石灰浆混合成蓝靛泥。捞出蓝靛草，加入酒、芒硝等，再泡一天，蓝靛泥发泡就可以染布了。布的颜色深浅根据染色的次数而定，染的次数越多颜色越深。老年人喜欢穿黑色，中年人喜欢穿蓝紫色，年轻人喜欢穿蓝色。在民国以前毛南族手工缝制衣服，民国后逐步发展为机器缝制。传统的织布、染织、缝纫的家庭手工业形式被打破，出现了专门从事手工劳动的作坊。

毛南族织锦是毛南族手工艺品的一大特色。毛南锦是用棉线和各色丝线编织而成，棉线为经，彩色丝线为纬。编织的图案主要有八角花、香炉花、凤凰花、万字纹、水波纹、云雷纹等。织锦色彩艳丽，花色丰富，图案呈有规律的二方连续和四方连续结构，常用来做被面、背带面、围裙、腰带、挂包、头巾、衣边装饰等。毛南族织锦机是"竹笼织锦机"，用竹木自制，主体为木框架结构，框架上安装有花竹笼、提经架、脚踏杆、坐板、卷经轴、分经架、竹筘、卷布轴、腰箍、刀杼等。提经架上下两个，用竹片弯成"A"形。"A"字头上坠有砖石铁块以增加重力，架头用麻绳与脚踏杆连接，织造者坐于坐板上，系上腰带，脚踩踏杆提综分经，用手分经

穿纬进行织造。织锦机上的花竹笼决定了织锦图案的花色。织锦人只需按花竹笼上的编花竹条依次牵经引纬，即可将单色底纹织造成形。

刺绣是毛南族妇女的传统，毛南族姑娘在出嫁前都要有精良的绣品来显示自己的贤良、聪慧和灵巧。绣品主要有背带、衣边、围裙、鞋面、枕头、被面、头巾、腰带等。图案多为花鸟鱼虫，以及龙、凤、虎、牛、鹿、麒麟等。常见的绣法有平绣和贴绣。平绣最为常见，针法主要有齐针、抢针、套针、擞针和拖针。贴绣工艺独特，它是将各色布料剪成所需要的图案，贴在绣面上进行缝绣。为了增加立体感，常在布料之间添加棉花，用细针按照剪下的布料图案轮廓进行缝制，并采用挑、扎、扣、缝、绣等多种手法制作精美绣品。贴绣主要用于制作鞋子、童帽、背带等。

毛南族草鞋一般不用野生茅草，它采用的材料多样，竹壳、米草、九层皮、竹棉、布条等都可以用来制作。因此，根据材料的不同，制成的草鞋名称也不同，如：竹壳草鞋、米草草鞋、九层皮草鞋、竹棉草鞋和烂布条草鞋等。草鞋材料易于获取，制作简单，经济实用，是20世纪50年代以前毛南族最为普遍的鞋类，人们上山砍柴、长途远涉一般都穿草鞋。在长期的草鞋编织中，人们总结经验，发明简单草鞋编织工具。毛南族博物馆陈列的草鞋编织工具通体为木质，由撑杆、踏杆和绷绳组成，编织者将工具置于双腿之间，脚踩踏杆，手在绷绳上操作。草鞋编织器设计小巧，易于操作，便于随身携带。

毛南族生活在大石山区，石头成为可利用的最直接的材料。他们用石头建造房屋的石基、门槛、石础、台阶，用石头垒砌一座座石拱桥，用石头雕凿石磨、石臼、石桌、石缸、石槽、石盆、石凳等生产生活用具，石雕成为毛南族最具特色传统手工艺。石料多为当地开采的青石。毛南族博物馆陈列的清代石雕香炉猪槽，雕刻得

饱满丰润,精美异常。雕刻主要在猪槽的正面,正中雕凿一个带耳的香炉,香炉突出于猪槽表面。以香炉为中心,左右为对称的麒麟祥瑞图案,麒麟弓背回首,目睁口张,仰天长啸,夸张的表现手法,使画面显得异常壮美。麒麟周围装饰有金钱、葫芦、犀角、艾叶,分别寓意富有、福禄、胜利、驱邪。毛南族非常重视墓门的建造和雕刻,墓门多为楼阁式,由门柱、墓碑、护碑石、门楼等构成。墓门上满是雕刻,门柱或是蛟龙盘绕,或是倒爬狮子。左右护碑石刻有挽联和花草鸟兽图案,门楼上雕有龙、麒麟、太阳、云水等,顶端有葫芦、鸱吻等。中南的凤腾山有着毛南族古墓群,这里的古墓年代久远,清以前多为无字碑,清代以后注重雕刻装饰。这里的古墓排列井然有序,有的高达数米,非常壮观。石雕包含了圆雕、镂空雕、浮雕、线雕、阴阳雕等工艺技法,雕刻得细致流畅。"毛南族石匠艺人历来讲究精雕细刻,石匠师傅要求学徒每天刻一只画眉鸟,但凿下的石粉末不得多于一牛眼杯,以此衡量徒弟的刀功、锤功和成品的水准。"(谭自安编著《中华民族全书·中国毛南族》)。毛南族石雕师傅在雕刻时不画草图,完全凭借对石头的了解和精湛的雕刻技巧,发挥个人的想象,一凿一凿地把无生命的冰冷的石头变得鲜活灵动,充满生命感。

五、毛南族礼俗、宗教与传统造物设计

毛南族没有统一的宗教信仰,其信仰是具有浓重的原始宗教色彩的祖先崇拜和多神崇拜。历史上在毛南族存在的神灵就达100多位,现在毛南族人们常提及的神灵有72位,还愿祭祀活动中的神灵面具有上元、中元、下元、师公、鲁仙、灶王、社王、欧官、蒙官、谭九官、三界公、三光、桥仙、花林仙官、万岁娘娘、良吾、六曹、雷王、雷兵、土地、小土地、家仙、莫一、莫二、太师六官、挑夫、瑶王、瑶婆、三娘、灵娘、雷王夫人、神团像、鸿石、

鸿傲、鸿远、锣鼓官共36位神的。多神的崇拜，一方面缘于古百越民族文化基因以及后来的多民族文化交融，另一方面也和毛南族地区恶劣的自然生态环境有关，人们在频繁遭受自然灾害后，自然把希望寄托在神灵身上，祈求神灵的庇护。

毛南族所创造的神灵一般都有着世俗人生，神灵的身世大都出身贫寒，或有着悲惨的生活遭遇，然后得道成仙。这种造神实际上是毛南人对自身困苦生活境遇的表述，以及对美好生活的期盼。以此拉近神与底层百姓的关系，期望在生活中得到神的同情、抚慰和关照。毛南族神灵分善、凶、文、武等类，神灵职能划分清楚，排列有序，形成了较为详明的神灵谱系。在众多神灵中，毛南族对司理天地、掌管生育、保护百姓方面的神灵尤其敬重，顶礼膜拜。在毛南族的心目中，这些神灵直接决定着毛南族生态系统的运转，决定着毛南族的命运。

毛南族民间宗教祭祀活动频繁。最主要的祭祀活动有"肥套"和"肥庙"。"肥套"是毛南族普遍存在的还愿活动。还愿仪式融汇了民间文化艺术的多种形式，它包括音乐、舞蹈、戏剧、绘画、剪纸、雕刻等，这种多种艺术的混合形态，是按照仪式的目的有序地呈现的。因此"肥套"成为毛南族极具观赏价值的一项重要活动，它集视、听为一体，将民间故事、神话传说、价值观念等诸多内容传递给观众，达到了寓教于乐的目的，成为人们不可或缺的精神支柱。肥套分红筵和黄筵，红筵还的是婆王愿，黄筵还的是雷王愿。还愿活动主要通过木面舞表演和相关祭祀活动来体现。主要程序和内容有：接师、三光带众神、三元召度、仙官架桥、瑶王捡花踏桥、三界保筵、花林仙官送银花、万岁娘娘送金花、梁吴点榜、雷王坐殿、退光、收兵等。

"肥套"还愿用的神坛非常讲究，它包含了绘画、剪纸、书法、装置等艺术形式，是毛南族民间美术的集中体现。神坛设置在

屋子的宽敞处，用竹子或木料做成四柱三间的式样，上有门梁，下设供案。中门挂三界公的神像，两边分别挂万岁娘娘和雷王的神像，神坛周围挂三元和花林仙官等神像。毛南族博物馆陈列着1987年在下南乡收集的四幅清代乾隆庚子年绘制的彩墨画，画的是三界公、婆王、雷王等形象。现在民间所使用的神像大都是师公以此为蓝本绘制而成的，形成一定模式。这四幅画像构图饱满，线条流畅，色彩和谐，形象生动，体现了毛南族精湛的绘画技艺。供台上摆放的花楼专供婆王居住，花楼有三层，用竹子搭建，外面用红纸剪成窗花糊于花楼之上，小巧精美，非常好看。在还愿仪式中，专门有剪花公负责剪出仪式所用的各种纸花。纸花有的贴在神坛之上装饰神坛，有的吊挂在空中美化环境，有的剪出花枝和小人让还愿者拿在手中。尤其是贴在用竹子和红布搭建的红桥上的，以"求花要子"为主题的剪纸，画面左右连续、上下层叠的娃娃和花枝花篮，给人以人丁兴旺、延绵不绝的感觉，体现了毛南族的生殖崇拜。

　　面具是还愿仪式中不可缺少的，可以说，还愿仪式就是面具表演的仪式。师公们戴上神的面具仿佛具备了神的法力，其表演也就具备了仪式性。面具有木面具和纸面具两种。在仪式表演中一般戴木面具，在木面具不够的情况下以纸面具替代。木面诸神有善凶之分、性别之分、年龄之分。人物特征明确，个性鲜明。毛南族木面传人方振国老人祖传的木面具为清代遗存，可见毛南族"肥套"活动由来已久。众神木面具的雕刻遵循中国传统的审美标准，男神脸部方正端庄，呈现阳刚之美，女神脸部呈鸭蛋形，有阴柔之美。在个性的表现上，凶神颧骨突出，怒目圆睁，面色紫红，如雷王、雷兵等；善神面目慈祥，笑容可掬，如土地、瑶王等；女神眉目清秀，肤色红润，如花林仙官、三娘等。木面具极具人性化和世俗化的特点。毛南族现代制作的面具与清代存留的面具比较，诸神的形象变化不大，程式化明显。这说明诸神形象在毛南族人民心中已根

深蒂固。

仪式通过师公诵经、说唱、舞蹈等形式呈现。主要的乐器有祥鼓、桶鼓、锣、钹等打击乐器。祥鼓，是两端粗大、中间细小，形似蜂身的膜鸣乐器，因此也称之为蜂鼓。鼓身较长，两端蒙上牛皮，演奏时，横置于地上以手和木棒敲击，发出高音和低音。在仪式演奏中，祥鼓不可缺少，起到引领作用，其他乐器相互配合，声音起伏变化，节奏张弛有度，师公随鼓点起舞，现场气氛活跃，民族特色浓郁。

"肥庙"是毛南族传统节日分龙节的"庙祭"活动。主要是祭奠三界公和祈求玉帝合理分配龙头，它以村屯为单位，是毛南族最隆重的祭神求雨保丰收的农业祭祀活动。三界公是毛南族的保护神，是饲养菜牛和耕牛的创始者。有了三界公毛南族生产水平才得以提高，生活才有保障。因此，毛南人怀着感恩之心在分龙节中杀牛祭奠他。毛南族根据自己的气象经验和宗教观念，认为每年夏至后的第一个辰日是水龙分开之日。前时多雨常涝，后时少雨常旱，影响农业生产。传说降雨跟玉帝分配龙头有关，人们在此时，祈求玉帝合理分龙，避免旱涝灾害，确保风调雨顺、五谷丰登，十分灵验。庙祭活动通常在各村屯的三界庙前举行。主要有纳牛仪式、祭三界公、傩戏表演、结丰收树、接米纳福、放天鸡、放飞鸟等内容组成。纳牛仪式，俗称椎牛仪式，是在分龙节的前一天进行，为了减少牛的痛苦，用剪好的纸花盖住牛的头部，杀牛人看准牛的头颈，高举铁锤，一锤将牛打杀。割下牛头、牛尾和四脚祭三界公和玉帝。在活动中，人们制作色彩艳丽的五色饭，用五色饭粘在树上，制作成丰收树。人们还喜欢用菖蒲叶包扎糯米制作成像鸟一样的粽子，称"幸福鸟"，师公将"幸福鸟"抛向天空，落下来的"幸福鸟"被人接到，就意味着得到了神灵的保护。人们将"幸福鸟"挂在自家门上和树上预示吉祥。现在环江县政

府非常重视这一传统节日，每年都举办大型的分龙节祭祀活动。活动在传统的基础之上，增加了龙舟比赛、歌舞狂欢、彩车游行、盛装表演、民歌对唱等丰富多彩的节目。分龙节那几天，整个环江县城热闹非凡，引来了很多中外游客。

毛南族祭祀活动中，师公用的法器主要有简笏、曹标、法印、师公剑、笏筶、手铃等。简笏是师公拿在手中的法器，是权力和地位的象征，也是师公向天神朝告的器物。上段吸收了盛行于商代的尖首"玉圭"的特点，其形态类似宝剑的尖头，中段为方形印章的造型，下段呈燕尾状。曹标是见证和公断的法器，有驱魔镇妖的作用。其名称的由来可能与毛南族神话中替大神们处理日常事务的神灵"功曹"有关。"功曹"全称为"六曹执印当案判官"，它是六神一体的合称。毛南族傩戏面具中的"功曹"横眉怒目，刚正不阿。曹标主体为一个遒劲的龙头，龙头仰首怒目，张开的嘴中插一把尖刀，刀上系有长长的红色飘带。龙头插于一根长约170厘米的竹竿上，祭祀仪式中师公拿在手中或插于仪式现场。师公使用的法器增添了祭祀活动神圣的宗教气氛。

毛南族很少有大的寺庙，除了传统节日祭祀活动外，平时祭祀均在家进行，因此无论贫富，家家户户都必设神龛。神龛是用木板制作的方形小阁，供奉神灵和祖先牌位。每家统一设立在堂屋正对大门的墙壁上。神龛悬挂有两米多高，下面设置案板，用以摆放香炉、灯盏、祭品等。神龛设在家中，使人们产生了心理上的安全感，婚丧嫁娶，头疼脑热，随时可以祭拜神灵祈求保佑和赐福，同时对下一代具有规劝其遵守孝道的教育功能。香炉是供奉神灵的礼器，按材质可分为石雕香炉、砖雕香炉、陶瓷香炉和铸铁香炉。陈列于毛南族博物馆的清代道光十八年（1838）制造的"花公婆婆"铸铁香炉，是毛南族香炉中的精品。其形制为四足双耳的鼎式香炉，四角有棱脊，正反铸

有款文，四周有草龙和花卉图案，铸纹清晰，形制规整，加工精细，充分反映了当时毛南族的铸造工艺水平。

毛南族婚俗内容极为丰富，过程较为复杂，它是毛南族文化重要的组成部分。广西环江毛南族的婚礼过程主要有"落典"相亲、"穿耳"定亲和"踩门"迎亲的习惯。正式婚礼的举办主要有迎亲、折被、送亲、开被、回门等过程。贵州毛南族婚俗过程有定亲、讨八字、过礼、接亲、送亲、接老外婆等。虽然两地婚礼过程不同，但都遵循传统，喜庆、吉祥、祝福、孝敬成为婚礼上的主旨，几乎婚礼中的每一项礼仪都渗透着中国人的家庭观念和传统理学思想。如广西环江毛南族折被仪式，将喜糖、红蛋、粽粑、花生等象征吉祥的物品放在被子里，寓意甜蜜、富足、生子。贵州毛南族新娘到达新郎家门外后，需"坐棚"等候吉时入门，棚内设有打糍粑用的粑槽，新娘坐于其上，粑槽取谐音"巴巢"，寓意"爱家顾家"。对歌则是两地毛南族婚礼共有的项目，传递着人们对新人的美好祝福和对幸福生活的向往。

毛南族造物设计是在特定的自然生态和文化生态环境中发展变化的，与他们的生产和生活密不可分。艰苦的生存环境磨炼出毛南族坚忍的性格特征，也激发他们用理性和智慧去寻求解决问题的具体方法，制造出简单、实用、合理的工具。这些生产工具和生活用具的设计，有时简单到没有任何多余的部分，但又充分体现了对经验的有效把握，反映了毛南人朴实无华的品质和生活的智慧。生活在山区的毛南族更加贴近自然、顺应自然和敬畏自然，对自然的理解和想象形成了他们朴素的生存哲学。他们在精神产品的创造上，仍然抓住生活的本质，以最简单易取的材料，用真挚朴实的情感去精心地营造，灵巧地制作。正是这种在艰苦环境中的乐观自信的精神，以及由此所创造的事物，让人感动，让人敬佩。

目录

第一章　毛南族传统建筑
清中期毛南族干栏式建筑　002
清代毛南族顶鼓石础　008
清代光绪年间毛南族方家祠堂　012
清代光绪年间毛南族北宋村石牌坊　018
清代毛南族魁星楼古塔　024
毛南族上白丹古井　029

第二章　毛南族传统服饰
毛南族男装　034
毛南族女装　039
毛南族布鞋、布凉鞋　044
毛南族猫鼻绣花鞋　052
毛南族挂包、银包　058
毛南族织锦　063
毛南族背带　069
毛南族花竹帽　076

第三章　毛南族传统餐饮
毛南族"三酸"　084
毛南族五色饭　090
毛南族陶质蒸酒器　096
毛南族陶质蒸饭器　102
毛南族土灶　106

第四章　毛南族传统生活用具
毛南族挑水罐　112

  毛南族木质童车　118
  毛南族"人"字腿木质靠背椅　123
  清代毛南族雕花两人凳　128
  毛南族升降灯　132
  毛南族漏桌　136
  毛南族木制碗橱　141
  毛南族洗米箕　147
  毛南族米筛　152
  清代毛南族石缸　156
  毛南族烟枪　161
  清代毛南族铜熨斗　165
  毛南族竹火笼　170

第五章　毛南族传统生产工具

  毛南族脚踏犁　176
  毛南族牛耙　182
  毛南族三角刮　187
  毛南族手推磨　192
  毛南族脚碓　198
  毛南族禾剪　202
  毛南族尖头扁担　206
  毛南族牛粪四齿钉耙　209
  毛南族戽斗　212
  毛南族轧棉机　217
  毛南族纺车　222
  毛南族竹笼织锦机　228
  毛南族草鞋及草鞋编织工具　233

　　毛南族捞绞　238
　　毛南族捕鱼篓　243
　　清代毛南族石药碾　247
　　毛南族凿眼刀　251
　　毛南族捕兽器　255
　　毛南族竹制捕鼠器　260
　　毛南族木质榨糖机　265
　　清代毛南族石雕香炉猪槽　270

第六章　毛南族传统民俗和宗教造像

　　毛南族婚礼习俗　274
　　毛南族丧葬习俗　280
　　毛南族同顶和同背　285
　　毛南族马革球　290
　　毛南族石棋　295
　　毛南族分龙节　300
　　毛南族肥套　307
　　毛南族肥套木面　315
　　清代乾隆年间万岁娘娘神像图轴　323
　　清代毛南族三界公神像图轴　328
　　清代乾隆年间毛南族雷王神像彩绘图轴　333
　　毛南族木制祥鼓　337
　　毛南族简笏与曹标　342
　　清代道光年间毛南族花公婆婆案前铁铸香炉　348
　　毛南族肥套仪式中的剪纸花　352
　　毛南族妈鸟古墓　356
　　毛南族神龛　364

第一章 毛南族传统建筑

清中期毛南族干栏式建筑

图一　清中期毛南族干栏式建筑主图

　　干栏式建筑，是以木架构成的离地而居的建筑形式，主要出现在我国炎热多雨的南方地区。本案例为广西河池市环江毛南族自治县（以下简称环江县）下南乡中南村南昌屯71号谭日胜的老宅。据老人说，这栋建筑建造于清朝中期（嘉庆年间），距今有200年历史了。该建筑选址在松潭山下的坡地上，面朝东南田峒，有小溪从田峒折而东流，环境非常优美。

　　这是一栋古老的原生态的干栏式建筑，依坡而建，为五开间两层形制，干栏平面呈"凹"字形，中间大门内凹，两边各两间对称。建筑总长16.5米，宽9.08米，高7.8米。一层高2米，主要是牲畜的栏厩；二层高2.6米，为人居住，一进门为厅堂，正中设神台，以神台为中心，神台后为主人卧室，左侧为厨房，右侧摆放生产工具和杂物，并有一门通向后山，神台前方左右设厢房。建筑充分体现了"因地制宜，就地取材"的原则，尽量不占用耕地，建筑地基随坡就势，开辟基形，房屋后半部和右侧三分之一的面积为坡地地基，为了防止土石坍塌，采用山石加固基形，然后在其上立柱架檩。木构架的材料取自周围山林中的金刚木，门前两根立柱落在坡底的地面上，柱底用0.6米高的石础支撑，防止立柱下沉和倾斜。房屋各立柱之间根据需要设置卯眼，以穿木连接，穿木上架设横檩木，檩木上铺设椽子，椽子上加盖瓦片，两边山墙用泥土夯实，形成半楼居高脚干栏。此案例是毛南族标准三开间干栏建筑的拓展，有效地避开地面的潮湿和瘴气，预防了野兽的侵扰。上下两层功能划分合理，对称开窗营造了通风、干燥、凉爽的屋内环境。尤其是左右两边增设的开间，以山石切成1米多高的墙基，上面用黄泥土夯实成墙体，使整个干栏更加牢固，达到了保暖、防潮、安全的居住效果。同时，黄色泥土与木质干栏形成了鲜明的对比，给人以庄重、朴实、厚重、美观的审美享受。此案例在营造上的优点是：1.巧妙应用了应力、拉力和杠杆力的原理。利用房屋后半部高坡地基上的立柱，将梁木从后檐柱穿过中间各柱，抵达前檐柱，房屋的重力主要由坡基平台上的立柱分担，有效减轻了前檐柱的负荷。整个建筑以立柱为应力，以穿木为拉力，以伸出檐柱外的穿木挑起屋檐为杠杆力。2.独特的穿斗式构造。以榫卯扣接的形式将各榀木构架构成纵横交错、紧密牢固的干栏骨架。值得一提的是屋顶部分，柱与柱之间以穿木铆接，各层穿木之间设有童柱，各立柱和童柱上端托起檩木，层层递进，构成"人"字形屋顶。这种用立柱和童柱分别承重的方法，分力均匀，使得布局美观合理，结构更加牢固。

毛南族干栏式建筑有全木干栏（早期）、土石干栏和砖石干栏，形制遵循传统。砖石干栏建筑主要形成于民国以后，其墙体用砖石砌成，内部仍是木架结构。山

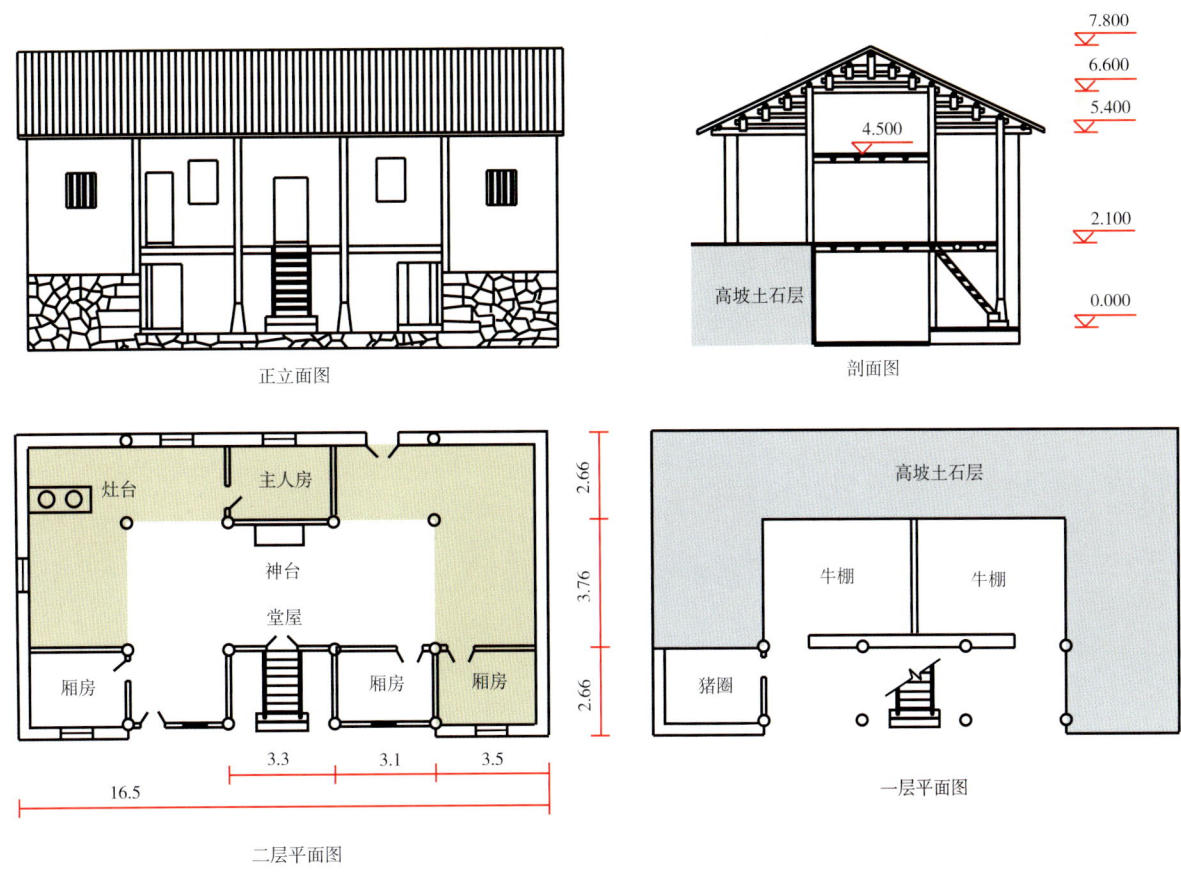

图二　清中期毛南族干栏式建筑尺寸图　（单位：m）

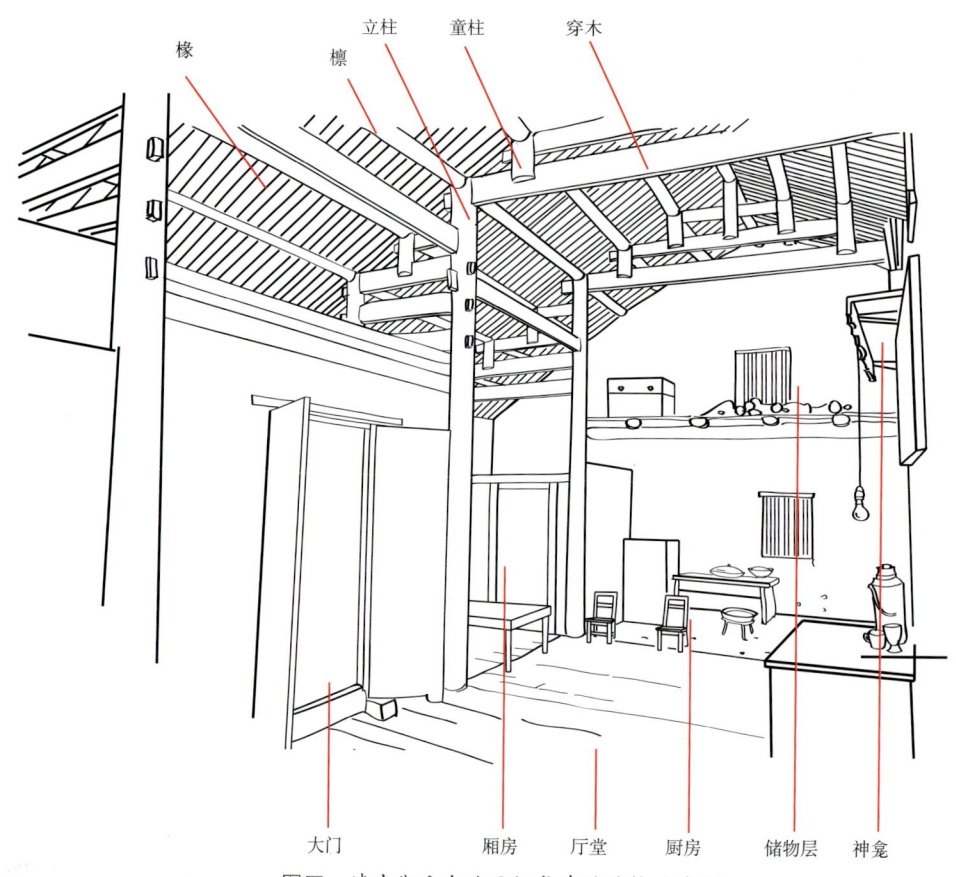

图三　清中期毛南族干栏式建筑结构功能图

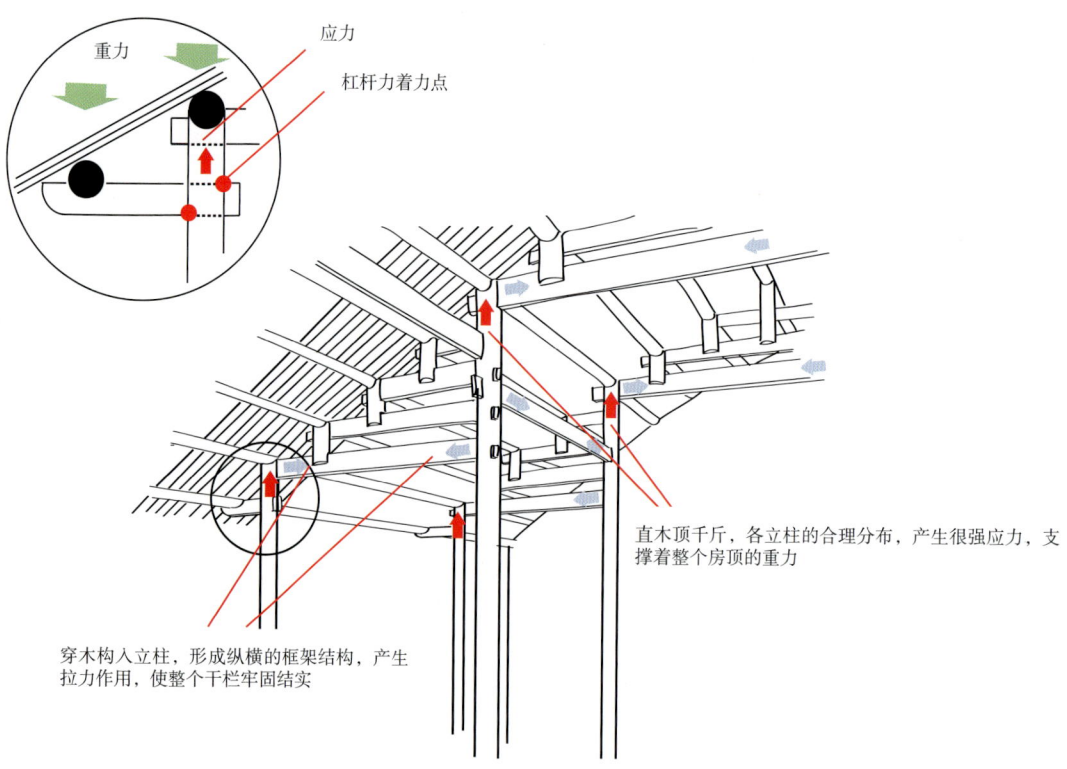

图四　清中期毛南族干栏式建筑力学设计分析图

墙有装饰精美、规整的格式窗体，山尖有如意、祥云、卷草等装饰图案，墀头用石灰泥堆塑花草图案。由于经济的发展和生活水平的提高，古老的干栏建筑被改建成水泥砖混结构的新房，零星的老宅有濒临消失的危险。毛南族干栏式建筑在选址、材料的运用和空间布局上，尊重自然，充分体现了"天人合一"的美学思想。工匠们不用图纸，随形就势的营造方法，体现了毛南人的智慧，其科学性显而易见。

图片来源

图一　刘明来　摄影

图二至图八　刘明来　制图

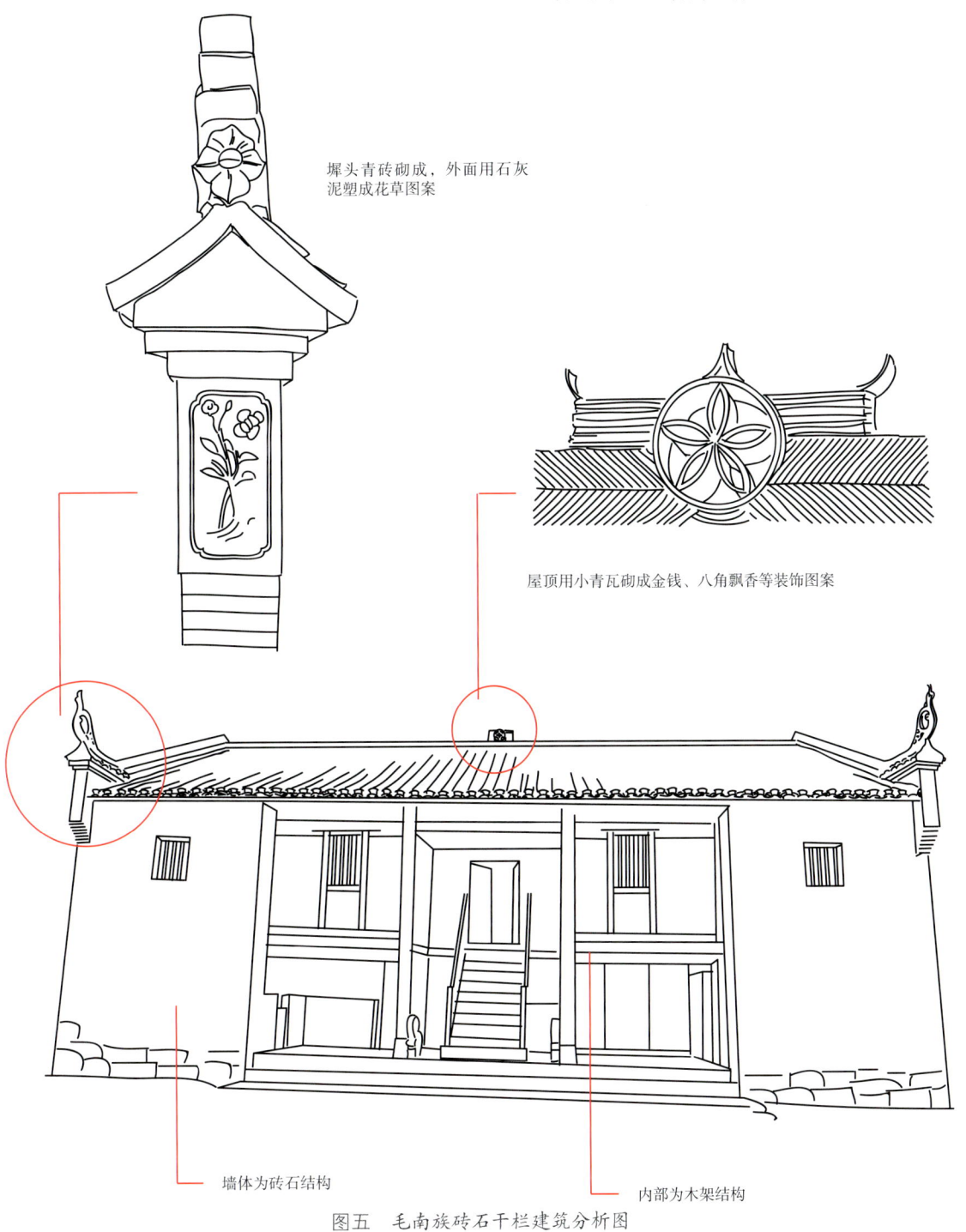

图五　毛南族砖石干栏建筑分析图

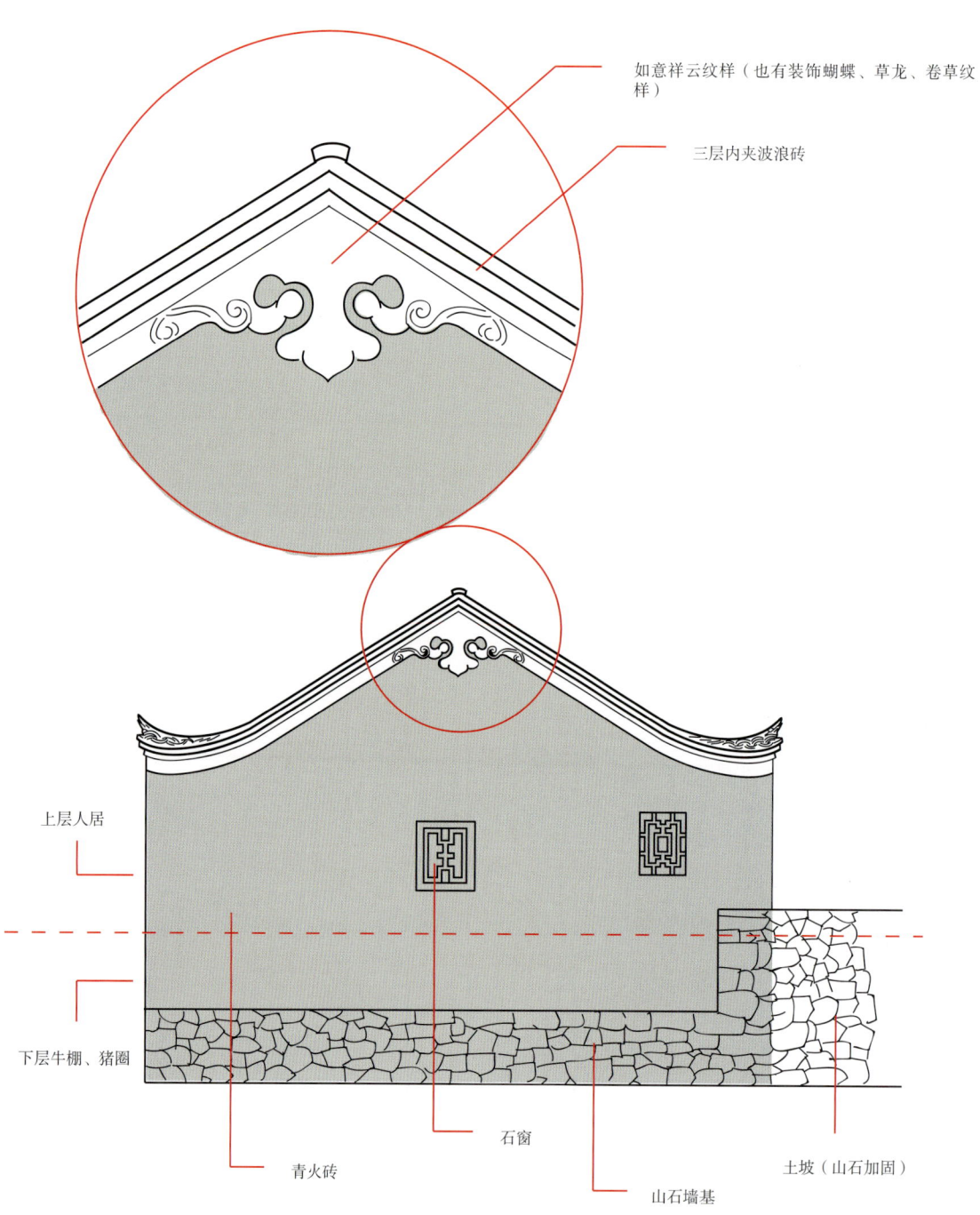

图六 清中期毛南族仪凤村下力屯干栏石屋山墙造型

图七　毛南族砖石干栏建筑的石窗设计图案

三层干栏式建筑，山墙为黄土夯实，木架结构

图八　毛南族传统三层干栏民居示意图

清代毛南族顶鼓石础

图一　清代毛南族顶鼓石础主图

"顶鼓石础",是毛南族干栏建筑房柱下的石墩。此石础形制为八角形支架上顶一面圆鼓,故称"顶鼓石础"。它是木立柱与地面的衔接部分,其功能是将木柱承担的房屋的重量分散到地面,同时因高出地面,可以防潮,避免木柱因潮湿而腐烂。此案例采自下南乡,现陈列在毛南族博物馆,为清代遗物。

"顶鼓石础"采用当地的青石制作,呈青黑色。结构分正方形基座、八角形鼓架和圆形大鼓三个部分。通高0.32米,正方形基座边长0.28米,厚0.07米,鼓面直径0.26米,鼓高0.09米。其鼓架部分外观仿照传统木架的榫卯结构,基座四角有三棱体斜撑于鼓架,鼓置于鼓架之上。从视觉上看,鼓架呈八角形框架结构,交叉紧凑的线条及产生的方形凹面,给人以牢固坚实的感受。圆鼓牢牢卡于鼓架之上,与鼓架、斜撑、基座共同构成托起之势。圆鼓用细密的鼓钉和阳线环绕装饰,与石础块面和直线形成鲜明的对比。整个设计直曲有度,虚实相间,凹凸有致。"顶鼓石础"大多放置在门前入口处的两根立柱下端,左右对称,与楼梯、正门相呼应,对建筑及环境有很好的装点作用。石础在中国传统建筑中十分常见，在一定程度上反映了地域文化。"顶鼓石础"的式样，在毛南族干栏式建筑中较为普遍，鼓在毛南族人们心目中有着特殊的地位。一方面，鼓具有阳刚之气，是力量的象征，有辟邪镇宅的作用；另一方面，鼓自古以来就与自然崇拜和巫术观念有关，鼓声如雷会带来雨水滋润大地，在祭祀活动中，人们常以鼓声取悦神灵，祈求来年风调雨顺，五谷丰登。

毛南族"顶鼓石础"虽然形成程式化的一面，但在比例和装饰上有所不同，出现了"阳具顶鼓石础""雕花顶鼓石础"等形式，集实用性和装饰性为一体。从该案例中可以感受到，设计是基于某种思想观念支配下的创造性活动，它与生活息息相关，倾注了人们的情感和愿望。

图片来源

图一　刘明来　摄影

图二至图五　刘明来　制图

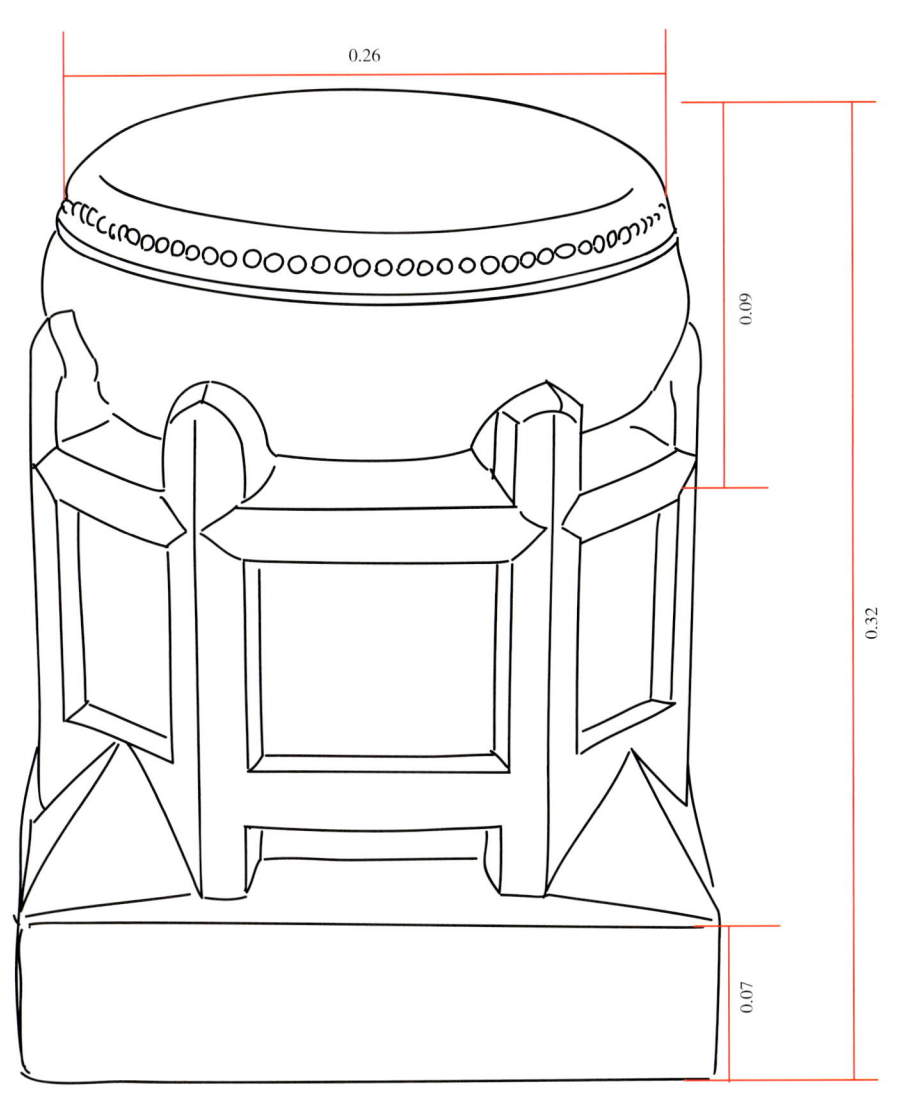

图二　清代毛南族顶鼓石础尺寸图（单位：m）

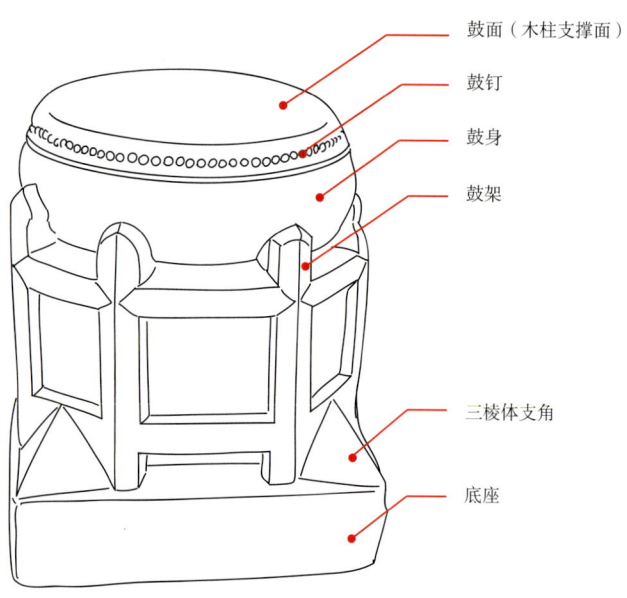

图三　清代毛南族顶鼓石础结构图

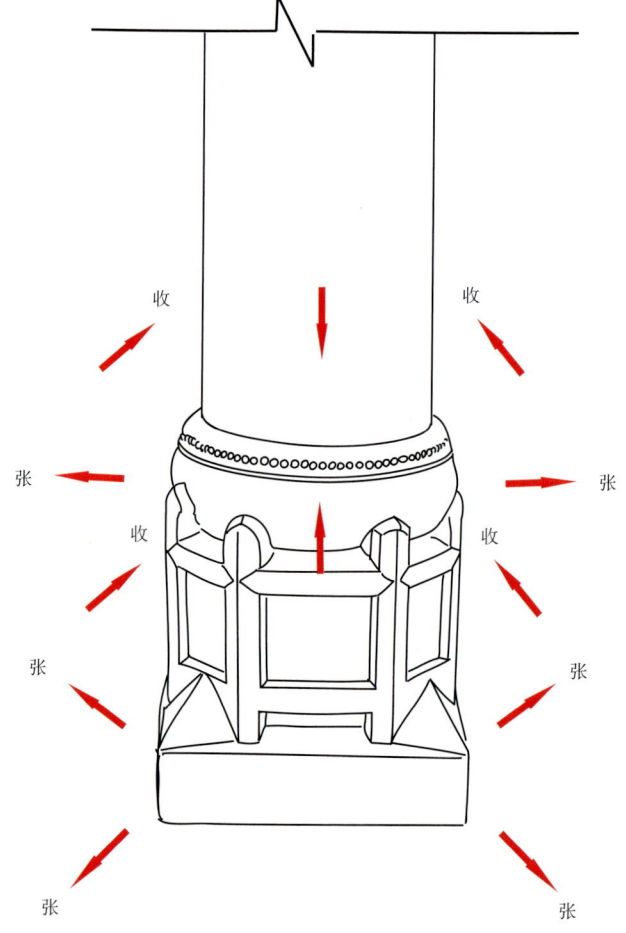

石础与木柱结合产生的视觉心理变化

图四　清代毛南族顶鼓石础设计分析图

南瓜石础（清代）

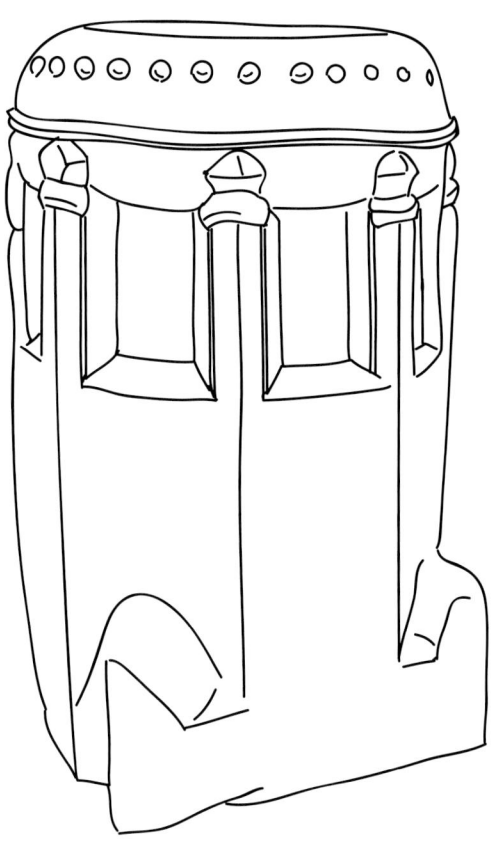

雕花顶鼓石础（下南乡下南村 清代）

阳具顶鼓石础（下南乡仪凤村 清代）

图五 清代毛南族石础式样图

清代光绪年间毛南族方家祠堂

图一　清代光绪年间毛南族方家祠堂主图

方家祠堂位于广西河池市环江县水源镇三才村盘江屯前西南面山脚下。建于清光绪五年（1879），占地面积260平方米，砖木结构，三进三开间，面阔三间10.7米，进深23.4米，硬山式小青瓦屋顶，风火山墙高高叠起，雕饰各种动物花草图案。堂前砌一堵高3.5米、宽5米的影壁。祠堂于20世纪50年代改为校舍，祠内设施不复存在，只遗存挂于大门上方"宗祠"木匾一块及两块碑刻，一块"家庙记"碑，一块"庙规文则"碑。

方家祠堂地处盘江盆地，坐南朝北，祠堂后有高山，前有水田数百亩，并有小溪迂回环绕，周围有村落。中国的建筑选址强调"负阴抱阳"，这种形式体现了选址的方向性和空间感的原则。从方向性看，祠堂坐南朝北，与"负阴抱阳"坐北朝南的建筑形式相违背，但对于地形复杂多变的山区来说，完全体现"负阴抱阳"的理念不太现实。因此毛南人对于"负阴抱阳"认识则更侧重于背山面水的空间感上了。从另一个方面讲，方家祠堂100米外就是盘江屯及其周边村落，村落与祠堂相对应，村落的建筑虽向度杂陈，但总体依山而建，面向东南，完全符合了"负阴抱阳"的选址理念。祠堂朝向开阔，左右山峦互衬，四势均衡。在环绕祠堂的小溪上架有三座小桥，小桥把祠堂与周围村落联系起来，这种格局则更加突出了祠堂的中心位置，突显了毛南人的宗族观念。

从方家祠堂的建筑外观上看，祠堂前半部分为毛南族的建筑特点，后半部分却采用了马头墙的式样，这种形制在毛南族建筑中极为少见。在我国的建筑中，马头墙主要存在于长江以南的徽州地区，有防火和装饰的功能。方家祠堂独立于村落之外，马头墙的设置主要作为装饰墙而存在。由此表明，方氏宗族在与外界的交流中，已接受了汉族地区较为先进的文化思想，并将其以建筑形式融入本民族之中。

方家祠堂是祖先崇拜的仪典性场所，其内部格局设计需要满足仪典的需求。祠堂内部在"文革"时已损毁，从地面的石条、石础可以判断，祠堂为三进三开间的中轴对称式建筑布局，由大门、仪门（仪厅）、庭院、寝堂组成。前进山墙高出屋顶，两端翘起。后进山墙为马头墙五山屏风式样，各层顶部对称装饰有鸱吻、龙头等图案，墙侧有泥灰塑成的狮子图案。前后山墙轮廓高低错落，檐角飞扬，充满节奏和韵律感。祠堂内残留部分木雕板，后经过村民拼凑成为四块条屏，从木雕板的尺寸和形制上判断，可能是祠堂寝堂内的神龛面板。木雕板上雕刻着云龙、狮子、鲤鱼、铜钱、书卷、法器等图案，构图饱满，雕刻精细。木雕图案经过彩绘，因时间久远颜色老旧，但仍然可以感觉到色彩以毛南族喜爱的蓝色为主色，配以黄、绿、白、红等色彩，色调整体统一，朴实淡雅。从图案中可以感受到方氏家族对汉

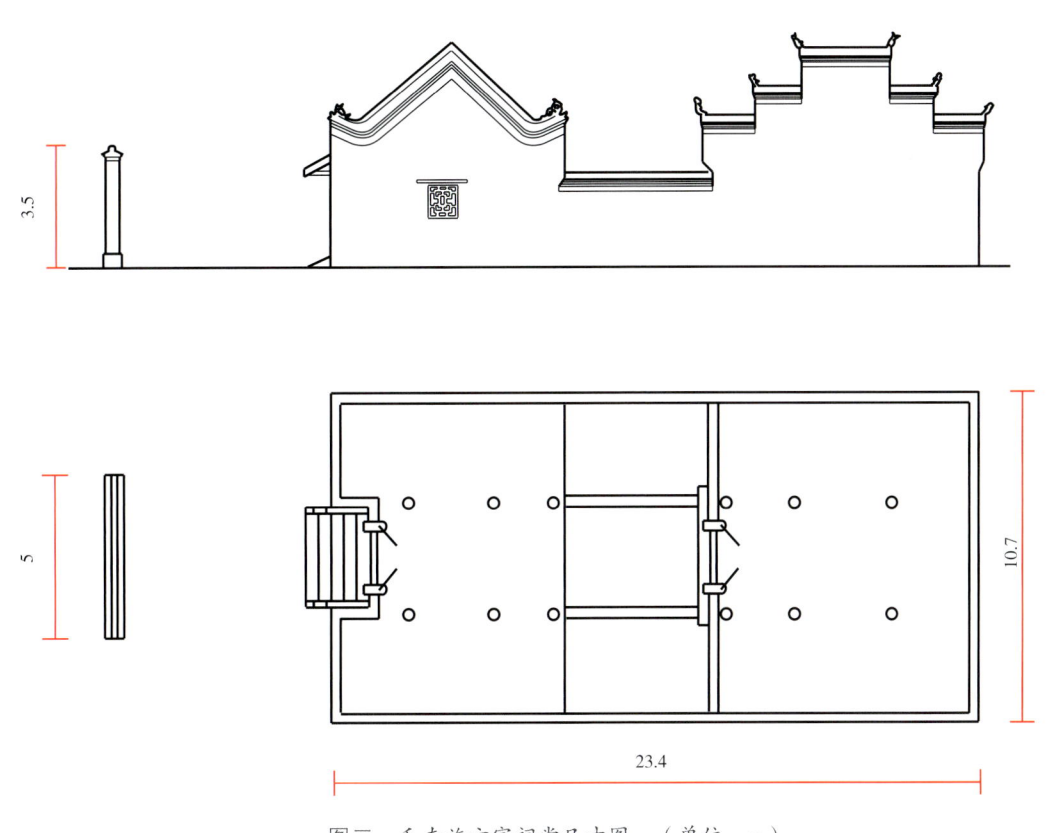

图二　毛南族方家祠堂尺寸图　（单位：m）

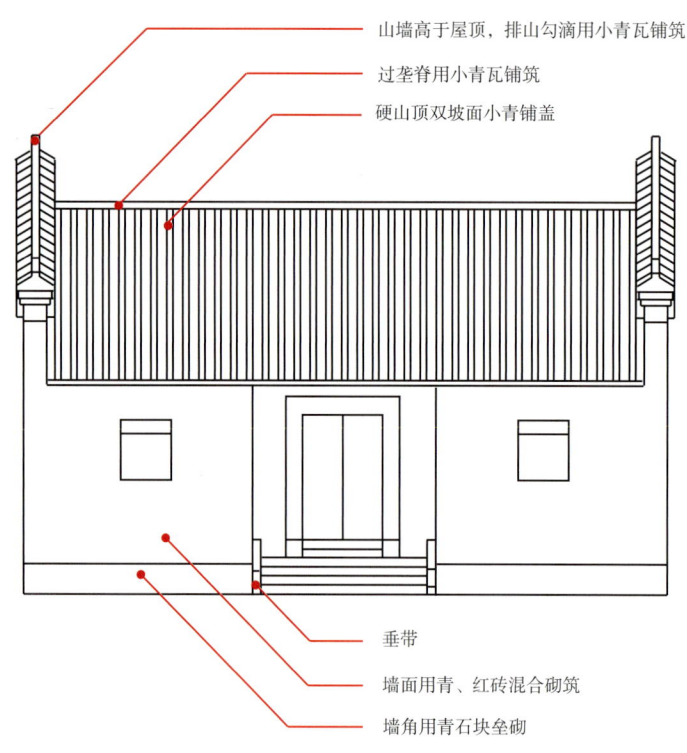

图三　毛南族方家祠堂正门立面图

图四　毛南族方家祠堂环境图

族文化的认同，以及对功名富贵的追求。同时也让人联想到当初祠堂的庄重与华美，宗族活动繁盛的场景。

方家祠堂对研究毛南族地方宗族文化有着重要意义。祠堂无论在环境设计、建筑结构设计和建筑装饰设计上都具有很高的文化和审美价值，它吸收了汉族文化的内容，设计规整，前后不同的建筑形制结合巧妙，反映了毛南族融合变通的智慧和能力。

图片来源
图一、图六、图七、图十　刘明来　摄影
图二至图五、图八、图九　刘明来　制图

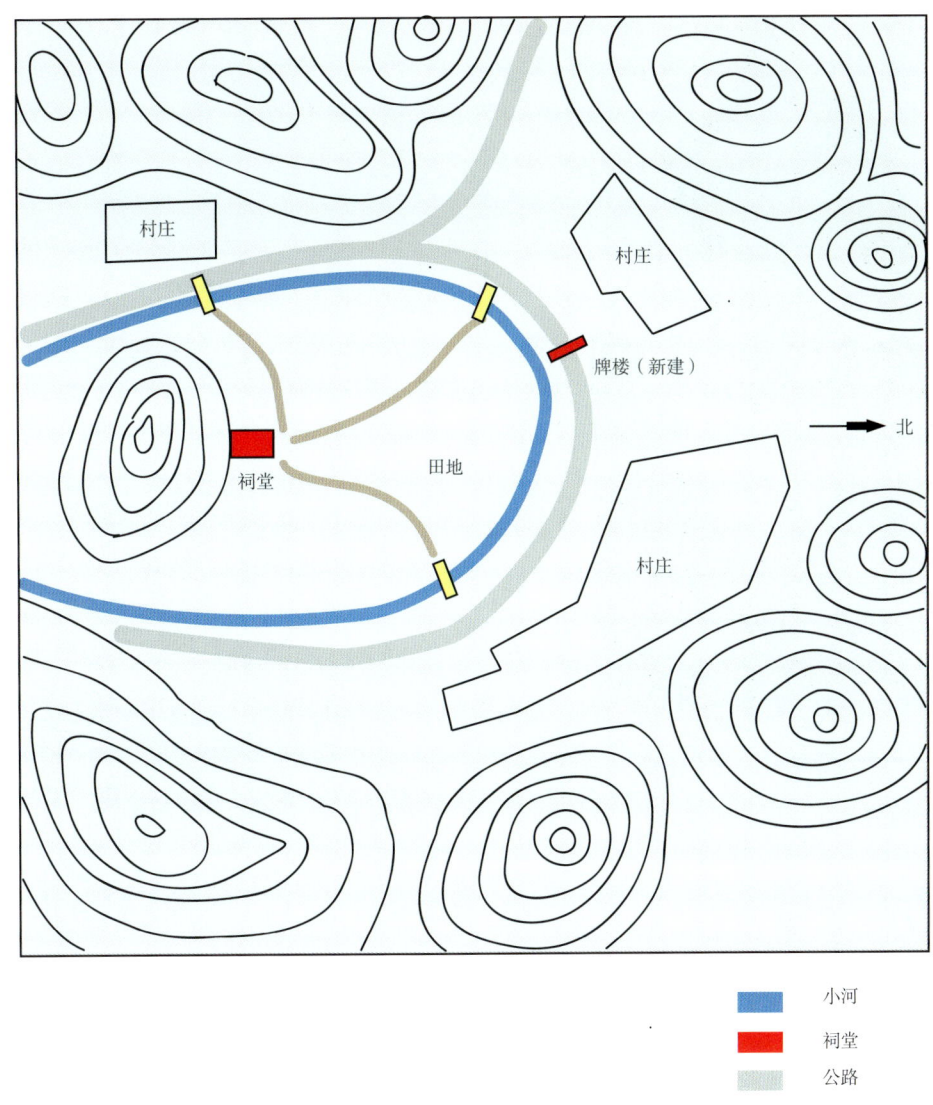

图五 毛南族方家祠堂环境示意图

图六 毛南族方家祠堂环境展开图

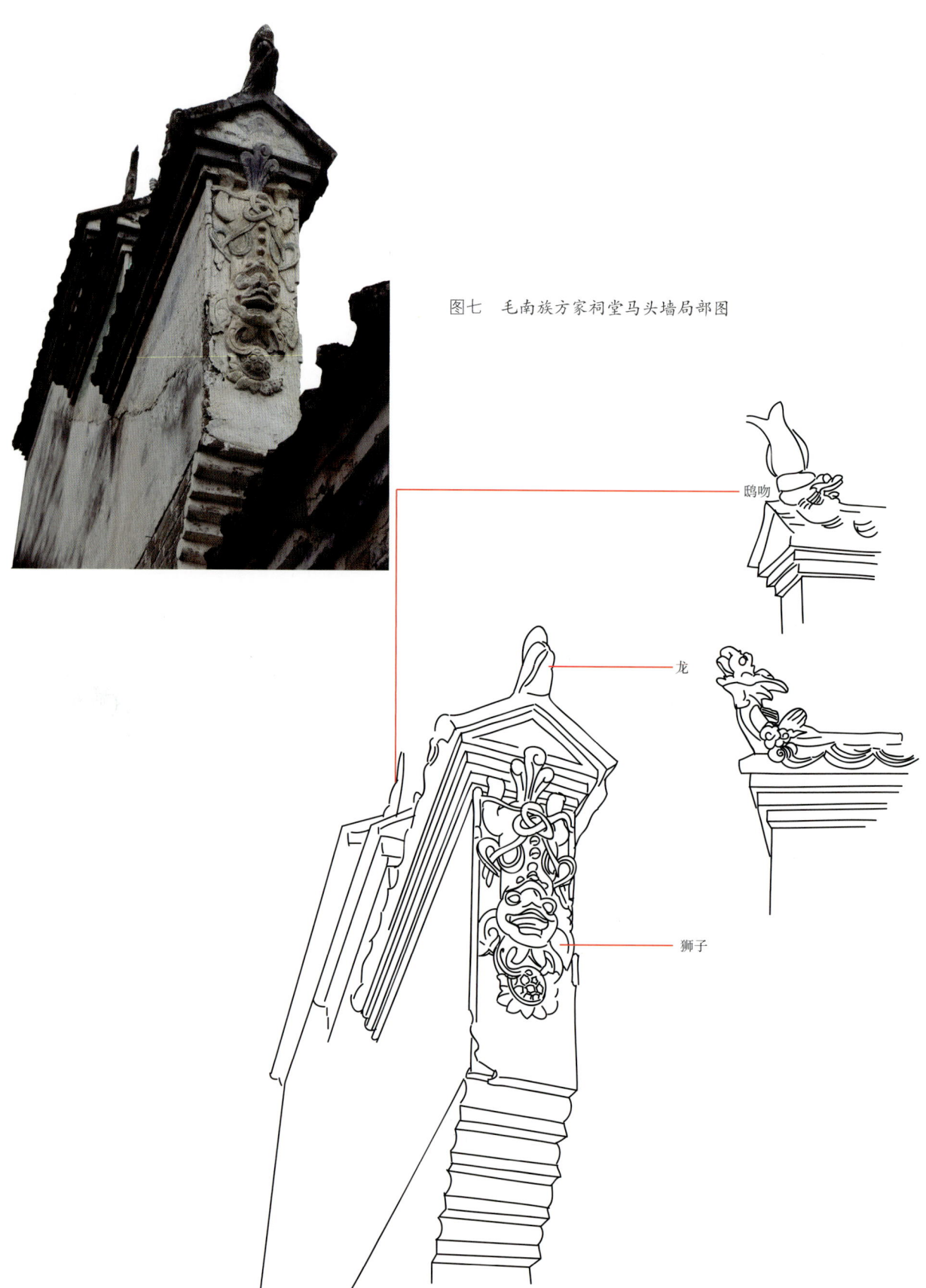

图七　毛南族方家祠堂马头墙局部图

鸱吻

龙

狮子

图八　毛南族方家祠堂马头墙上的狮子砖雕图

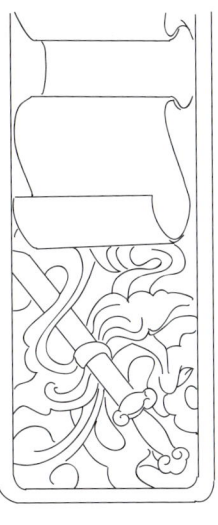

图九 毛南族方家祠堂装饰图案

图十 毛南族方家祠堂木雕图

第一章 毛南族传统建筑

017

清代光绪年间毛南族北宋村石牌坊

图一　清代光绪年间毛南族北宋村石牌坊主图

　　牌坊是中国特有的门洞式建筑物，它的原始雏形为春秋中叶的"衡门"，隋唐时期发展成为华表与坊门结合的"乌头门"，宋代称为"棂星门"，由防卫意义的建筑逐渐演化成具有标志意义和祭祀意义的跨街建筑。明清时期是牌坊发展的鼎盛时期，牌坊成为统治阶级宣扬封建礼教，歌功颂德的纪念性建筑。牌坊一般由木、砖、石等材料构成。牌坊的形制有两种，一种是立柱高于明楼的冲天式牌坊，一种是立柱在明楼之下，明楼的正脊为最高峰的不出头式牌坊。毛南族北宋村石牌坊为后一种形制，位于环江县明伦镇北宋村北宋屯东北面公路旁。建于清光绪二十年（1894）。牌坊由"一门九烈"牌坊（男坊）和"一门贞烈"牌坊（女坊）两部分构成，是为抵御粤匪扰乱而遇难的卢氏一门四男五女营建。此为毛南族唯一的石牌坊，在广西少数民族地区也极为少见。1994年7月被自治区人民政府公布确定为自治区级文物保护单位。

两座牌坊以当地的优质青石为原料，均为四柱三间三楼结构，坐东向西，前后间距8.8米，每座宽6.2米，高7米，狮鼓部分高1.82米，底座长2.25米。据史料记载，卢氏一门殉难后，巡抚奏请朝廷，旨准该地方官每县供银三十两，为卢氏在通衢大道建碑立坊，以彰忠烈。这种设立在通衢要道上的跨街式建筑，在空间构筑上，与山景相得益彰，成为标志性建筑，对环境也起到了极好的装点作用。人们通过牌坊不忘先人，营造了一种人与物的情感交流空间。牌坊明楼的正脊中央雕有"寿"字葫芦，两边有龙盘绕正脊之上，呈双龙捧寿的姿态。楼脊的四角有螭吻相向，正面明楼中央有"圣旨"匾额，左右雕有文官武将，花鸟草虫，额枋上刻有八仙、鸾凤等浮雕图案。背面刻有旌恤部文。正侧面石柱上刻有清代官员敬题的对联、诗作等。夹杆石为狮鼓形状，鼓中雕刻麒麟、龙、凤等图案。从牌坊雕刻的内容上看，毛南族社会生活理念与中国封建社会的礼教和道德观念融为一体。

毛南族北宋村石牌坊吸收了汉族石牌坊的形制和建造方法，石牌坊下有基座，上有楼脊，中间有立柱、额枋、字板、抱鼓石等构成，各部件均以榫卯相接，坚实牢固。石料加工细腻，图案雕凿精致。宋代《营造法式》中描述的雕刻手法有剔

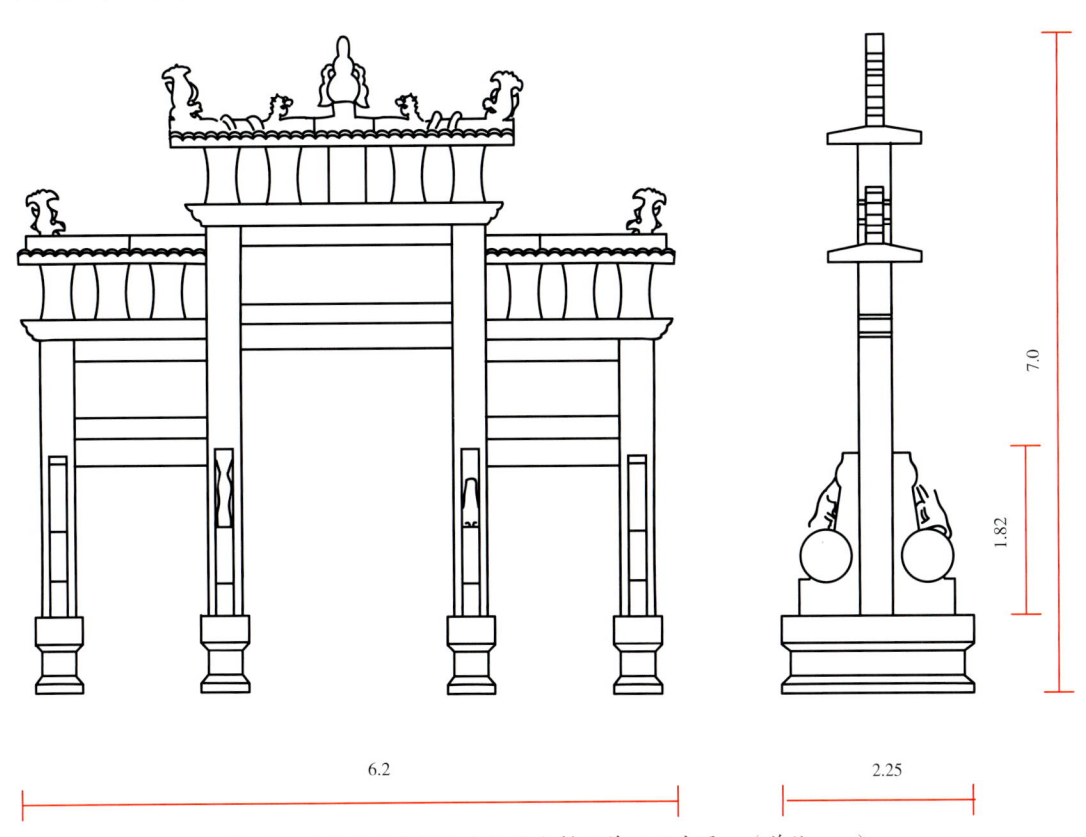

图二　清代光绪年间毛南族北宋村石牌坊尺寸图　（单位：m）

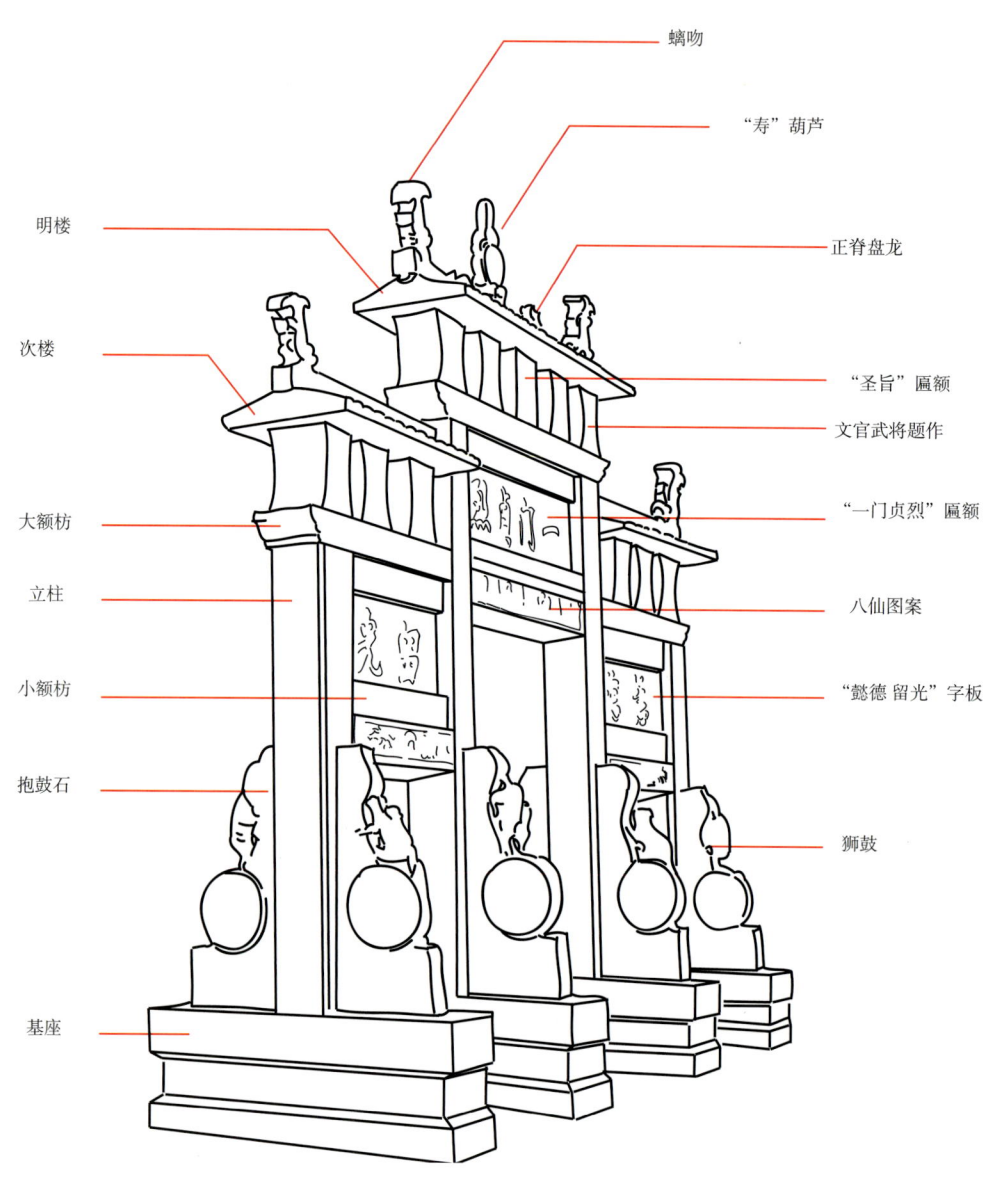

图三 清代光绪年间毛南族北宋村一门贞烈石牌坊结构名称图

地起突、压地隐起华、减地平级和素平四种形式，毛南族石牌坊主要采用后三种形式的表现方法，雕刻起伏不大，但图案工整有序。这种朴素平和的雕刻风格，凸显了牌坊轮廓，整个牌坊更显肃穆威严。从比例、结构上看，抱鼓石位于牌坊高度的三分之一处，在视觉上形成稳定坚实的感觉，同时又有极好的力学支撑作用。明楼和次楼设计了十个鼓形通风口，这一方面减轻了牌坊上部的重量，具有泄风抗风的功能，另一方面与整个牌坊建筑协调统一，起到了美化装饰的作用。

毛南族北宋村"一门贞烈"和"一门九烈"两座牌坊，是特定历史时期给我们留下的宝贵财富，承载着丰富的文化内涵和象征意义，是民族融合下的伦理道德、价值观念和艺术审美的集中体现。

图片来源
图一 谭家乐 摄影
图二至图六 刘明来 制图

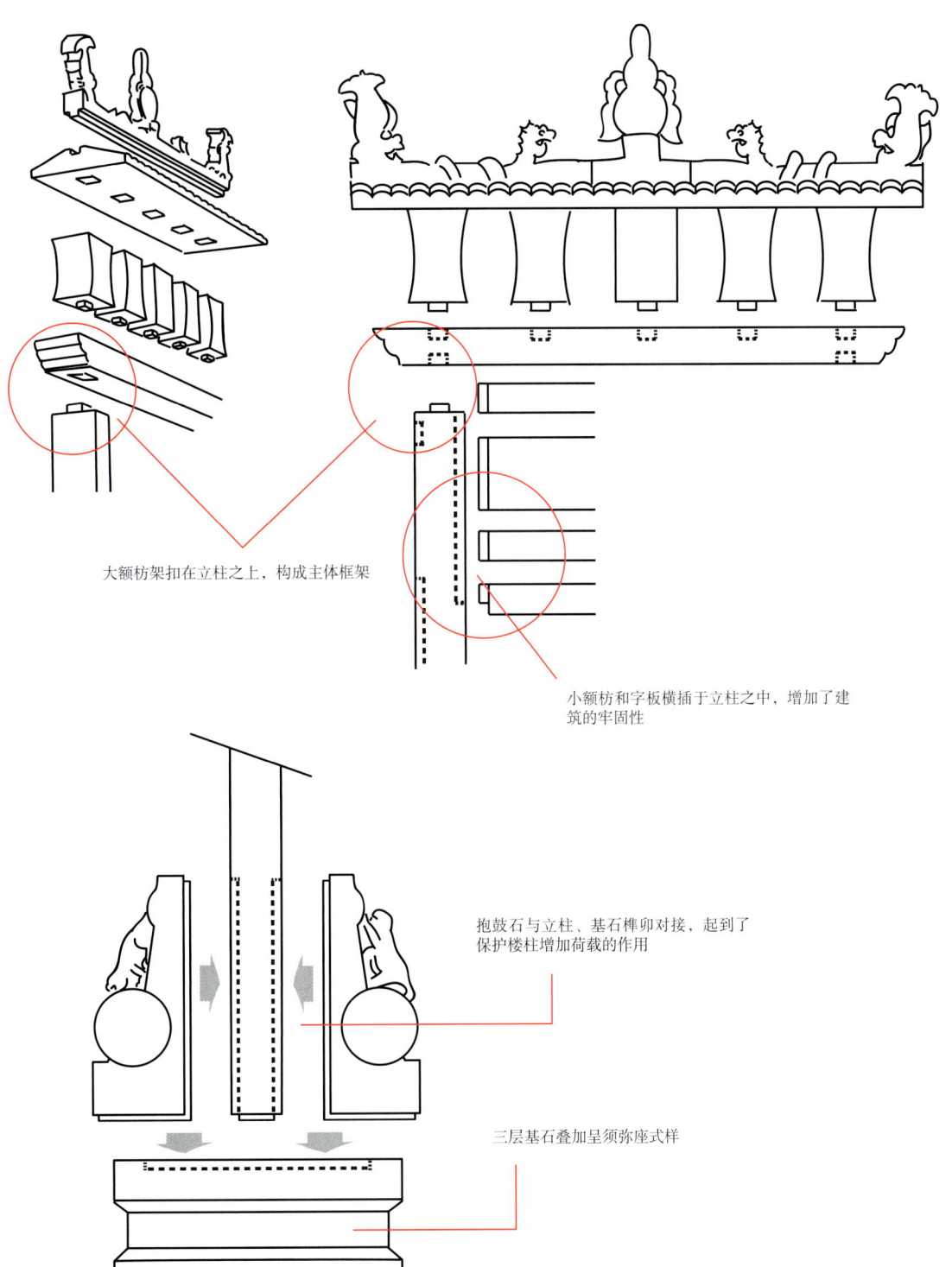

图四 清代光绪年间毛南族北宋村石牌坊结构分析图

图五　清代光绪年间毛南族北宋村石牌坊上雕刻图案

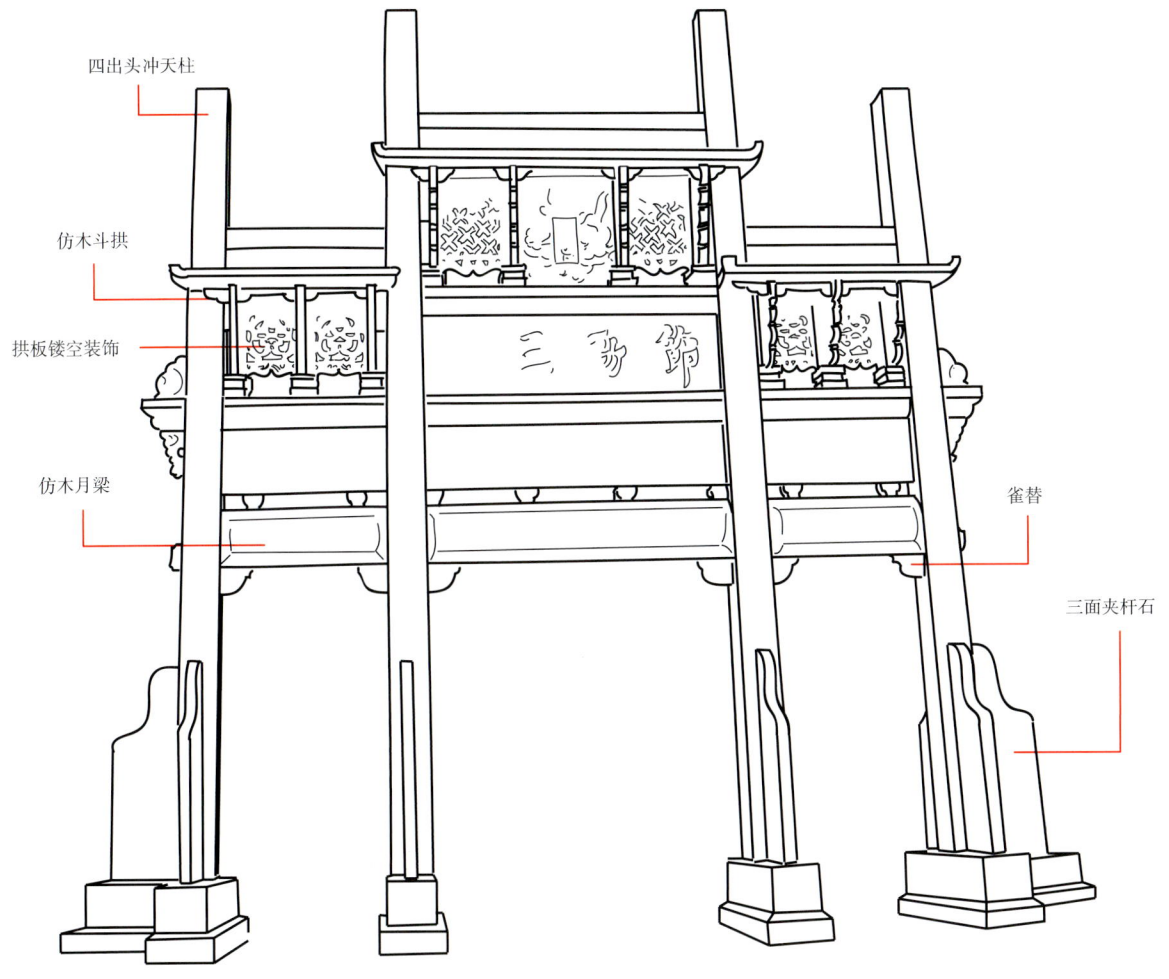

徽州棠樾牌坊群共有7座牌坊依次排列，其中明代3座，清代4座，勾勒出封建社会"忠孝节义"伦理道德的概貌。坊阔8.57米，进深2.53米，高9.60米。明间额枋较低，平板枋以上为仿木结构的一排斗拱支撑挑檐。明间二柱不通头。垫拱板质朴无华，加固了挑檐的基础，厚重相宜。挑檐下的拱板，镂刻有花纹图案。月梁上的绦环与雀替也相应雕刻有精致的纹样

图六 延展图：徽州棠樾牌坊

清代毛南族魁星楼古塔

图一　清代毛南族魁星楼古塔主图

"魁星楼古塔",又称启秀楼、启秀塔,位于环江毛南族自治县川山镇社村河对面坡顶上。重修于清道光二十年(1840),是当地民众为培植风水而捐资兴建的。塔共七层,空心楼阁式。底层呈正四方形,边长4.2米,高3.2米,二层以上为六角形,一层比一层略缩,顶上用砖券封顶,现塔刹部分已倒塌。塔身通高18.9米,墙厚0.6米,为青、红火砖混砌而成。南面开一拱券门,门宽0.92米,高1.9米,门额正中横题"大观在上"四字。塔层之间修成庑殿式遮檐,檐面嵌上一道道青瓦,檐下绘制各种花纹图案,饰以不同的色彩,但现在已无法辨认。西面第五层上书"魁星楼"三字,古有魁星专管人间文风教化之神的传说,故名"魁星楼"。

魁星楼古塔与明清时期阁楼式古塔较为相似，为砖石仿木结构。它的主要作用是改善当地风水、震慑妖孽，因而塔内不住人，也不做佛事活动，不注重登高远眺之功能。古塔注重设计的合理性和结构的牢固性。塔身不宽，内部空间狭窄，开窗少而小。七层塔身共开七扇矩形小窗，二层三扇，分别集中在正西、西北和西南的墙面上，三层三扇间隔分布于正西、东北和东南三个墙面上，四层只在正西面开设一扇窗。从塔内看，七扇小窗的采光可以照亮狭窄的内部空间。塔内每层设有圆木桁条，桁条各层错落分布。从圆木桁条的榫卯来判断，昔日有木梯可攀登。从力学角度上说，错落分布的圆木桁条，增加了内部结构的应力，使塔身具有抗震性。塔内五层以上，青红火砖向塔心聚集，七层已聚集成实心，这种逐层收缩聚集使塔身更加牢固。古塔砌筑讲究，采用一顺一丁砌筑的方式，使砖块之间交叉叠压，六角边采用磨角对缝交错叠加，美观牢固。砌筑的泥料是石灰泥，宋《营造法式》泥作制度就记载了石灰泥的配比和用法。这种用泥方法沿用至明清，有的还在石灰泥中掺入糯米浆等，以增加石灰浆的黏合力，石灰浆干结后硬度大，不易受潮风化。用石灰浆砌筑时采用"三一"砌筑法，也就是一铲灰，一块砖，一揉压的砌筑方法，挤压出的石灰浆用泥刀工具顺手刮去。这种砌筑方法，用泥饱和，砖与砖之间缝隙平整美观。从外观上看，古塔并非正六角形，而是两侧的边较长，前后对应的四条边较短。这种设计使六边形尽可能与底层四方形结合，在不失去六角形特征的情况下，扩大了塔的内部空间。塔身为清水墙，青、红火砖混砌，加之白色石灰浆的砖缝产生的线条，具有古朴素雅

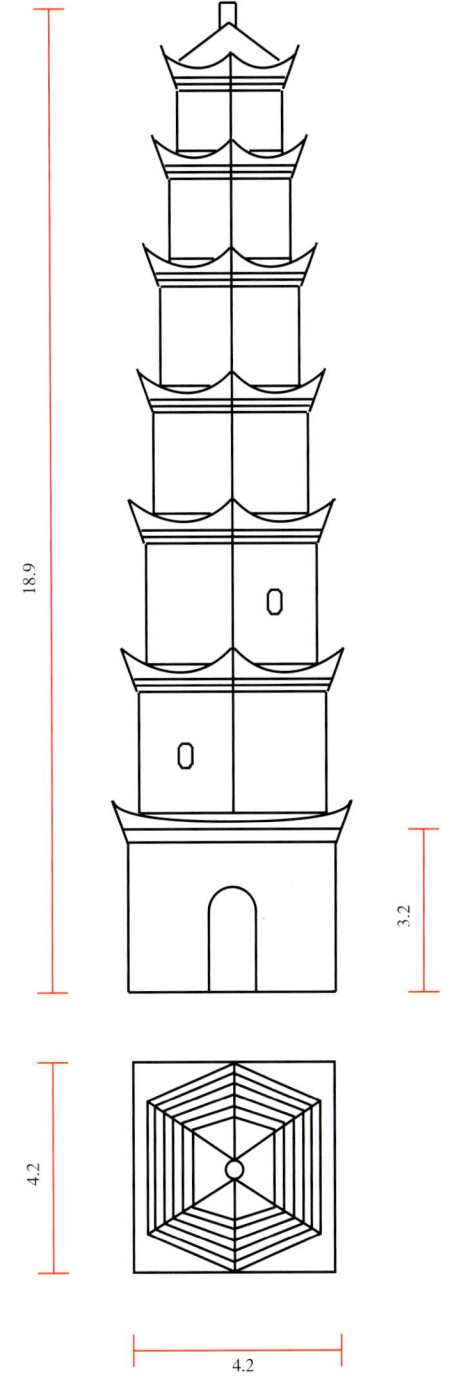

图二　清代毛南族魁星楼古塔尺寸图　（单位：m）

的形式美感。六角檐角高高翘起，并装饰有鸱吻的抽象图案，檐下有起伏的三层拔檐烘托，层次丰富，气韵生动。

塔不是中国的原有建筑形式，是佛教传入我国后，中国人将印度塔与中国楼阁建筑相结合，逐渐形成发展起来的。起初都是木架阁楼式塔，有佛事活动、登高远眺等功能。到明清以后，文峰塔的形式盛行。社村魁星楼古塔正是产生于这个时期的文峰塔，它设计精巧，形式美观，砌筑工艺讲究，已经达到当时建造技术的较高水准。魁星楼古塔是环江境内唯一的一座砖塔楼，对研究地方民族文化有着重要的意义。

图片来源

图一　刘明来　摄影
图二至图七　刘明来　制图

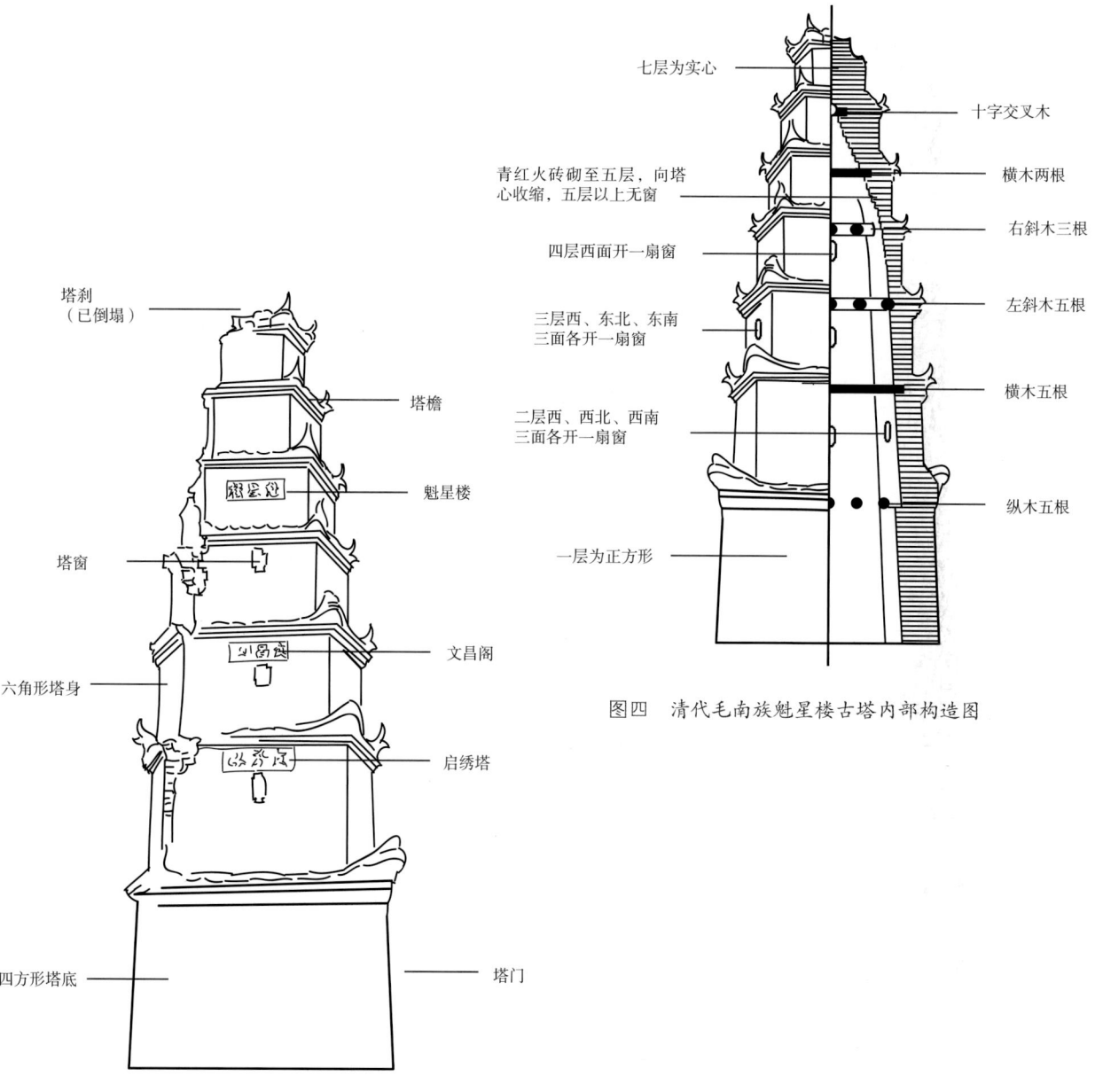

图三　清代毛南族魁星楼古塔结构名称图

图四　清代毛南族魁星楼古塔内部构造图

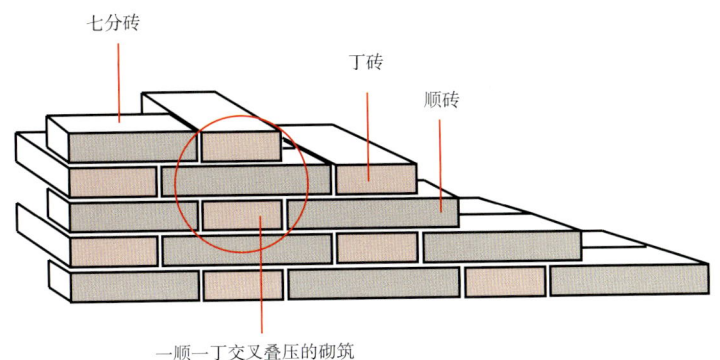

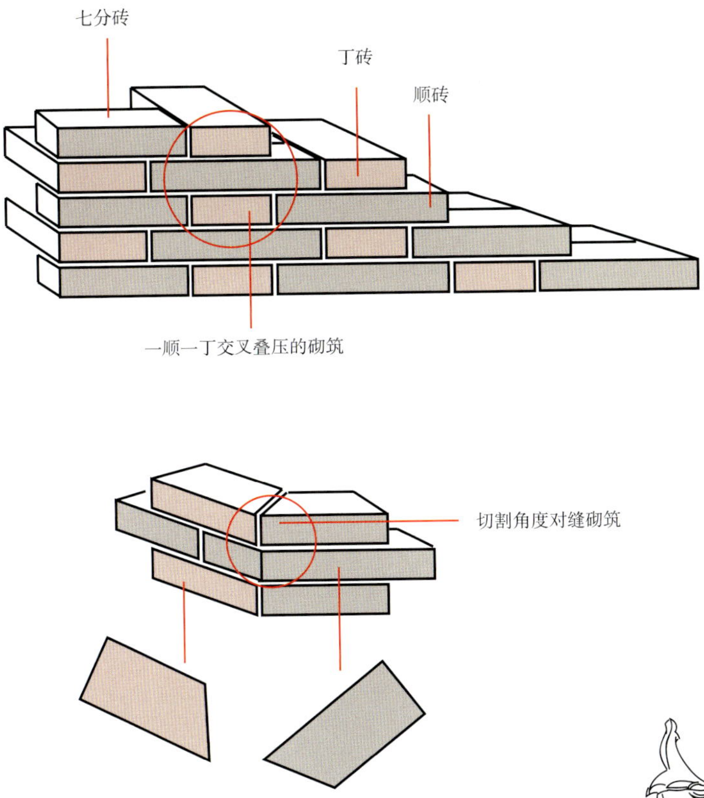

图五 清代毛南族魁星楼古塔砌筑工艺图

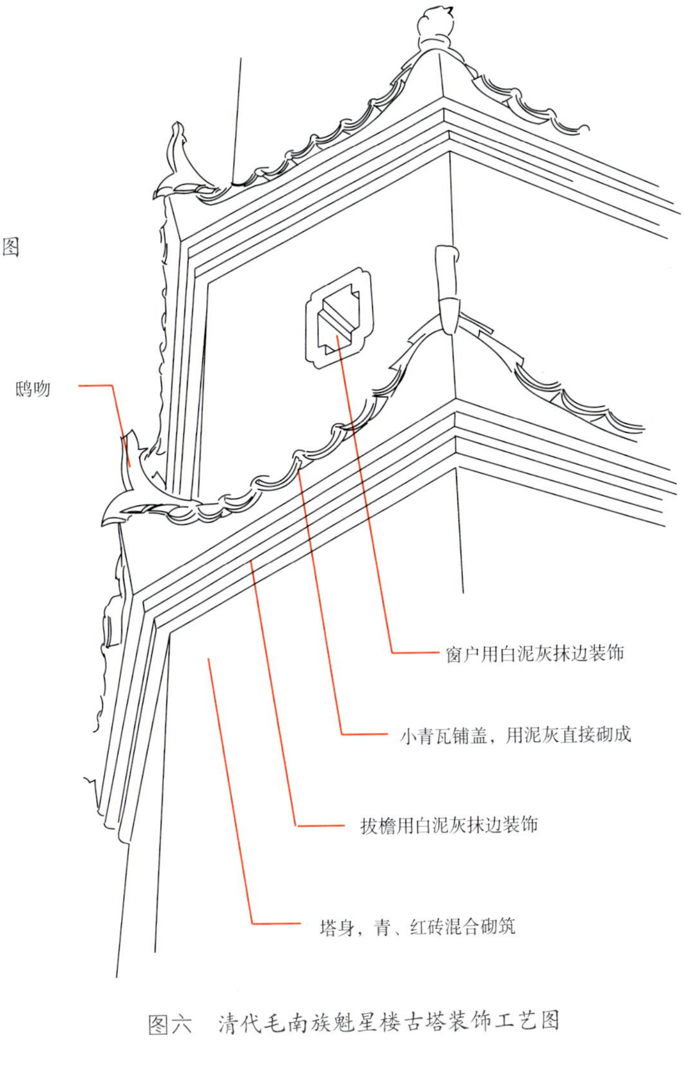

图六 清代毛南族魁星楼古塔装饰工艺图

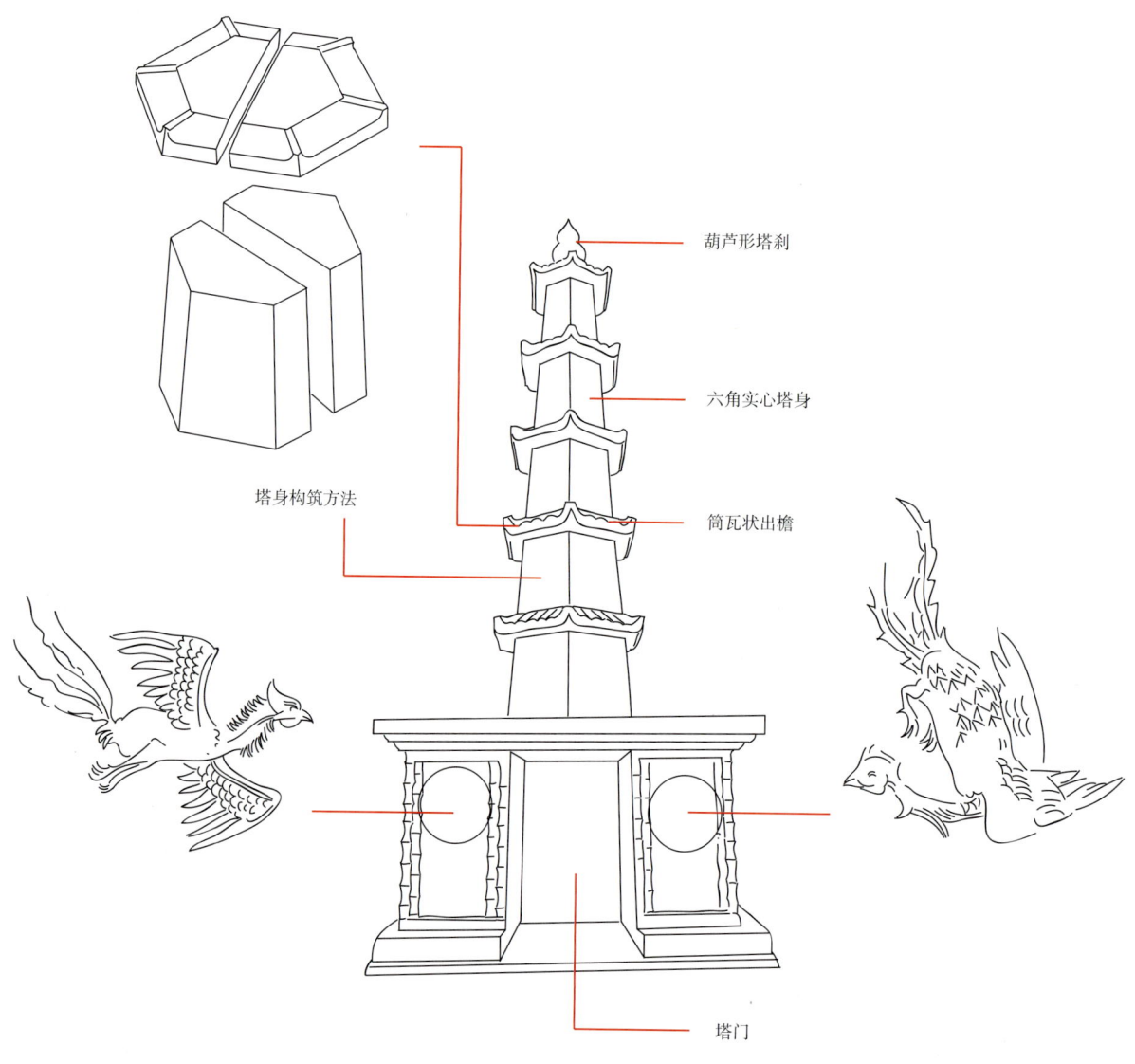

都川葫芦塔，建于清雍正三年（1825），青石砌成，通高6.95米。底层为正方体，边长2.75米。环江境内唯一的单体石塔

图七　延展图：毛南族都川葫芦塔

毛南族上白丹古井

图一　毛南族上白丹古井主图

上白丹古井位于环江县川山镇白丹村上白丹屯。为常见的圆形筒井，井分上、下两口，上井底涌泉水，清凉甘甜，鱼游井底，一年四季泉水恒流不断，为居民饮水用，井水从井边开口处流入下井，供洗濯之用。古井处于村子中心，三面有村民的住房环绕，一面为村民开挖的水塘，村级公路从西侧经过。井的两边有两株高大的古樟树，其下有阶梯和台凳供人纳凉。该井为清道光十二年（1832）立，现村民仍在使用。

上白丹古井上下两口井，井面均由青石制成，占地面积3.5平方米，上井外径1.37米，井口井箍壁厚0.12米，底有泉涌。下井低于上井约0.3米左右，无井箍，井口直径与上井大致相同，深度较浅，无泉眼。两井之间开有水槽，上井的泉水不断流入下井，供村民洗涮。下井口也斜开水槽，洗涮的脏水通过水槽流入小河塘。古井井台低于村庄1.6米左右，村民在面向村庄之处设计了三个不同朝向的阶梯。古井四周用水泥和石块砌成高0.6米左右围台，同时也作为村民纳凉的坐台。

古代凿井选址非常讲究。明代徐光启在《农政全书》中提道："凿井之处，山麓为上，蒙泉所出，阴阳适宜，园林室屋所在。向阳之地次之，旷野又次之。山腰者居阳则太热，居阴则太寒，为下。凿井者，察泉水之有无，斟酌避就之。"上白丹古井地处半山半丘陵地带，西侧群山连绵，亚热带季风性气候使该地夏季高温多雨，植被茂盛，水源充足。井的地理位置致使井水四季泉涌。

井旁竖有碑一块，首题"永世泉流"，联对曰："源流千古出，增石万代藏"，底题"亘古坌水"。碑文记载井的深度，井底地质构成，以及石匠邓宇秀砌井和村民乐捐银两等情况。《农政全书》根据井底的地质情况判定水质的优劣写道："凡掘井及泉，视水所从来而辨其土色。若赤埴土，其水味恶。若沙土，水味稍淡。若黑坟土，其水良(黑渍者，色黑稍黏也)。若沙中带细石子者，其水最良。"上白丹古井水质清澈、泉流不断是与地理位置和地质构造紧密联系的。村民在井中放鱼数尾，一方面可以观赏，一方面鱼可吃食井中的水虫及土垢，使井水更加清澈美味。

总结起来，上白丹古井在设计上有以下几方面优点：1.选定的位置为人居较多，地下水源浅而丰富的村中，恒流不断的泉水可满足村民日常使用。2.古井分上下两口，利用高度差，形成泉水源源不断地由上井流入下井，再流入河塘。上井饮用，下井洗涮，脏水下流，功能明确，保证了饮用和日常洗涮水的干净卫生。3.宽敞的井台，可供十余人同时使用。井中提水，井台上洗刷。4.三面阶梯的设计朝向村中不同方向，方便来自不同方向的村民使用。5.古井在两棵古樟树之间，四周设置围台，既保证了人们的安全，也可供人井边和树下纳凉使用。

毛南族大部分居民居住在山区，主要靠蓄水和山谷中挑水解决饮用水问题。因此井的开凿相对较少，只有在山间较为平坦的地方才能见到。上白丹古井利用了有利的地理位置，解决了一个村落的饮用水问题，这对于不发达的古代居民的生活有着极其重要的意义，它是毛南人因地制宜的典范设计。

图片来源

图一　谭家乐　摄影
图二至图六　刘明来　制图

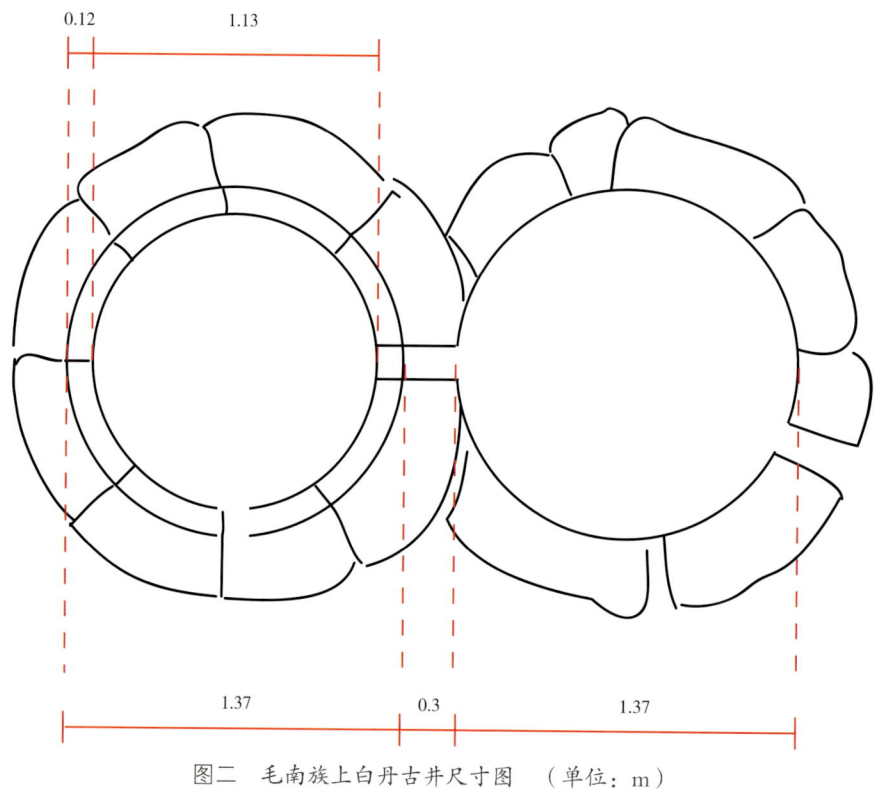

图二　毛南族上白丹古井尺寸图　（单位：m）

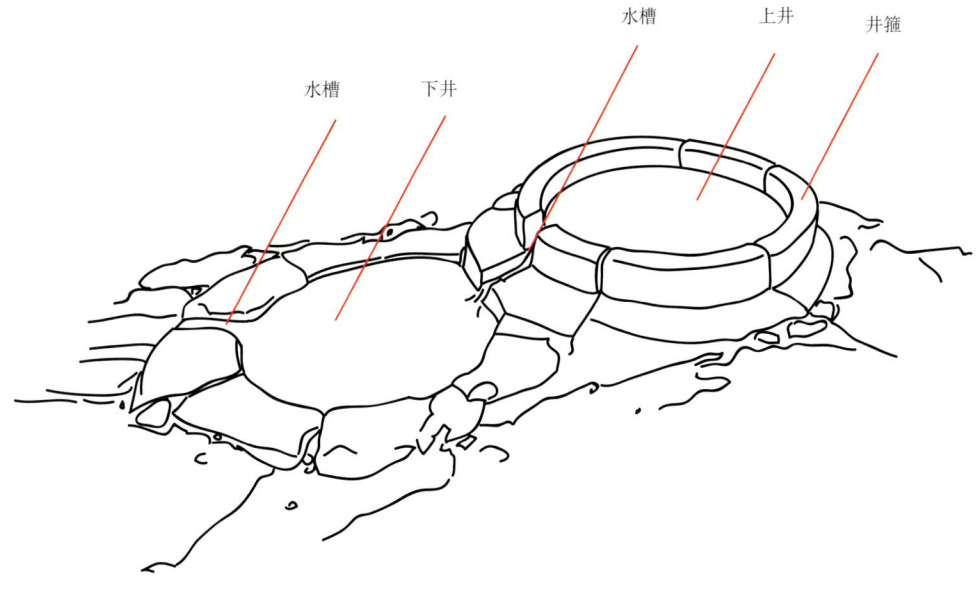

图三 毛南族上白丹古井结构名称图

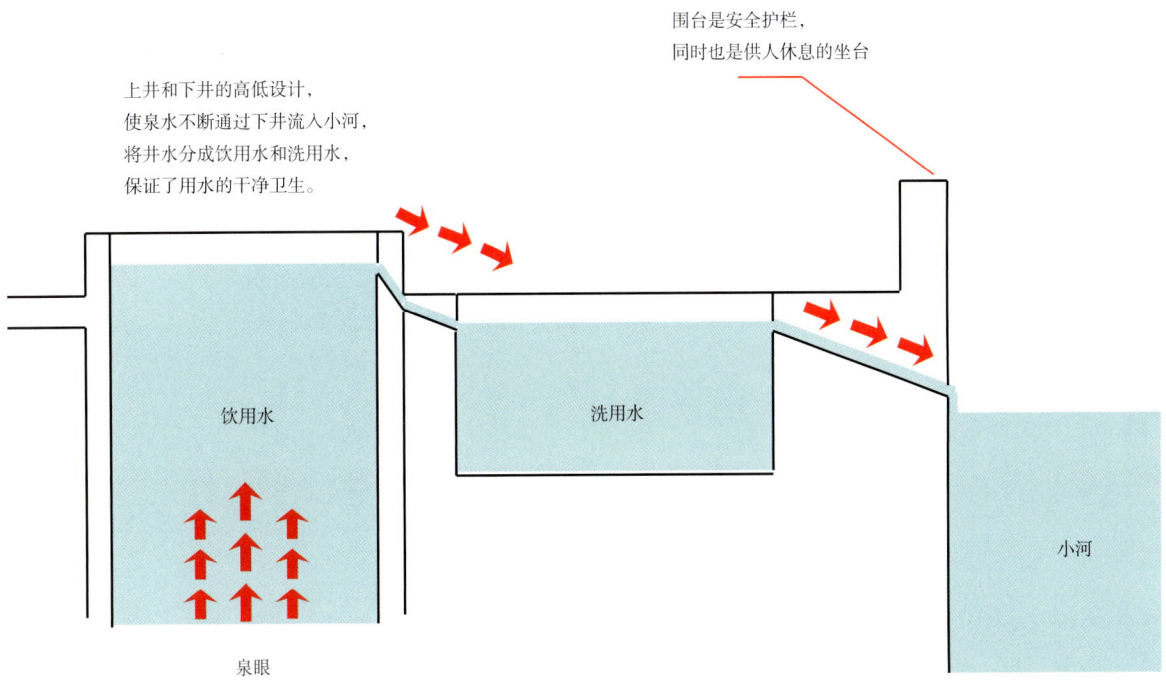

图四 毛南族上白丹古井设计分析图

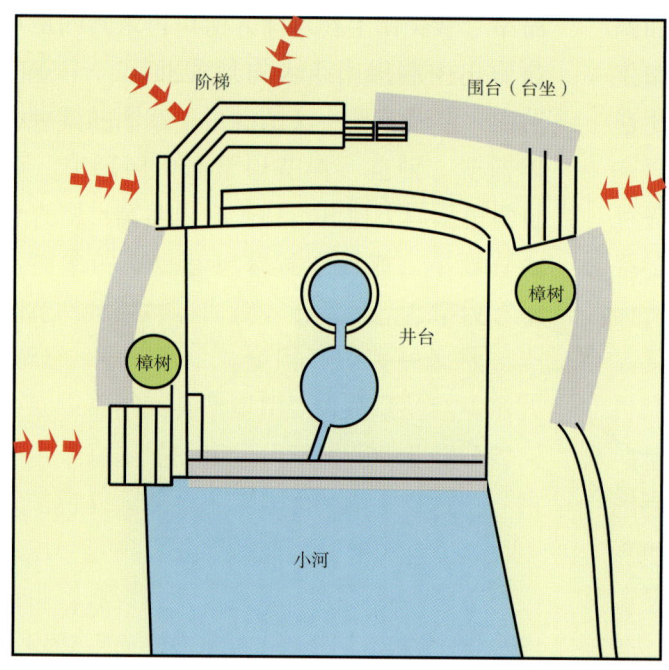

图五　毛南族上白丹古井设计规划示意图

图六　毛南族上白丹古井环境图

第二章 毛南族传统服饰

毛南族男装

五扣衣　　　　　唐装　　　　　现代盛装

图一　毛南族男装主图

　　毛南族聚集地地处亚热带季风气候区，多高山地，气候温和，雨量充沛，年平均气温在17度左右，植物生长茂盛。良好的气候条件，为毛南族服饰提供了物质原料，闭塞的地理环境，又使毛南族服装长期以来形成自织、自染、自制的习惯。毛南族以农耕为主，其服饰的式样与其地理气候环境和生产生活方式紧密联系。

　　毛南族男装随着时代、年龄、季节的变化，其样式也有所不同。在民国以前男装多为右开襟五扣衣，民国以后流行对开襟唐装，20世纪五六十年代穿中山装，80年代开始穿西装。现在的毛南族男子着装更是五花八门，已和汉族没有区别。本案例采集的主要是民国以前毛南族男子的传统服装，有五扣衣、唐装、节日装，均为现代制作展示表演服装。

　　五扣衣，毛南语称"骨娥妮"，意为

五颗扣子的衣服。流行于清朝中期,民国后逐渐消失。其形制为圆立领,右开襟,宽袖口,深蓝色素面,有五颗扣子。五颗扣子分布在领口一颗,右襟三颗,肚脐位置一颗。右襟下裁去12厘米左右的布面,露出里层。衣服外面无口袋,口袋缝置在右襟内面,不外露。五扣衣穿着宽松、透气,活动方便自如。五扣衣、宽筒裤、蓝布帽,是毛南族男子传统的配套着装。宽筒裤,毛南语为"花捏",裤筒肥大,尺寸在30~50厘米,裤腰尺寸在40~50厘米。穿着时,双手先将裤腰向前拉紧,使裤腰紧贴腰背,右手再将裤腰由右向左拉扯,左手将空余的部分向右重叠,然后在裤腰间扎紧裤带。宽松的裤筒,劳动时便于卷曲,小解时直接将裤筒提至胯部,十分方便。至20世纪40年代,宽筒

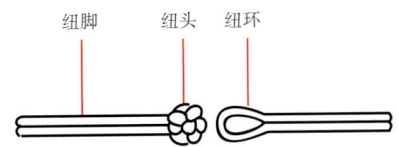

清代纽扣有球形、莲蓬形、瓜形和钱币形,毛南族纽扣以球形为主。上衣无论是大衣襟、琵琶襟还是对襟,5粒扣较为普遍,也有4粒和7粒扣

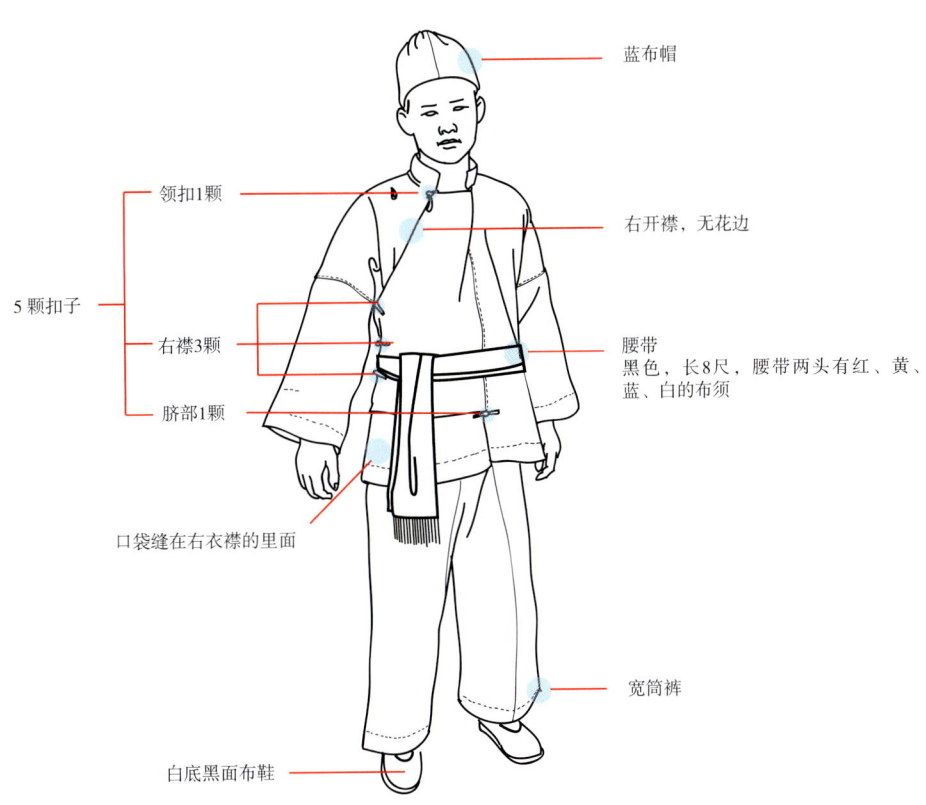

图二 毛南族五扣衣结构设计分析图

裤的腰身和裤筒均已缩小，更加轻便合身。蓝布帽，是用蓝粗布缝制的圆形套筒，上头穿上带子系紧成为帽顶，下边套在头上即成。五扣衣、宽筒裤、蓝布帽着装形式，外观朴素，色调统一，穿着舒适，这种简洁的式样，适合毛南族男子日常劳作的需要。在节日盛装时，头上缠头巾，头巾长约八尺，从左到右有规律地缠在头上，头巾一端有布须，露出头顶，毛南话叫"挂爪"。腰缠八尺长的黑色腰带，腰带两头用红、黄、蓝、白绒线镶成锯齿形的布须，缠腰时两头有颜色的布须外露，下面穿宽筒裤子，脚穿白底黑面的布鞋。

唐装，又叫便装，流行于20世纪20至40年代，是现代人对民国时期对开襟立领布扣衣的统称。布料为自织蓝土布，其上衣为七颗扣子，口袋置于衣外，左上胸前一个，下边腰间对应两个。裤子在宽筒裤的基础之上，略有收窄。

节日盛装，是毛南族男子节日时的着装，色彩较为活泼，上衣立领，右开襟，开襟不到腋下，七颗纽扣，领口一颗，其余六颗沿右胸至腰间。围绕领口有彩带装饰，延长至右襟，衣摆及袖口均有彩色布条镶边，裤子颜色与上衣相同，腰身和裤腿比五扣衣要小，裤脚与上衣袖口一样镶有花边。

毛南族男装的变化，深受地理、经济、历史、政治、文化等多方面因素的影响。偏僻的地理环境，形成较为封闭的经济文化环境，保留了服装的特色性，历史政治影响又使服装趋于统一化。毛南族男装的设计总体上来说经历了一个由繁到简的过程。宽松的五扣衣成为毛南族男装的标志。

图片来源
图一　毛南族博物馆
图二、图四、图五、图六、图七　刘明来　制图
图三　陈玮　制图
图八　张强纬　制图

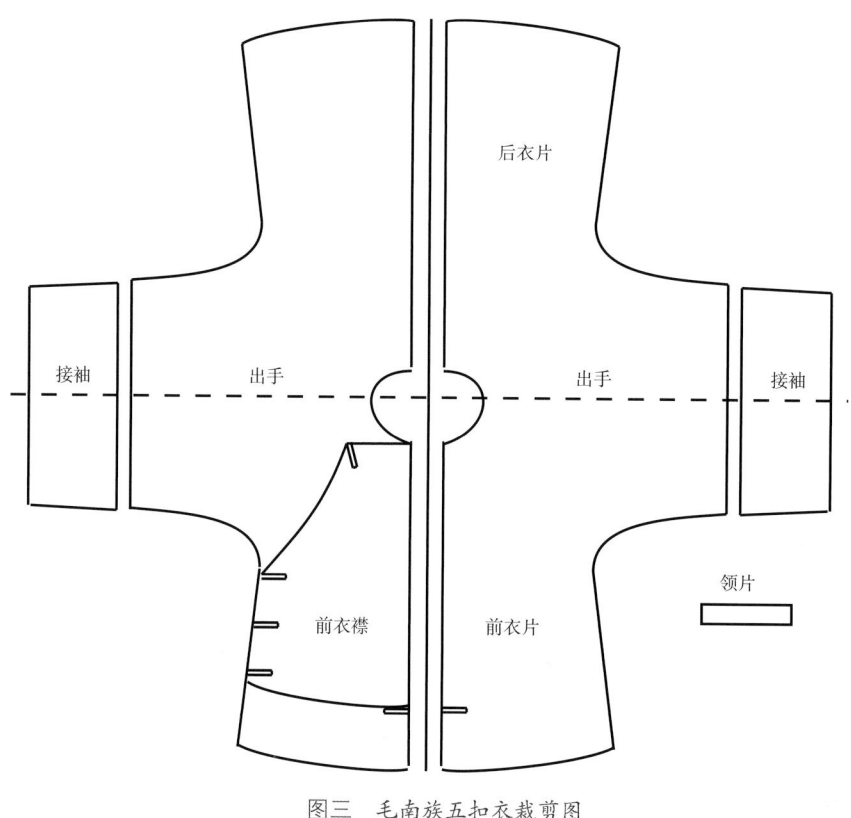

图三　毛南族五扣衣裁剪图

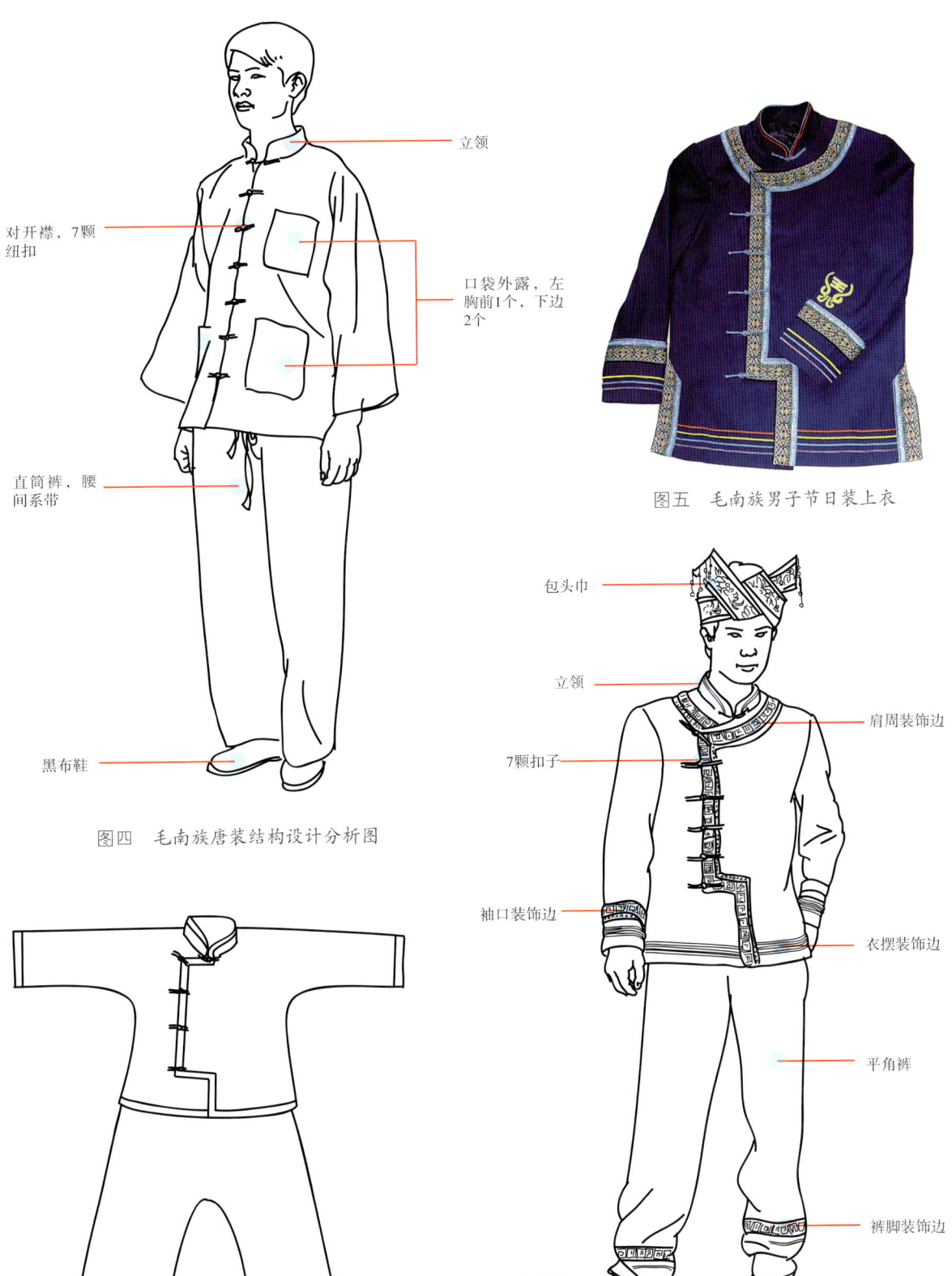

图四 毛南族唐装结构设计分析图

图五 毛南族男子节日装上衣

图七 毛南族男童装式样图

图六 毛南族男子现代节日装结构设计分析图

壮族男装

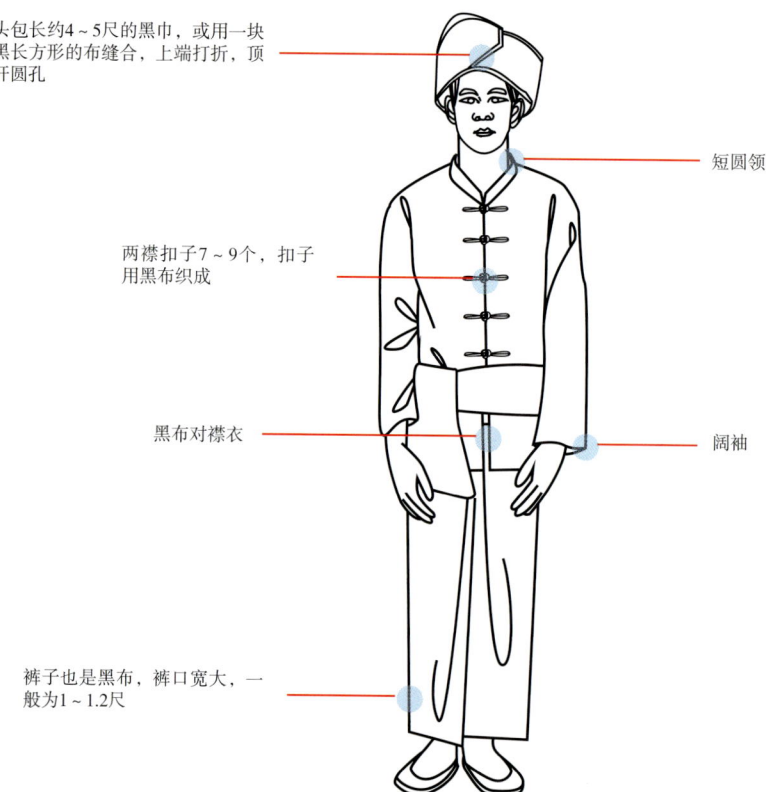

头包长约4~5尺的黑巾，或用一块黑长方形的布缝合，上端打折，顶开圆孔

短圆领

两襟扣子7~9个，扣子用黑布织成

黑布对襟衣

阔袖

裤子也是黑布，裤口宽大，一般为1~1.2尺

毛南族男装

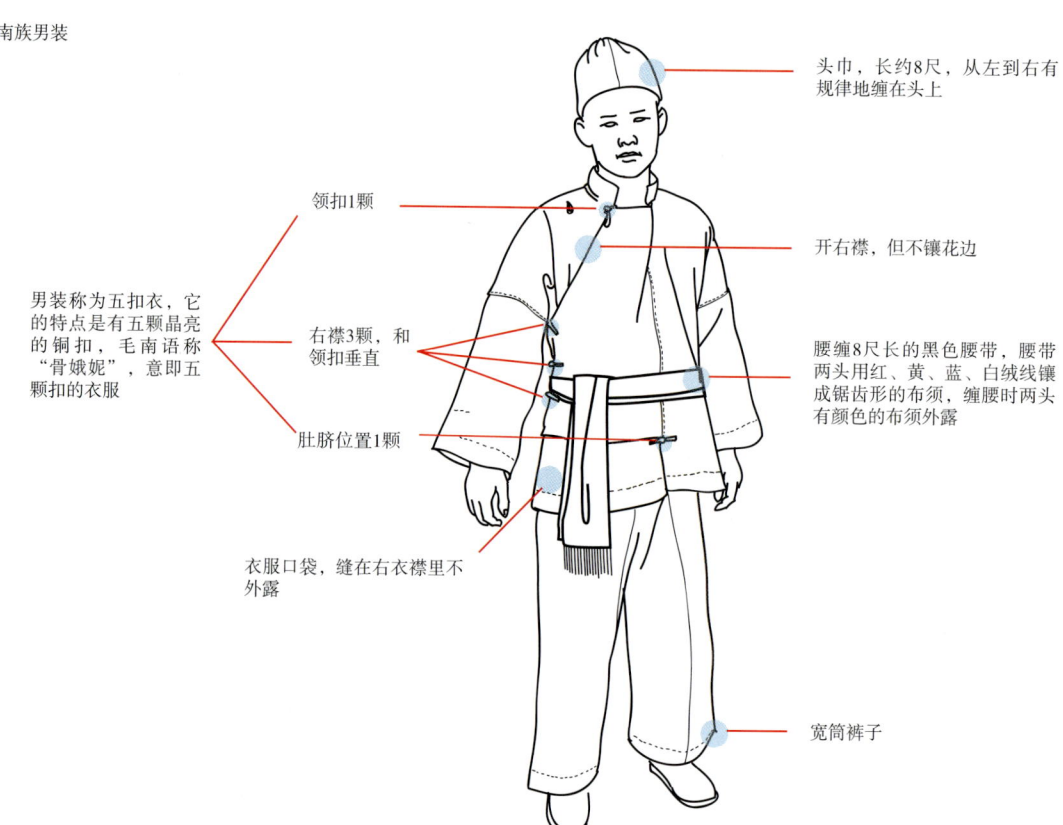

头巾，长约8尺，从左到右有规律地缠在头上

领扣1颗

开右襟，但不镶花边

男装称为五扣衣，它的特点是有五颗晶亮的铜扣，毛南语称"骨娥妮"，意即五颗扣的衣服

右襟3颗，和领扣垂直

腰缠8尺长的黑色腰带，腰带两头用红、黄、蓝、白绒线镶成锯齿形的布须，缠腰时两头有颜色的布须外露

肚脐位置1颗

衣服口袋，缝在右衣襟里不外露

宽筒裤子

图八　毛南族与壮族男装对比图

毛南族女装

图一　毛南族女装主图1

　　毛南族女装，毛南语称作"骨勒别"，布料为自织自染的青、蓝、黑色的土布，用手工缝制。女装的特点上衣为右开襟，在肩周和袖口绲有3道细边，长度盖至臀部。裤子较为宽松，下端也绲有细边与上衣呼应。这种绲边衣（毛南语称"骨绲"）产生于上个20世纪30年代，是毛南族成年妇女极为普遍的穿着。

　　亚热带季风气候，给该地区带来了充沛的降雨，年平均气温17度左右。良好的气候条件，使植物生长茂盛，为毛南族服饰提供了物质原料。闭塞的地理环境，又使毛南族服装长期以来形成自织、自染、自制的习惯。过去几乎家家都有纺纱车和织布机，毛南族女人十三四岁就开始学习纺线织布，织布质量的优劣和产量的高低，成为衡量她们才能和价值的标准。毛南族服装的制作从种棉、纺纱、织布、印染到制衣通常是一家独

图二　毛南族女装主图2（云偶绸缎女装）

立完成。毛南族女装的形制与毛南族所处的地理环境、生产方式和生活习惯是分不开的。据清代戊申年（1788）的谭家世谱碑记载，毛南族"妇女穿衣无裙"，可以想象由于地理环境闭塞和生活条件的艰苦，毛南族的衣服素朴无华，以实用为美。

从女装的结构上看，上装领口为立领，从衣服的中间分左右手裁剪，将前衣片和后衣片各分成两块，左半边前后衣片与左出手相连，右半边前后衣片与右出手为一体，衣襟开在右边，有六颗布纽扣置于衣襟边沿，衣领口和衣领右侧各一颗，右侧腋下至腰间分布四颗，六颗布纽扣将宽大的衣襟闭合于胸前。女装的裤子结构的主要特点为宽腰片，便于系带。为了实用和装饰兼顾，毛南族女人通常在腰间系上绣花的围裙，头上戴精编的"顶卡花"（花竹帽）。

毛南族也有面料和装饰非常华丽的女装，现陈列在广西民族博物馆的有一件以绸缎为面料，绣有精美云纹图案的毛南族女子上装。上装的结构为右开襟立领，裁剪方式与绲边衣大致相同。但衣襟上的纽扣只有四颗，均为金属扣子。青灰色衣片有卷草暗花，衣领周围及衣边衬有蓝色绸缎，边沿镶有五彩云朵图案，左右开叉部位贴有蝴蝶图案，袖口为白色，上角有吉祥植物图案。在视觉上，给人精美华丽的感觉。

毛南族女装根据年龄和季节的变化也都有不同。姑娘喜欢右衽大襟较短、宽窄适中的衣裳，出门系一条绣有花鸟草虫的围裙，衣服的颜色以蓝色和桃红色为主。媳妇喜欢穿绲有三道黑色花边的右开襟上衣，裤子宽松，裤脚绲边，色彩以蓝色为主。老妇人的上衣右开襟，衣襟长过膝盖，领口、袖口和底边镶有黑布片。

现代毛南族的衣着已完全汉化。根据零星留下的衣物，参照历史的记载，毛南人制作了用于文艺演出用的传统服装，为了适合舞台表演的需要，这些服装加入了现代毛南人的审美意识，又是一种创新。

毛南族女子着装式样，反映了不同历史阶段毛南族妇女的社会生活、情感心理、价值观念和审美愿望。它的右开襟和独特的三道绲边，给人留下了深刻的印象，也成为毛南族的又一个设计符号。

图片来源
图一、图七　毛南族博物馆
图二　刘明来　摄影（广西民族博物馆藏）
图三、图四、图六　刘明来　制图
图五　张强玮　制图

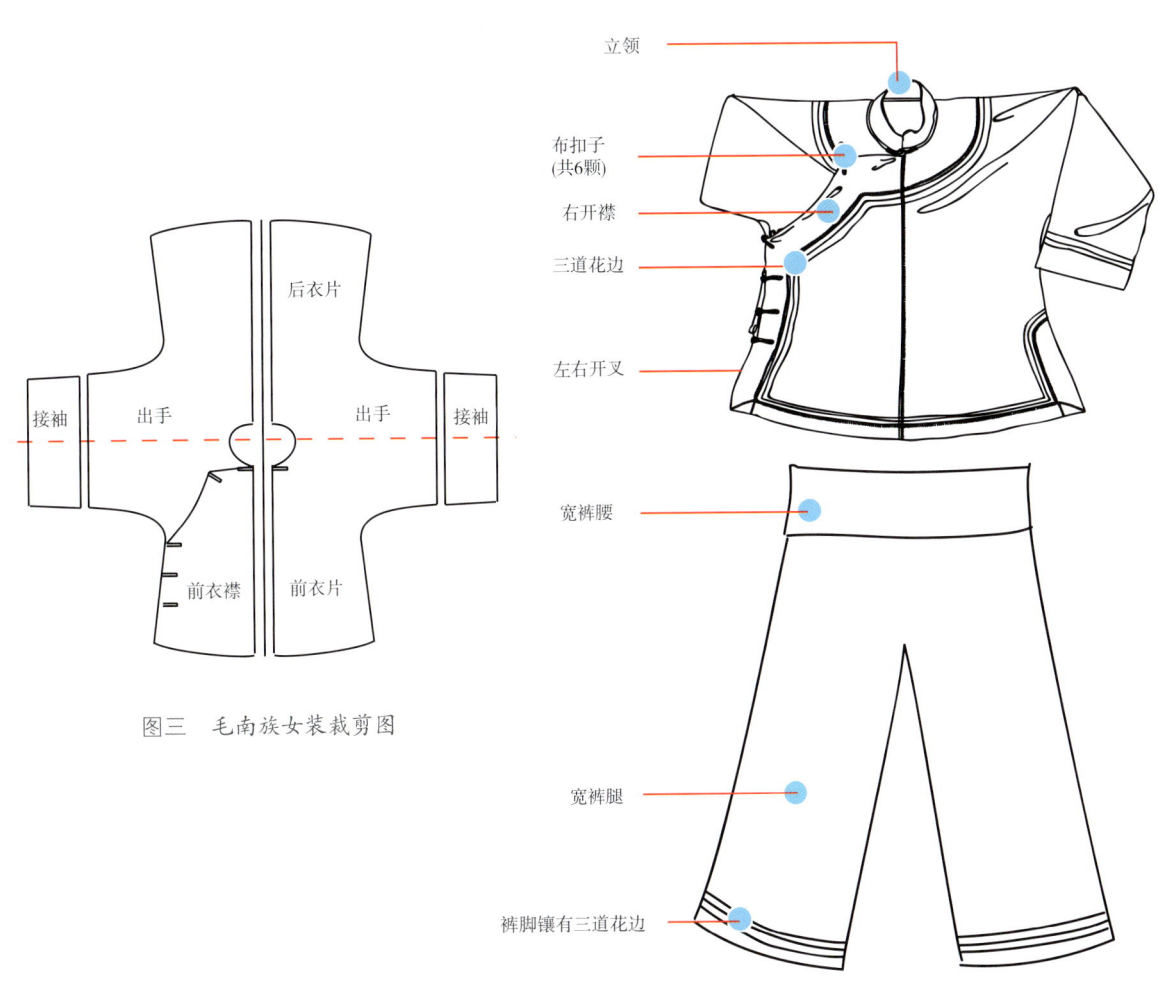

图三　毛南族女装裁剪图

图四　毛南族女装结构名称图

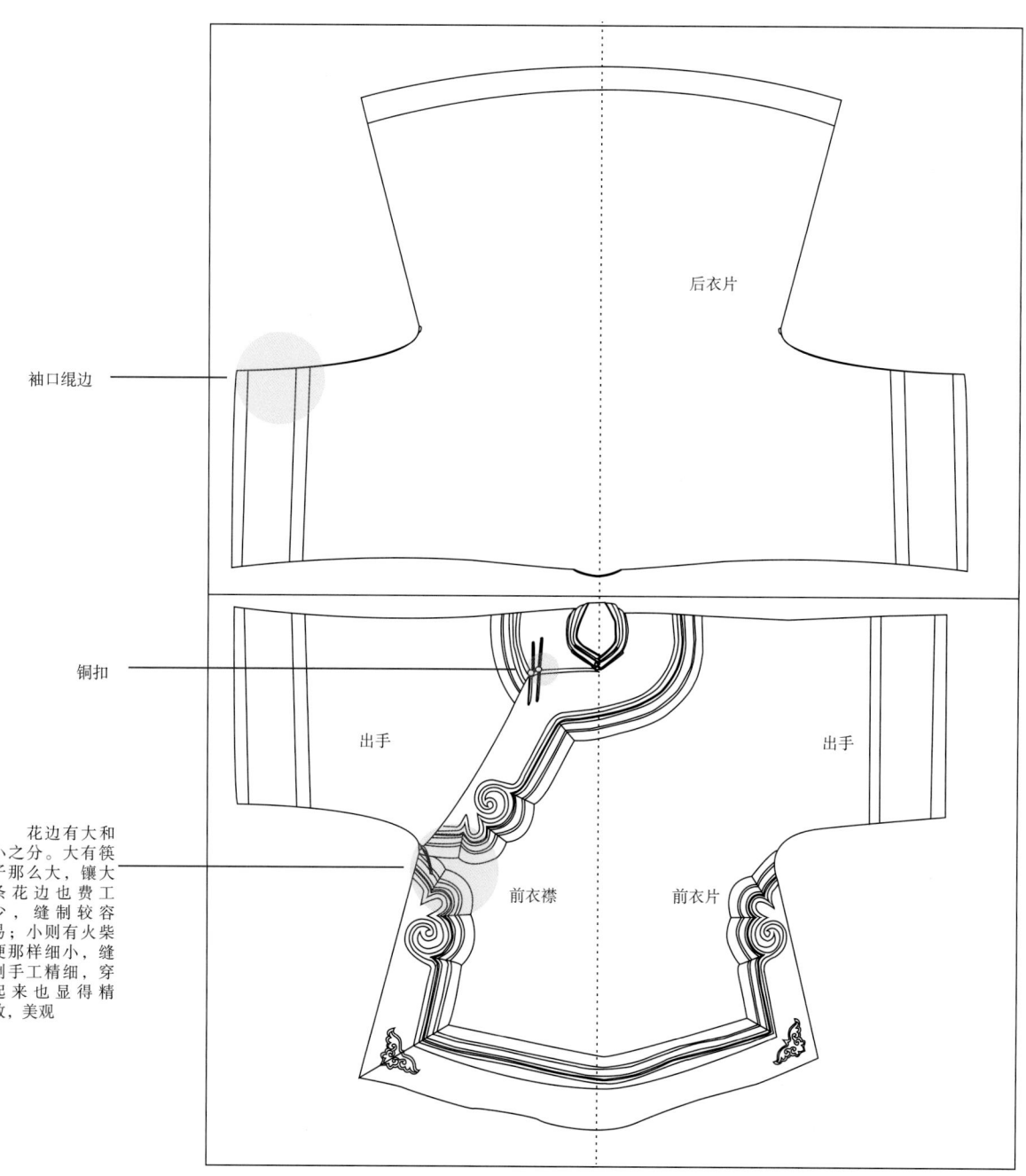

图五 毛南族云偶绸缎女装设计分析图

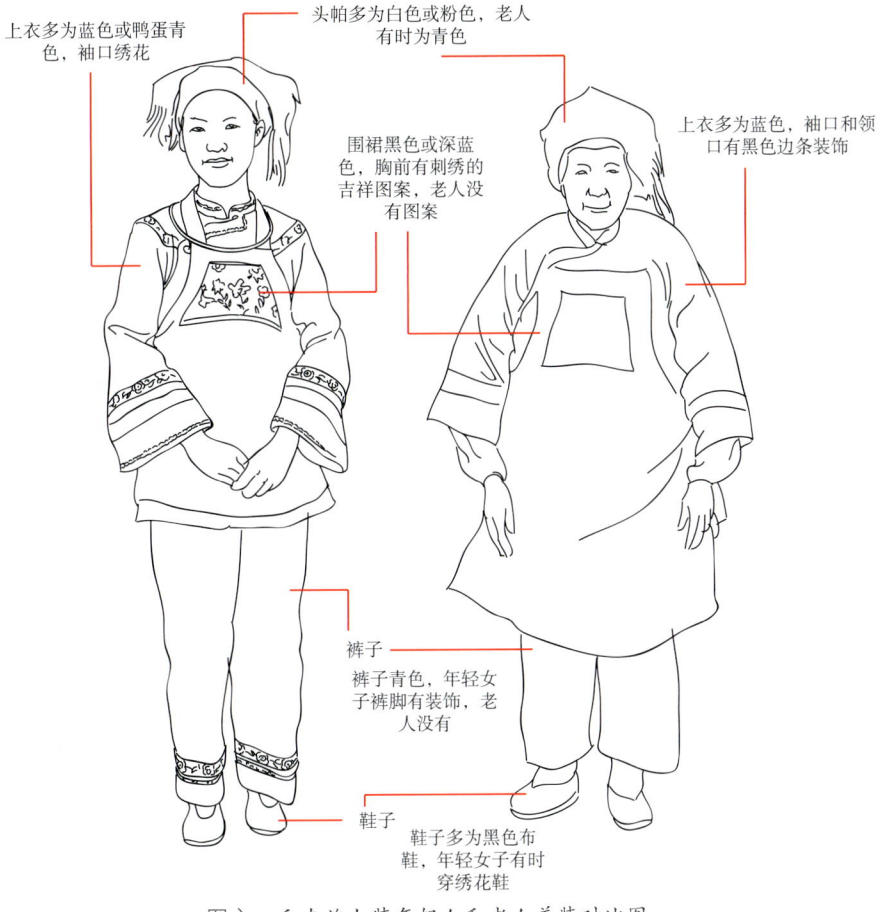

图六　毛南族女装年轻人和老人着装对比图

图七　毛南族现代演出服装

第二章　毛南族传统服饰

043

毛南族布鞋、布凉鞋

图一　毛南族布鞋、布凉鞋主图

布鞋和布凉鞋，是毛南族最常见的生活用品。20世纪40年代前，人们生活困苦，布鞋和布凉鞋只有赶圩、走亲、赴宴以及晚上洗脚后穿，平时劳动打赤脚或穿草鞋。布鞋和布凉鞋一般为黑色或深蓝色鞋面，白色鞋底，均为手工制作而成。

布鞋有圆口鞋、方口鞋、舌口鞋等，一般以圆口鞋居多，妇女的布鞋有时带鞋攀。布鞋所用材料为自织土布，用蓝靛染制而成。纳鞋底的线用天然的黄麻搓制。鞋面采用上下两层布用糨糊黏合，然后按照鞋样剪裁，鞋口处用黑色布条绲边，结实而美观。

鞋底制作非常讲究，制作工艺有打烙褙、切底、填制、圈底、纳底等。鞋底由20多层布壳纳制，针法有一字针、十字针、人字针、三角针等。细密的针脚使鞋底坚硬耐磨。布凉鞋，毛南语称"鞋将"，是在布鞋的基础上设计的一种夏天穿的凉鞋，其形制类似草鞋，材料均为布料。鞋底比布鞋要轻薄，鞋面、鞋帮剪成分叉的布条，与鞋底缝合后，形成开放的空隙。左右脚鞋攀由内向外扣，鞋扣最先用陶质，因扣耳易脱落，后改为骨质扣子。布凉鞋的设计在充分考虑通风透气的基础上，重视结构的牢固性。其鞋面、鞋帮、后围帮和鞋攀为整体双层布料剪制，并用细布条绲边，增加了鞋子的牢固度。脚尖和脚前掌两侧，以及脚后跟的着力点，分别有布条连接鞋底，受力点分布均匀，使布凉鞋更加耐用。由于布凉鞋为开放式结构，鞋子内垫外露，一般鞋底内垫采用深蓝色布料用白色棉线纳成菱形几何状图案。这种处理方式，在增加鞋底的耐磨性的同时，也使鞋子更富装饰感。毛南族妇女的布凉鞋还在鞋面上绣上精美的花草鸟虫图案，显得格外秀气、美观。布凉鞋在20世纪50年代前十分流行，天热赶圩、走亲访友时穿，通风凉爽，美观大方。

毛南族布鞋和布凉鞋简单、质朴、轻巧、实用。以土布为材料，具有柔软舒适、透气吸湿的特点，在设计上充分考虑到结构和功能的合理性。手工制作的每针每线凝结了制作者的真挚情感和辛勤汗水，因此深受毛南人的喜爱。在物资丰富的今天，毛南人仍有穿布鞋和布凉鞋的习惯。

图片来源
图一　刘明来　摄影
图二至图九　张强玮　制图

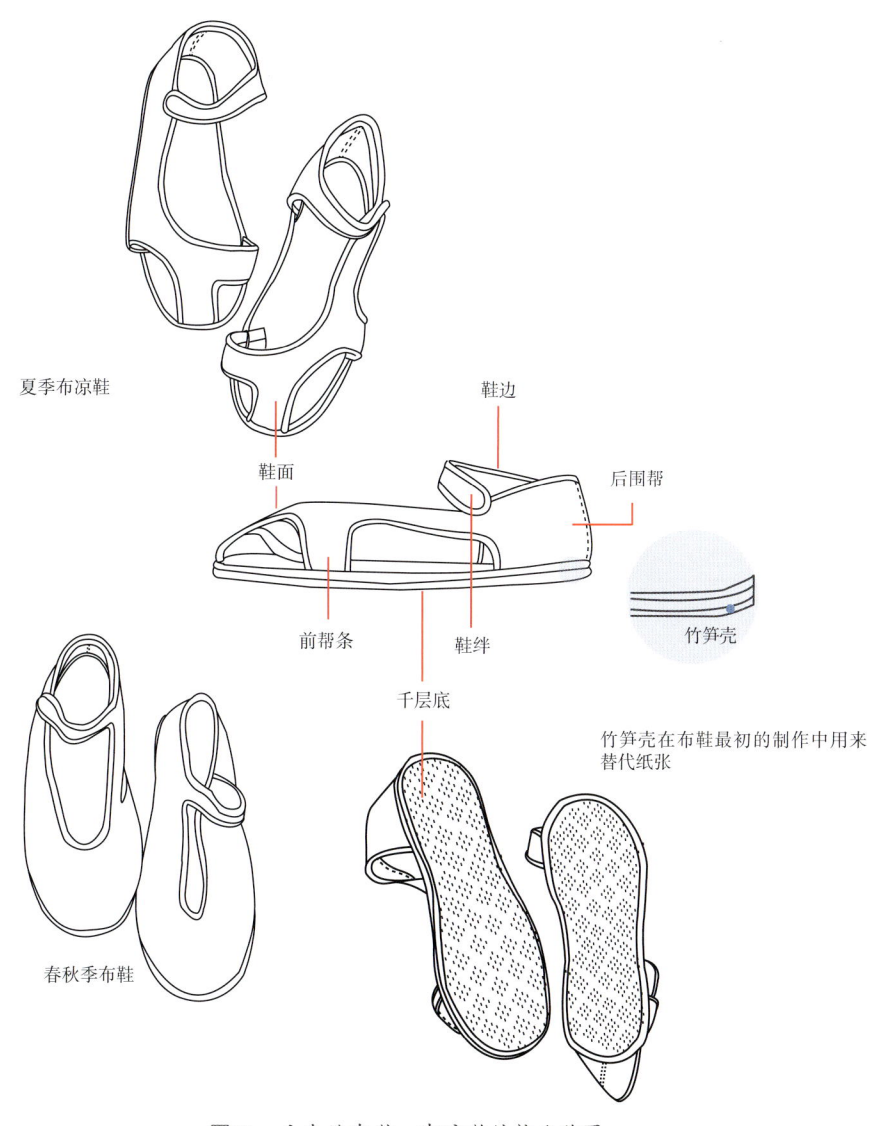

图二　毛南族布鞋、布凉鞋结构名称图

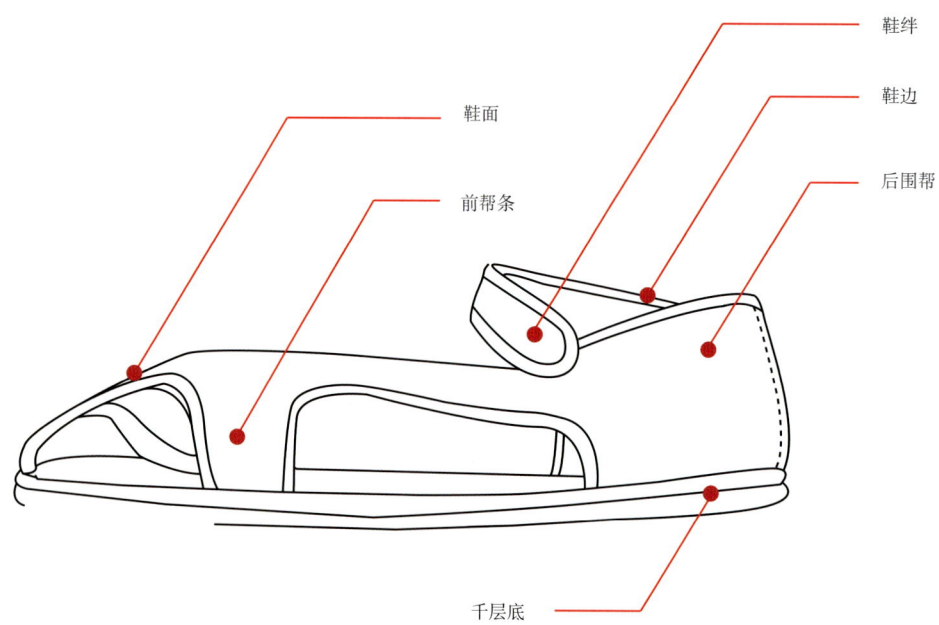

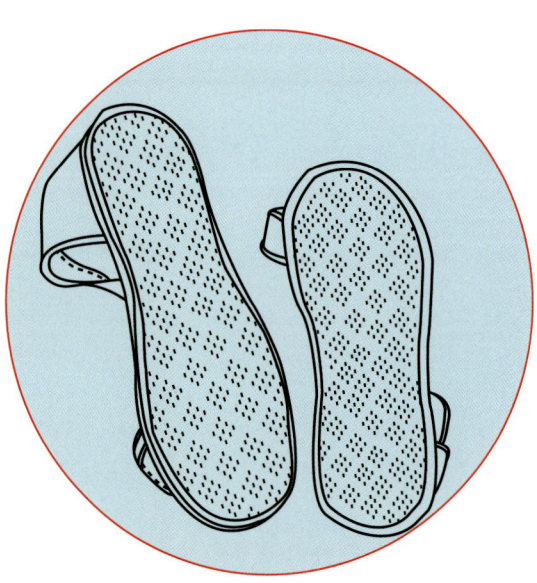

图三　毛南族布鞋鞋底制作工艺图（1）

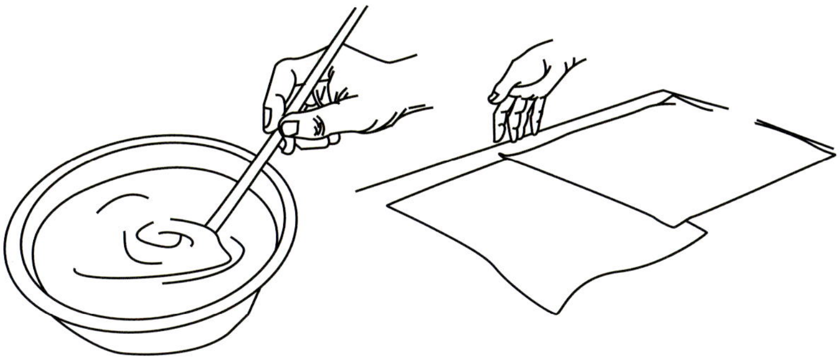

1. 打袼褙
用玉米粉熬成糨糊，将废旧的棉布一层一层糊在一起

2. 剪底样

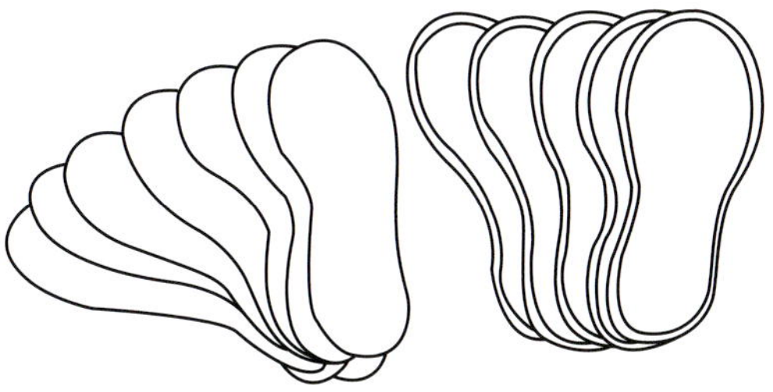

3. 圈底

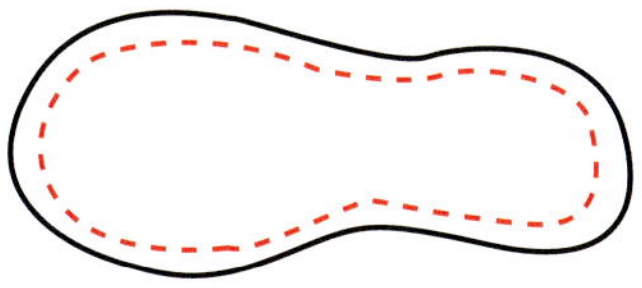

4. 纳鞋底

选天然黄麻搓麻线

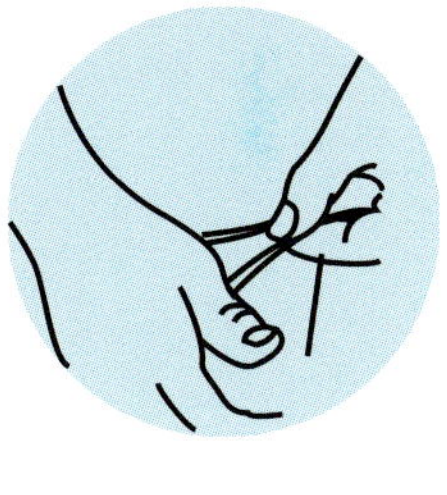

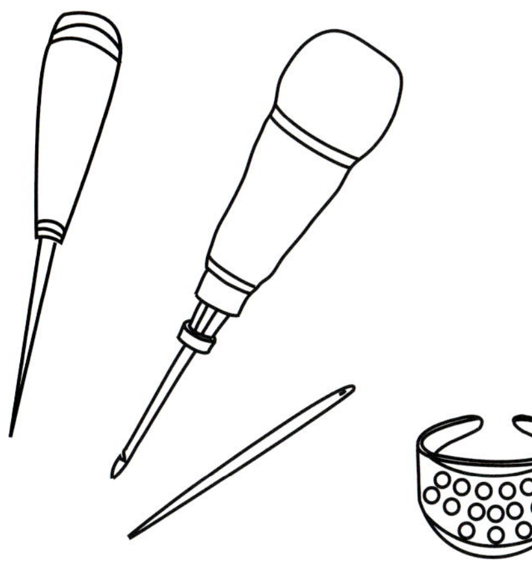

工具：锥子、线针和顶针

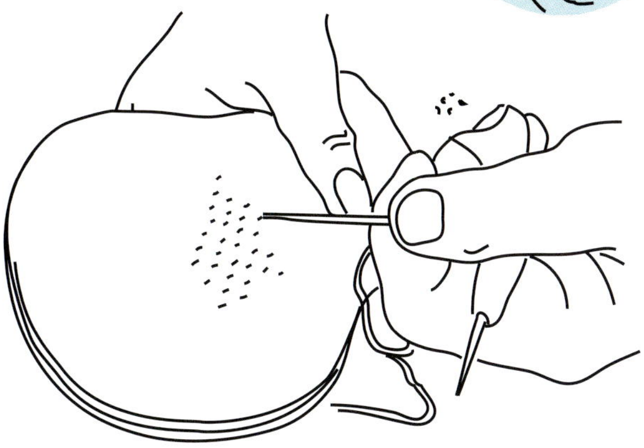

图四　毛南族布鞋鞋底制作工艺图（2）

第二章　毛南族传统服饰

047

焖底：由于黄麻纳的底较硬，一般用清水刷洗晾置

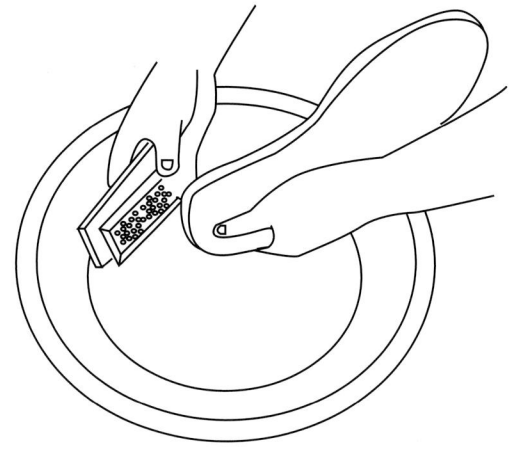

锤底：使鞋底柔软，穿着舒适

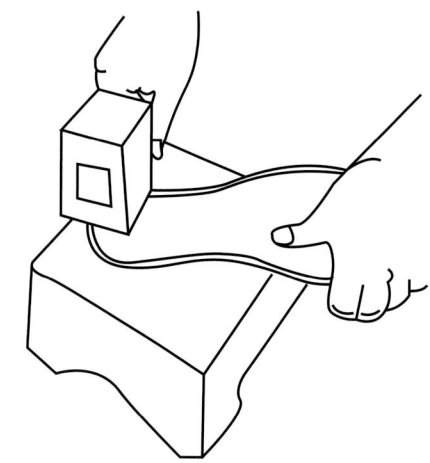

磨边：磨鞋底周边，使鞋底更加美观

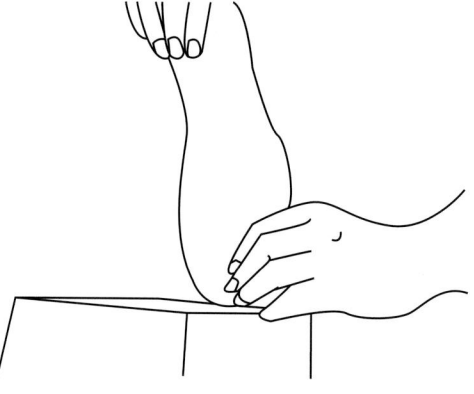

图五　毛南族布鞋鞋底制作工艺图（3）

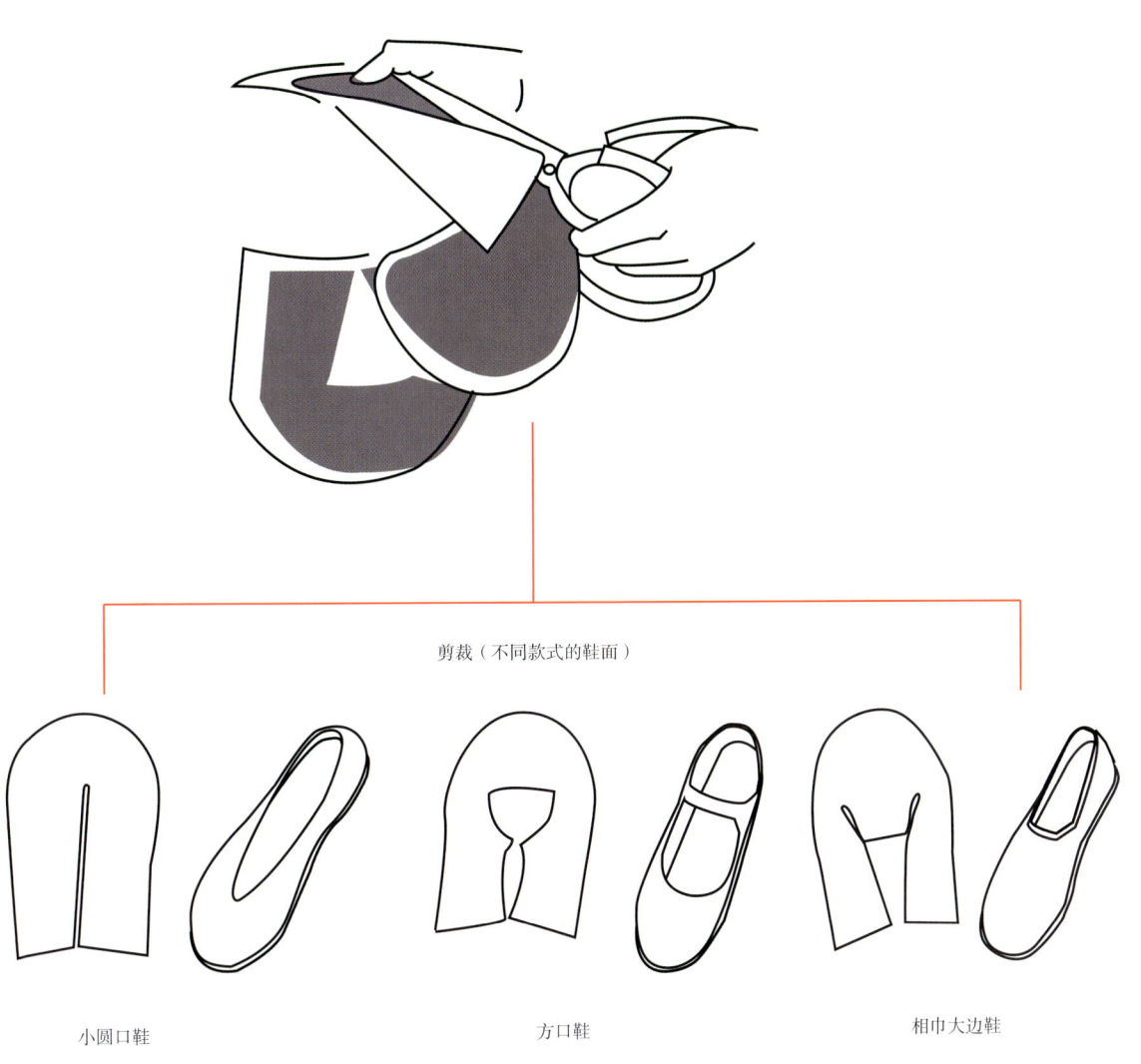

图六 毛南族布鞋鞋面的制作工艺图

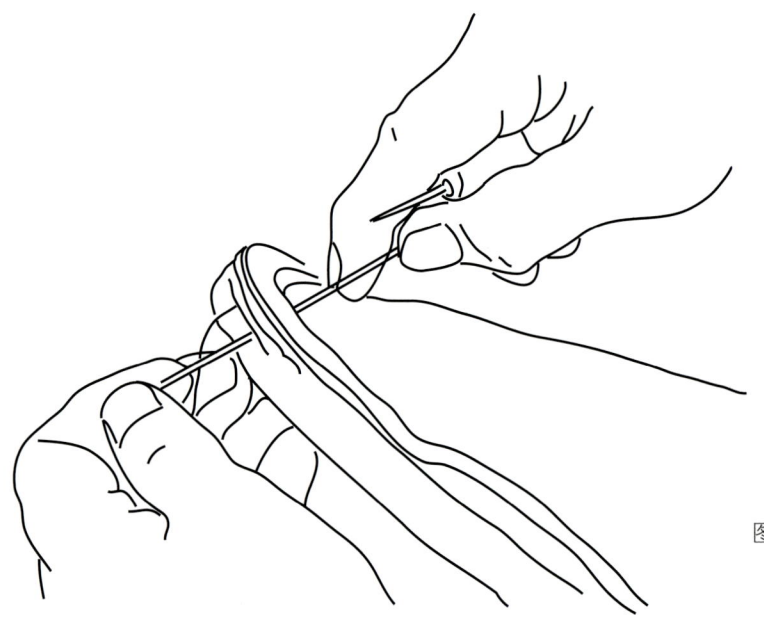

图七　毛南族布鞋鞋面和鞋底缝合图

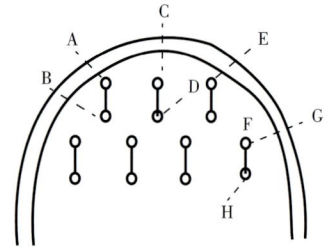

鞋底正面针法

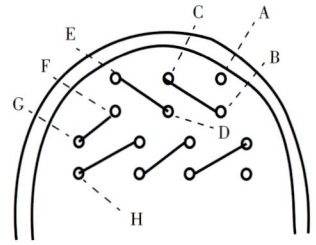

鞋底反面针法

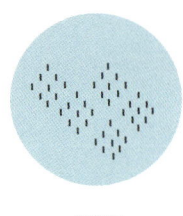

一字针法

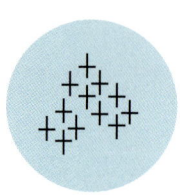

十字针法：耐磨防滑

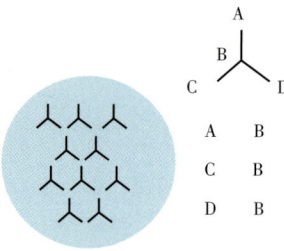

人字针法：常用于女鞋，漂亮但耐磨性较差

图八　毛南族布鞋鞋底针法示意图

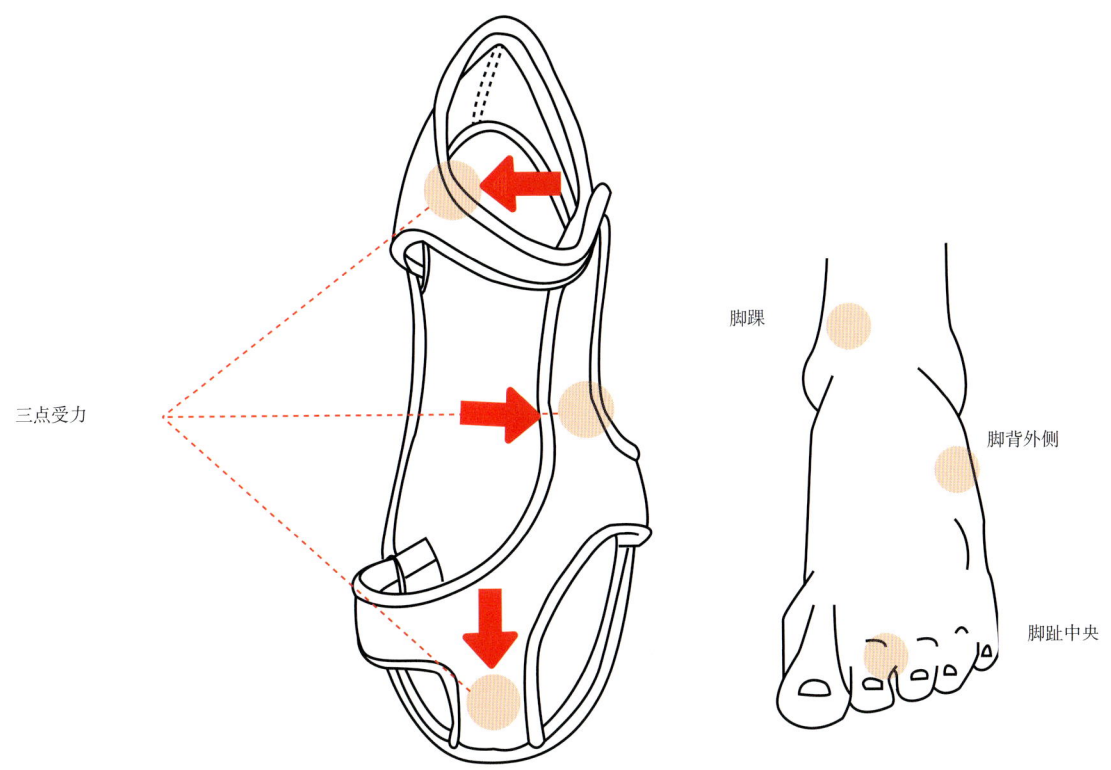

行走时，脚背外侧的鞋面在保证通风良好的前提下，最大程度包裹外侧脚背，减轻了脚踝的受力，使受力更加均匀

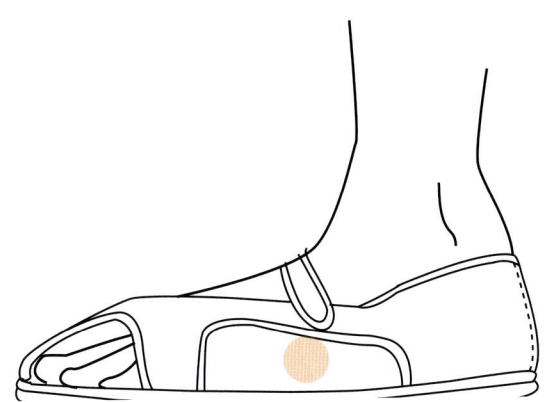

图九　毛南族布凉鞋设计分析图

毛南族猫鼻绣花鞋

图一　毛南族猫鼻绣花鞋主图

猫鼻鞋，毛南语称"鞋能猫"，鞋尖上翘，形似猫鼻，故而得名。它是由鞋底、鞋面、鞋帮、鞋后搭几个部分组成。鞋底为"千层底"，鞋面和鞋帮为深蓝色土布底面，上面绣有花草鸟虫等图案，鞋帮较浅，一般在3厘米左右，鞋口周围绲边，鞋跟处有一块垫布作为鞋后搭。猫鼻绣花鞋是20世纪40年代前成年妇女走亲、赴宴时穿用，如今很少有人制作。

毛南族猫鼻绣花鞋不强调满绣，而注重巧绣。在构图上一般只在鞋的前半部分绣花，后半部分为深蓝色的素面，给人以主次分明、动静结合的视觉感受。图案以牡丹花、梅花、桃花、石榴花、蝴蝶、鸳鸯、凤鸟居多，有时配有云纹、寿字、万字符等吉祥图案。这些图案寓意丰富，表达了毛南族姑娘对美好生活的向往和追求。整个绣花鞋图案删繁就简，以突显图案的装饰性，便于发挥刺绣的表现特点。毛南族绣花鞋大多采用平绣针法，用各色丝线细密排列填满图案，注重颜色变换搭配，为了使图案色彩更加丰富，在绣制过程中常常将同一种花草藤蔓分段采用不同颜色的丝线绣制，图案的颜色时而呈现柔和的同类色过渡，时而强调明快的冷暖色反差，色彩充满节奏和韵律感。

传统猫鼻绣花鞋的制作材料主要有棉布、五彩丝线、麻线等，经过糊布壳、剪鞋样、纳鞋底、刺绣、锁边、缝合等工序。每道工序都非常精细复杂。首先是根据鞋的形制和尺度剪纸样，一般都有老一辈留下来的范本，有时因需要在范本上做一些改动。然后再将纸样固定在布面上剪出鞋样。鞋面和鞋帮剪好后，在上面用彩色丝线绣出花纹图案，图案常用红、绿、蓝等对比较强的色彩，刺绣的花草图案在深色鞋面的衬托下异常醒目，具有浓郁的民族特色。"千层底"制作也十分讲究，需要用糯糊将零碎的土布层层粘连在一起，刮平晒干，成为结实的硬布壳，再根据鞋底纸样剪出若干片布壳，用糯糊黏连，然后用粗麻线一针针将

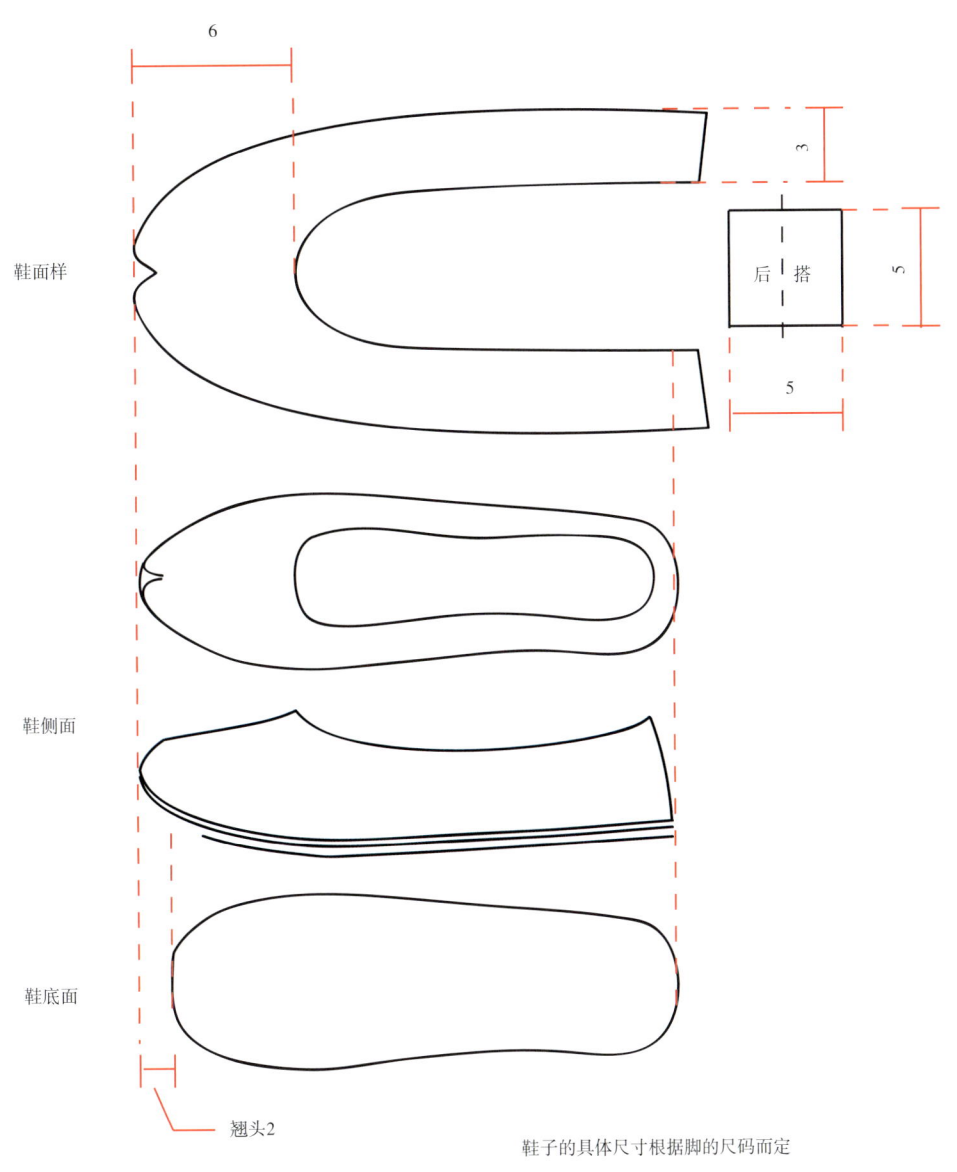

图二　毛南族猫鼻绣花鞋尺寸图　（单位：cm）

布壳纳紧在一起，俗称"纳鞋底"。鞋底的针脚要密，纳得要紧，才结实耐磨。鞋底、鞋面、鞋帮做好后，将它们缝合在一起。绣花鞋鞋头上翘，形成独具特色的猫鼻状，十分可爱。这种形状的设计便于在山地环境中行走。为了突显鞋头，在鞋头部分用布条绲边与鞋底缝合，既美观又牢固。鞋跟部位缝上一块形如舌头的垫布作为后搭，方便了拔鞋，对鞋跟也起到了加固作用。

贵州卡蒲毛南族乡现在还在用贴绣工艺制作绣花鞋。贴绣是将各色布料剪成布花（按照事先的剪纸样），将剪好的布花贴在鞋面上用各种针法缝绣。贴绣工艺制作的绣花鞋大多为祥云图案，鞋头装饰牛头、老虎、螃蟹等。色彩变化丰富，非常美观。

过去，绣花鞋的制作是反映毛南族妇女贤德的重要因素，绣花鞋也成为结婚的彩礼中必不可少的物件。毛南族妇女对精心制作的绣花鞋非常珍惜，平时在家和种地一般打赤脚，上山砍柴穿草鞋，出远门赶圩穿布鞋，绣花鞋珍藏在箱子里，只有重大事情时才拿出来穿。随着生活的改变，物资的充沛，毛南族妇女很少制作和穿着绣花鞋，绣花鞋与人们的日常生活脱离开来，成为一段历史的记忆。从今天来看，毛南族绣花鞋的民族价值、文化价值和艺术价值远远超出了它原本的实用价值，它是毛南族妇女精神生活的缩影，也是毛南族未来可以利用的宝贵财富。

图片来源
图一、图八　刘明来　摄影
图二至图七　刘明来　制图

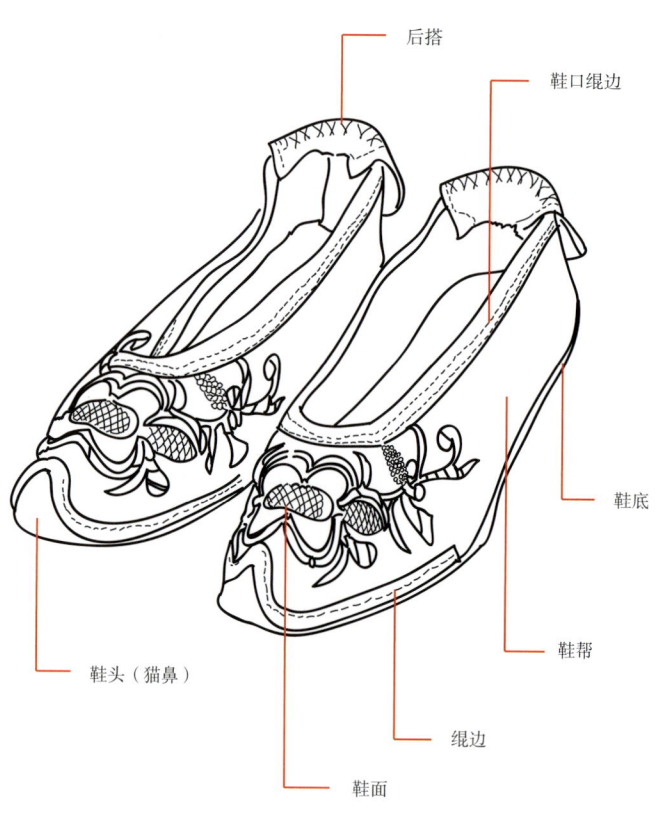

图三　毛南族猫鼻绣花鞋结构名称图

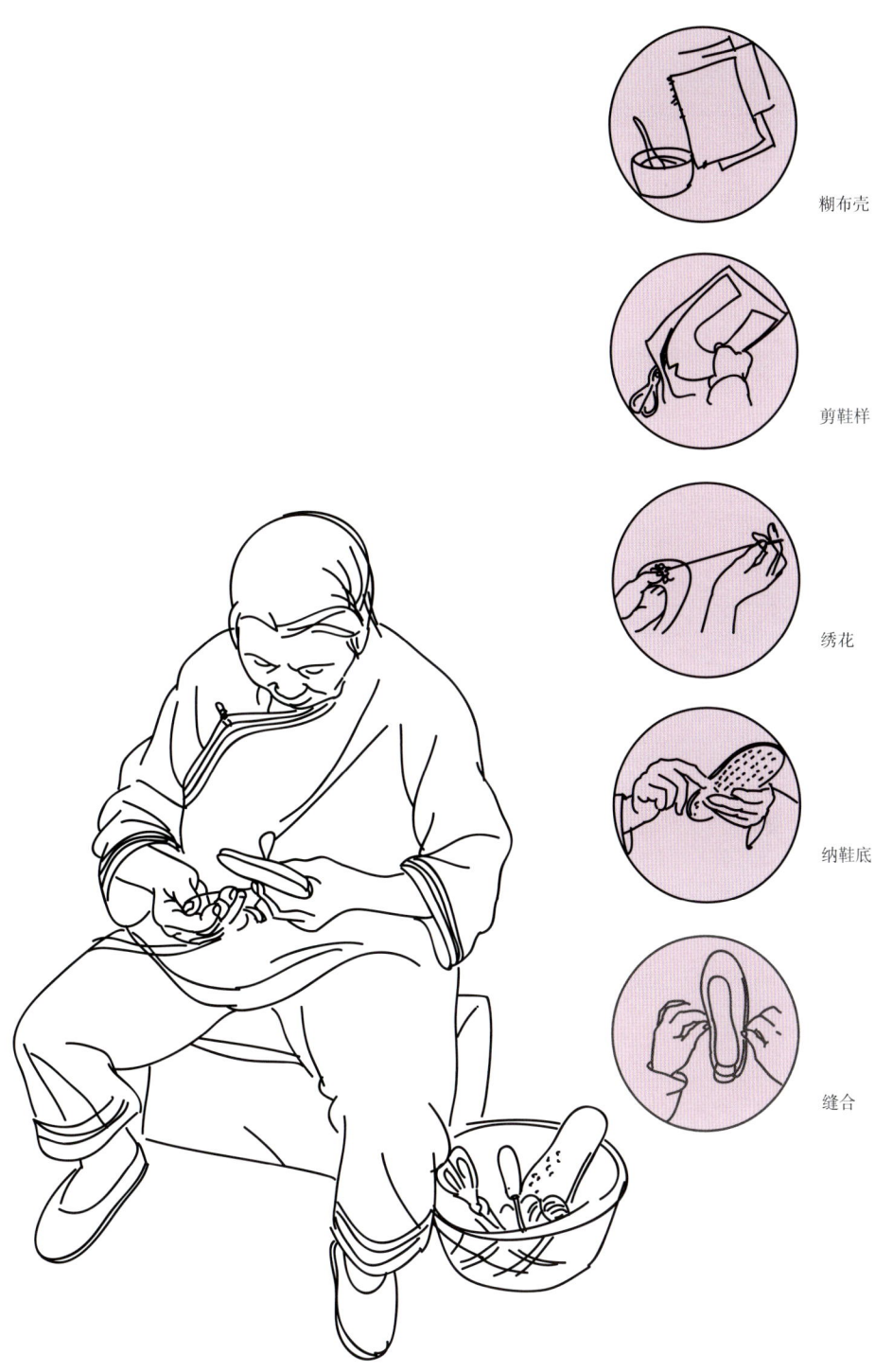

图四 毛南族猫鼻绣花鞋制作工艺分析图

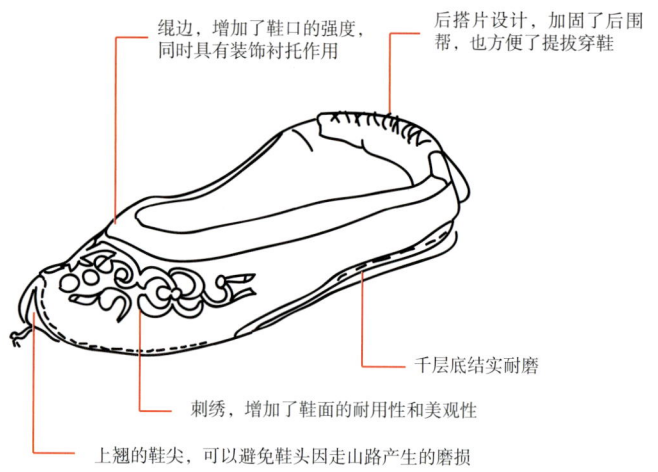

绷边，增加了鞋口的强度，同时具有装饰衬托作用

后搭片设计，加固了后围帮，也方便了提拔穿鞋

千层底结实耐磨

刺绣，增加了鞋面的耐用性和美观性

上翘的鞋尖，可以避免鞋头因走山路产生的磨损

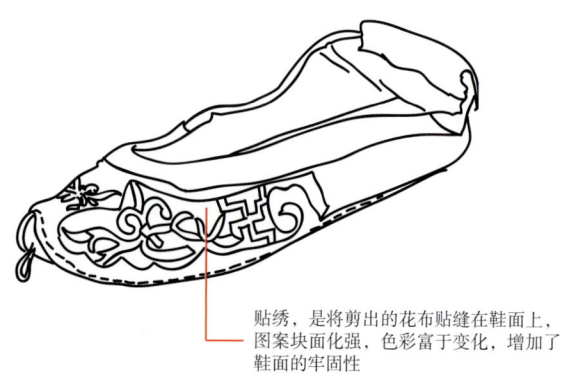

贴绣，是将剪出的花布贴缝在鞋面上，图案块面化强，色彩富于变化，增加了鞋面的牢固性

图五　毛南族猫鼻绣花鞋图案设计分析图

图六　毛南族猫鼻绣花鞋使用示意图

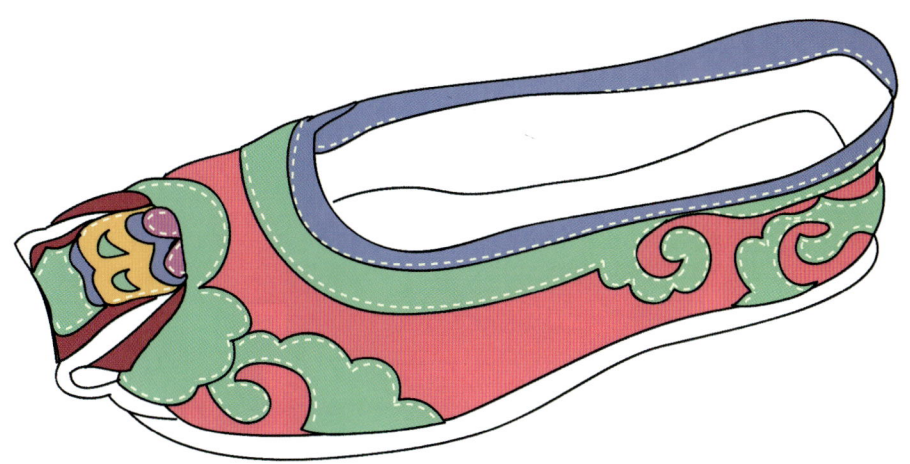

贴绣是毛南族独特的工艺,是将剪好的布花贴在绣面上,用各种针法锁边。它不仅用于制作绣花鞋,也用来制作童帽、妇女围裙、背包带等

图七 毛南族贴绣花鞋

图八 毛南族猫鼻绣花鞋式样图

毛南族挂包、银包

图一　毛南族挂包、银包主图

挂包和银包是毛南族妇女日常生活中使用的物品。挂包是毛南族妇女出门斜挂或单肩挂在身上的包具，主要用来装梳子、手绢等一些小型的、可以随身携带的生活用品。银包是用来装钱的小包。本案例采自环江县毛南族博物馆，为清朝末年的遗存，外观已很老旧，但从材料的使用、结构的设计、刺绣的工艺上看，堪称毛南族手工艺精品。

挂包尺寸为高22.7厘米，宽16.5厘米，相当于现在的小号挎包。银包呈梯形，高11厘米，底宽11厘米，口宽9厘米。挂包和银包是毛南族妇女心爱的物件，集实用性和美观性为一体，是毛南族妇女的手工精心刺绣。挂包绣制的图案有凤凰、蝴蝶、花草等，构图强调对称。花、蝶、凤凰图案有机融合，表现概括，形式美观。图案用五彩丝线绣制在蓝色的底料上，刺绣主要采用平绣的方法，针法细密，色彩富于变化。挂包的绣片放置在包的中间，四边用黑色布料剪成如意祥云图案缝绣在绣片之上，对绣片起到了很好的衬托作用。挂包的周边用白色布料包裹收边，一方面提高了挂包的耐用性，同时丰富了包的层次。包口边沿用交叉的套针法和拖针法密绣成几何图案，既美观又耐磨。银包黑底绣花，图案为卷草纹与八卦纹相结合。八卦图案有两个，分别居于翻盖和包身的中部，卷草图案缠绕周围，色彩以暖色为主，表现了大自然生机盎然的和谐之美。银包注重边框的修饰，周边交叉密绣，使银包更加结实。挂包内部结构有高低四层，方便物品的分类置放。银包小巧精致，外形曲直有度，包口小于包底，并有翻盖开合，这种设计保证了钱的存放安全。

刺绣是毛南族妇女的传统，刺绣的材料主要为土布、丝线等。土布一般自织，丝线要到圩市上购得。毛南族有种桑养蚕的习惯，但蚕茧基本上卖出。缫丝主要由专门的作坊生产加工。一般是将蚕茧放在热水中浸煮，抽出八根丝绪组织而成生丝，以增加丝线的强度。在没有化工染料的过去，毛南族在植物和矿物中提取自然染料染线。红色是用土朱、胭脂花、苏木，黄色是用黄泥、黄花和姜黄，蓝色是用蓝靛，绿色是用树皮和绿草，黑灰则是用黑土和草灰等。绣品主要用于背带、衣边、围裙、鞋面、枕头、被面、挂包、腰带之上。图案多为花鸟鱼虫，以及龙、凤、虎、牛、鹿、麒麟等。常见的绣法有平绣和贴绣，平绣最为常见，针法主要有齐针、抢针、套针、撒针和拖针等。这些精美的绣品成为毛南人装点生活重要组成部分，具有浓郁的民族特色。

挂包和银包反映了毛南族对生活品质和审美理想的追求。它的设计充分考虑到材料、结构、功能和工艺制作等方面的因素，其精湛的刺绣工艺，体现了毛南族妇女对生活一丝不苟的态度和贤良聪慧的品性。

图片来源
图一　刘明来　摄影
图二至图六　张强玮　制图

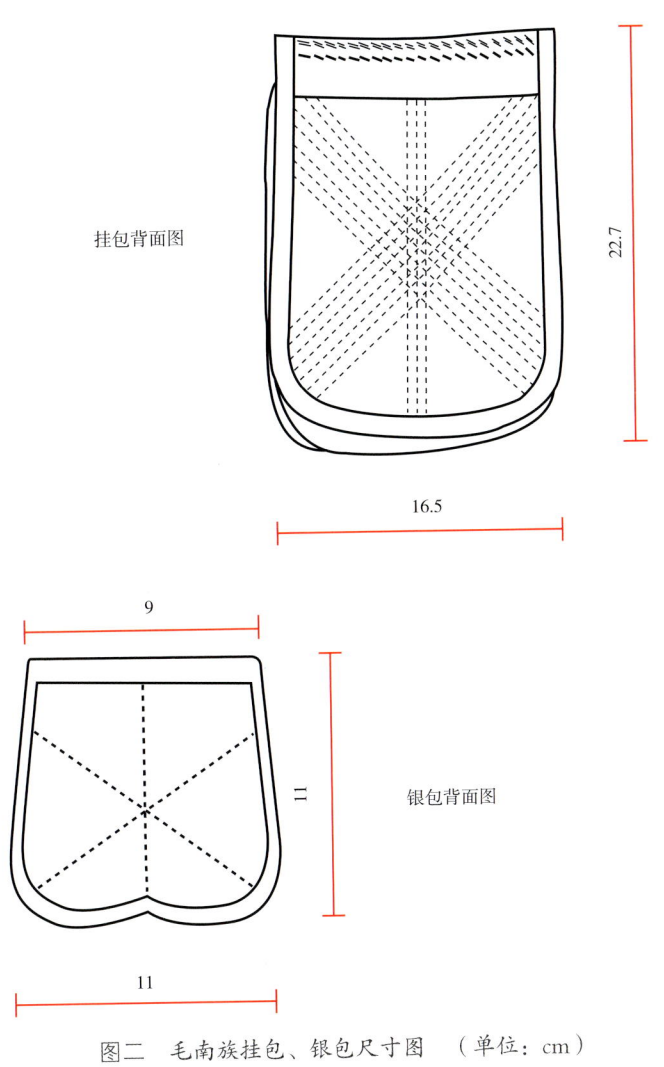

图二　毛南族挂包、银包尺寸图　（单位：cm）

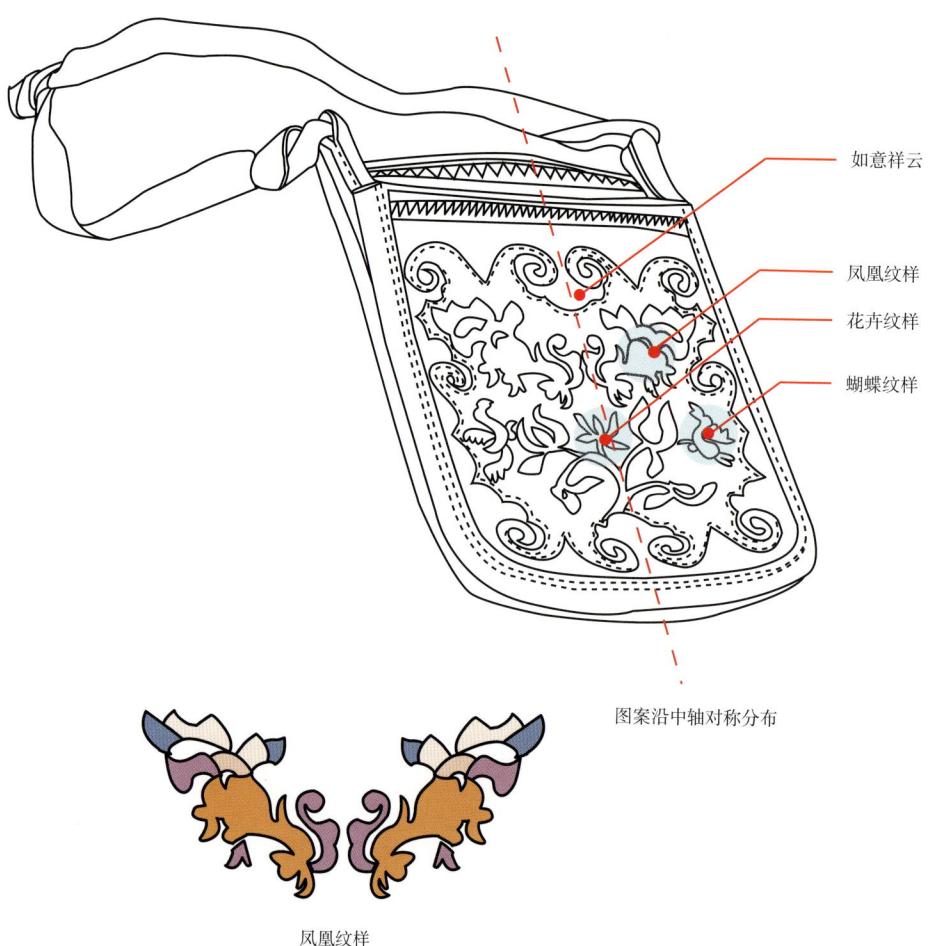

图三 毛南族挂包设计分析图

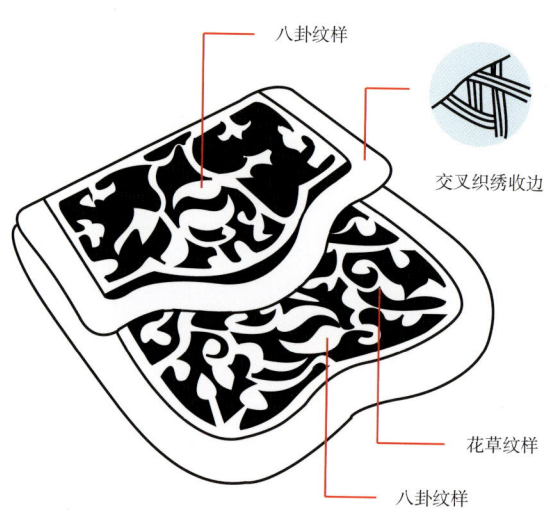

图四 毛南族银包设计分析图

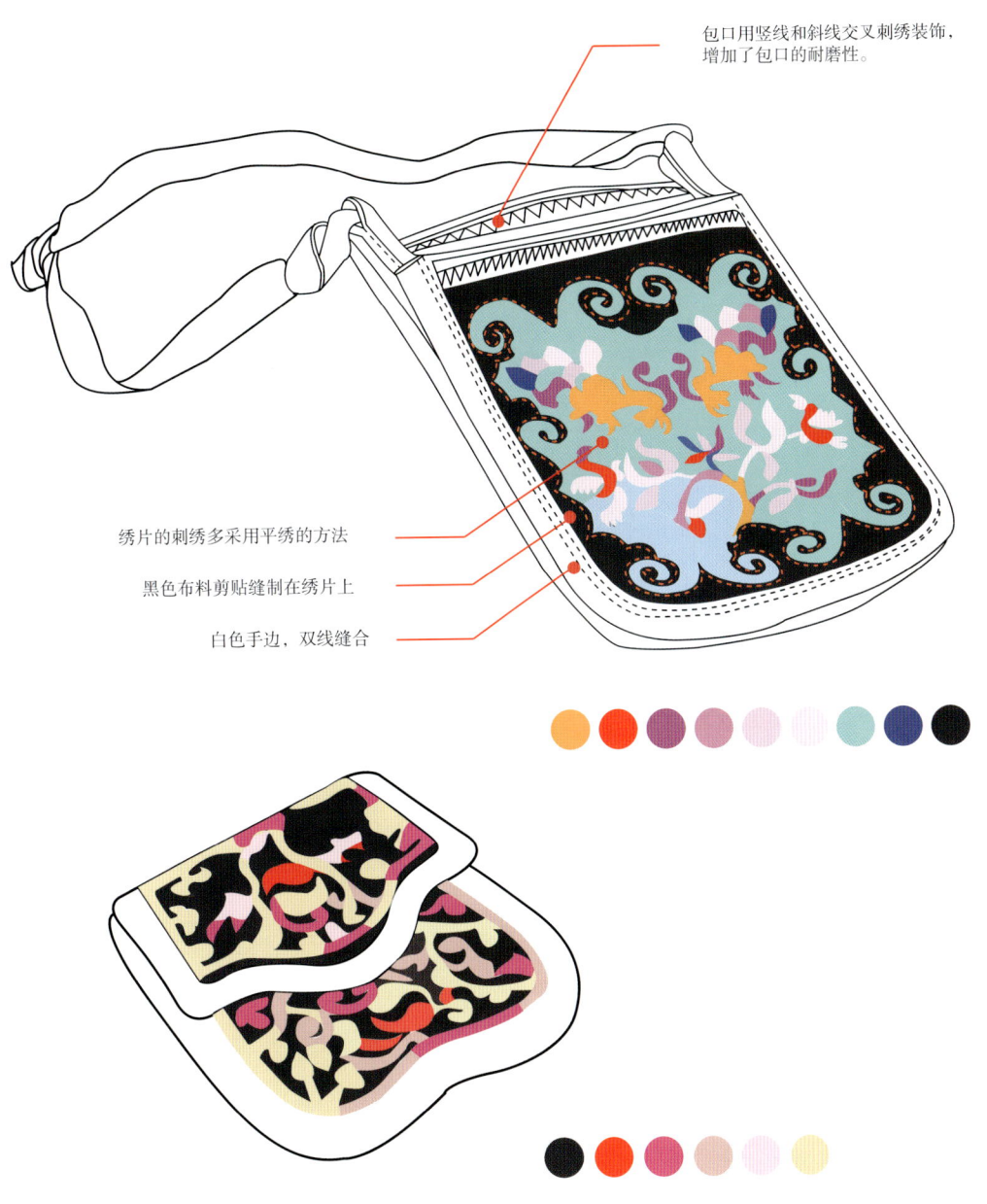

图五　毛南族挂包、银包色彩分析图

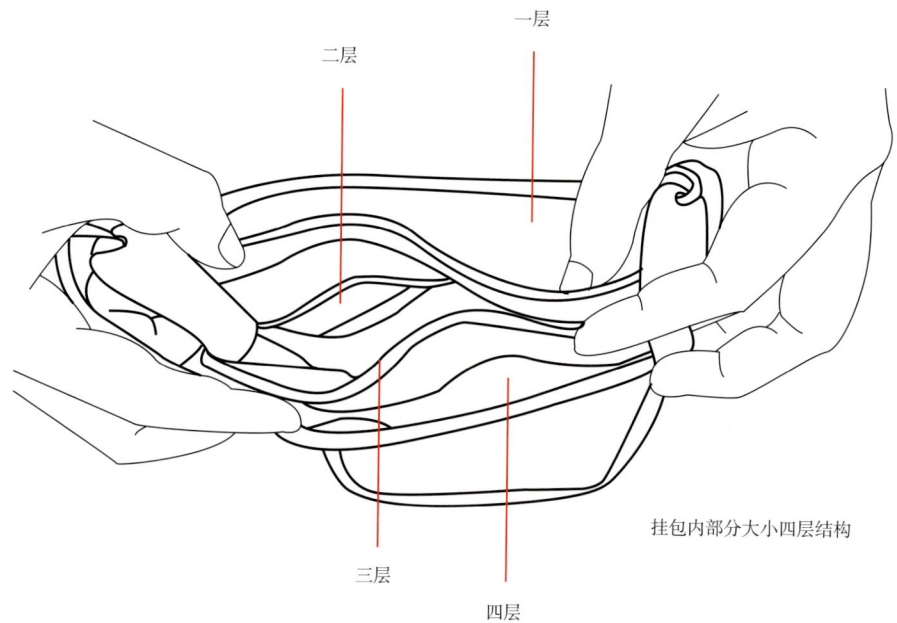

挂包内部分大小四层结构

一层
二层
三层
四层

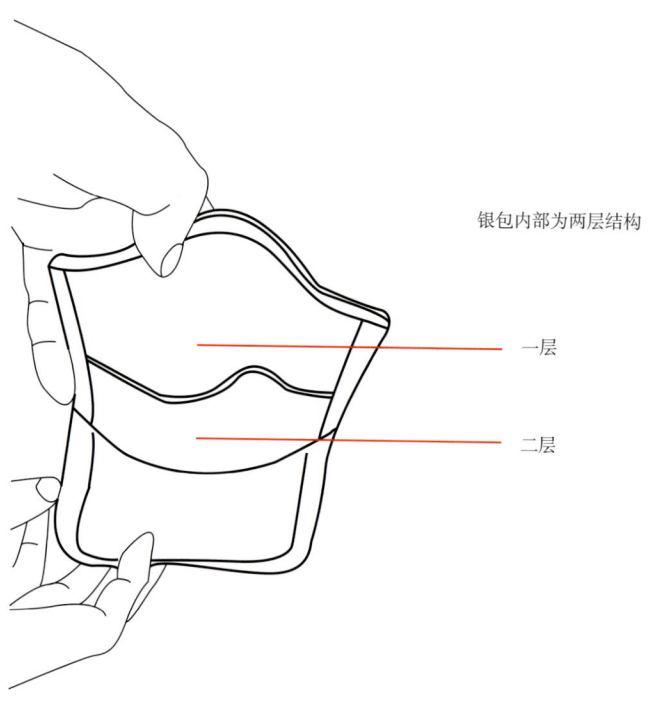

银包内部为两层结构

一层
二层

图六 毛南族银包、挂包内部结构图

毛南族织锦

图一　毛南族织锦主图1

织锦，是用彩色经纬线织造的具有丰富多彩纹样的织物。毛南族织锦是广西少数民族地区重要的织锦之一，有着图案丰富、色彩统一、风格拙朴的特点。织锦主要用于被面、围裙、背带、腰带、衣服等日用品的装饰。从毛南族博物馆现存的织锦实物可以判断，毛南族织锦在清中期至民国期间极为盛行。

毛南族织锦用棉线作为纬线，彩色丝线作为经线织出秀美多彩的图案。图案有动物、植物及抽象的几何纹样。动物图案主要有龙、凤、金鸡、鸟雀、老虎、鹿、蝴蝶等。毛南族敬仰龙凤，认为龙主管雨水，可以让人们过上风调雨顺、五谷丰登的日子。

凤凰的到来可以使人们家庭生活美好、幸福和安宁，因此龙凤成为毛南织锦中出现最为频繁的图案。植物图案主要有菊花、梅花等，在织锦中通常以花树、花瓶、花篮组合表现，寓意吉祥美好。几何纹样是根据自然物象的提炼和想象发展而来，主要有太阳花八角纹样、回纹、石榴纹、万字纹、水波纹、云纹等，大多用于花边和织带。毛南族织锦图案善于运用二方连续的结构形式产生丰富多样的变化，双龙花婆动物纹锦，就是将双龙花婆图案作为一组进行重复，将凤凰、金鸡、老虎、鹿组合在一起作为另一组进行连续性变化，上下图案交错分布，给人以统一而丰富的视觉感受，体现了节奏和韵律之美。凤凰花篮纹锦，则是将凤凰与花篮有机结合，花篮呈现五种变化式样，每种变化都有吉祥寓意。几何回纹织锦，回纹亦是上下两组分布，回纹大小变化，你中有我，我中有你，和谐统一。毛南族生活在广阔的壮族区域内，民族间频繁的交融，使得毛南族织锦与壮族织锦在织造技术和表现风格上极为相似，但仔细比较两者，可谓同中有异，异中有同。在织造技术上，都是采用竹笼织锦机织锦，由一个系统的纬线和多个系统的经线交错重叠织造，只是壮族竹笼较大，竹笼上的花竹条较多，而毛南族竹笼小巧，花竹条较少。壮族用梭子引纬，打纬刀打纬，而毛南族不用梭子，直接用刀杆装置纬管进行引纬和打纬。从表现风格上看，壮族织锦色彩对比强烈，华丽喜庆，毛南族织锦更注重色彩的调和，朴实沉稳。壮族与毛南族织锦在图案的表现上，有很多共同之处，都有程式化的一面，壮锦严谨规范，而毛南锦更重视个人的情感输入与创造，因而图案粗犷，形态鲜活，拙朴感人。

图片来源

图一至图三　刘明来　摄影
图四至图七　张强玮　制图

图二　毛南族织锦主图2

图三　毛南族织锦主图3

动物图案主要有：凤鸟、龙、虎、鹿、鸡等

植物图案主要有：菊花、荷花

几何图案主要有：太阳花、万字纹、回纹、寿字纹

图四　毛南族常用织锦图案分析图

第二章　毛南族传统服饰

上组：双龙婆王

下组：凤鸡虎鹿

图案采用二方连续式结构，分上下两组交错排列，在统一中又富有变化，给人以律动美感

图五　毛南族织锦的图案构成特点分析图

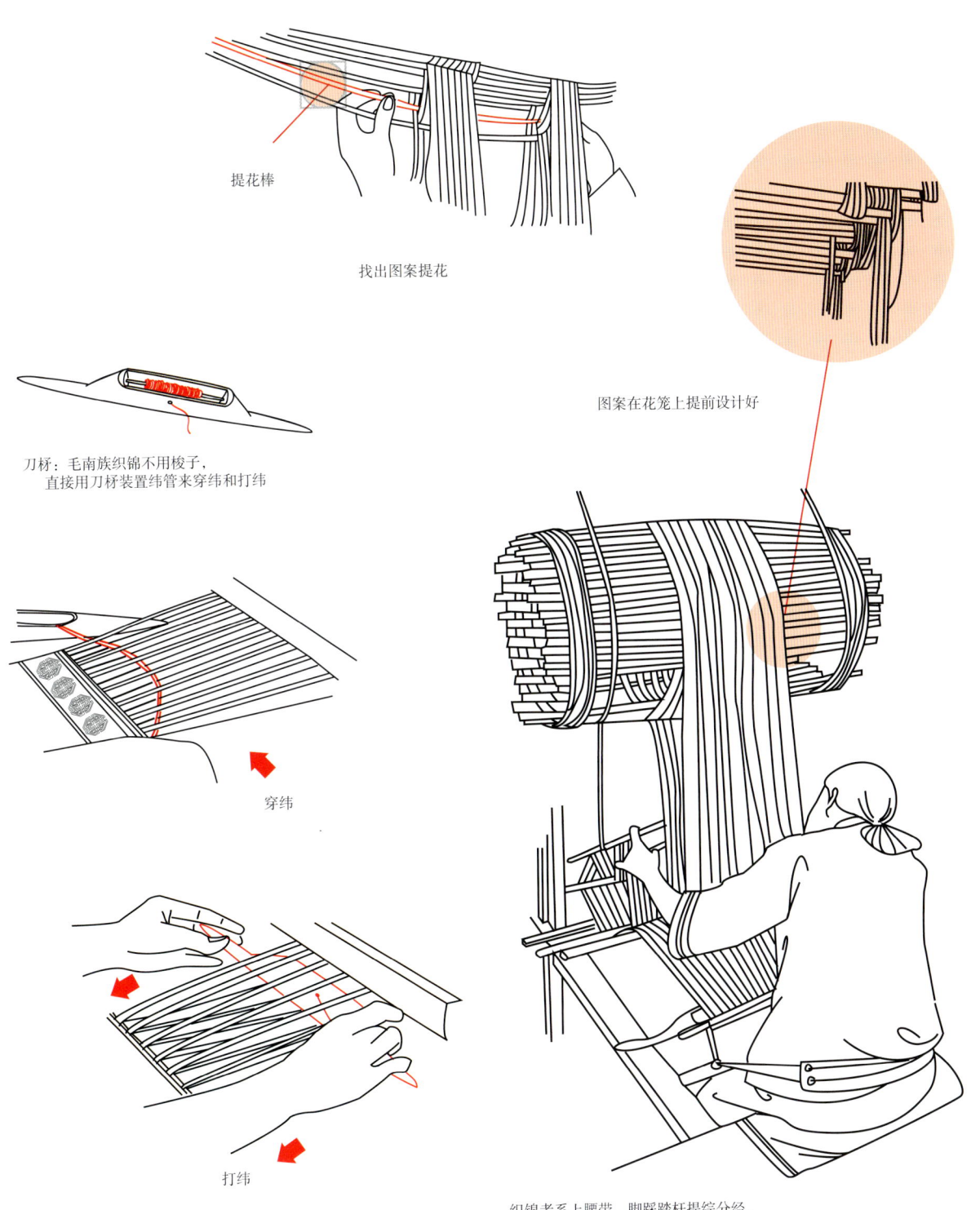

图六 毛南族织锦工艺步骤示意图

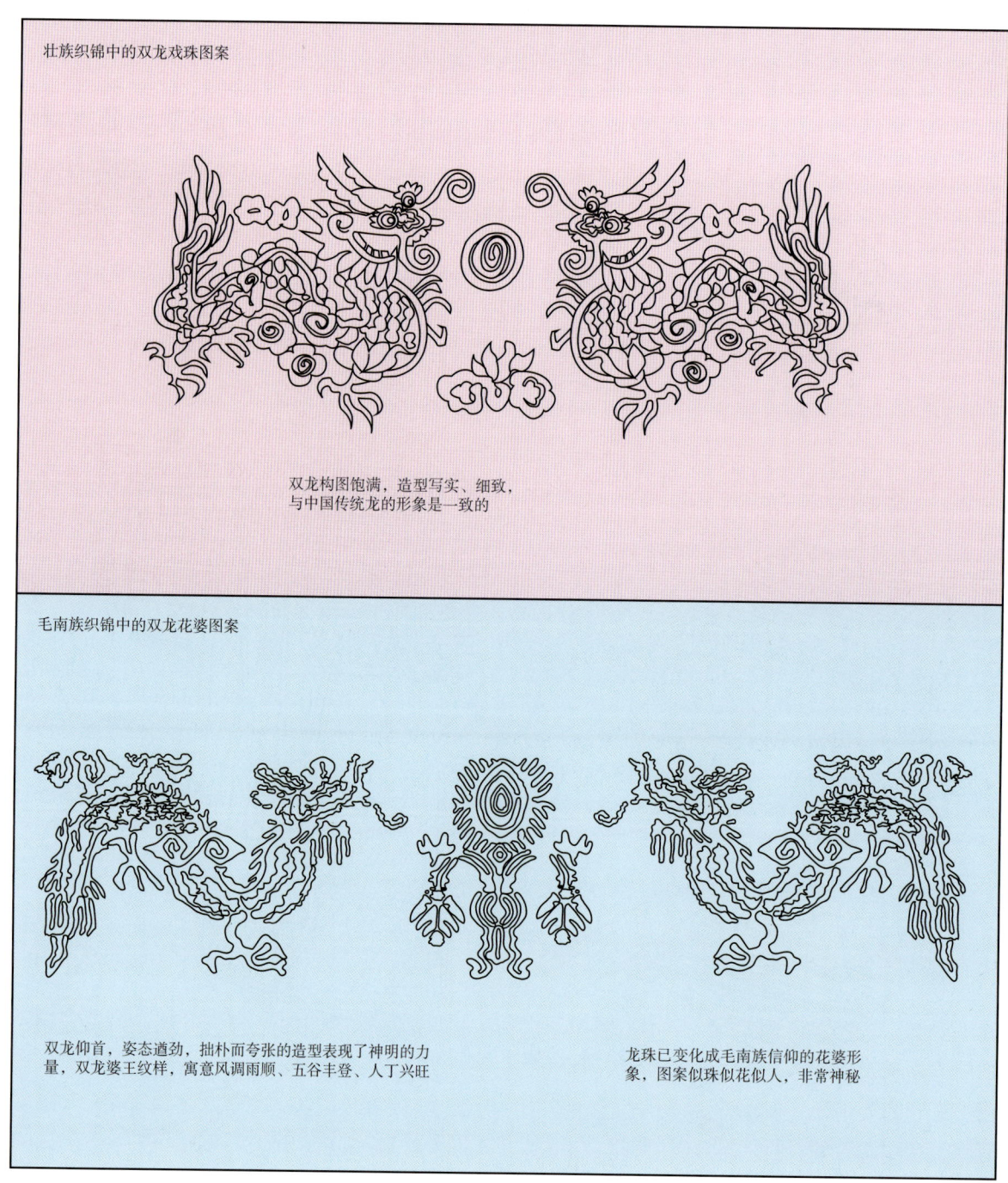

图七 毛南族与壮族双龙织锦图案对比图

毛南族背带

图一　毛南族背带主图

背带，古称"襁褓"，又称"小孩背带""娃崽背带"或"背扇"。在生活环境艰苦的毛南族地区，妇女不仅要生儿育女，同时也承担着繁重的生产劳动，背带成了母亲必不可少的好帮手。无论是下地干活，还是走亲赶圩，毛南族妇女总是将孩子用背带兜起背在背上。背带的形制类似倒三角形，三角形的上边有两根长而宽的带子，下角有骑片。背带心织绣着精美的图案。毛南族背带有刺绣和织锦两种，本案例为刺绣背带，采自环江县文物管理所，为20世纪毛南族妇女手工制品。

背带长300厘米，宽10厘米，背带心为边长40厘米的方形，方形中有菱形，菱形内又含有九个菱形方格。这种类似"田"字形构成的形式，是毛南族背带的典型式样，这可能与毛南族身处石多地少的自然环境，以及热爱土地、精于耕种的朴素的民族心理有关。在分割得井井有条的"田地"之中，毛南族妇女用五色丝线绣出龙、凤、狮子、花草、鸟虫等图案，图案富于变化，每个图案都有不同的吉祥寓意。背带心周围镶有红色和蓝色宽边，下面衬托着深蓝色土布，土布边沿绲有红色的布边。这种层层托裱的缝制方式，增加了背带的层次感，也使中心图案更加突显。毛南族妇女善于用色，衬布的颜色交叉间隔变化，根据不同色相的衬布，绣以不同彩色丝线。为了增强图案色彩的丰富性，即使是同一片完整的叶子，也要用不同颜色的丝线绣制。因此，所绣图案的色彩不论局部和整体，都显得层次丰富、和谐美观。从功能上看，背带的主体部分为上宽下窄的倒三角形，宽松的上部有利于手臂的活动，狭窄的下部设有骑片，从胯下托起孩子的身体。带子宽而长，有利于缠绕捆绑，减轻了捆绑时不舒服的感觉。两根长长的带子从母亲的肩膀交叉缠于胸前，并从腋下绕至婴儿背后，在经由婴儿胯下绕到母亲腰间打结，将婴儿与母亲紧紧联系在一起。宽阔、柔软的背带像"摇篮"一样舒适地兜起孩子。孩子在母亲的背上感受着母亲的体温和心跳，在母亲的劳作晃动中甜蜜入梦。这种人性化的设计，像脐带一样联系着母子，延续着母亲的温暖和呵护。

背带在毛南族人的心中是非常珍贵的，有代代相传的习惯。背带一般是由姑娘在婚前秘密绣制或由母系亲人在结婚后赠送。在男耕女织的社会生活中，织绣是毛南族妇女必修的功课，女红的优劣，已成为评价毛南族妇女能力和美德的重要依据，是女性实现自身价值认同的途径之一。在物资丰富的今天，毛南族妇女已很少绣制背带，但每逢节日，总有绣制精美的传统背带闪现在眼前。它的精湛的工艺、艺术的价值和实用的功能让人赞不绝口。

图片来源
图一、图八、图九　刘明来　摄影
图二至图七　刘明来　制图

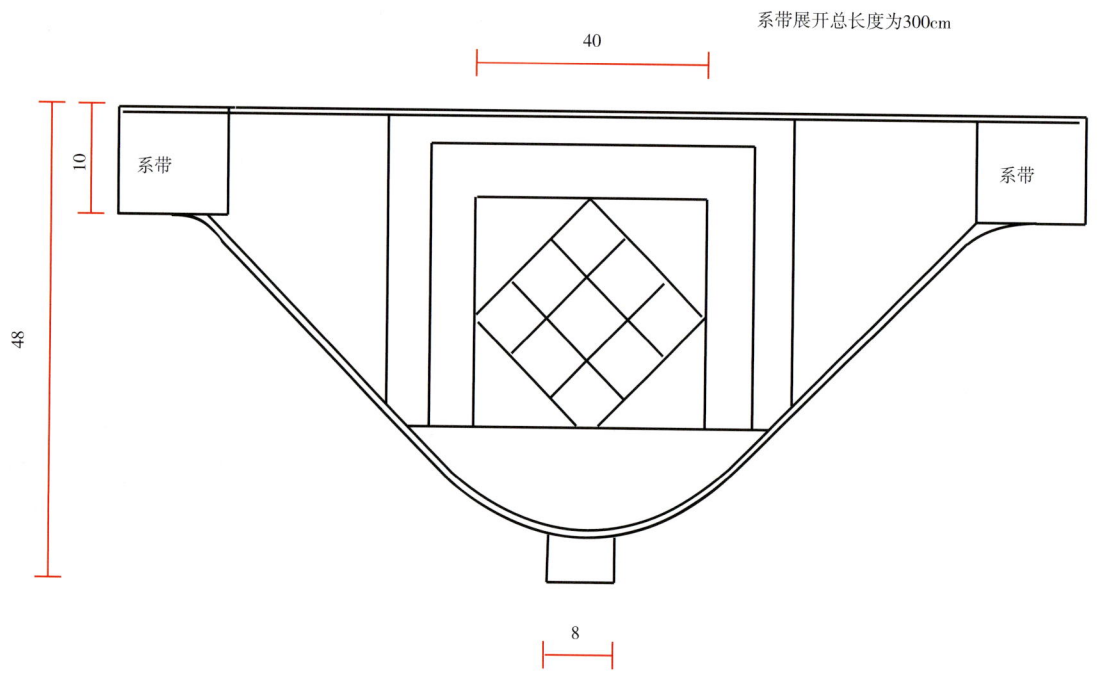

图二　毛南族背带尺寸图　（单位：cm）

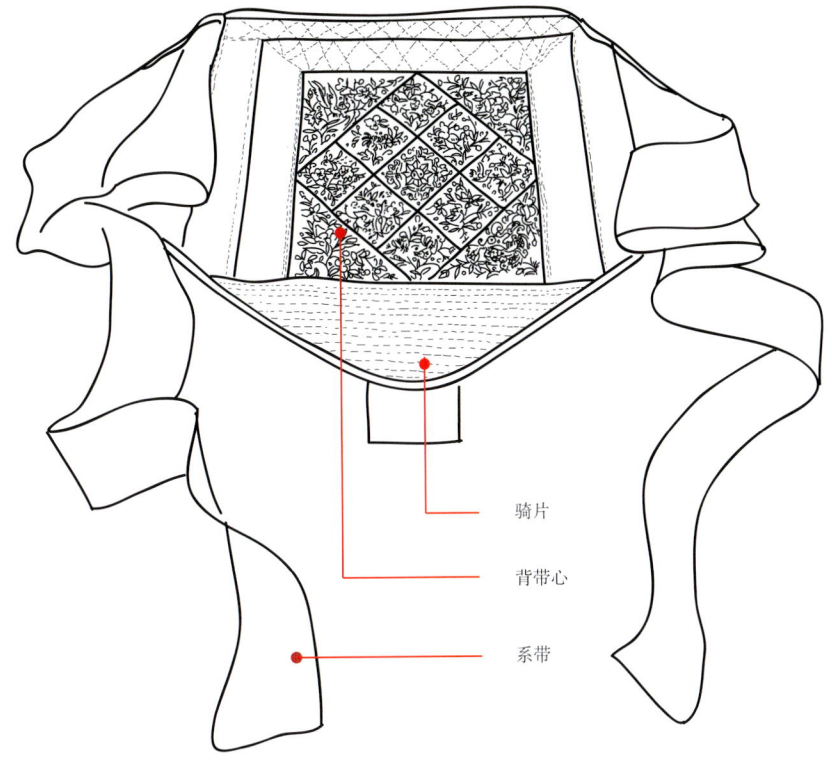

图三 毛南族背带结构名称图

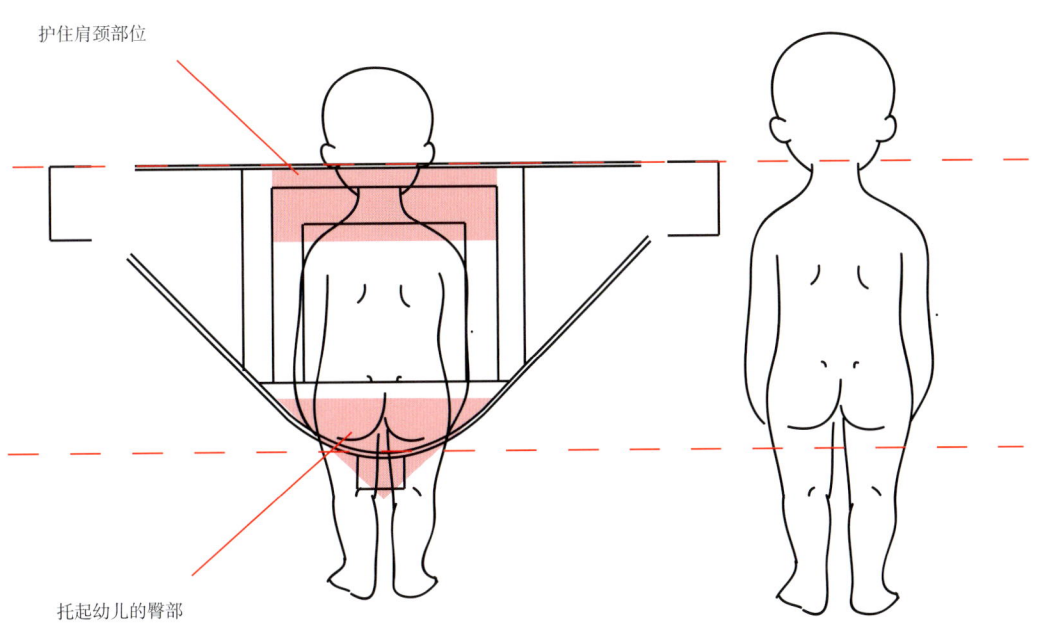

图四 毛南族背带功能设计分析图

图五　毛南族背带心色彩设计分析图

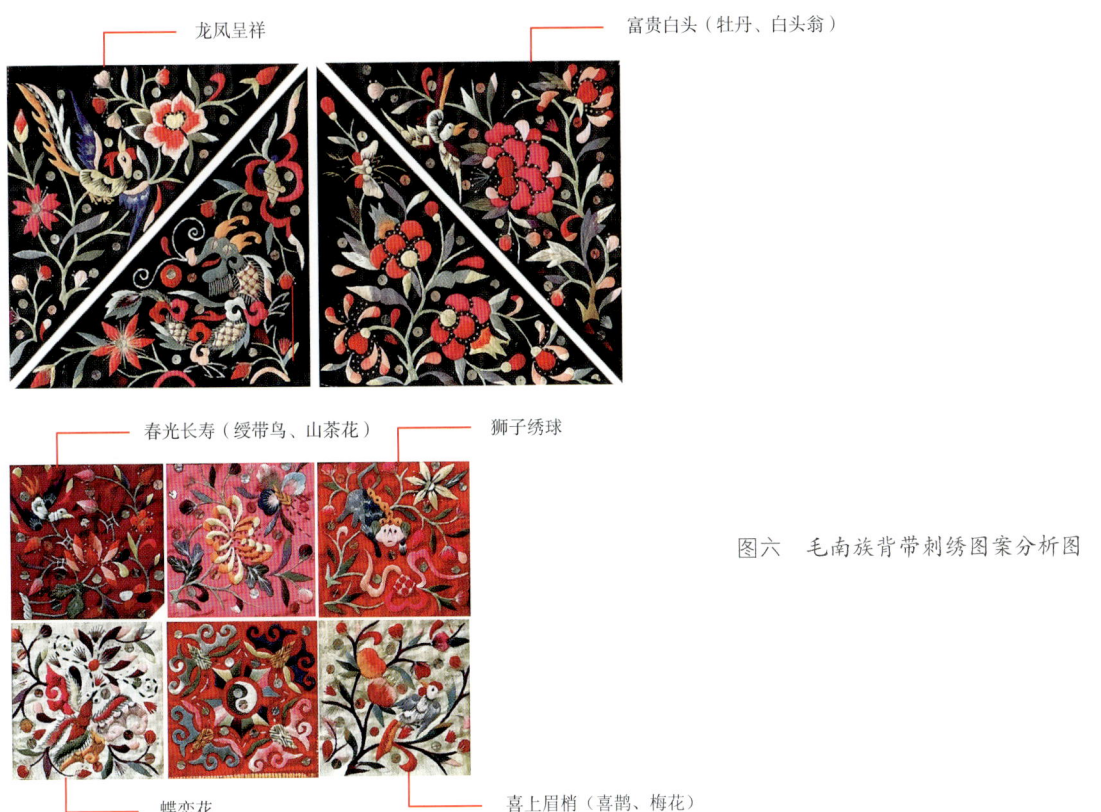

图六　毛南族背带刺绣图案分析图

图七　毛南族背带使用方法图

图八　刺有人物图案的毛南族背带

图九 毛南族织锦背带式样图

毛南族花竹帽

图一　毛南族花竹帽主图

"花竹帽",毛南语叫做"顶卡花",意指"帽底编花"的意思。它是手工编织而成,外形为圆形,中心呈圆锥状突出,顶部有六边形蜂巢状小孔,帽边以多层黑色几何纹样环绕装饰,有实用价值和审美价值。"花竹帽"始于明清之际,约200多年的历史。起初"花竹帽"只是用来遮阳挡雨的工具,但经过长期的发展,它被赋予更多的内涵,现已成为毛南族妇女身边的装饰之物,也是男女爱情的信物。

制作"花竹帽"的材料主要是当地毛南山区特产的金竹和墨竹。金竹表面呈金黄色,高约10米,径围30厘米左右。墨竹比金竹矮小,表面黑亮,只有两三米高,径围10厘米左右,生长得较少,目前已很稀有(由于墨竹少于金竹,现代编织花竹帽大部分将金竹用油漆涂黑代替墨竹编花)。石山上的竹子坚韧挺拔,是编织花竹帽的最好材料。选料一般在立夏后和霜降前,以避免早春竹子寒气与阴湿太重、经霜冻后竹子脆而易断的弊端。花竹帽直径大到70厘米,小则20厘米不等,由阴阳两层叠合而成,阳面为帽盖,阴面为帽底,中间夹层铺设薄纱。据毛南族花竹帽传人谭素娟介绍:"编织花竹帽从帽顶开始，用15片宽约1厘米的金篾组成架子，每片薄篾两头分别破成25～30片分篾，做一顶帽子大约需要750～900片分篾。"细如发丝的分篾，是用手弯扯篾片，顺着竹的纤维扯出来的，分篾与一根同样细的竹丝交织，竹丝很长，呈螺旋状环绕帽顶至墨竹编花处。然后用20片细小的墨竹篾作纬，编织出几何形图案环绕帽边。阴阳两层分别编好后，在其间放一层薄纱纸，并用细篾将阴阳两层沿边上下编织扎紧，形成帽檐。里层另外配上帽圈和柔软的绒线花带。最后在外层表面刷漆，保证不渗水、不透光，花竹帽结实耐用，精致美观。整个工艺经过选篾—制篾—上模—结形—编织—填衬—整合—勒边—刷油到成品过程，工艺复杂讲究。

本案例花竹帽为毛南族博物馆收藏，是花竹帽传人谭顺美老人编织的。帽径40厘米，高12厘米。从形制上看，花竹帽为圆形，帽顶呈锥状隆起，以帽顶为中心呈五角星形状向下展开，五角星间隙处形成六边形蜂巢状小孔。帽顶隆起的空间，以及蜂巢状小孔，有利于散热和隔热。斜坡形设计，在雨天，可使雨水能够快速下流，晴天又能使脸部遮光面积增大。帽圈由金篾编织，为穹形设计，富有弹性，置于帽底中心部位，与人的头部形状适合，佩戴起来感觉牢固舒适。

花竹帽的编织需依据模具，模具呈蘑菇状，上端是圆形，圆形中心呈锥状突出，表面做竹帽编织定型使用。从圆心延伸木棍，下方是"人"字形支架，木棍穿过支架上端圆孔，编织时可转动支架和调节模具的角度。

花竹帽是毛南族标志性设计之一，它在特有的地理环境、风俗习惯、文化氛围中产生，有着美丽动人的爱情传说，是幸福和吉祥的象征。花竹帽精湛的工艺已完全超出了实用功能，具有较高的审美价值。它的设计，无论在材料、造型、结构、功能，还是在图案、色彩上都体现阴阳相生的"和谐"理念，对设计者有很好的启迪作用。花竹帽这一将要失传的民间技艺，已开始得到人们的重视和保护。

图片来源
图一、图七　刘明来　摄影
图二至图六、图八　刘明来　制图

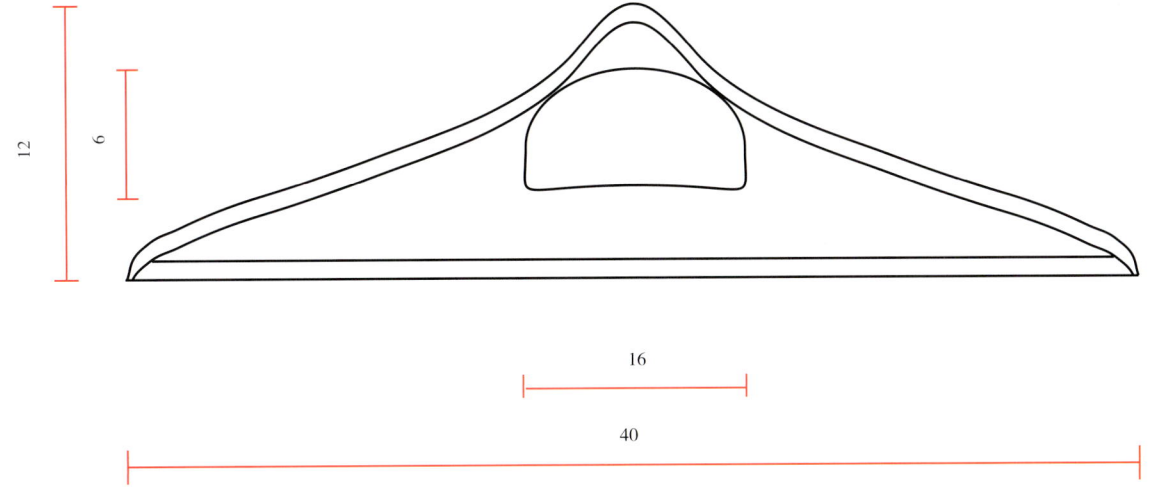

图二　毛南族花竹帽尺寸图（单位：cm）

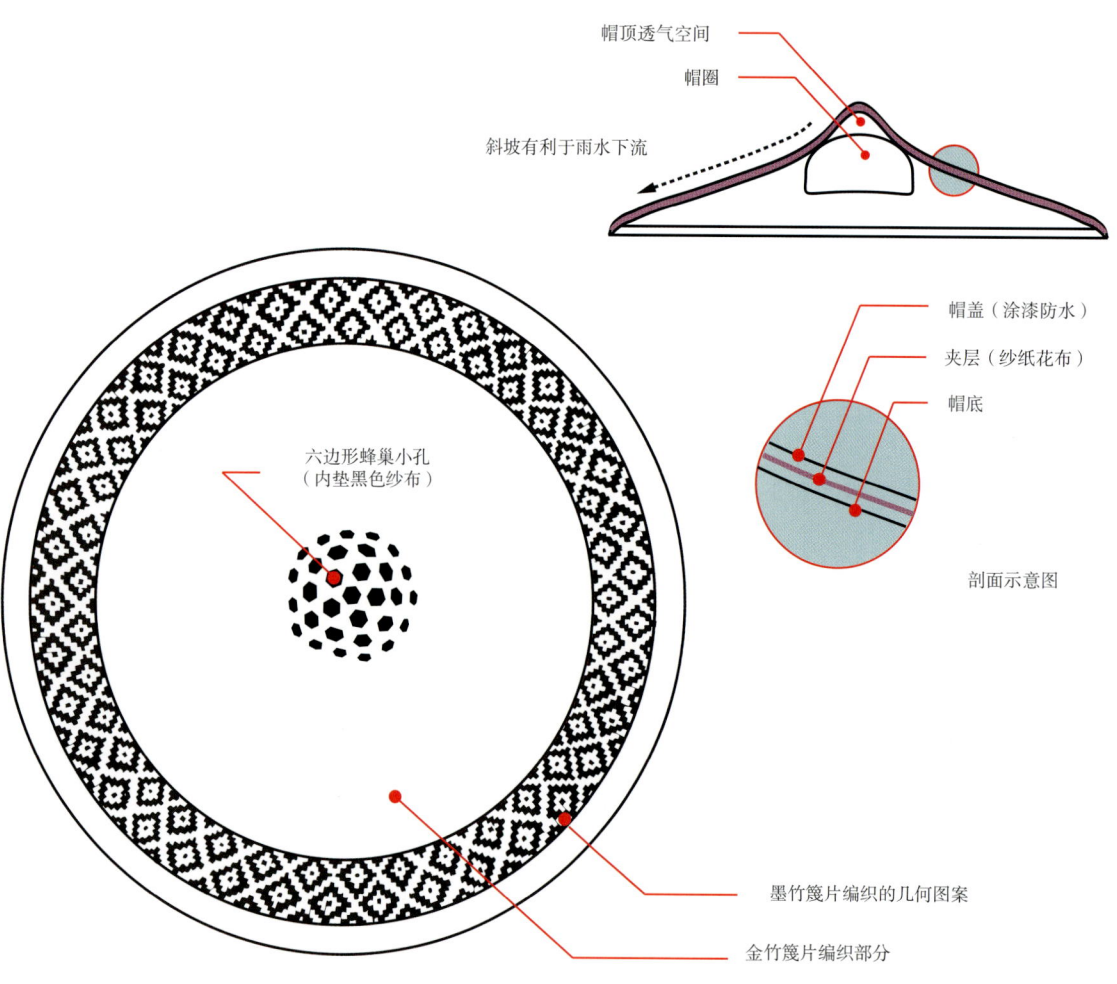

图三 毛南族花竹帽设计分析图

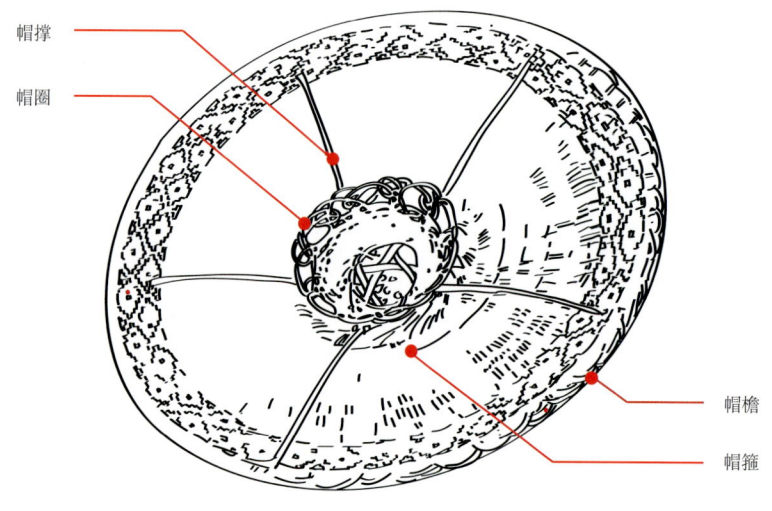

图四 毛南族花竹帽结构名称图

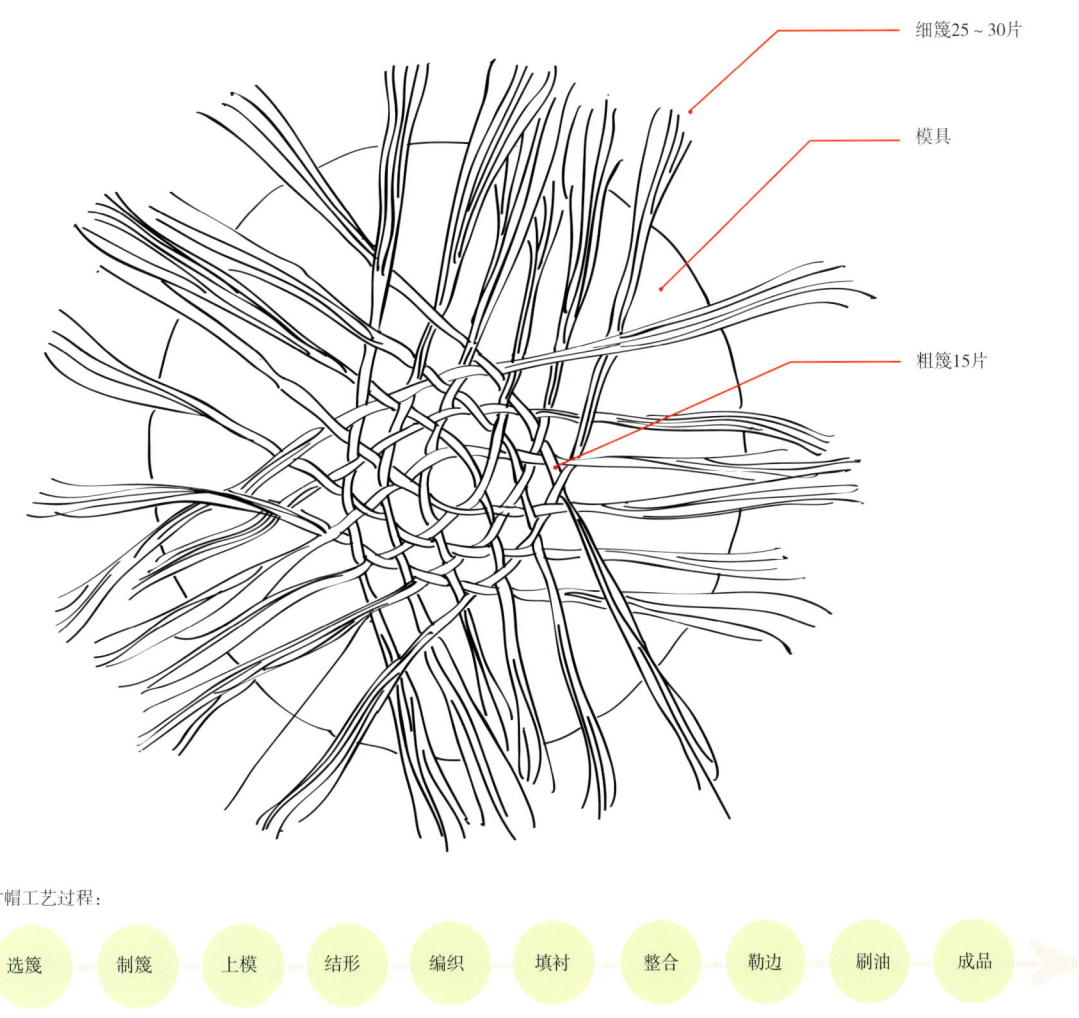

花竹帽工艺过程：选篾 → 制篾 → 上模 → 结形 → 编织 → 填衬 → 整合 → 勒边 → 刷油 → 成品

图五　毛南族花竹帽工艺分析图

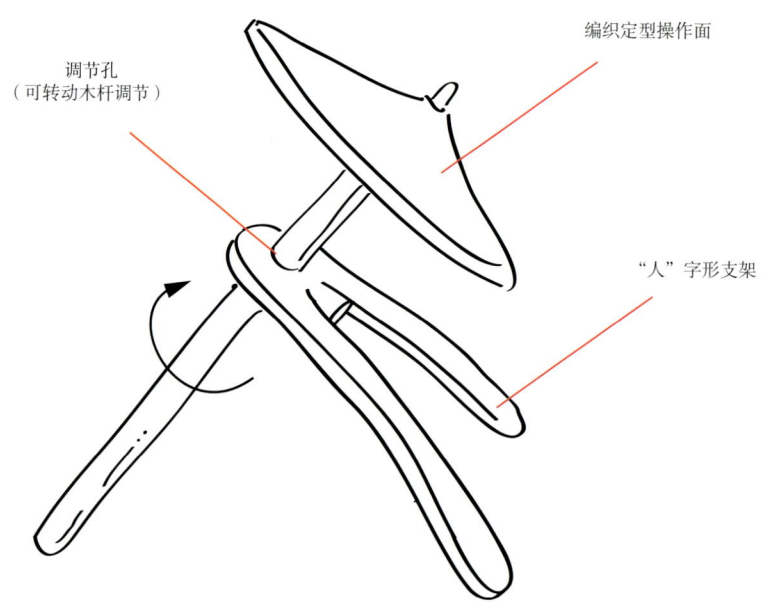

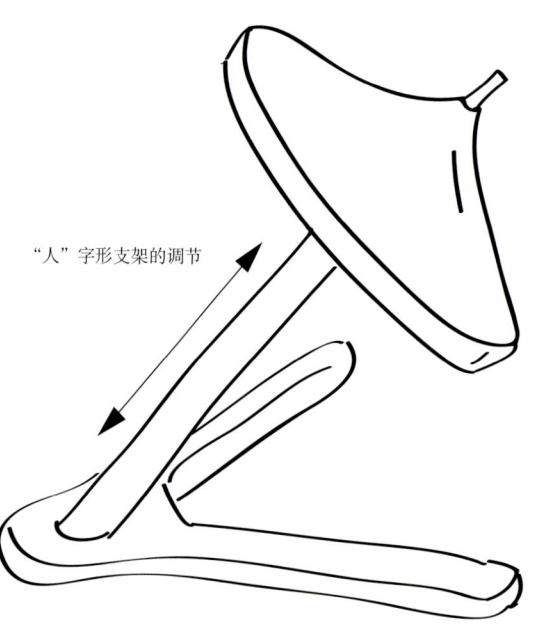

图六　毛南族花竹帽模具分析图

图七 毛南族花竹帽编织材料及编织工具

花竹帽的配饰：
小型花竹帽主要是节日用来表演和装饰时使用，帽檐挂有锦线、晶片等饰物

图八　毛南族花竹帽使用分析图

第三章 毛南族传统餐饮

毛南族"三酸"

图一　毛南族"三酸"之腩醒主图

毛南族"三酸",是指腩醒、索番、瓮煨,均为毛南语,是毛南族独具特色的传统食品。毛南族清乾隆戊申年所立的谭家世谱碑中就有"百味用酸"的记载。毛南族吃酸的饮食习惯应该和他们所处的自然环境、经济条件,以及过去艰苦的生产生活状况有关。毛南族居住在偏远的山区,对外交流较少,长期保持着自给自足的自然经济状态,酸味食品易于保存,开坛即食,非常方便。对于湿热的自然环境和艰苦的生产劳动,酸味食品可增进食欲,健脾开胃,消除疲劳。毛南族家家都会制作酸味食品,原材料主要是从自然中获取,制作主要采用密封自然发酵的方法。

腩醒,是毛南族别有风味的酸肉,流行于毛南族聚居地。原材料主要为猪肉和牛肉,把肉切薄片,用适量盐搅拌均匀,腌制2—3天,再将蒸熟的糯米饭与肉拌匀,凉透后放入陶坛压紧密封,20天后即成腩醒。食用时可拌上辣椒粉直接吃,其口感酸辣,肉有嚼劲,十分开胃。也可将腩醒盛于碗中蒸熟吃,蒸熟的腩醒,香味扑鼻,肉质细嫩,酸味适中,十分可口。毛南人有这样一首民谣:"一餐吃腩醒,三天嘴还香;一家吃腩醒,九家软肚肠。"可见腩醒香酸可口,深受毛南人的喜爱。过去,腩醒是毛南族富裕家庭常备的食品,一般家庭来人也以腩醒待客表示热情和诚意。

猪肉（五花肉）

牛肉　　糯米饭

图二　毛南族腩醒的主要原料

索番，也叫螺蛳酸，它的主料是毛南山溪中钉螺或田螺。准备一坛较浓的淘米水，将螺蛳外壳洗干净，用猪油干炒至熟透发香为止，趁热倒入坛中，同时将烤熟滴油的猪筒骨敲开，放入坛中，再加入少量的盐和生糯米搅匀。加盖密封2—3个月即成。开盖取酸汤，可生饮，也可作为佐料拌菜煮开下饭使用。坛中的酸汤用完后可补充淘米水，夹入洗净的蛋壳。时间长了坛中的骨头和蛋壳会软化。大部分初食者不习惯索番酸腐的怪味，但习惯后会觉得酸甜可口，非常开胃。索番可增进食欲，帮助消化，夏天毛南人将它作为清凉饮料，用以解热去痧。

瓮煨，也叫藠斗酸水，是毛南人为了随时随地能吃到酸味食品，家家户户必备的酸水坛。原料主要有藠头、生姜、青椒和盐水。制作方法是先将生盐用水煮开化尽，冷却后滤净，倒入坛中。再加入经过石灰水浸泡、晒干的藠头，配以生姜和青椒，密封于坛内，一个月后即成瓮煨。瓮煨可腌制萝卜、黄瓜、豆角、猪耳朵、猪脚、猪尾巴等多种菜品，蔬菜腌制一般要洗净晒干，肉类要煮熟冷却后放入坛中腌制。一般24小时后即可变酸食用，在坛中保持半个月不会变质。瓮煨腌制的肉类食品，毛南人称之为"腩清"，是招待客人的佳肴。

"三酸"的制作采用生活中易于获取的材料，利用自然发酵的技术和密封的加工手段，有效控制了食品的品质。毛南族的饮食从过去的生食，到如今的熟食和烹制，在"三酸"的吃法上更加强调健康理念，加工的菜品更强调色香、味美。毛南"三酸"，是毛南人在长期生活中创造的独特的食品，它是毛南族饮食文化的一大特点。在今后的经济文化的发展中，这一独具特色的传统美食必将会发挥其更大的作用。

图片来源
图一、图二、图四、图五、图七、图八　刘明来　摄影
图三、图六、图九　刘明来　制图

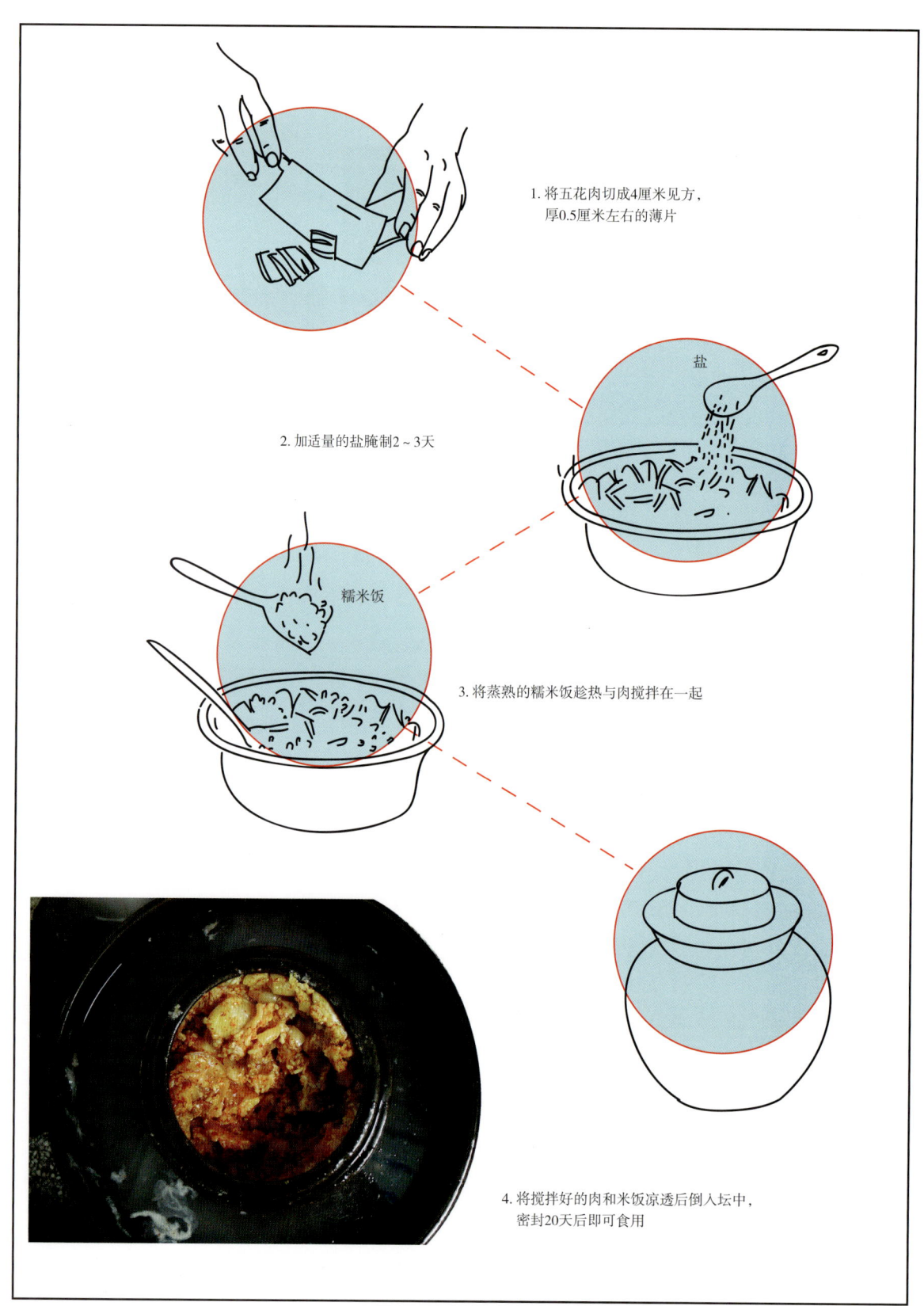

图三　毛南族腩醒的加工工艺图

图四 毛南族"三酸"之索番主图

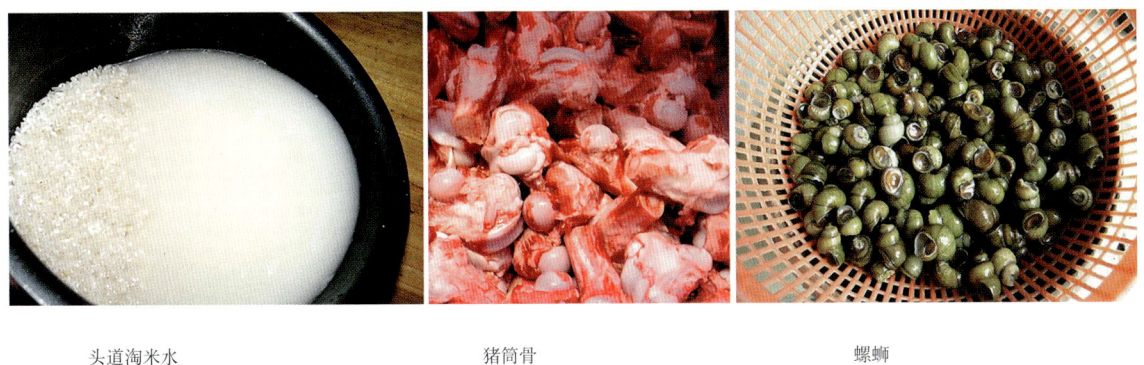

头道淘米水　　　　　　　　猪筒骨　　　　　　　　　螺蛳

图五 毛南族索番的主要原料

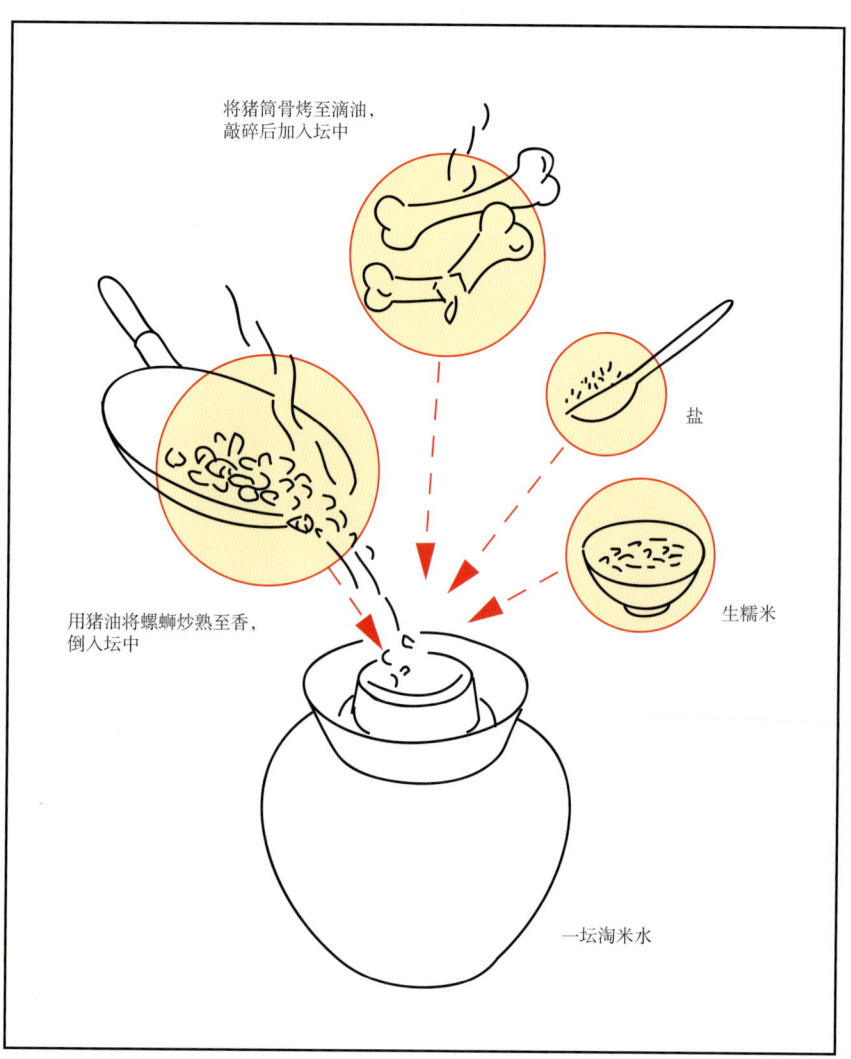

图六　毛南族索番加工工艺图

图七　毛南族"三酸"之瓮煨主图

图八 毛南族瓮煨主要原料

将水泡、晒干后的藠头倒入坛中

热水将盐煮化，凉透后倒入坛中

配以生姜和辣椒辅料

封坛24小时即可食用

图九 毛南族瓮煨的加工工艺图

第三章 毛南族传统餐饮

毛南族五色饭

图一　毛南族五色饭主图

　　五色饭，是毛南族民间传统节日食品，它是用当地特产的香糯米经过植物染色、蒸煮加工而成。五色饭由白、红、青、黑、黄五色组成，色泽鲜艳，五彩斑斓，晶莹透亮，口感绵柔，并散发着植物的清香，是毛南人喜爱的食品，也是吉祥美好的象征。

　　五色饭制作非常讲究，其染料是在天然的植物中提取的。红色染料在红兰草（学名狗肝菜）中提取。将采摘来的红兰草用水煮的方式提取汁液，植株较大，叶片较大、菱形且无绒毛，花型较大且颜色更深的红兰草煮出来的颜色较浓，泡出来的米呈青紫色；植株较小，叶片较小且有绒毛，花小色浅的红兰草煮出来的颜色较淡，泡出来的米呈鲜红色。黄色染料在黄花（学名密蒙花，二三月份花期，采摘簇生的花蕾晒干备用）、黄栀子、黄羌（学名郁金）等植物的花蕾、果实和根茎中提取。将黄花、黄栀子的果实和黄羌的根茎捣碎放入水中浸泡煮沸，即得到黄橙色的染料液。黑色染料在枫叶（学名枫香）中提取。将枫叶放在石臼中捣烂，然后用铁锅盛水浸泡24小时，将叶渣捞出滤净，便得到黑染料汁液。四种汁液提取后，将糯米分别浸泡其中12小时左右，当汁液浸入糯米后，把糯米捞出放入蒸笼中蒸50分钟左右，便可蒸出五种颜色的糯米饭来，其中白色糯米饭为糯米的本色。在植物中提取的染料蒸出的糯米饭，散发出植物特有的清香，其色泽鲜亮，带有糯米本身的甘甜的味道。五色饭还具有一定的食疗价值，红兰草有活血通经的功能，栀子有清热凉血作用，枫叶有祛风除湿、行气止痛的作用。在毛南族家家户户都会从植物中提取染料做五色饭，现在，每到节庆日之时，有人专门采摘植物用机器打碎、浸泡，从中提取染液出售给相邻。

毛南族五色饭与"东、南、西、北、中"五方的代表色"白、赤、青、黑、黄"相对应，在毛南族分龙节中寓意着五方祥龙相汇聚，保佑毛南族风调雨顺，五谷丰登。

毛南人将五色糯米饭当成贡品献给三界公，表示对三界公的敬仰，祈求人畜两旺；把五色饭捏团状，粘连在树上，结成五彩斑斓的丰收树，并将心中一切美好的愿望寄托其中；还将五色饭与粉蒸肉用"发多"（一种大如扇面的树叶）包在一起，作为节日的礼物送给亲朋好友。

五色饭在广西各民族中都有制作的习惯，采用的原料和制作方法大致相同。但由于各民族文化和习俗的差异性，五色饭的形式和内涵又有所变化。毛南族五色饭与道教文化、民族传统节日联系在一起，将五行与五色对应起来，通过色彩表达文化内涵，将思想情感和生活愿望寄托其中。五色饭色香味俱全，在视觉、嗅觉和味觉上都给人以美的享受，反映了毛南族对物质生活和精神生活的追求。

图片来源
图一至图四　刘明来　摄影
图五至图七　刘明来　制图

图二　毛南族五色饭做五色饭的香糯

黄花（学名密蒙花）
在干花中提取染料
提取方法：
干花浸泡煮沸

黄羌（学名郁金）
在根茎中提取染料
提取方法：
捣碎然后浸泡煮沸

黄栀子
在果实中提取染料
提取方法：
捣碎后浸泡煮沸

图三　毛南族五色饭提取黄色染料的植物

图四　毛南族五色饭提取黑色和红色染料的植物

图五　毛南族五色饭植物染料的提取过程示意图

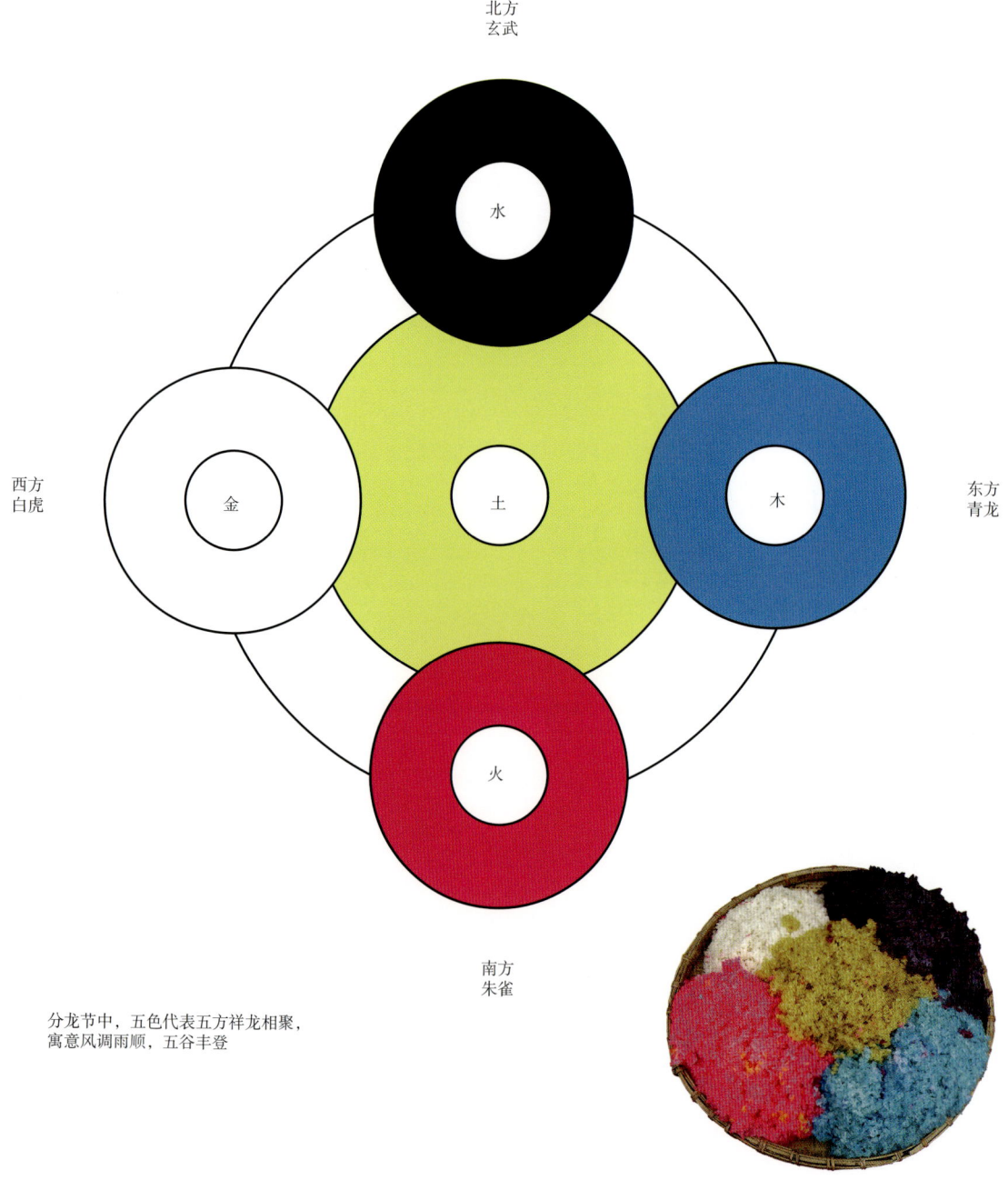

分龙节中,五色代表五方祥龙相聚,寓意风调雨顺,五谷丰登

图六 毛南族五色饭与道教文化

图七　毛南族五色饭结丰收树图

毛南族陶质蒸酒器

图一　毛南族陶质蒸酒器主图

　　陶质蒸酒器，是毛南族用来蒸酒的器具。毛南人喜爱喝酒，过去毛南山区交通不便，物资匮乏，毛南人只能按照传统的酿酒工艺自己酿造土酒，几乎家家户户都有酿酒自用的习惯。酿酒采用的原料主要有玉米、小米、红薯等，醇酒的器具也是本地人用泥土烧制。

　　该案例采自环江县毛南族博物馆，为20世纪中后期毛南族家庭酿酒的器具。外观呈圆形钵状，通体陶质挂釉，底部有三个猫耳状气孔向上翘起，在接近底部的器壁上设置出酒嘴。尺度高22厘米，器口直径35厘米，器底直径25厘米，壁厚0.8厘米。

　　酿酒时用铁锅将原料蒸煮，摊开稍凉后，加入酒曲或酵母搅拌，趁热放入发酵缸，加盖并外包毡衫或棉被保温，在缸内糖化与发酵2—3天即可蒸酒。蒸酒时先在炉灶上放置生铁锅，铁锅上架上木质蒸笼，将发酵完全的酒料加入蒸笼内，再将陶质蒸酒器架在蒸笼上，陶质蒸酒器上置放一口尖底锅作为冷水锅（锅内冷水要不断更换），蒸笼周围用毛巾或纱布密封。灶膛内用慢火蒸煮，蒸汽通过蒸笼，通往陶质蒸酒器的猫耳孔在冷水锅上凝聚成蒸馏水（酒），蒸馏水滴到蒸酒器底部，通过出酒嘴滴入酒坛之中。蒸馏出的酒，浓度一般在20度左右，装罐密封备用。

　　从毛南族酿酒过程来说，蒸酒器是蒸酒

过程中的一个重要凝酒器具。在设计上，注重酒的收集功能。三个猫耳均匀分布在蒸酒器的底部，猫耳大而上翘，耳孔朝向器壁，这种设计有利于蒸汽均匀上升，同时上翘的猫耳阻止滴下的酒液通过耳孔回流到蒸笼。器底中间高周围低，滴下的酒液流往四周，通过出酒嘴流出。毛南族家庭使用的蒸酒器有木质和陶质两种，陶质蒸酒器相对较少。据《思恩县志·经济篇》记载，在仪凤、上光等村很多人家从事陶器生产。从过去毛南族制陶工艺和陶质蒸酒器外观可以判断，蒸酒器的制作过程是：采集白泥浸泡，用牛踩

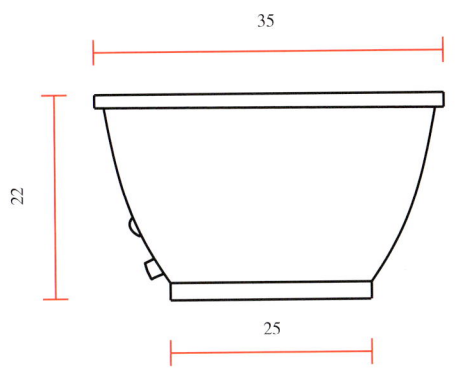

图二　毛南族陶质蒸酒器尺寸图　（单位：cm）

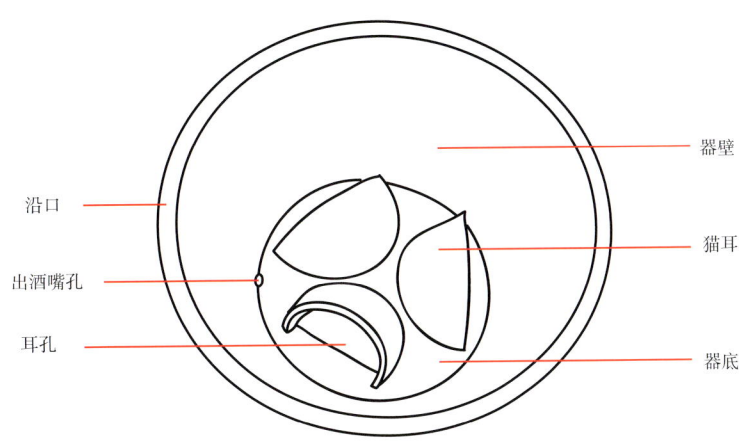

图三　毛南族陶质蒸酒器结构名称图

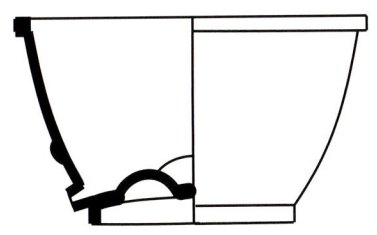

图四　毛南族陶质蒸酒器剖面图

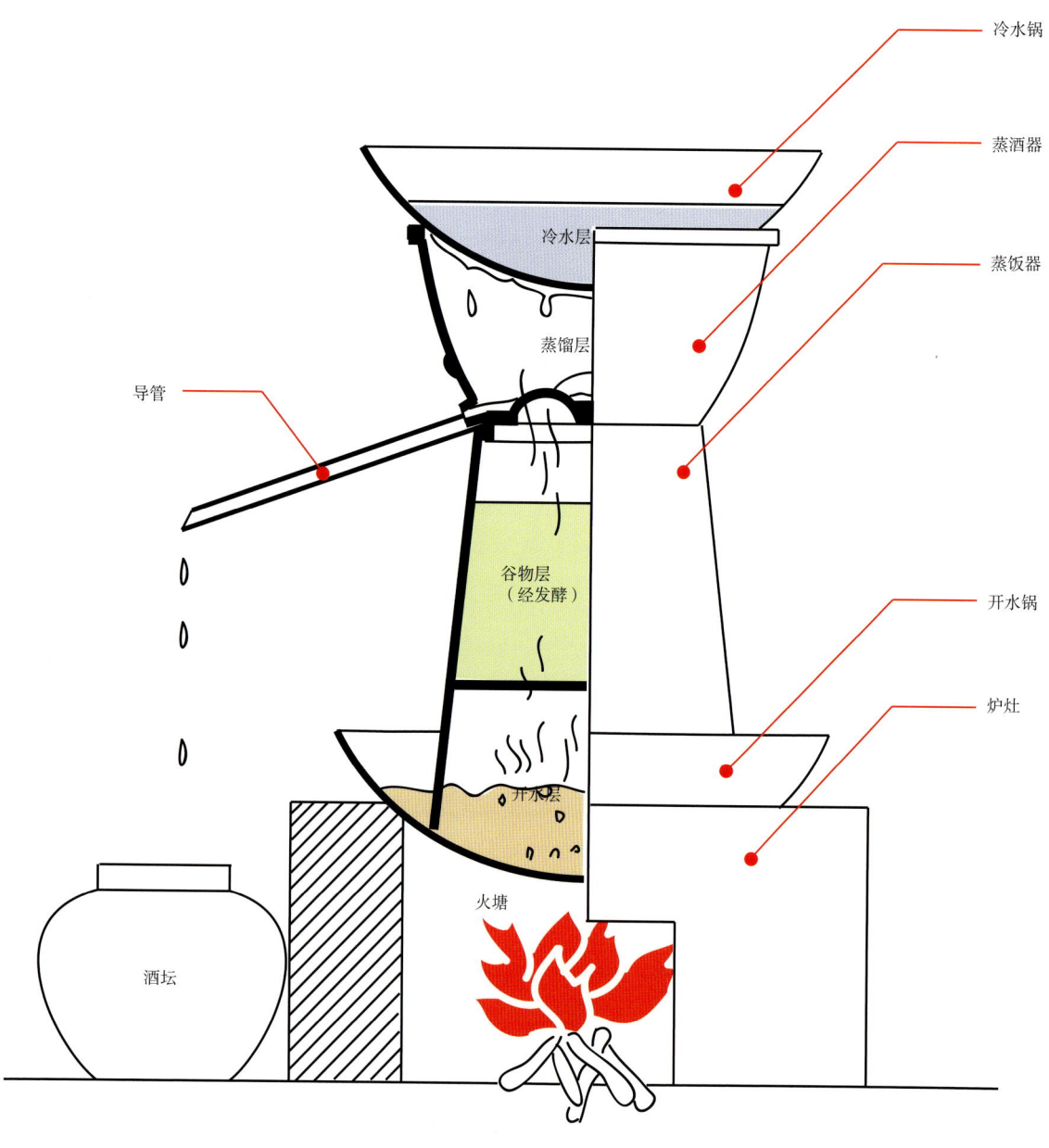

图五 毛南族陶质蒸酒器蒸酒使用分析图

泥和人工糅合的方式制成泥料。将泥料放在脚动拉坯机上拉坯成上大下小的圆筒形器壁。器底先用泥料制成圆形泥板，在泥板上刻出三个半圆形耳孔，猫耳用泥板弯曲成型与耳孔粘连在一起。然后将器壁与器底捏合起来，在器壁底侧粘上小嘴，用竹签开一个小洞作为出酒孔，蒸酒器泥坯制成。将制成的泥坯晾干后挂釉，放入窑中用干草烧8个小时，叫打冷火，然后按窑仓烧树枝赶火即可出窑。

陶质蒸酒器外观朴实，但内部结构却是根据蒸酒原理而精心设计的，尤其是猫耳气孔的设计合理科学，极富创新，是毛南人在生产实践中的积累和创造。

图片来源

图一 刘明来 摄影
图二至图九 刘明来 制图

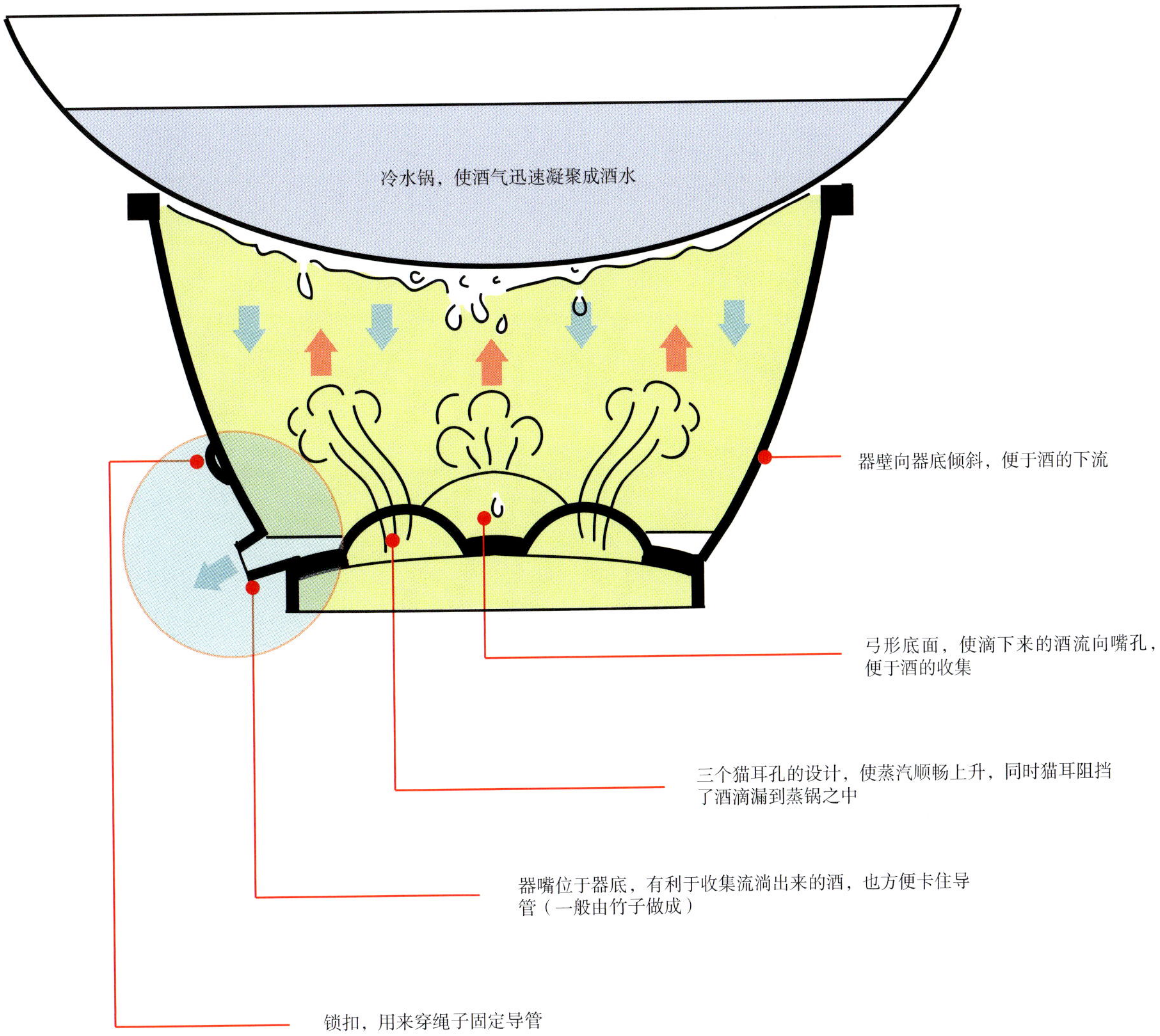

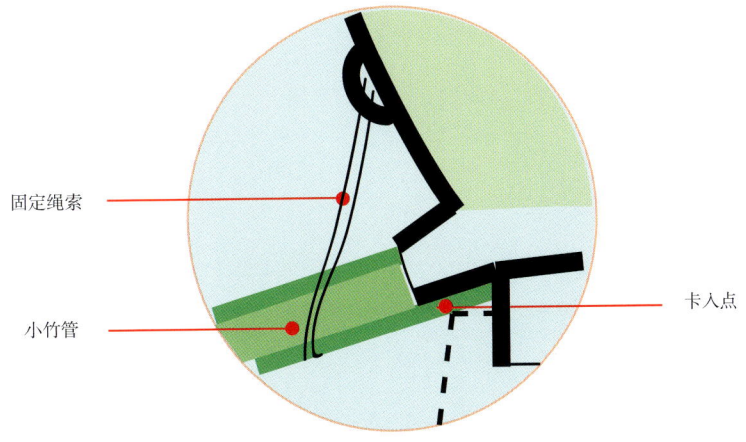

图六 毛南族陶质蒸酒器设计分析图

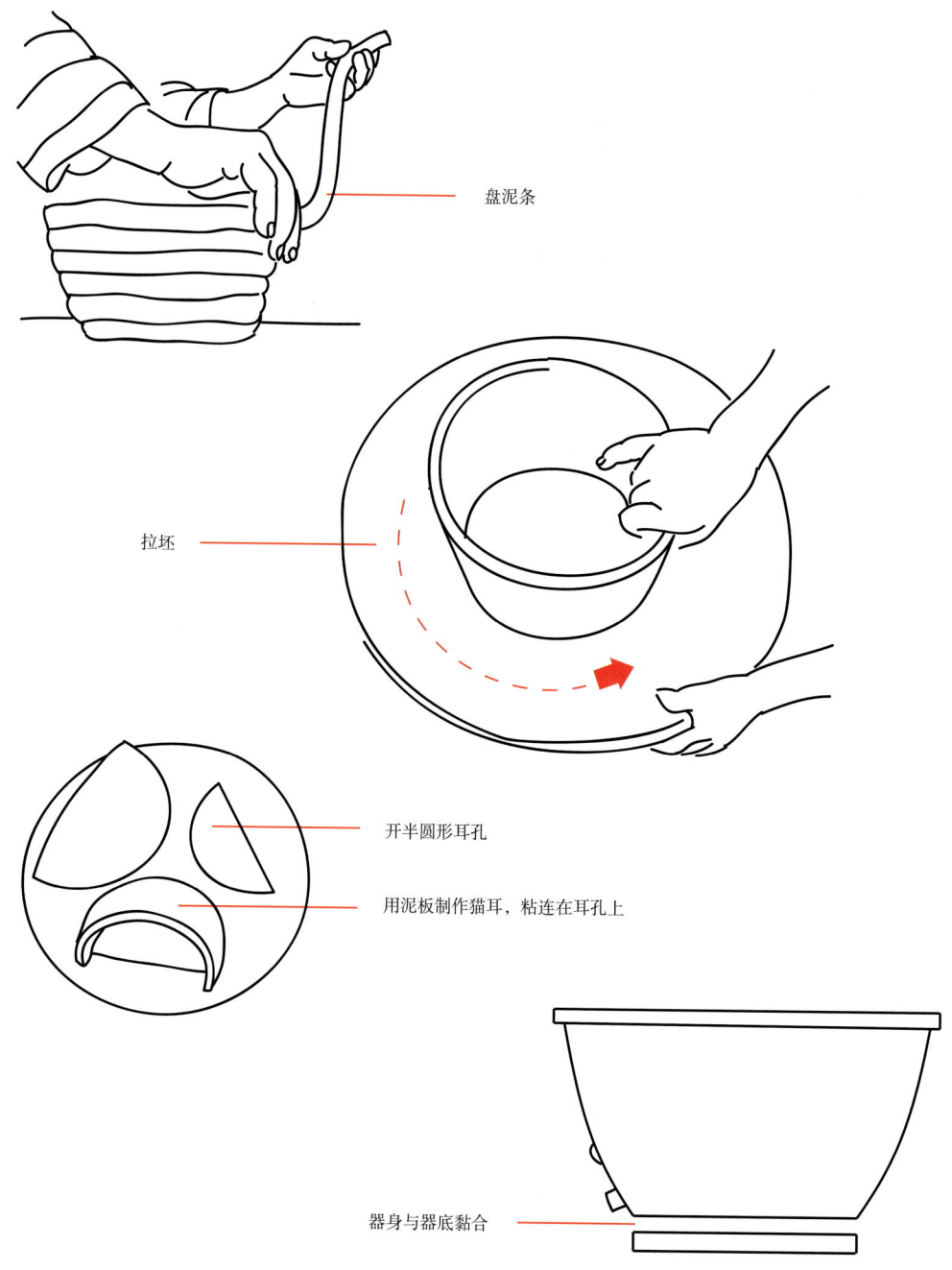

图七　毛南族陶质蒸酒器的制作工艺图

图八　毛南族陶质蒸酒器使用情境图

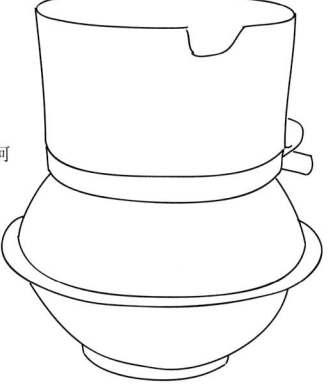

金代青铜蒸酒器：
高41.6厘米，上下两个部分套合而成。1975年，河北青龙县西山嘴出土

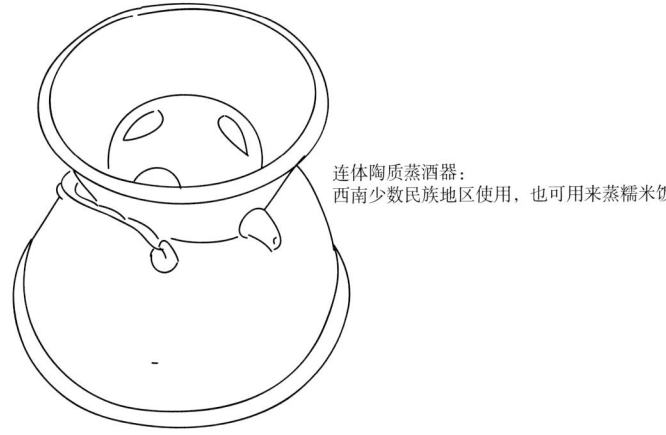

连体陶质蒸酒器：
西南少数民族地区使用，也可用来蒸糯米饭

图九　延展图：不同形制、材质的蒸酒器

毛南族陶质蒸饭器

图一 毛南族陶质蒸饭器主图

　　蒸饭器,是毛南族常见的厨房用具。毛南人喜欢蒸煮食品,五色饭、糯米粑、粉蒸肉、黄花饭等许多食品都是通过蒸的方式制作出来的传统美食。传统的蒸饭器主要有木质和陶质两种,现在也使用金属材料的。本案例采自毛南族博物馆,是20世纪中后期毛南族家庭使用较多的蒸饭的器具之一。

　　该器具为陶制,两头大中间小,形似漏斗。分为上下两个部分,中间为圆形器底,器底上分布有五个气孔,中间气孔为圆形,其他四个为半圆形对应分布在周边。蒸饭器通高30厘米,上半部高20厘米,下半部高10厘米,上下口的直径均为33厘米。蒸饭器的器底直径为20厘米,壁厚0.8厘米。从设计的角度看,上下喇叭口的造型可充分满足蒸煮的功能。上半部分的喇叭口,便于米饭等蒸煮物的盛放和拿取,有利于蒸汽的聚散。下半部分的喇叭口覆盖面积大,与铁锅结合紧密,蒸煮时平稳而稳固,同时,其形制可将上升的蒸汽聚集于器底,并集中通过气孔,形成了很高的蒸汽热量,增加了蒸煮效率。蒸煮时,先将铁锅中倒入水,然后将陶质蒸饭器放置在铁锅中,器底垫上一块用丝瓜瓤制作的圆形垫布,把洗好的蒸煮物放在器皿之中,加盖密封后,灶膛加柴蒸煮。毛南族使用的蒸饭器的形制多样,除了连体式的陶质蒸饭器外，还有分体式陶质蒸饭器，但它们的形制和蒸煮形式基本相同。另外，较为普遍使用的还有木质蒸饭器。

我国古代的甑就是蒸煮食物的用具，甑与鬲相连，利用鬲中的蒸汽将甑中的食物煮熟，其多为陶土和青铜制成。毛南族陶质蒸饭器就是甑的继承和发展，相比而言，毛南族陶质蒸饭器朴实无华，简单实用。

图片来源

图一、图五　刘明来　摄影

图二至图四、图六至图八　刘明来　制图

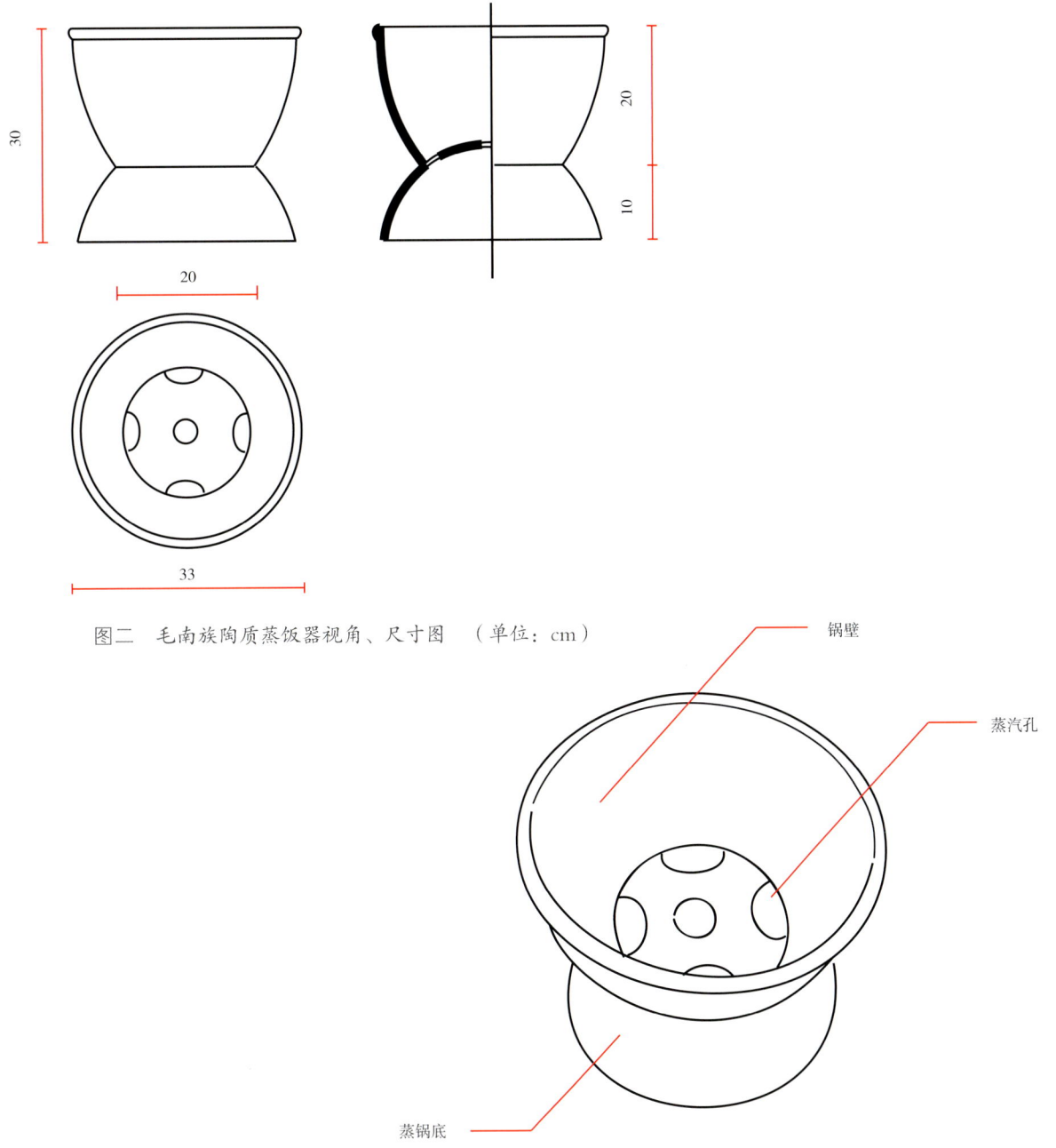

图二　毛南族陶质蒸饭器视角、尺寸图　（单位：cm）

图三　毛南族陶质蒸饭器结构名称图

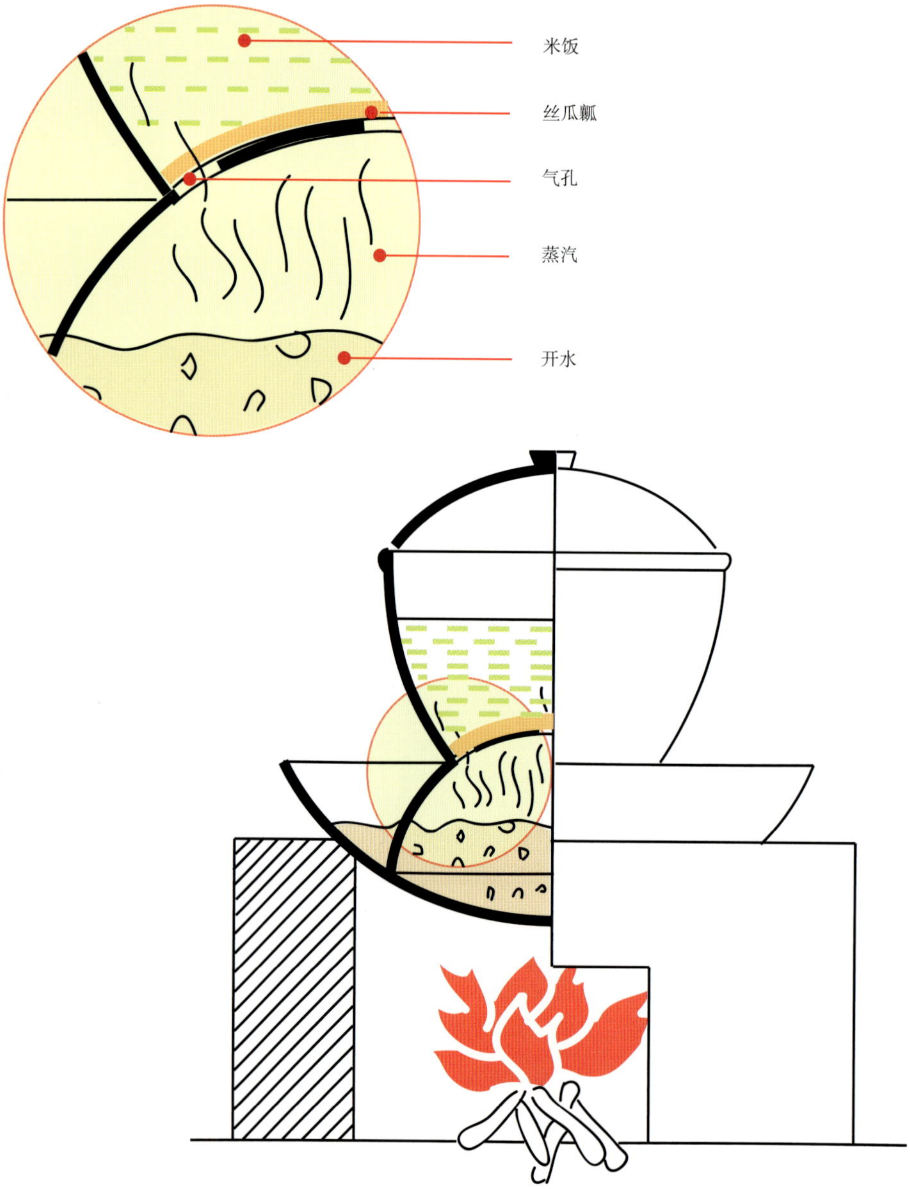

图四　毛南族陶质蒸饭器设计分析图

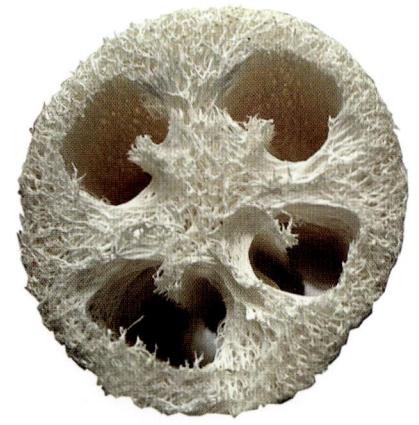

图五　毛南族陶质蒸饭器丝瓜瓤垫布材料

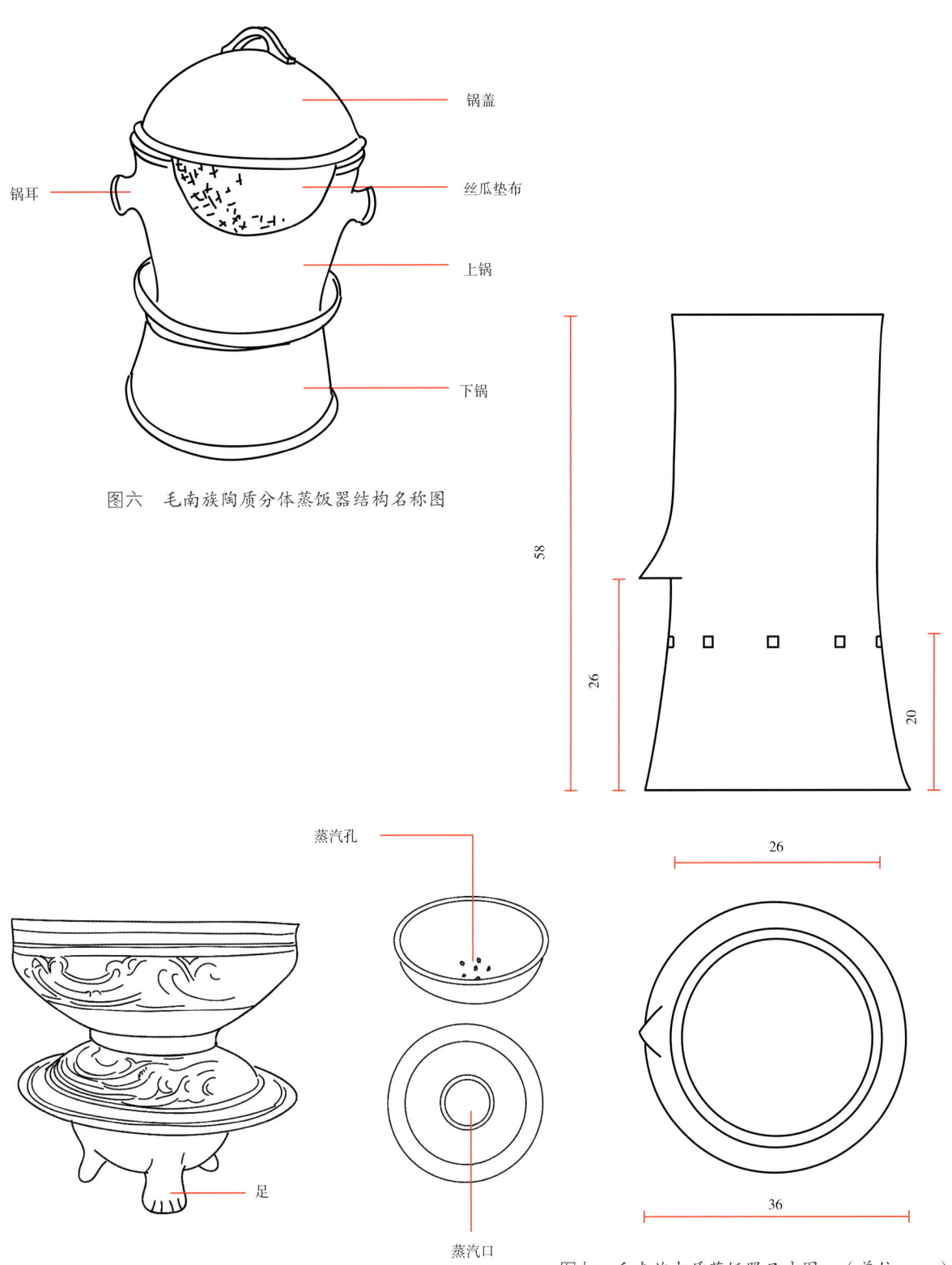

图六 毛南族陶质分体蒸饭器结构名称图

图八 延展图：汉代彩绘陶甗

图七 毛南族木质蒸饭器尺寸图 （单位：cm）

毛南族土灶

图一　毛南族土灶主图

土灶，是毛南族家庭使用的较为原始的灶具。它是用泥土砖石垒成灶壁，中间为圆形灶膛，灶壁一侧开灶门，用柴火烧火进行炊事活动。毛南族土灶有单灶口和多灶口，大部分家庭使用三个灶口的土灶。本案例采自大安乡西北部大石山区的可爱村，这里地理环境闭塞，耕地少，较为穷困，很多人家仍然使用土灶。

该土灶分上下两灶台，均采用碎石和泥土夯实而成。土灶通长145厘米。上灶为边长80厘米的正方形，台高50厘米，设有一个大灶膛。下灶台为边长80×65厘米的长方形，高30厘米，设有一个中灶膛和一个小灶膛。灶膛的大中小的用处各有不同，大灶膛放一个固定的大锅，一般用于煮饭或熬制动物饲料，中灶膛和小灶膛用于烧水和烧菜。土灶设置在干栏式建筑依坡而建的山墙内侧，不与木结构接触，以避免火灾隐患。土灶不设烟囱，炊烟直接从灶膛的缝隙中冒出，由于干栏式建筑屋顶较高，密封性差，炊烟不会在屋内聚集。土灶所处的位置将厨房分为两个区域，正面没有灶门，为厨房烹饪空间，设有水缸，搭有台架。背面设两个灶门，灶门间设计了一个半圆形小格，用来放置木柴，该区域为烧火空间。侧面也设一个灶门。这样的设计布局，区域划分明确，有利于厨房的操作。

毛南族灶具的发展经历了原始坑灶、传统土灶、清洁能源和电气化灶具三个阶段。可以想象，早期的毛南人居住在条件简陋、阴暗潮湿的窝棚里，火的作用是巨大的。人们在居所中间或一角生起一堆火，环火而坐，火既能驱寒取暖，又能照明熟食。此后人们或使用吊锅，或在地上挖灶膛，用三块石头支撑土锅进行炊事活动。继而，人们用泥将灶膛围起来，留有添柴的空口，形成了毛南族传统的土灶。比起原始坑灶，土灶保证了用火的安全性，减少了柴禾的消耗，同时火焰集中聚热，有利于烹饪。

20世纪中后期，毛南族部分人家土灶升高，灶台用砖和水泥砌成，有的在灶台上贴上瓷砖，更加干净卫生。现在毛南族很多家庭的炉灶已电气化，但在偏远的大石山中，原始的土灶仍然在使用。土灶在很长时间里伴随着毛南人的生活，与毛南人结下了深厚的情感，如今虽逐渐淡出历史的舞台，但土灶烧制的饭菜的香味，仍然让人回味。

图片来源
图一　刘明来　摄影
图二至图六　刘明来　制图

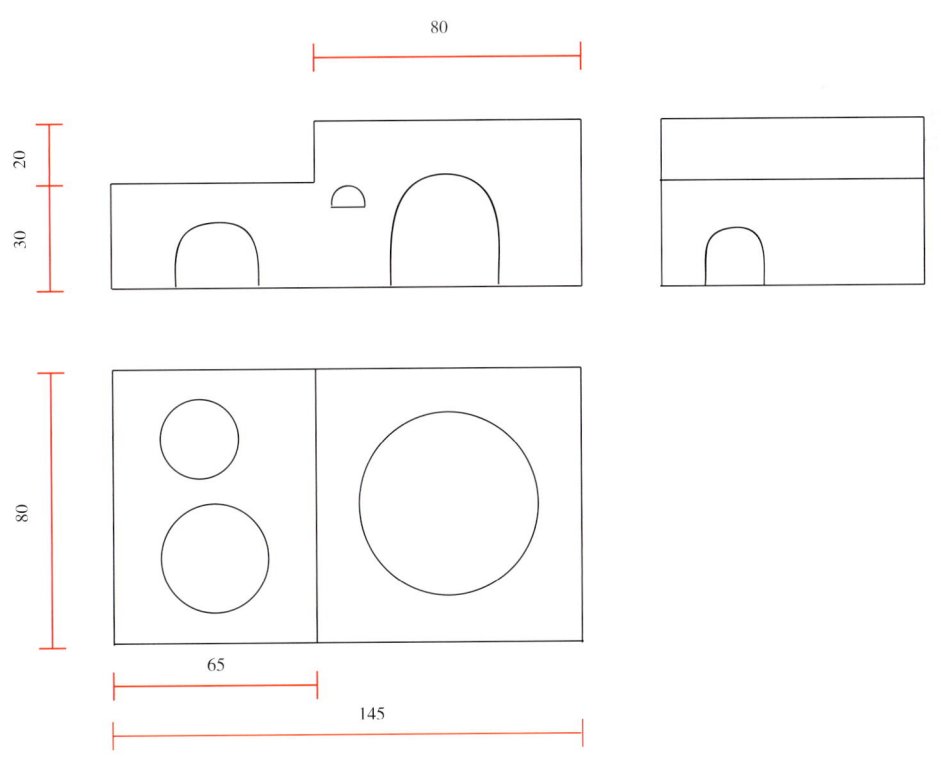

图二　毛南族土灶三视、尺寸图　（单位：cm）

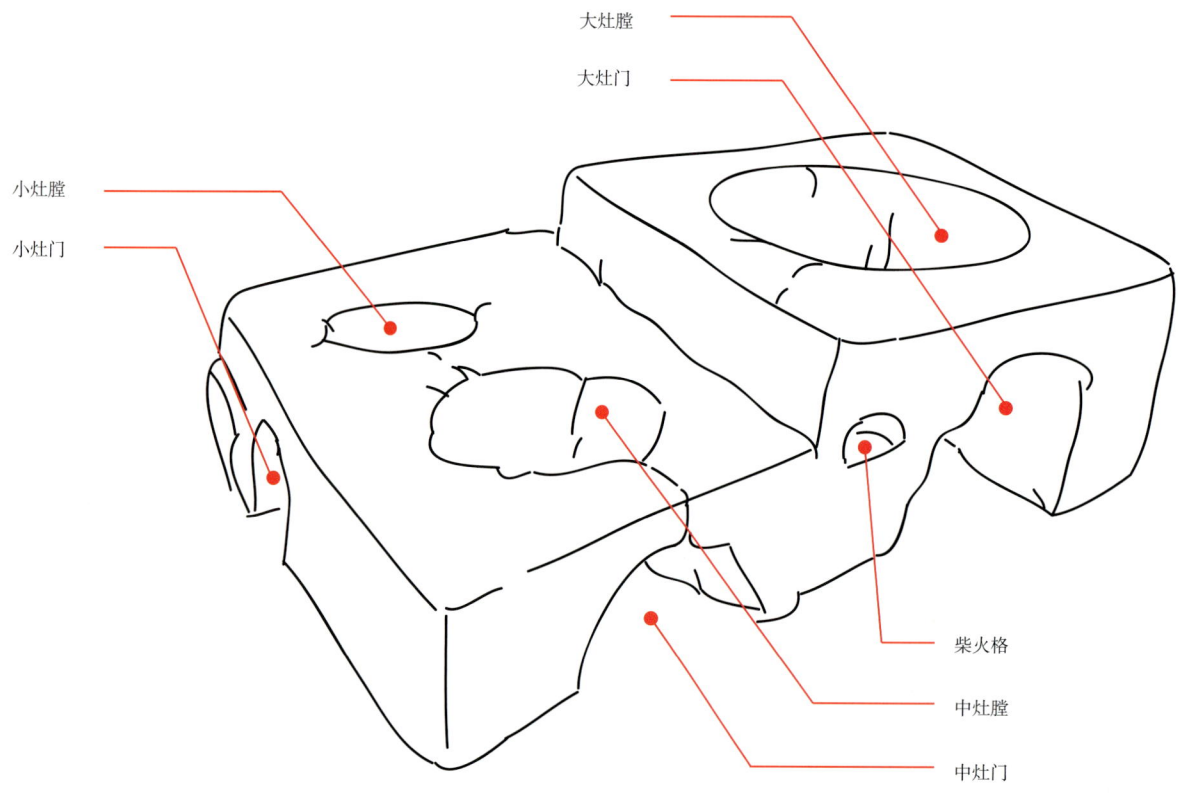

图三 毛南族土灶结构名称图

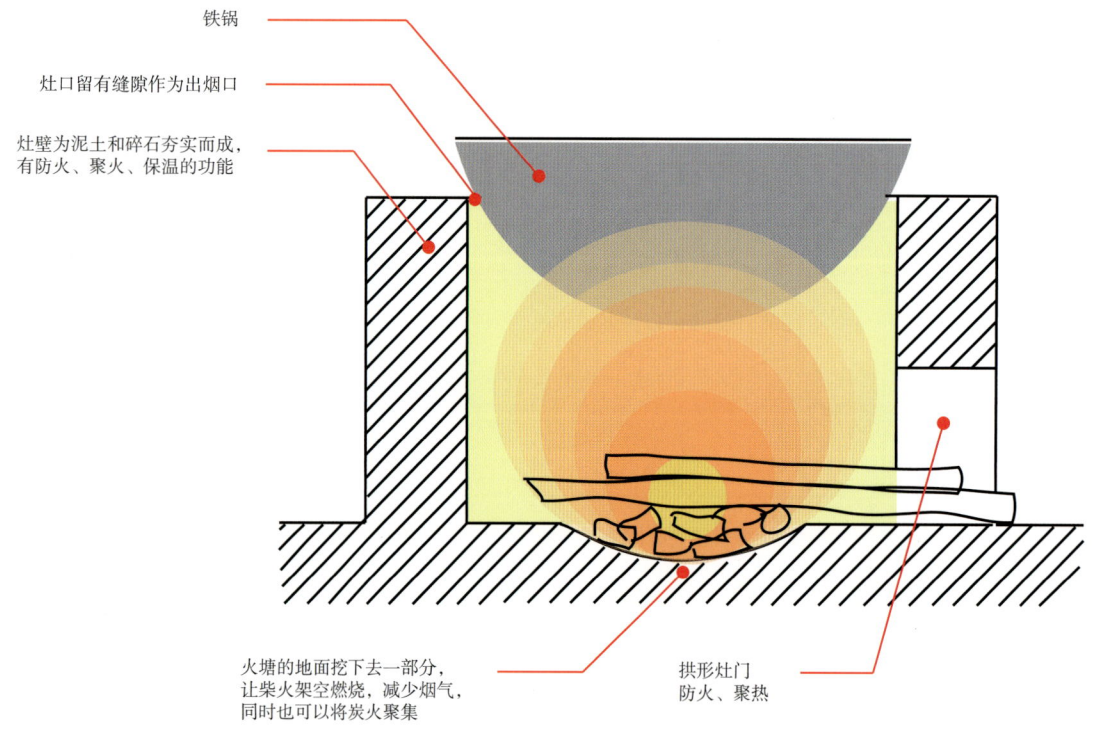

图四 毛南族土灶设计分析图

图五 毛南族土灶使用情境图

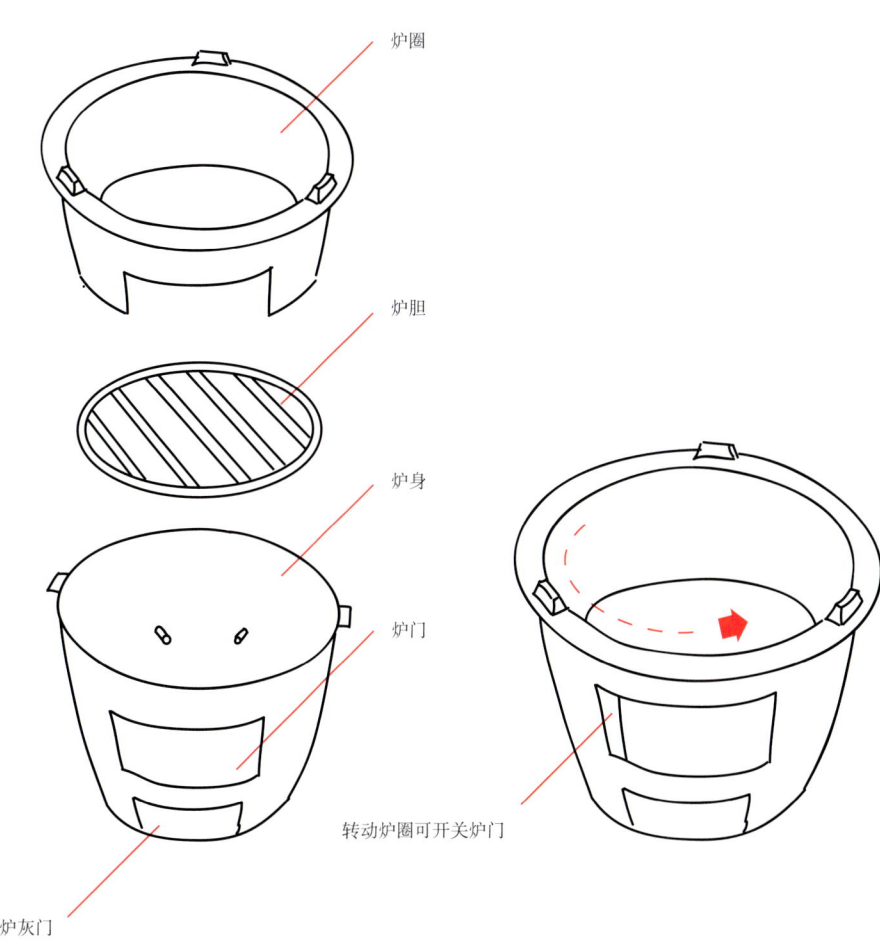

图六 延展图：铸铁炉

第三章 毛南族传统餐饮

109

第四章 毛南族传统生活用具

毛南族挑水罐

图一　毛南族挑水罐主图

　　挑水罐是毛南族特有的挑水工具，它是锡或白铁皮（镀锌钢板）打制的罐子和竹篾编织的外套组成，成双成对。每个挑水罐上设置有竹把手。这种独特的形制，适合毛南族崎岖不平的山地使用。为了保证挑水时滴水不漏，有的水罐上还加上可以密封的盖子。本案例采自环江县古周村，为20世纪中期所制，目前仍在使用。

　　挑水罐的形制与水桶有很大区别。它形似圆形小口花瓶，由罐口、罐身、罐底三个部分组成。罐口较小，直径为10厘米，罐身较大，最大直径40厘米，罐底直径20厘米。罐高50厘米，罐壁厚度约0.3厘米，每个罐子可以盛水30公斤左右。水罐采用锡或白铁（镀锌钢板）材料，通过敲打和锡焊方式加工而成。为了便于运输提携，围绕水罐，用当地的金竹编织外套，安置提手。其设计有以下几个特点：1.水罐采用传统的打白铁的方式制作，使用的材料为锡或白铁，有耐腐蚀、不生锈、易成型、可焊接的特点。从水罐的外表看，经过几十年的使用依然没有变形、生锈。罐口采用卷边的形式加工，增加了水罐的强度。据当地人介绍，水罐以前还有盖子，这样既可保证挑水时水不洒出，又便于水的存放，干净卫生。2.焊接与扣接并用，接点的密封性高，罐子的强度大。3.竹套完全按照水罐的形状编织，横向为七层双股粗篾与纵向细篾交叉编织，形成四方连续式几何图案，即美化了罐体，又强化了结构。4.把手采用柔韧性大的细竹子做成，外面用细篾片包裹，便于手提或肩挑。5.底部用粗竹片支撑，耐磨，承重力强。整个竹套以水罐肩阔底窄的形状编制，这样盛满水的水罐不易从竹套中脱落。从整个挑水罐的形制上可以想象，罐子与竹套是可以分离的，毛南人赶圩买回铁罐，既可用于盛放其他物品，也可以加上竹套成为挑水工具。这种一物多用的情况，在毛南族物资匮乏的过去是极为普遍的。

过去，挑水工具是家家户户必备的，大部分是木质水桶和扁担。用水罐盛水、挑水的形式是毛南族因地制宜的劳动创造。罐子的设计符合毛南族人的生活实际；竹套的设计，更强化了挑水的功能性。这种以竹篾编织添加在日常生活用具上的情况在毛南族地区屡见不鲜，反映了毛南人对竹篾材料的性能特点的把握上驾轻就熟。

图片来源
图一　谭家乐　摄影
图二至图九　刘明来　制图

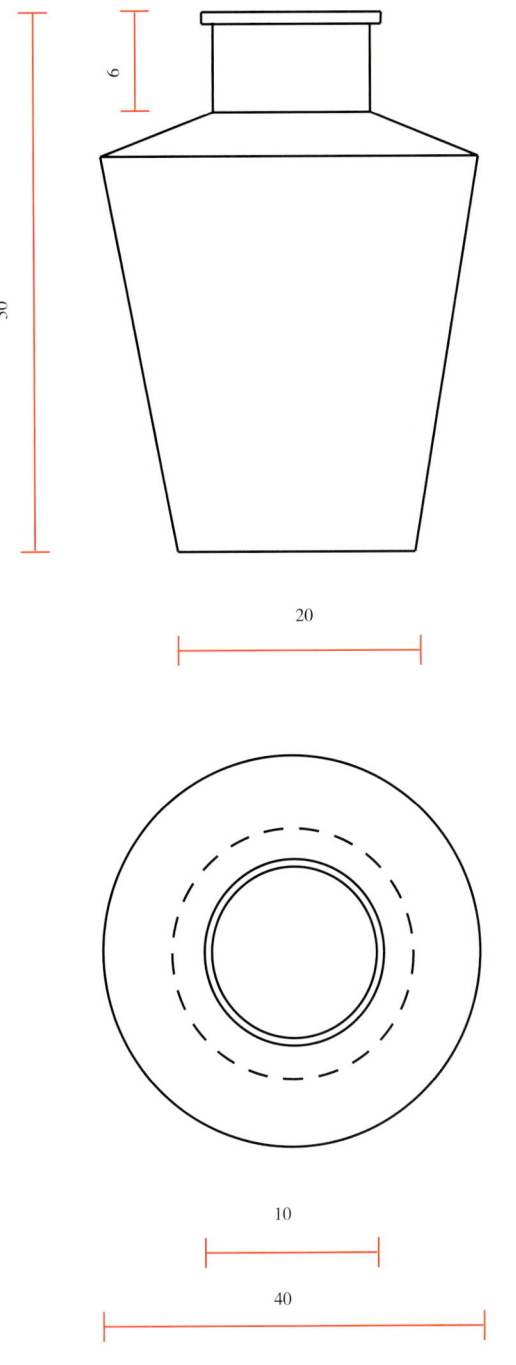

图二　毛南族挑水罐视角、尺寸图　（单位：cm）

罐口
罐身
竹编提手
竹编外套
罐底

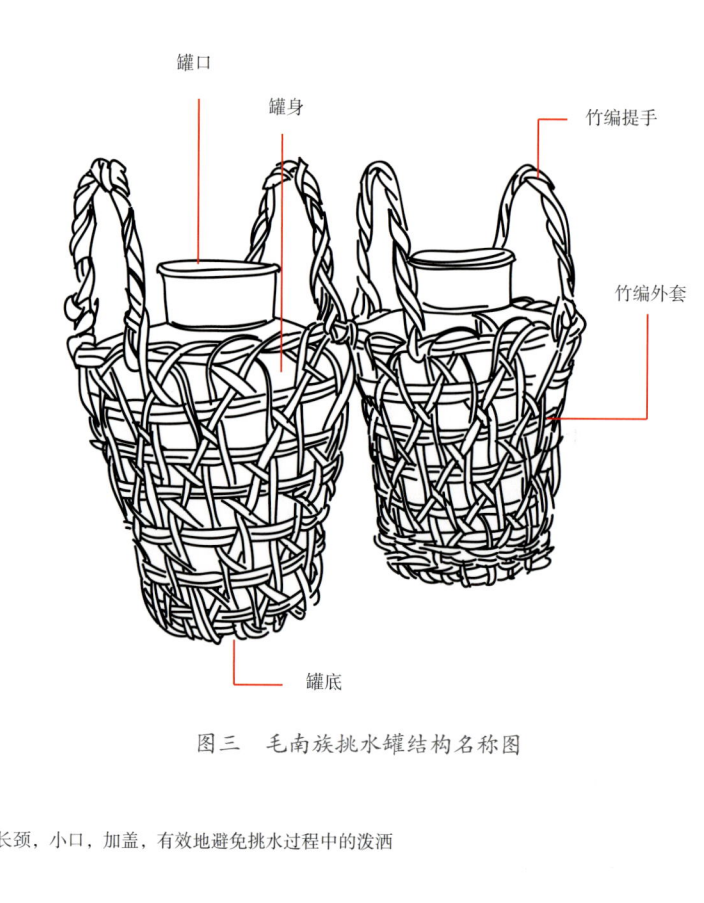

图三　毛南族挑水罐结构名称图

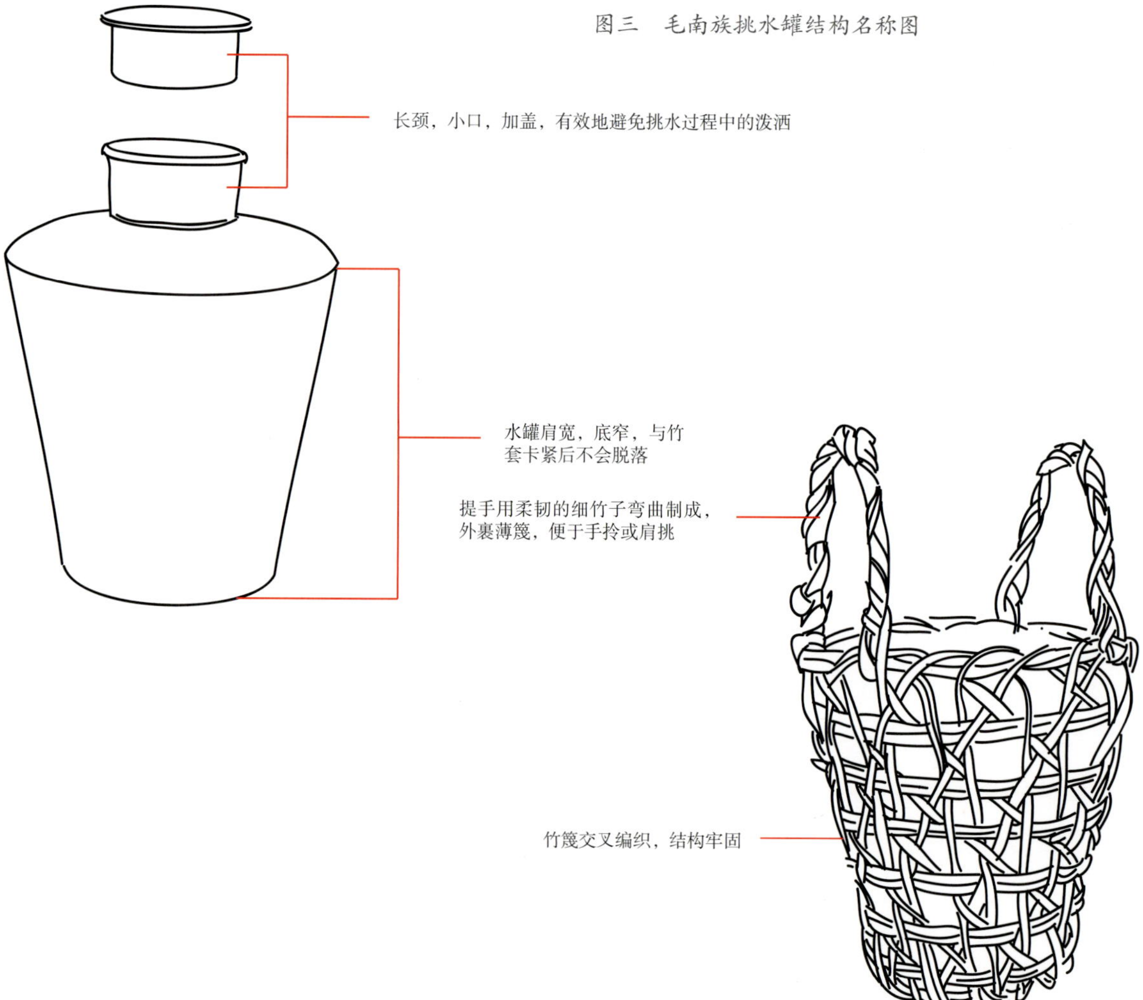

长颈，小口，加盖，有效地避免挑水过程中的泼洒
水罐肩宽，底窄，与竹
套卡紧后不会脱落
提手用柔韧的细竹子弯曲制成，
外裹薄篾，便于手拎或肩挑
竹篾交叉编织，结构牢固

图四　毛南族挑水罐设计分析图

图五 毛南族挑水罐竹套编织图案设计分析图

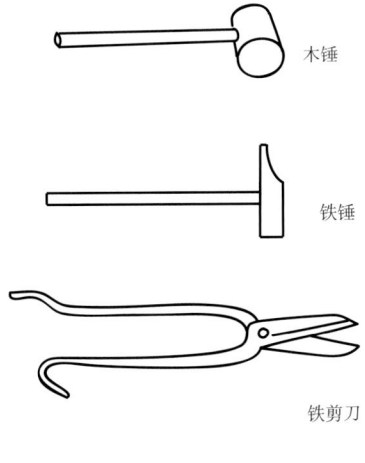

木锤

铁锤

铁剪刀

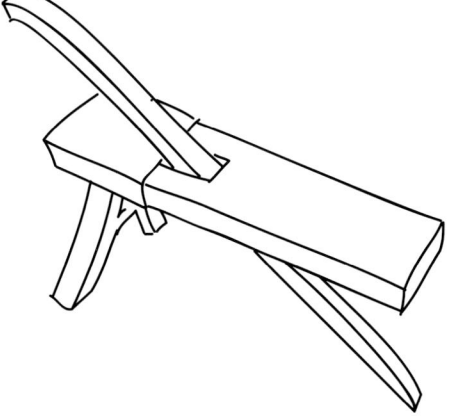

图六 毛南族挑水罐加工工具

第四章 毛南族传统生活用具

115

图七　毛南族挑水罐加工工艺图

图八　毛南族挑水示意图

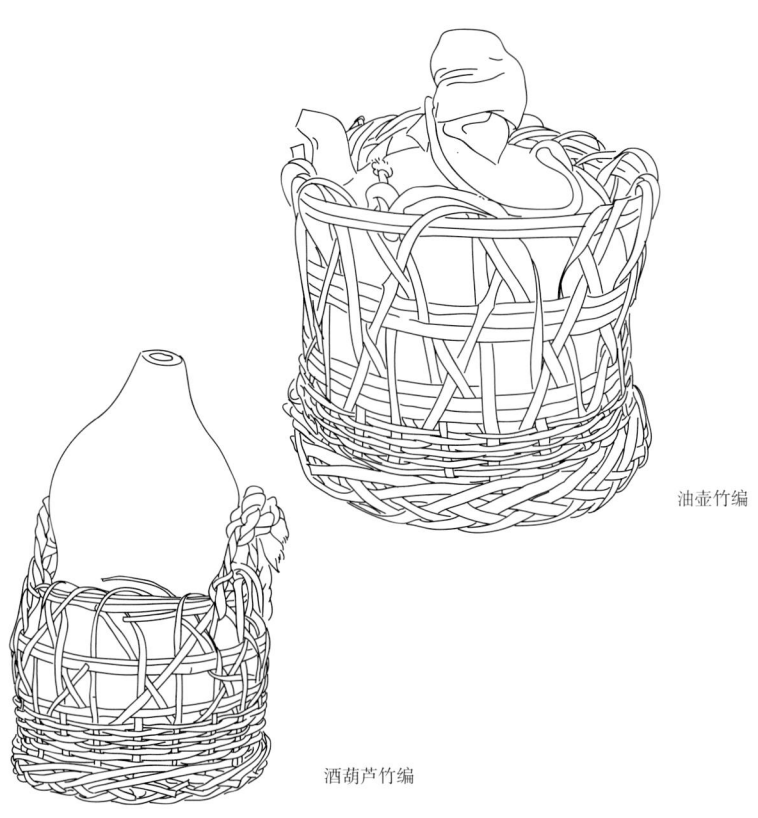

油壶竹编

酒葫芦竹编

图九　延展图：毛南族其他生活用具竹编外套

第四章　毛南族传统生活用具

毛南族木质童车

图一　毛南族木质童车主图

毛南族木质童车，是由民间工匠手工制作，专为婴幼儿乘坐的手推车。它便于摇晃和移动，既解放了妇女的双手，又安全方便，便于照顾婴幼儿。该童车采自环江县毛南族博物馆，是民国时期所制。童车通体木制，其结构由靠背、扶手、坐板、踏板、车轮和滑杆部分等构成。车长52厘米，宽31厘米，高55厘米（含靠背和推把）。这种童车的式样在我国其他地区也有发现，只是在制作的细节上有所不同。这是毛南族与外界生活交融的结果。

童车尺度适合婴幼儿乘坐。坐板与扶手之间的距离为18厘米，婴幼儿上半身的长度一般在30～40厘米之间，胳膊正好可以搭在两侧扶手之上。坐板与脚踏板之间的距离为13厘米，这一距离适合婴幼儿腿部的伸展和弯曲。从成人的身高和童车靠背推把的高度来看，成人只能弯腰推动童车，长时间推车很费力。因此，该童车不能长距离外出使用，宜于短距离移动，带孩子外出还主要靠毛南族背包带。从结构上看，童车用厚实的方料构成方形框架，采用传统的榫卯形式将框架紧密构筑在一起，达到了结实、稳固和耐用的效果。值得一提的是童车的滑竿设计。滑竿为"丁"字形结构，"丁"字头两端插入扶手的滑槽中，滑竿是一根平直的木杆，长36厘米，穿过车前横档正中的方形槽孔，可通过滑竿的推拉滑动调节婴幼儿活动空间的大小。滑竿后拉，童车的空间变大，孩子可以站立活动，同时也方便大人将孩子抱进抱出。滑竿前推，童车的空间缩小，孩子只能坐下，无法站立，滑竿上设有三个圆形洞眼与车前横档上的洞眼可以用插销扣结在一起，使孩子的活动空间得以固定，确保了孩子的安全。车轮分布在车体四角的外侧，更增加了童车的稳定性。童车色泽暗黄发亮，可以判断它的使用频率很高。过去毛南族生活困苦，不是每户都有童车，童车在使用上除了代代相传外，还有借用的习惯。广西各民族的童车相互借鉴和相互影响，难以形成固定的式样。加上童车的制作主要是自备木料请木匠师傅按照自己的想法打制，因此，民间木质童车的式样较多，有的有车轮，有的无车轮，有些童车还设有桌面板和算珠，便于孩子玩乐。但为了保证童车的安全稳定，在形制上一般方形和三角形居多。

在科技发展的今天，木质童车已被新的材料取代，功能更加多样，设计更加科学。毛南族木质童车已成为特定历史时期的记忆，但它的材料、结构、形式、功能等设计学方面的思考，体现了毛南人的智慧，为现代童车的设计拓展了思路，对当代设计师也有很好的启迪作用。

图片来源
图一　刘明来　摄影
图二至图五　刘明来　制图

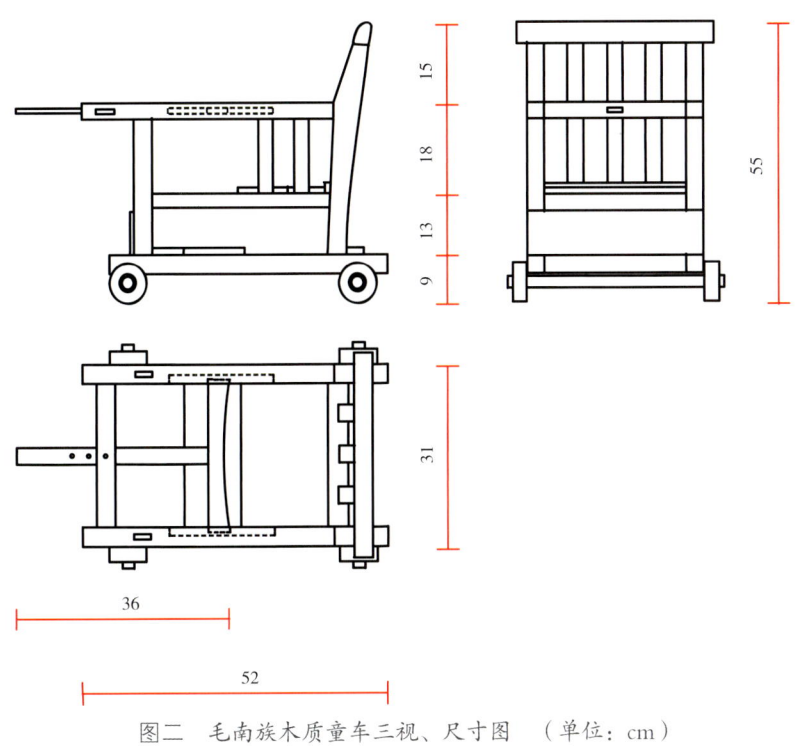

图二　毛南族木质童车三视、尺寸图　（单位：cm）

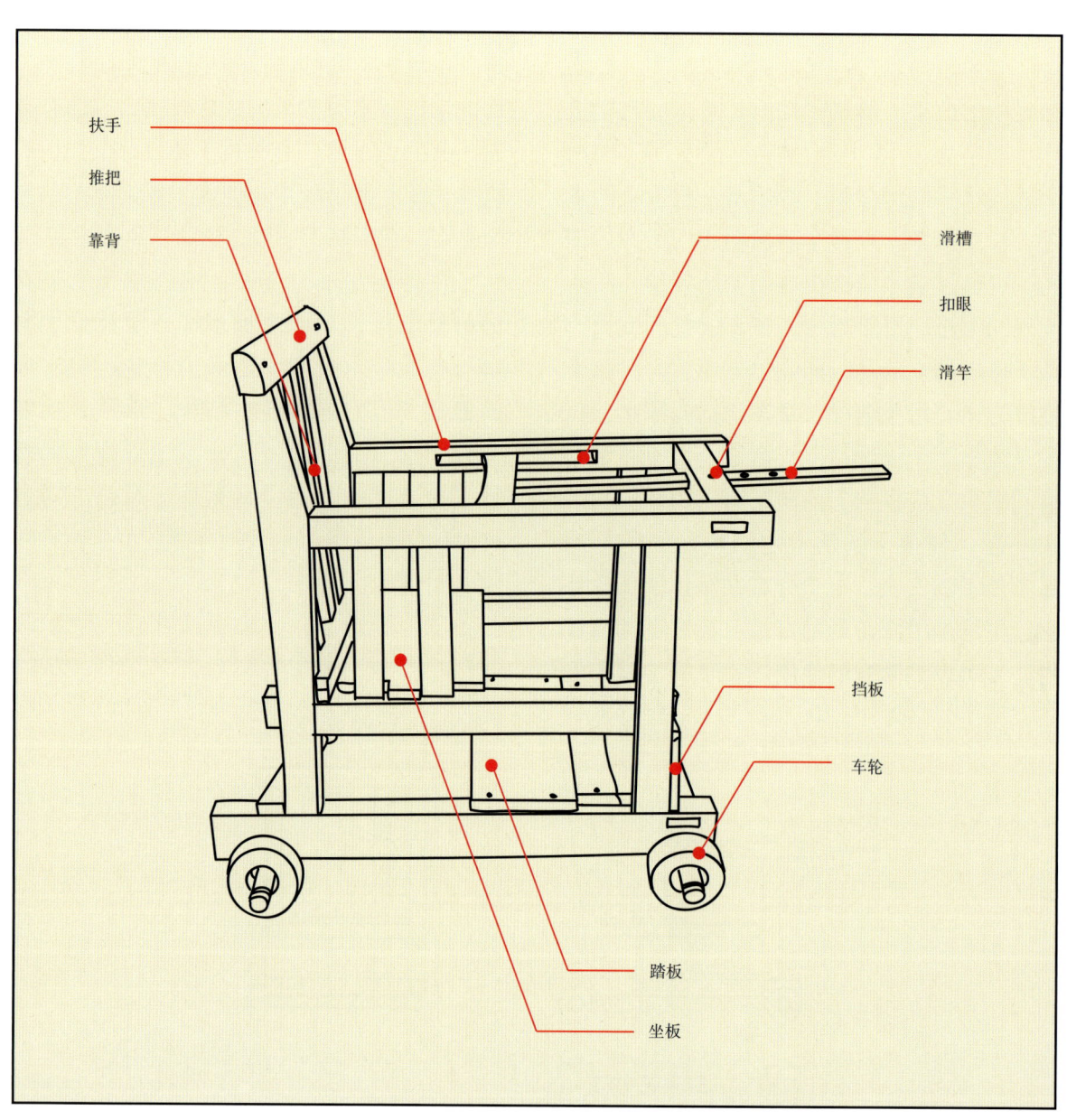

图三　毛南族木质童车结构名称图

彝族童车
木质，三棱形，无车轮，有面板和算珠

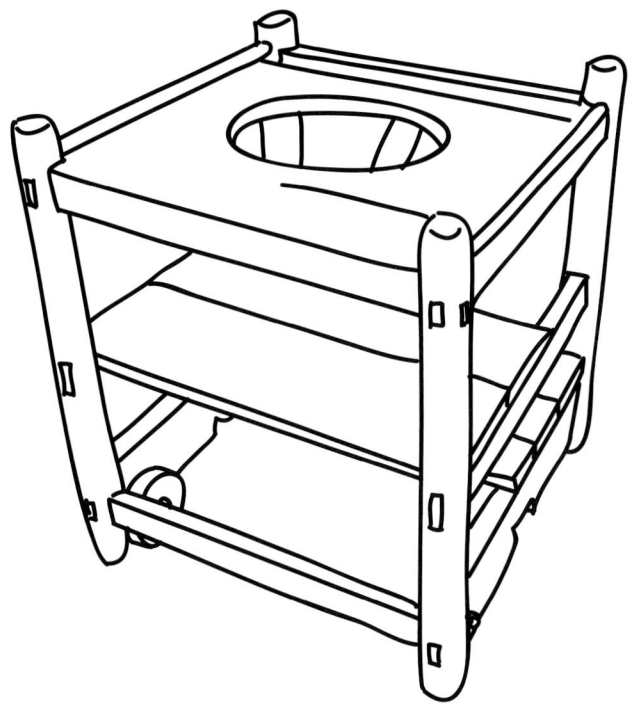

侗族童车
木质，立方形，车轮在内侧，有面板

图四 毛南族木质童车民国时期彝族和侗族木质童车比较图

从成人的身高和童车扶手的高度来看，成人只能弯腰推动童车，长时间推车很费力，因此，该童车只宜短距离移动

童车座椅的尺度适合婴幼儿使用，通过滑竿的前后滑动，调节活动空间的大小，滑竿后拉，空间变大，孩子可站立玩耍，也方便孩子的出入；滑竿前推，空间缩小，孩子无法站立，保证了孩子的安全

图五　毛南族木质童车使用分析图

毛南族"人"字腿木质靠背椅

图一 毛南族"人"字腿木质靠背椅主图

毛南族"人"字腿木质靠背椅，是利用树木的枝杈的形状作为四条腿而制成的靠背椅，因树木枝杈呈"人"字形，故而得名。本案例是在环江县大安乡可爱村一农户家发现的，共有四把，形制和尺度大致相同，从加工手段上看为同一人所做。

该靠背椅通高86厘米，坐面高度38厘米，椅背高度48厘米，椅背和坐面宽度40厘米，"人"字腿宽30厘米，前后腿距约38厘米，坐面与靠背呈120度角。

它是由椅腿、中心横木、坐面和靠背四个部分组成。所用材料均为当地山林中的恩木。毛南人充分利用树木自然生长的结构特点，用树木的枝杈来制作靠椅的腿，树干制作靠背椅的中心横木、坐板和靠板。从靠背椅制作工艺上看，中心横木是靠背椅结构的核心部分，它是将一根直径20厘米左右的树干截成40厘米长的圆木，将圆木两侧用斧头砍平，根据前后椅腿的距离和背板撑条的位置，分别在横木平面的两端打榫眼。然后将两条事先准备好的"人"字形椅腿安装在中心横木的下面，背板撑条安装于中心横木的上面一端，就形成了靠背椅的基本框架。最后将坐板和背板钉在中心横木和背板撑条上即成。从设计学角度看，靠背椅结构围绕着较为厚实的中心横木形成，工艺简单，结实耐用；前后两个"人"字形椅腿向四周撑开，增加了靠背椅的稳固性；其尺度符合人机工程学原理，弧形的椅面使人坐、靠舒适自然。"人"字腿木质靠背椅造型独特，其质朴的原木和拙朴的形制散发出迷人的原始气息。

生活在大石山的毛南族，交通不便，与外界交流较少，其坐具少部分是由外来木匠制作，大部分为自制。富裕的家庭请外来木匠打制的坐具，其形制受汉族和壮族影响较深，很难形成自身的特点。而毛南人的土制坐具，善于在自然中获取材料，充分利用和发挥材料的外形特点，重视设计的实用性。其朴实的设计思想，恰恰成为毛南族民间坐具设计的一大亮点，值得设计工作者学习。

图片来源
图一　刘明来　摄影
图二至图七　刘明来　制图

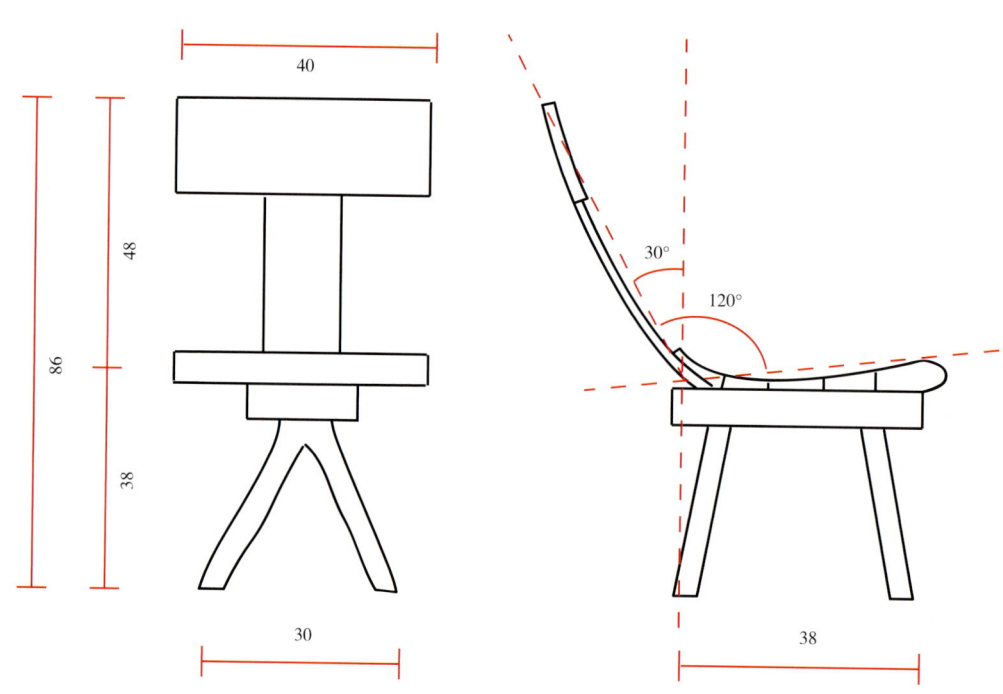

图二　毛南族"人"字腿木质靠背椅尺寸图　（单位：cm）

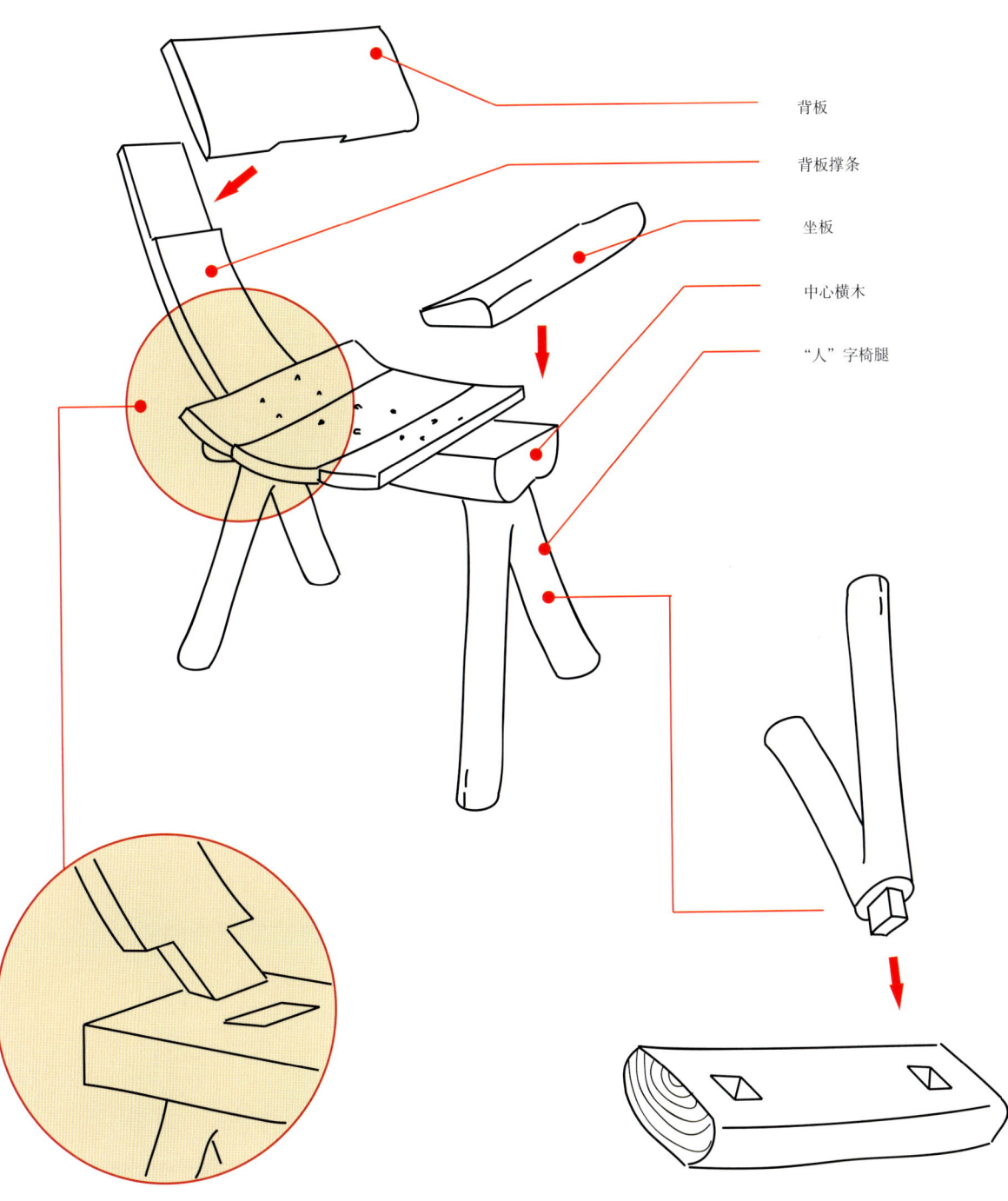

图三 毛南族"人"字腿木质靠背椅结构名称与加工工艺图

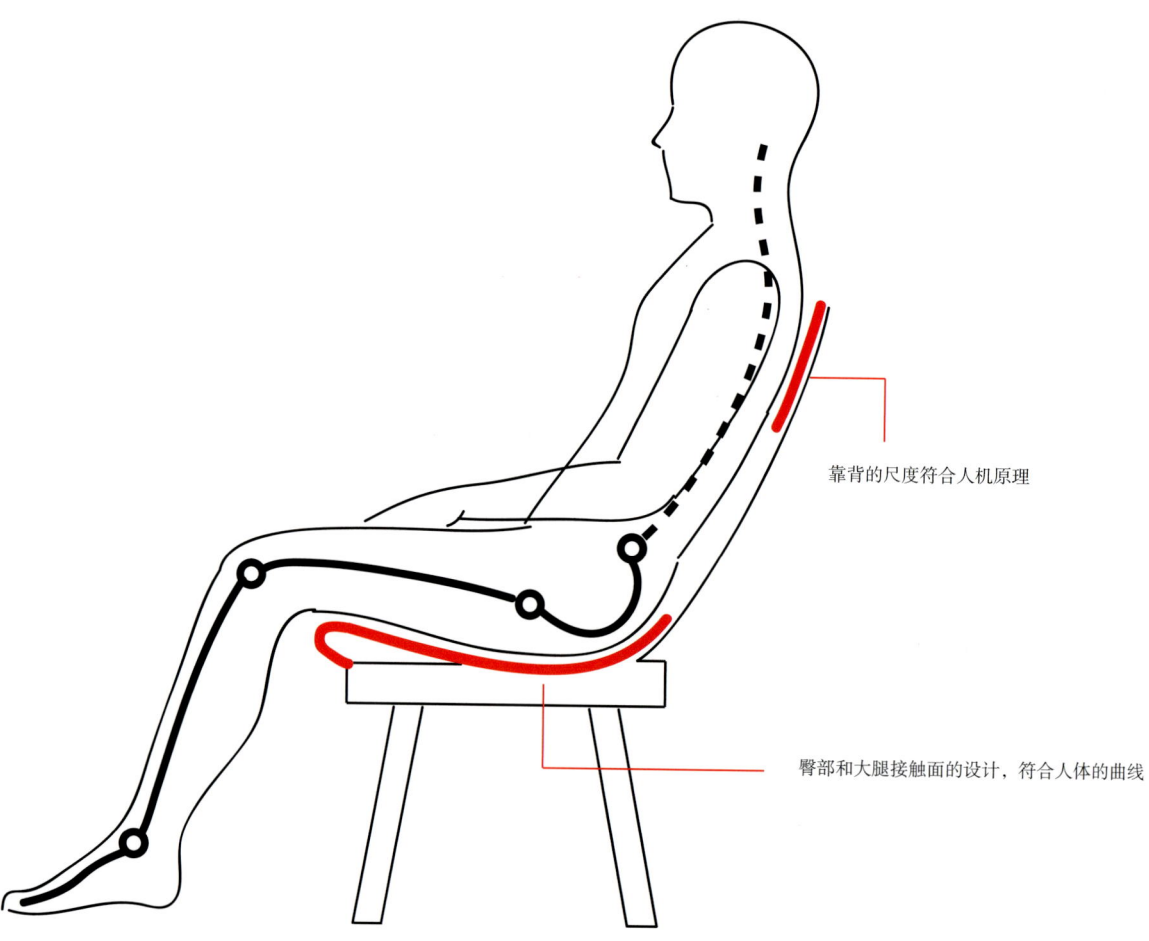

图四 毛南族"人"字腿木质靠背椅设计分析图

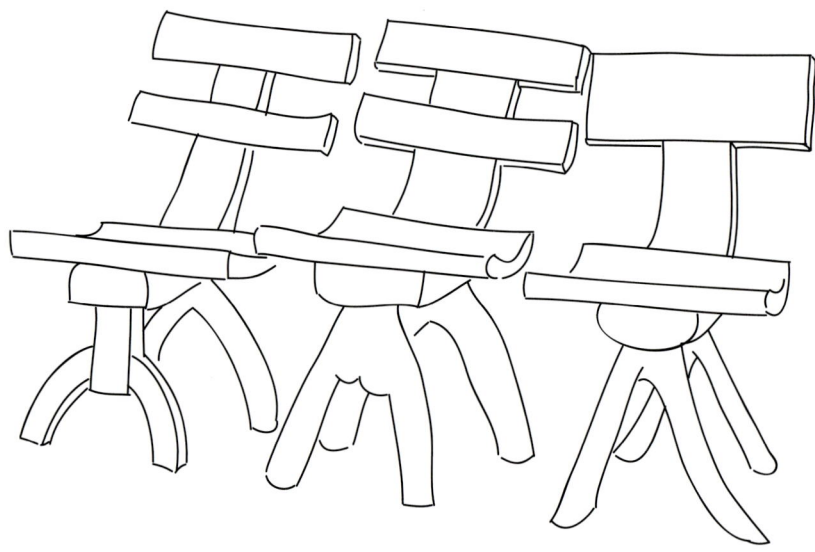

图五 毛南族"人"字腿木质靠背椅式样图

图六　毛南族"人"字腿木质靠背椅使用情境图

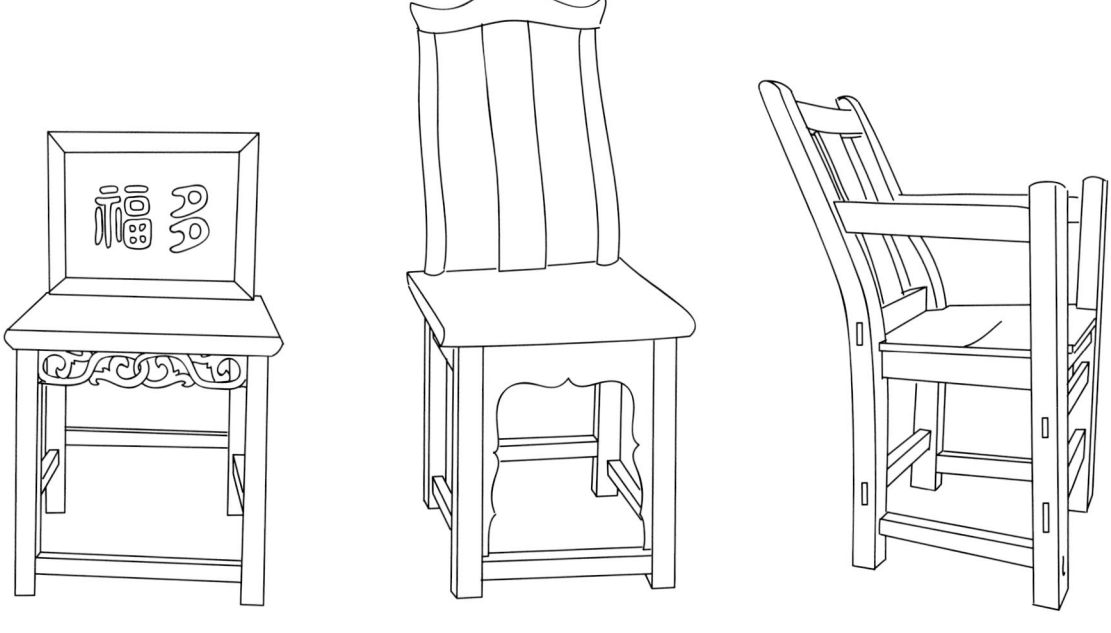

图七　延展图：毛南族靠背椅的其他样式图

第四章　毛南族传统生活用具

127

清代毛南族雕花两人凳

图一　清代毛南族雕花两人凳主图

两人凳，是我国传统坐具，流行于明、清和民国时期，民国后期逐渐消失。它的凳面较宽，长度可供两人并坐，故称"两人凳"，我国南方地区又称之为"春凳"。两人凳各个历史时期风格式样不同。"雕花两人凳"的形制是毛南族较为常见的式样。一般放置在杆栏式建筑的厅堂，既能供人坐、躺，也可摆放陈设，装饰环境。该案例采自环江县毛南族博物馆，为清代遗存。

雕花两人凳为硬木制作，长200厘米，宽46厘米，高50厘米，足宽17厘米，足厚4厘米。正面牙条、牙头和腿足满是雕花，背面直腿无雕饰，凳面为整块厚板制成。凳子的腿足与面板、牙条采用插肩榫结构，腿足上端打槽开榫，分前榫和后榫，前榫较小，下有斜肩，后榫较大，为平肩，中间横向开牙板卡槽。牙板同样开出与斜肩形状、大小相同的槽口。腿足夹着牙板榫入凳面，牙板与腿足的面齐平。为了使长凳更加牢固，在前后腿足之间，用横档相连，连接部分均为透榫。这种腿足宽大、凳面厚实的两人凳外形，给人以沉静敦厚之感。牙条板中心和腿足下端各装饰有宝相花图案。宝相花为佛教图案，自隋唐时期盛行，各朝各代变化风格不同，它集莲花的圣洁、牡丹的富贵和菊花的坚贞为一体，寓意"有宝有仙"。两人凳上雕刻的宝相花，没有唐代的饱满，但保留了花瓣的对称分布，显得端庄秀美。宝相花延伸的枝叶和云气，与腿足、牙条、牙头的曲线有机融合，生机盎然，充满吉祥如意之感。雕花两人凳只有一面雕花，其他三面无雕饰，后腿足甚至是毫无变化的直腿，只能起到功能性的支撑作用。这表明毛南族的两人凳的摆放位置基本固定在一处。我们在仪凤村41号谭家厅堂发现一条雕有"寿"字的清代两人凳就放置在神台一侧，有雕刻部分的面向大门，无雕饰的面靠墙摆放。供奉神灵时，也可摆放在神坛前当供桌使用。

两人凳在元代就已出现，经过明、清、民国的发展，保留的式样很多。在民间，两人凳通常是婚嫁时的嫁妆，有着丰富的社会文化内涵，寄托着人们对生活的美好向往。

毛南族使用的两人凳大多是清代的形制，用材宽大，在结构上也沿用传统插肩榫的做法。这说明，毛南族在这一时期受汉族文化和技术的影响很深。精美的雕花两人凳在毛南族乡村已很少见到，但它承载的社会文化价值和艺术价值却显而易见。

图片来源
图一　刘明来　摄影
图二至图五　刘明来　制图

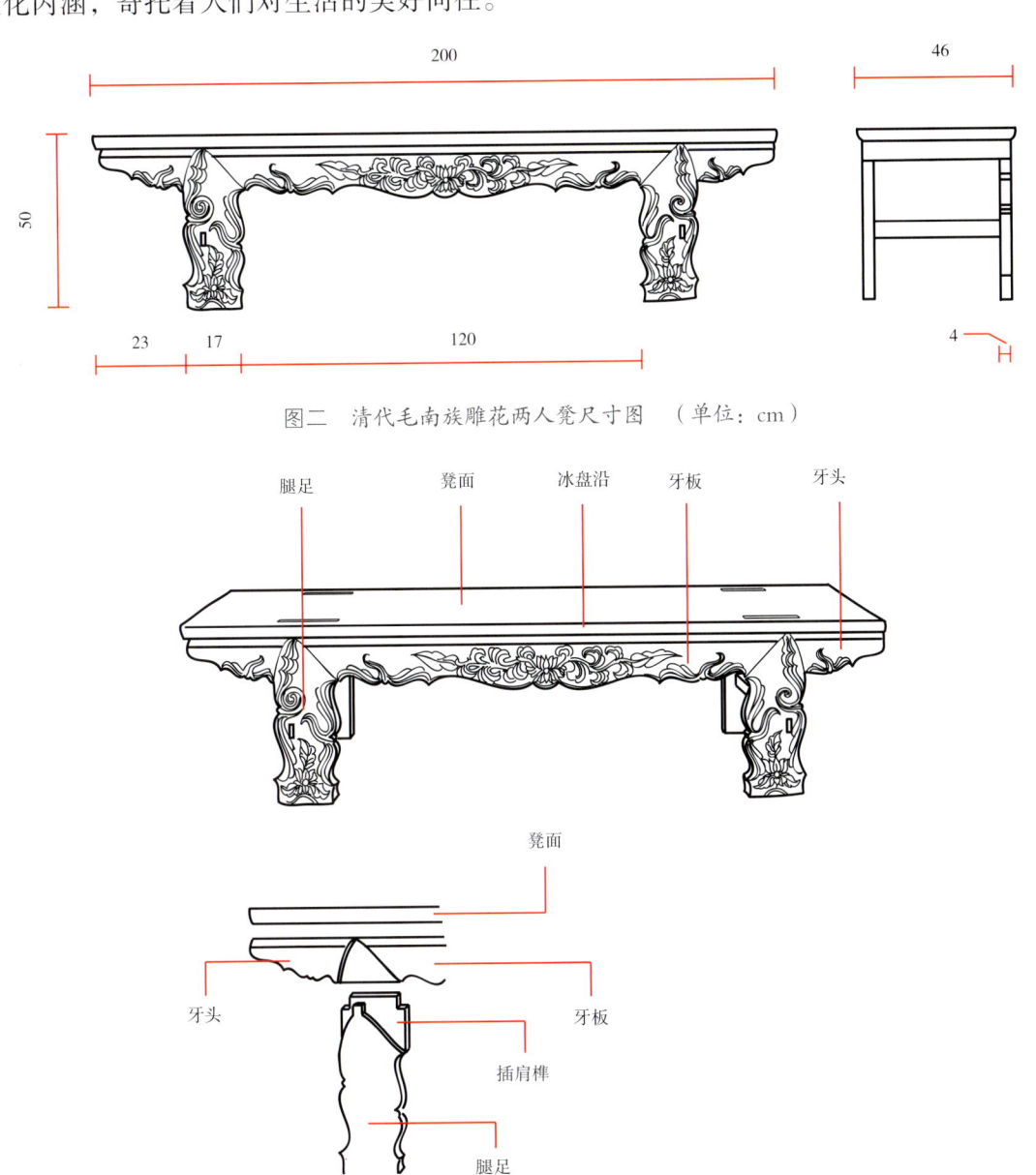

图二　清代毛南族雕花两人凳尺寸图（单位：cm）

图三　清代毛南族雕花两人凳结构名称和工艺分析图

图四 清代毛南族雕花两人凳使用情境图

毛南族神坛上的香台的形制酷似两人凳

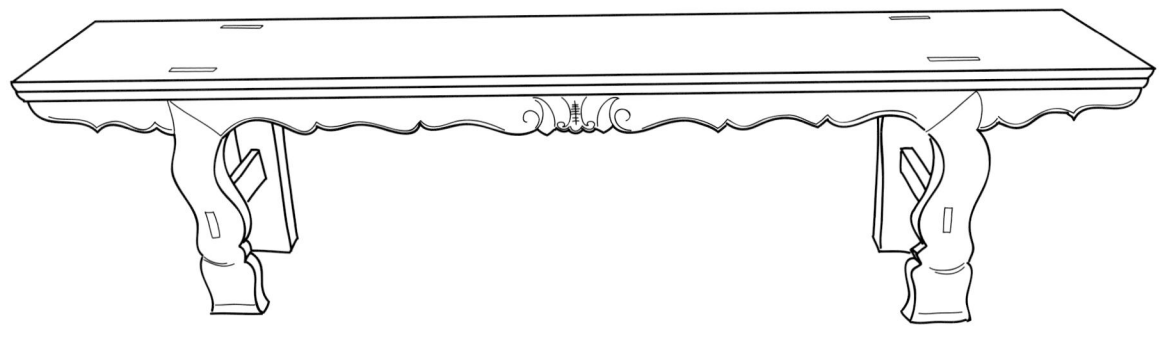

仪凤村下力屯41号谭家清代条凳，长198厘米，宽32厘米，高50厘米。牙条中部刻有"寿"字，腿足前曲后直，插肩榫结构

图五　延展图：香台和清代条凳

毛南族升降灯

图一　毛南族升降灯主图

　　升降灯，是毛南族特有的生活用具。在20世纪70年代以前，偏僻的山区没有电灯，晚上只能用油灯照明。升降灯是毛南人在艰苦环境下的创造，对当时毛南人的生活有着重要的影响。现在毛南乡村早已用上电灯，升降灯难得一见。本案例采自环江县毛南族博物馆，系20世纪五六十年代的遗物。

　　该灯具为手工制造，通体为木质，由底座、升降杆、置灯活动板三部分组成。通过置灯活动板在升降杆上的上下移动来调节灯的高低。灯具高100厘米，底座用长26厘米，宽23厘米的半圆木制成，升降杆插于底座中部。升降杆宽3厘米，厚1厘米，杆上由7个锯齿形升降台阶构成，每个台阶高10厘米。在升降杆上设置一块长19厘米，宽8厘米，厚2~3厘米的木块作为置灯活动板，板的前端挖一圆形凹槽，直径为8厘米，用于放置灯盏，后端开一方孔套入升降杆用于调节灯的高度，并有三角形插销固定置灯活动板。灯盏是铁质，直径7厘米，厚0.5厘米。使用时，先拔出插销，将置灯活动板向锯齿形台阶一侧移动，这样置灯活动板就可以在升降杆上自由升降。调节到需要的高度后，再将置灯活动板反向拉动，置灯活动板卡紧锯齿形台阶，用插销插入方孔的空隙部分，锁定置灯活动板即可。20世纪70年代前，毛南族大部分生活用品是自制的，所用这个时期毛南人解决照明问题的产物，所用燃料是人们在山上采集桐油树的果实炼出的油。升降灯一般是在夜间来客或一家人吃饭时点亮。毛南人吃饭，无论春夏秋冬都喜欢围坐"漏桌""打边炉"（吃火锅），"漏桌"高只有40厘米左右，升降灯置于地上，可以照亮吃饭的环境，营造一个温馨和谐的气氛。

升降灯取材于自然，其制作注重实用性和功能性，倾注着毛南人的生活情感和智慧，其拙朴的造型和朴实的设计思想让人赞叹。

图片来源
图一　刘明来　摄影
图二至图五　刘明来　制图

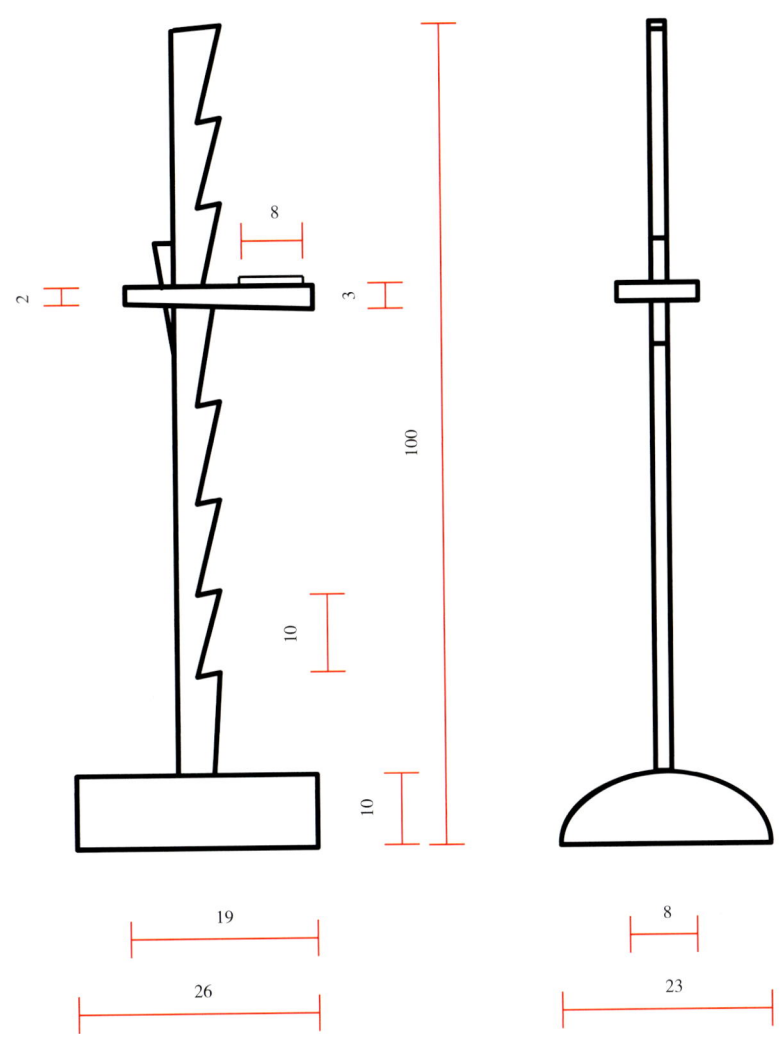

图二　毛南族升降灯尺寸图　（单位：cm）

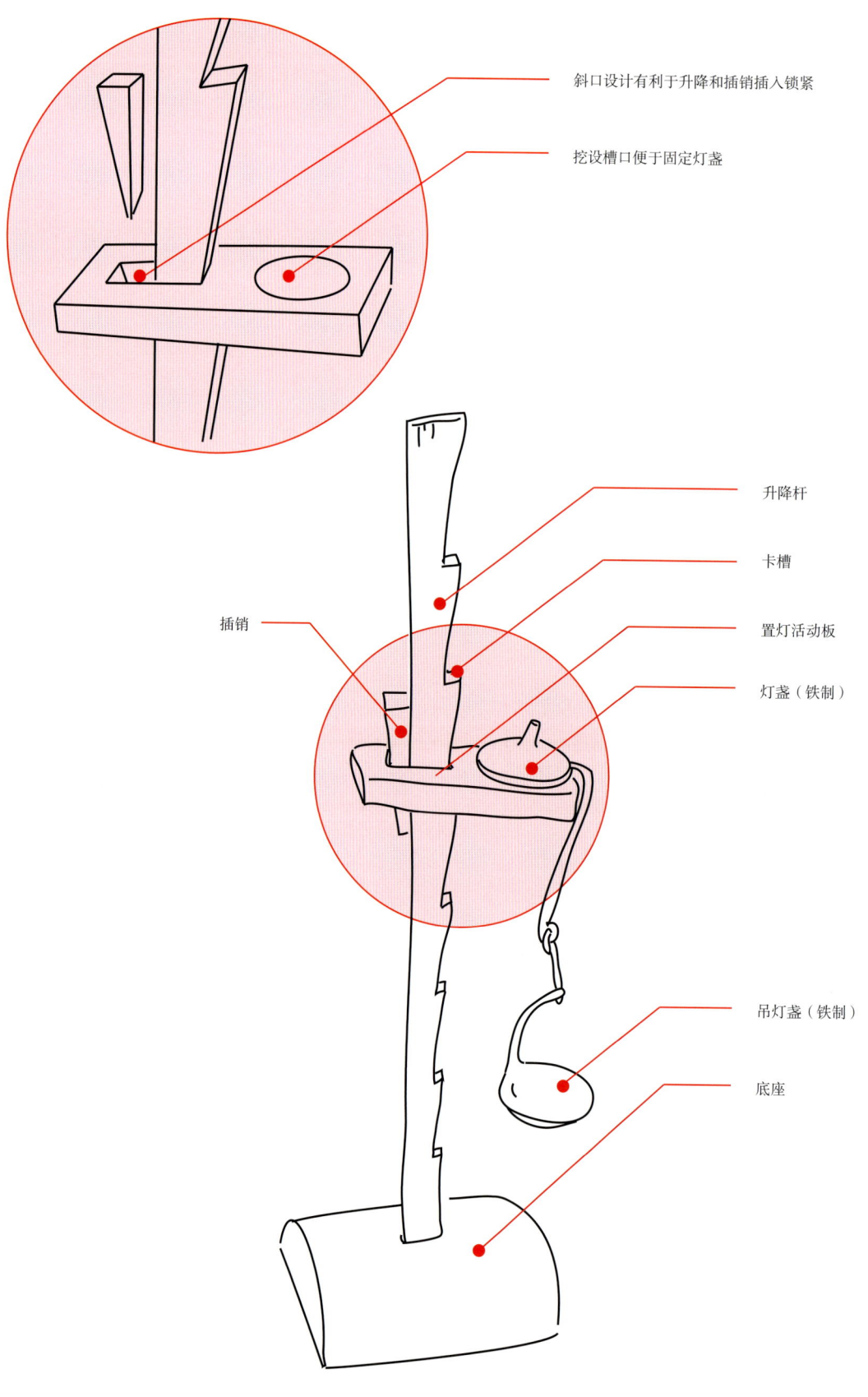

图三　毛南族升降灯的结构名称图

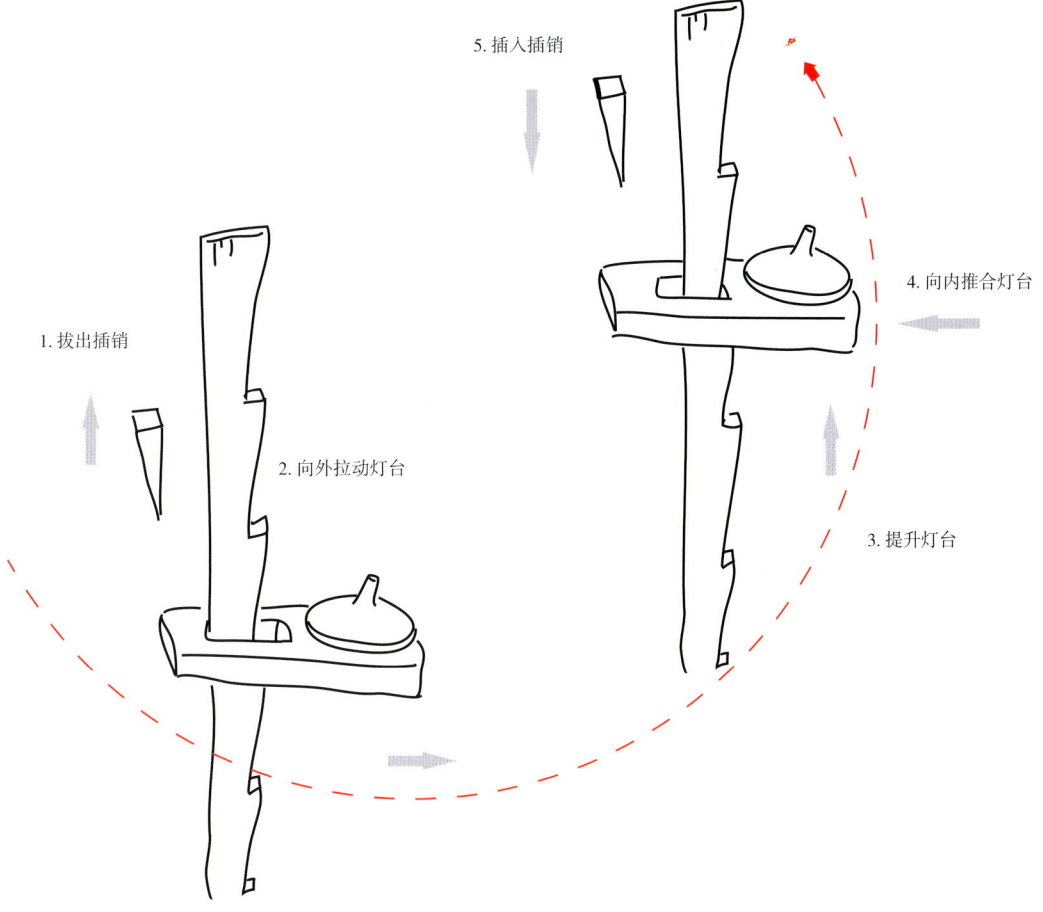

图四 毛南族升降灯使用分析图

图五 毛南族升降灯使用情境图

毛南族漏桌

图一　毛南族漏桌主图

漏桌，是毛南族常见的餐桌，形制为正方形，桌子中间开有方形漏孔（也有少量圆形漏孔），因而得名。毛南人有"打边炉"（吃火锅）的习惯，一家人常围坐漏桌四周，桌子中间的漏空处架上铁锅，锅下燃烧着柴火，锅里煮着热气腾腾的菜，这种"一锅熟"的就餐方式，简单、热闹。

本案例采自环江县毛南族博物馆，是按照毛南族家庭常用的漏桌形制制作的复制品。该漏桌采用当地木材打制，桌面边长100厘米，高25厘米。因其中间大面积漏空，四边只留下宽18厘米的长条形桌面。为了节省材料，漏桌采用分体制作的方法，用四块木板分别制作两个"L"形的桌面，下面装上桌腿，拼在一起就成了一个完整的"回"字形漏桌。从设计学角度看，漏桌的设计有以下优点：1. 漏桌的形制简单，实用性强。"回"字造型，符合中国人围坐合餐的习惯。桌面呈条板状，虽然不宽，但足以摆放碗碟等餐具。漏桌中部漏空方口面积较大，有利于火塘烟火的散出，在冬天也可烤火取暖。2. 分体制作的方式，易于加工，移动方便。就餐时将两个部分组合在一起，不用时可拆分摆放，节省空间。3. 中部的铁锅上设计有铁制碗架,碗架一端为圆形,用来架碗,另一端设计成开口状,夹在铁锅边沿,将碗架于铁锅的中上方,碗中可放调味品或菜肴。这样既可以方便夹菜,又可利用铁锅中的热气,保持碗中的热度。4. 漏桌桌腿是用六根长短一致的方木制成,桌腿上端沿桌板用方木作为桌腿之间的连接,这样的设计既增强了桌腿支撑的稳定性和牢固性,同时也保证了桌板在长期使用中不易发生变形。漏桌的就餐方式也有它致命的弱点,一是烟熏火燎不够卫生,二是"打边炉"餐饮方式过于单调。随着生活水平的提高,毛南人吃火锅,采用酒精或燃气作为燃料,菜品也十分丰富。漏桌这种朴素的就餐形式已逐渐淡出历史。

漏桌是毛南族长期生活习惯的沉淀,设计极为简单朴实,但实用性很强。它的设计不仅仅是物的本身,更多地包含了物以外的朴实的生活观念和情感需求,也营造了毛南人围坐漏桌吃饭,其乐融融的和谐的视觉场景。

图片来源

图一、图七 刘明来 摄影
图二至图六 刘明来 制图

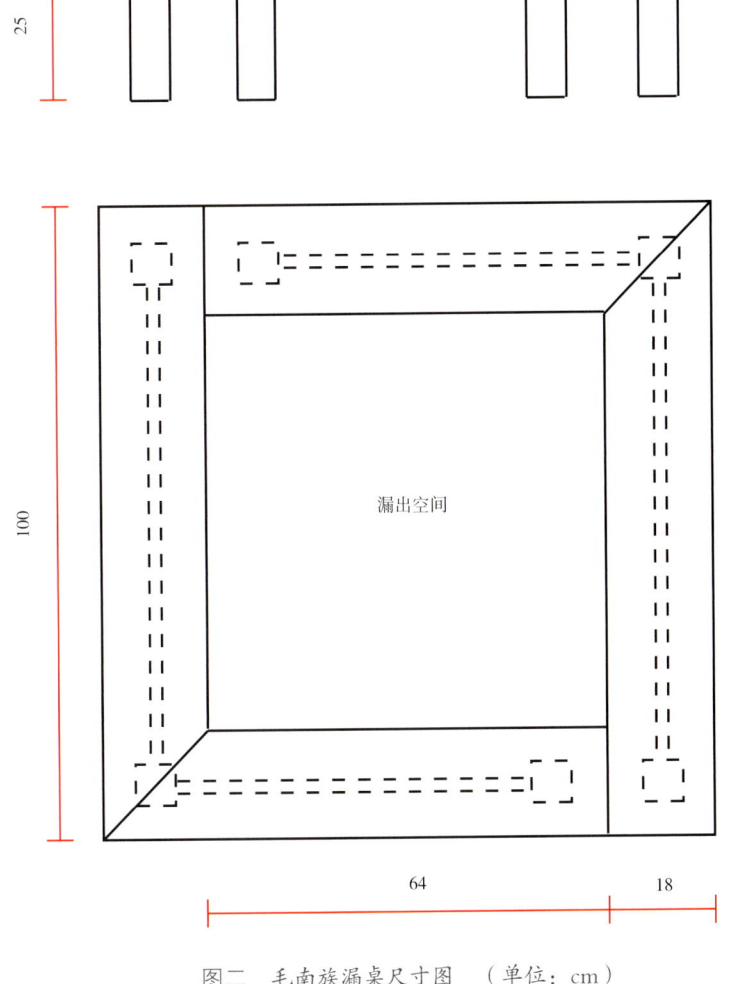

图二 毛南族漏桌尺寸图 (单位:cm)

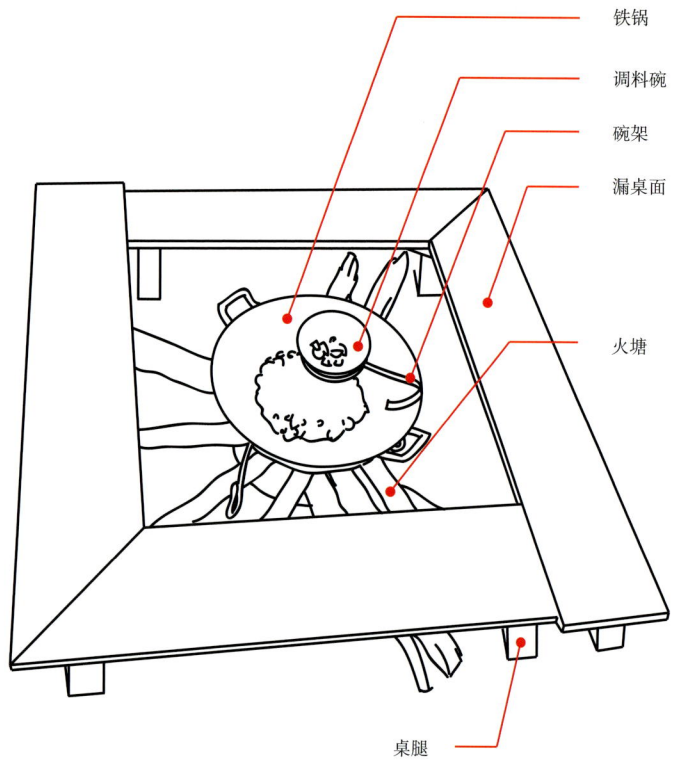

图三　毛南族漏桌结构名称图

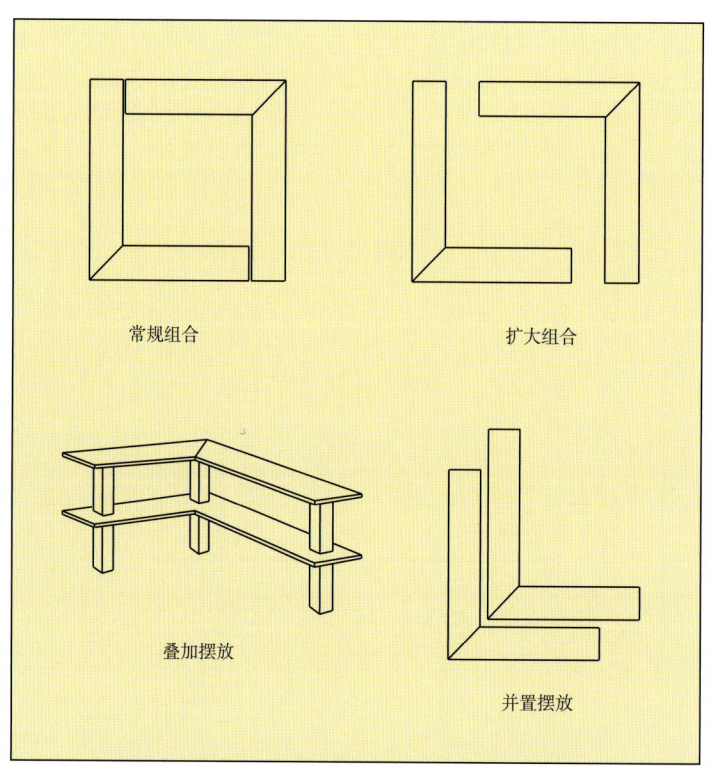

图四　毛南族漏桌拆分组合示意图

图五 毛南族漏桌锅架方式图

图六 毛南族漏桌使用情境图

图七　毛南族下南乡松现屯67号覃合栋老人制作的漏桌

毛南族木制碗橱

图一 毛南族木制碗橱主图

　　毛南族碗橱，是厨房放置碗、碟、盆等餐具的家具。其形制多样，但总体来说，毛南族碗橱较为宽大，没有复杂的装饰，结构分上下两层，上层是较为封闭严实的闷厨，下层为条格窗式透气厨，两侧和背面用厨板封实。上下厨厨门设在中间，有对开式和推拉式两种。四足较高，中间有横档加固。本案例采自环江县下南乡仪凤村，是毛南族制作较为精细的碗橱。碗橱色泽深沉，为20世纪50年代的遗存，现在仍在使用。

　　该碗橱高180厘米，宽200厘米，厚38厘米。碗橱框架用料较为厚实，框架结构用榫卯的连接方式，框架与面板结合处开有槽口，槽口将面板夹入其中。正面边框表面加工有宽窄不同的直线，线条疏密有致，层次丰富，有很好的装饰作用。碗橱前面的两条腿足与横档的连接采用了棕角榫、格肩榫的榫卯方式，均不透出榫头。这样保证了碗橱结构的牢固性，同时打破碗橱线条直来直去的呆板。从碗橱的使用功能上看，上层主要放食物，下层主要放碗、碟、瓶、罐等。因此，上层高度小于下层，封闭得较为严实，以防食物被猫和老鼠偷吃。下层较高，厨面木线条横竖交叉成窗格状，这种设计一方面增加下层碗橱的透气性，防止碗橱内生霉，另一方面，半通透的条格增加了碗橱的透明度，便于碗碟等物品的放置和取用。上下橱橱门均为推拉式，上橱橱门较小，因此采用单向推拉，下橱橱门宽大，采用双向推拉，方便较大的坛子、罐子的进出摆放。从人机工程学的角度来看，碗橱下层高度起自66厘米，上层高度起自130厘米，正好在人的操作范围内，使用时非常方便。该碗橱放置在厨房炉灶的一侧，毛南族家庭在使用中，常常在碗橱的表面钉上钉子，挂上锅铲、漏勺、筷筒等日常用具。碗橱下面的横档上用竹竿搭成架子，摆放盆具和杂物。碗橱顶部堆放不常用的物品和器具。过去，毛南族生活条件艰苦，许多人家没有碗橱，饭菜基本一次性吃完，剩余的食物用竹篮子掉在屋子的梁架上，防止猫和老鼠偷吃，碗碟摆放在小桌上用竹子编的碗罩罩上。只有生活条件较好的家庭置办碗橱。

在交通不便的毛南山区，碗橱多为主家自己伐木备料，自己制作，因而碗橱的工艺、尺度和式样上都有差别。但由于区域性影响，碗橱总体风格较为一致。

图片来源
图一　刘明来　摄影
图二至图六　刘明来　制图

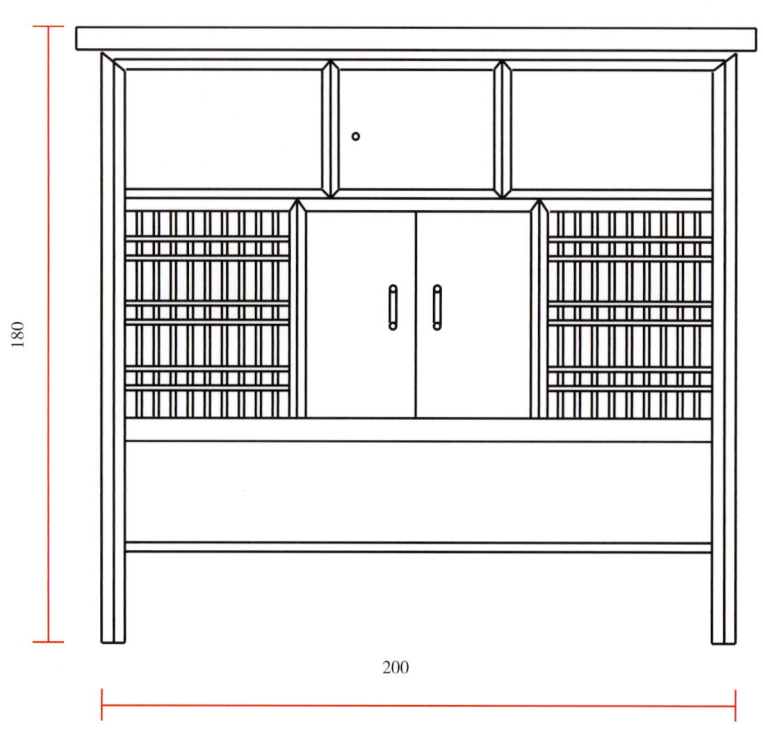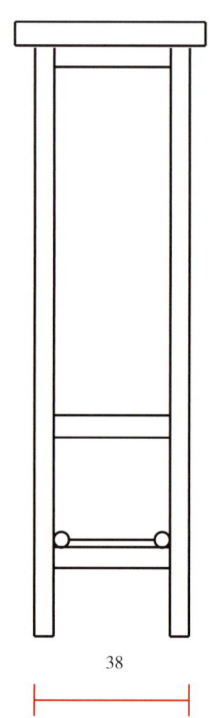

图二　毛南族木制碗橱尺寸图（单位：cm）

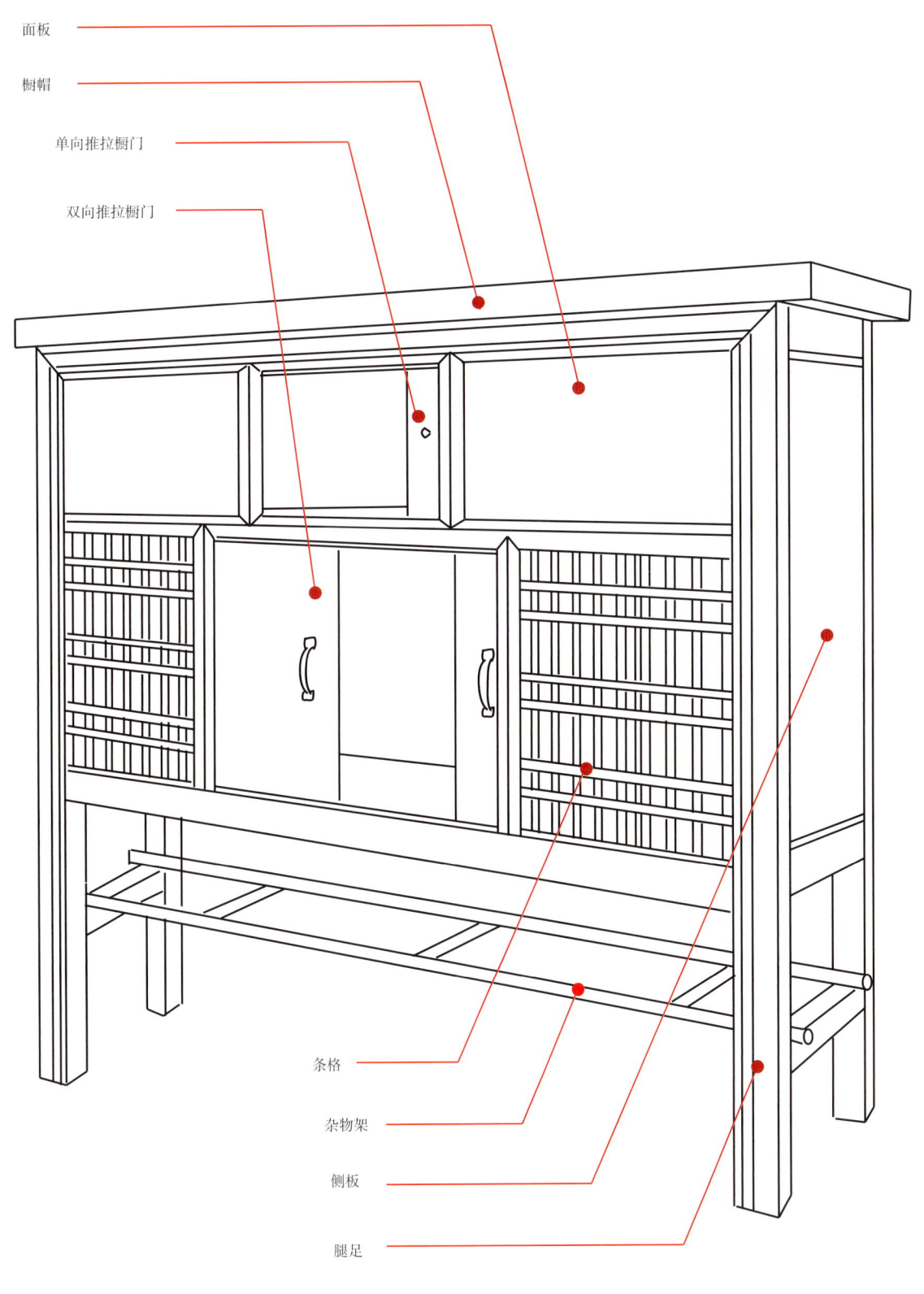

图三　毛南族木制碗橱结构名称图

143

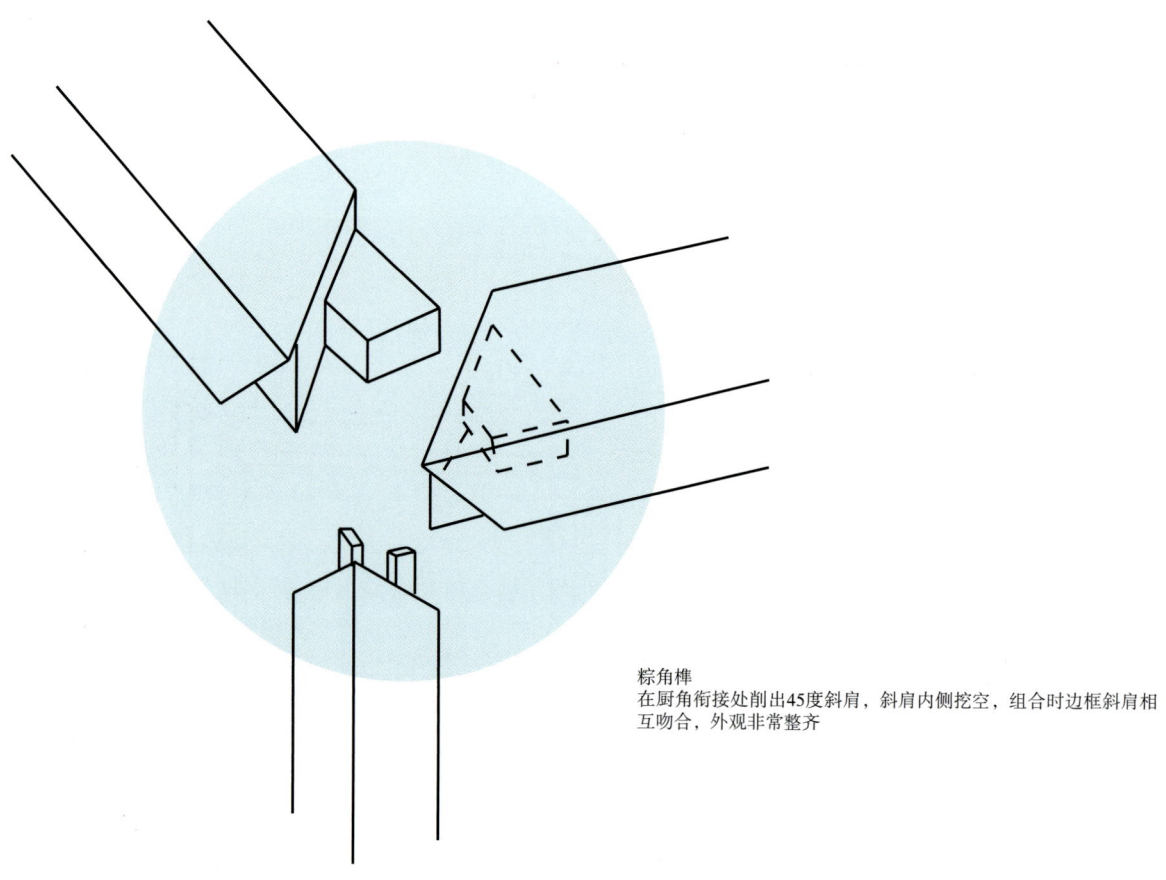

棕角榫
在厨角衔接处削出45度斜肩，斜肩内侧挖空，组合时边框斜肩相互吻合，外观非常整齐

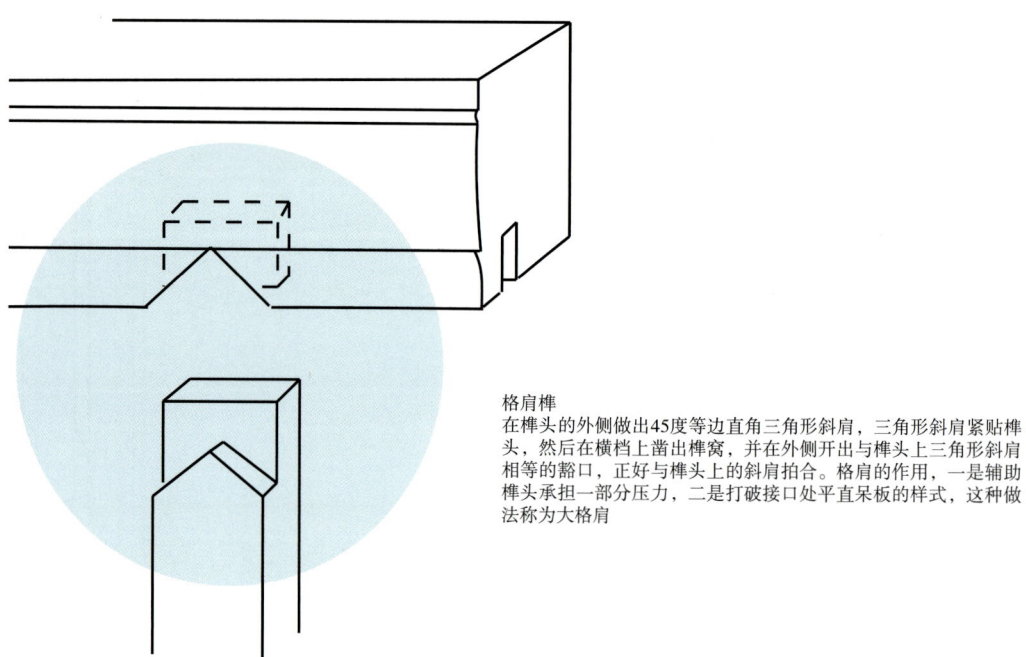

格肩榫
在榫头的外侧做出45度等边直角三角形斜肩，三角形斜肩紧贴榫头，然后在横档上凿出榫窝，并在外侧开出与榫头上三角形斜肩相等的豁口，正好与榫头上的斜肩拍合。格肩的作用，一是辅助榫头承担一部分压力，二是打破接口处平直呆板的样式，这种做法称为大格肩

图四　毛南族木制碗橱的榫卯结构分析图

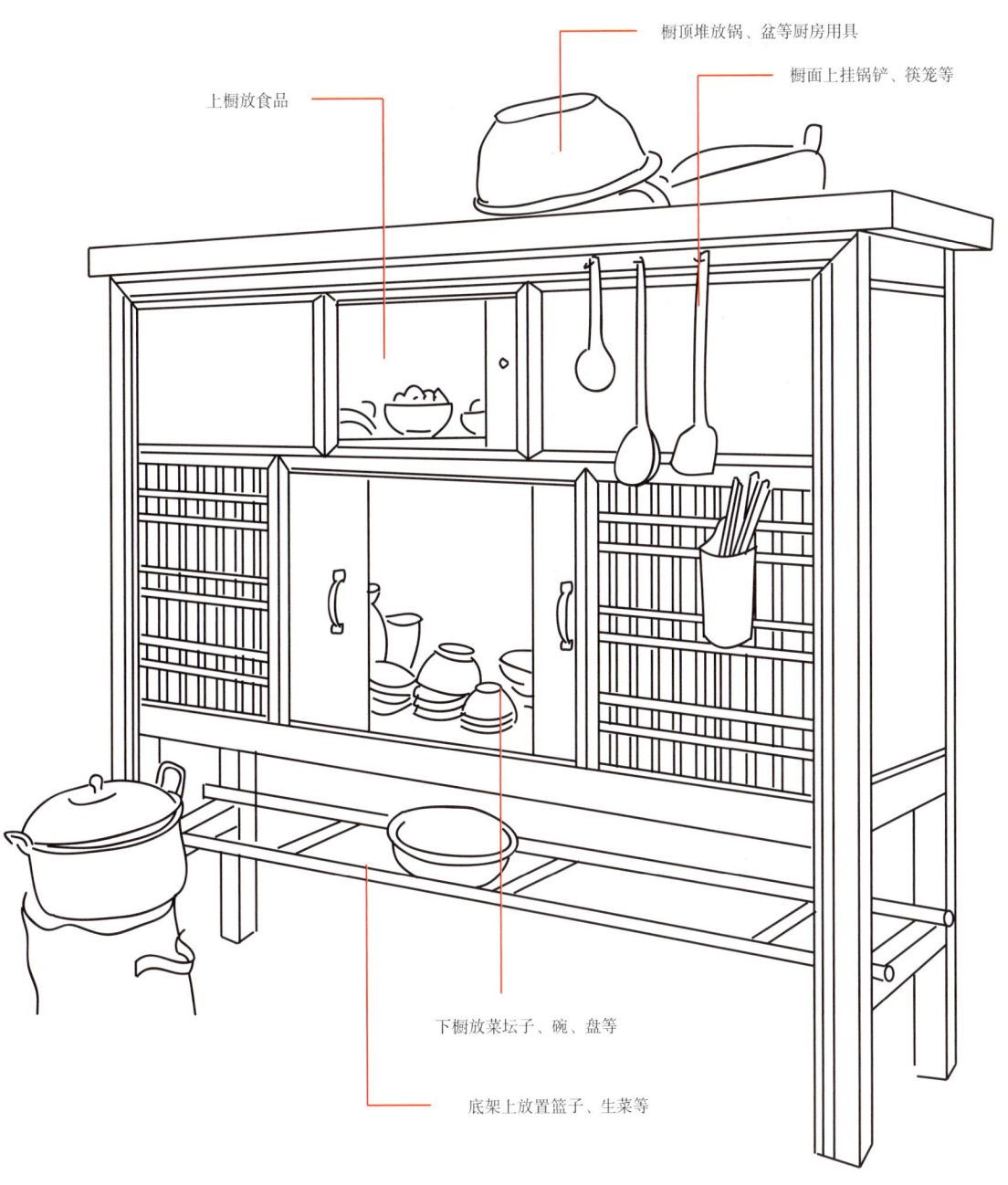

图五　毛南族木制碗橱功能说明图

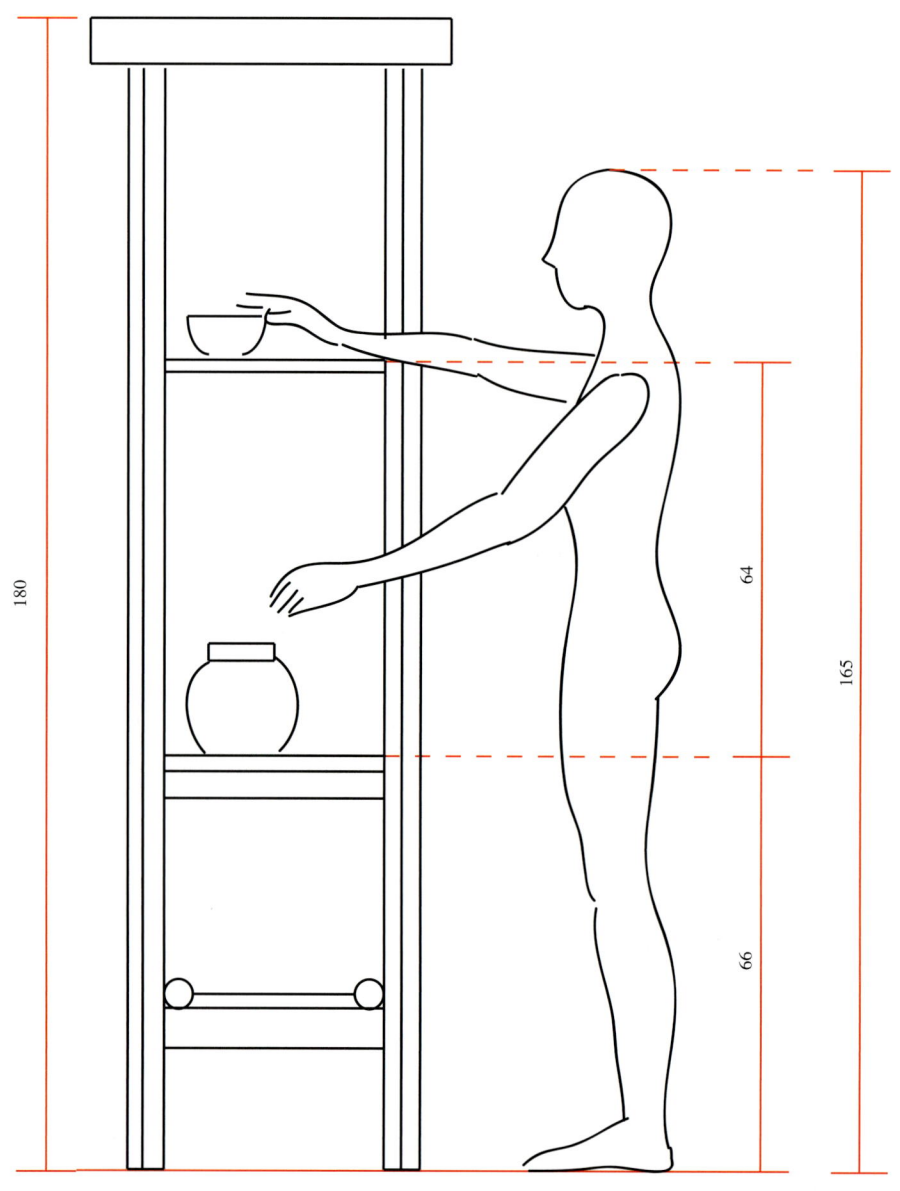

图六 毛南族木制碗橱设计分析图 （单位：cm）

毛南族洗米箕

图一 毛南族洗米箕主图

洗米箕，是毛南族用来淘洗米、豆等粒状食物的日常生活用具，有时也用来盛放米饭等食物。它是由竹篾编制而成，其形似半个梨子，前端较窄，中后部较宽。前端有圆形箕口，中段为箕斗，后端有提手。本案例采自环江县毛南族博物馆，为20世纪遗物。

洗米箕通长45厘米，高15厘米，箕斗沿口为椭圆形，开口约30×40厘米，前端圆形箕口，长12厘米。洗米箕形式与功能结合紧密，美观实用。空间宽大的箕斗，呈圆弧状，可以盛放较多淘洗物，圆弧状造型的斗壁和细密有序的篾纹，便于前后左右晃动和摩擦淘洗物，充分淘洗。圆形箕口位于洗米箕前端最窄处，与箕斗呈"V"字形结合，流线型的内壁，可顺利将漂浮的杂物排出箕口，淘洗完毕后，又可准确将淘洗物倒入器皿之中。提手位于后端的沿口之上，是11根宽篾片叠合在一起，交叉缠绕在沿口竹片上。交织的形状为中国传统的如意纹样，精巧别致，有着浓郁的中国情调，既牢固又美观。提手下部微微翘起，其尺度正好一手把握。人们淘洗时，通常右手握住提手部位，左手抓住前端圆形箕口，有时左手堵住箕口，防止漂洗物漏出。

洗米箕编织严密，工艺讲究。从提手开始，11根叠合的宽篾片，交织扩散，形成双层11股经线，两侧各加双层两股经篾，共计15股30根经篾，一直延伸至箕口，与细篾呈经纬交叉编织，合围成弓形壳状箕斗，增加了洗米箕的强度和耐用性。经过几十年的使用，洗米箕的外观色泽已成黄褐色，但其结构丝毫无损。这充分展现了毛南人精湛的竹编技术。

竹制淘米器具在我国使用极为普遍，形式多样。有的为带提手的竹篮，有的为圆形斗状，也有的形似簸箕。随着科技的发展，现代的淘米器具在材料和制作工艺上都发生了巨大的变化，塑料和不锈钢金属淘米器具在毛南族人家也大量使用。但毛南族传统洗米箕，采用自然材料，以手工编织加工的方式，让人倍感亲切。它别具匠心、美观实用的设计，在今天仍有借鉴意义。

图片来源

图一　刘明来　摄影
图二至图七　刘明来　制图

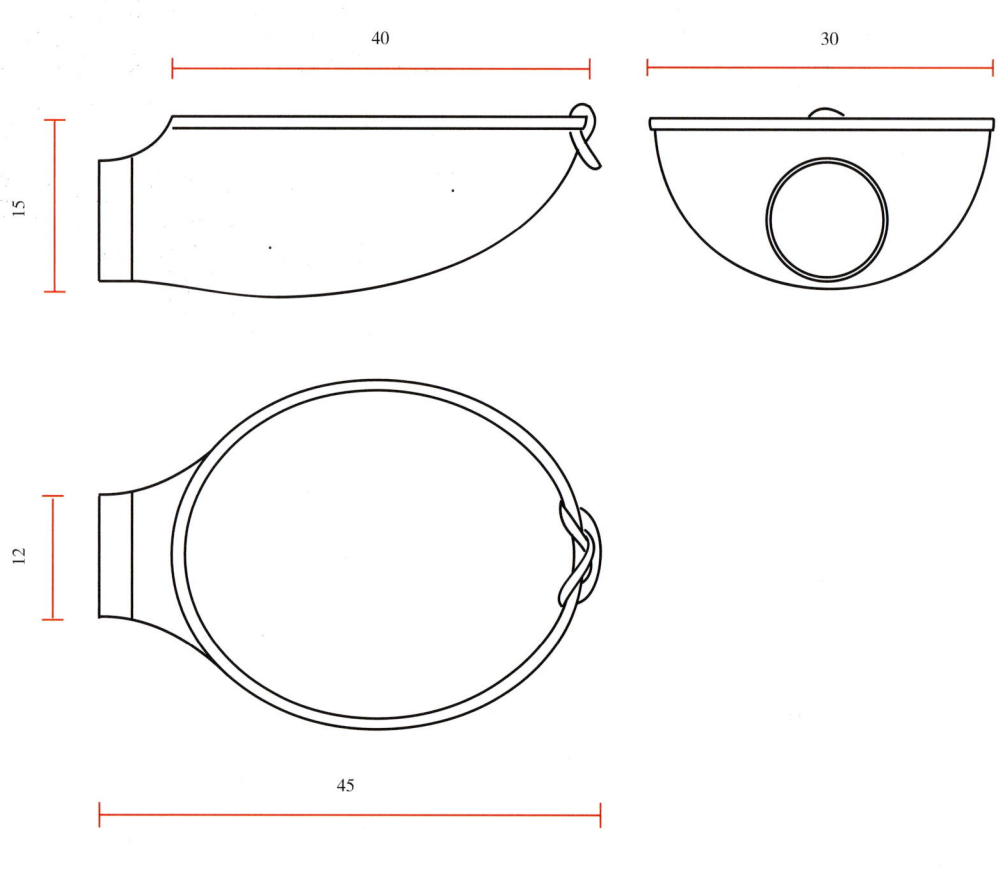

图二　毛南族洗米箕三视、尺寸图　（单位：cm）

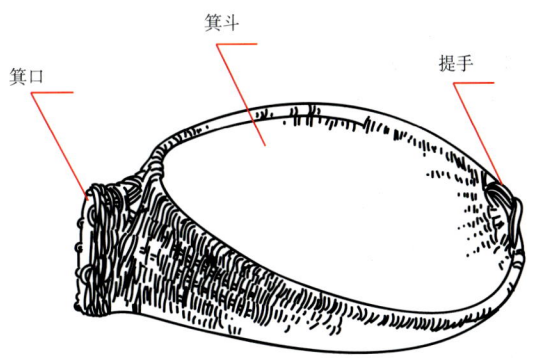

图三 毛南族洗米箕结构名称图

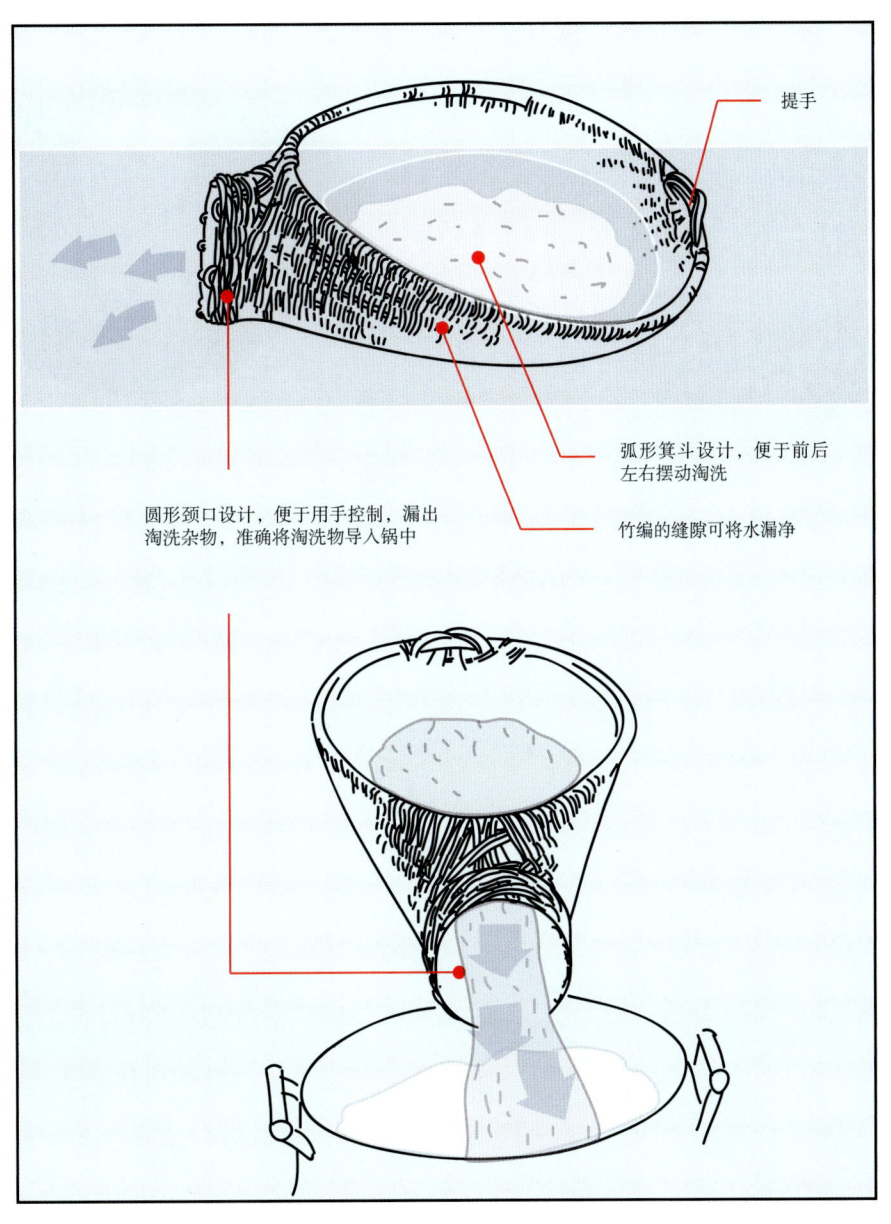

图四 毛南族洗米箕设计分析图1

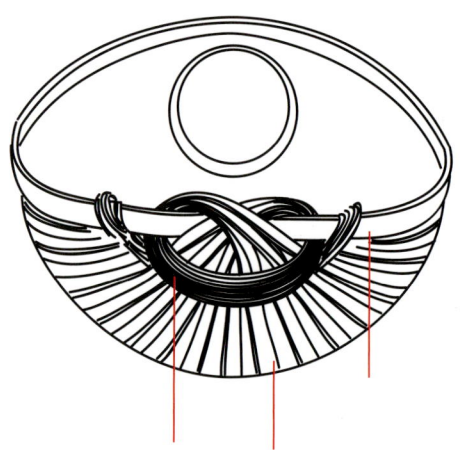

篾片巧妙地弯曲交叉形成提手，同时又产生了美观大方的如意图案

厚竹片作为沿口，与15根双层宽篾构成弓形结构，增加了器物的强度，在视觉上具有张力美感

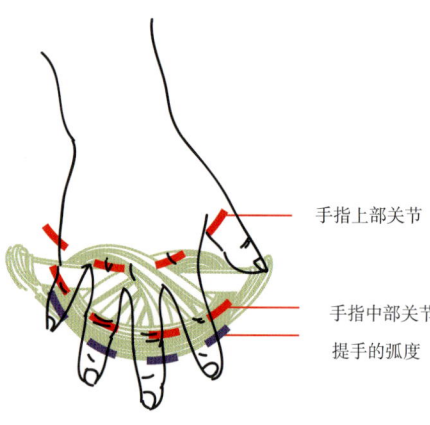

手指上部关节

手指中部关节

提手的弧度

提手的尺度和形制与手指关节的比较

图五　毛南族洗米箕设计分析图2

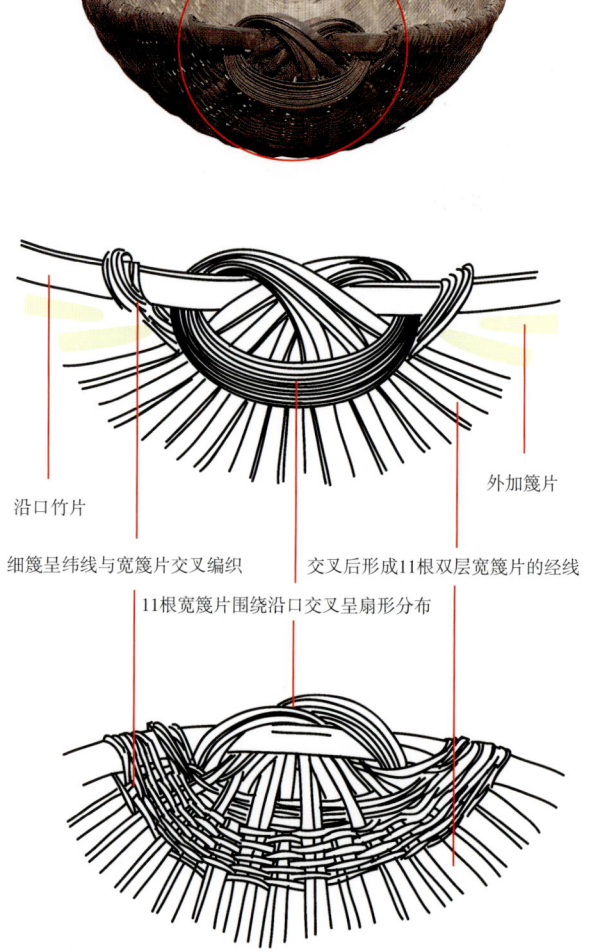

沿口竹片

外加篾片

细篾呈纬线与宽篾片交叉编织

交叉后形成11根双层宽篾片的经线

11根宽篾片围绕沿口交叉呈扇形分布

图六　毛南族洗米箕编织工艺图

图七 延展图：毛南族多样的竹编用具

毛南族米筛

图一　毛南族米筛主图

　　米筛，也叫筛子，是毛南族常见的一种竹篾编制的生活用具。圆形平底，分内外两层，外层是竹片和粗篾编制的硬边框，内层是由细篾编织的筛网。筛网的筛眼有粗细之分，粗网眼的米筛主要用于筛出五谷杂粮中的杂质，细网眼的米筛则用来筛取经过舂碓或打磨的细米粉。本案例采自环江县毛南族博物馆，为20世纪五六十年代的劳动生活用具。

　　该米筛外径为60厘米，底径为40厘米，高度在8厘米左右，筛眼在0.25~0.5厘米之间。米筛做工精细，对材料的要求较高，因而毛南人通常采用该地区特有的金竹为编织材料。好的金竹竹竿修长笔直，破出的竹篾细腻柔韧，不易断裂。编织米筛主要有筛网编织、外框编织和收边等工序。首先是编织筛网。筛网一般在一块平整的垫板上编织，以保证编织后筛网的平展，垫板上画有圆圈作为筛网大小和形状的参照。筛网选用光滑结实的竹青篾编织，将其呈经纬交叉编织，经线与经线和纬线与纬线之间空出细小的网眼。当编织到垫板圆圈时，四面八方加入宽篾实编，形成"八角形"的图案。底托是以12根宽约1厘米的竹片做底撑，4根一组呈三组交叉编织，使底部形成结实美观的"六角星"形状。底托由粗竹条与12根宽竹片交叉编织在一起，非常结实牢固。收边，是将编好的筛网和底托结合在一起的工序。用一根宽竹片弯曲成比外边框略小的内边，将筛网夹入内边和底托的中间，用藤条将三者紧紧系在一起，每隔2.5厘米的距离系一根。

米筛在我国使用地区较为广泛，形制大同小异。由于毛南族自古就有精编细作的传统，因而所编制的米筛无论从选料还是编织工艺上都更为讲究。其"八角形"的筛网的设计，充分地利用编织规律，使之与圆形完美结合，增加了过筛面积，提高了工作效率，同时在视觉上给人精美细密的感官享受。米筛收边方法，材料特性的把握，结构强度的考量，适合操作的尺度设计，都是科学合理的。

图片来源
图一　刘明来　摄影
图二至图六　刘明来　制图

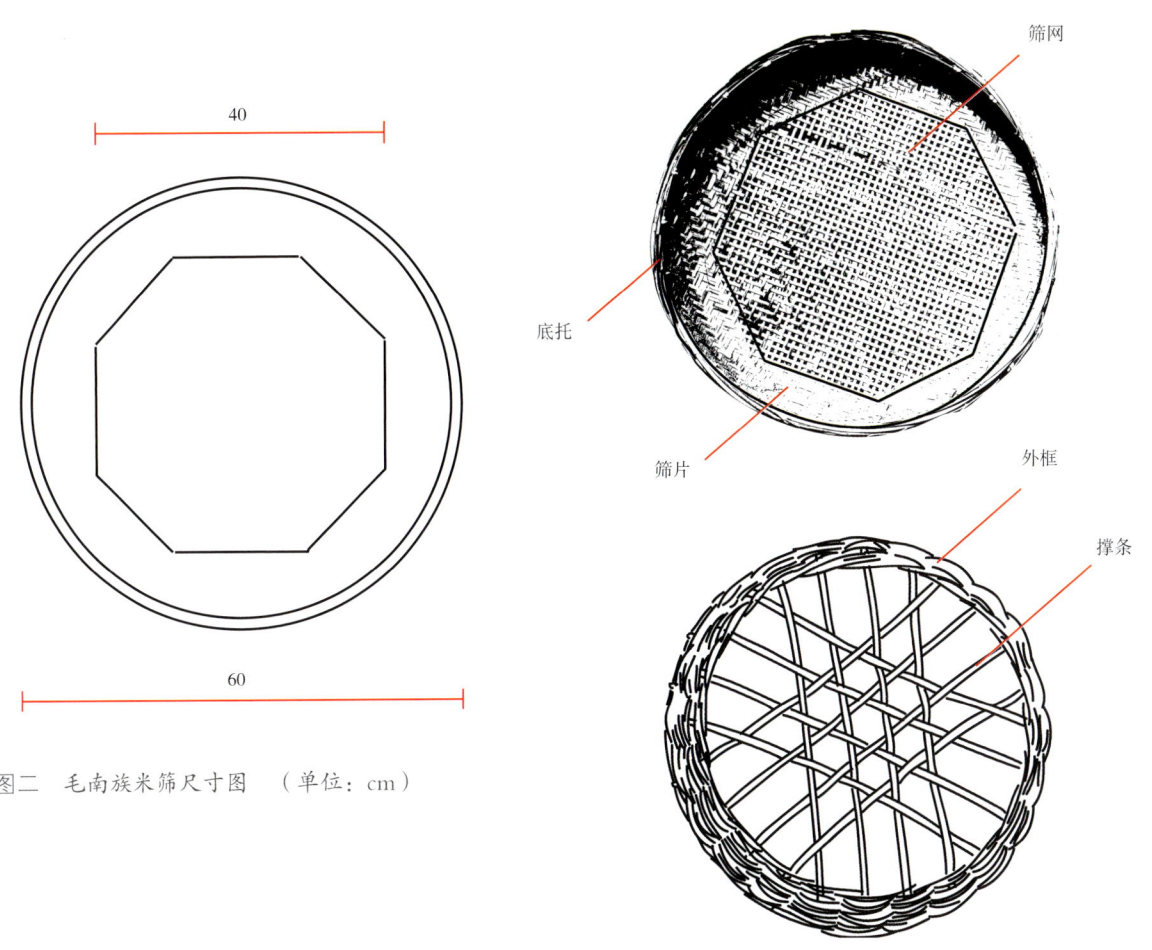

图二　毛南族米筛尺寸图（单位：cm）

图三　毛南族米筛结构名称图

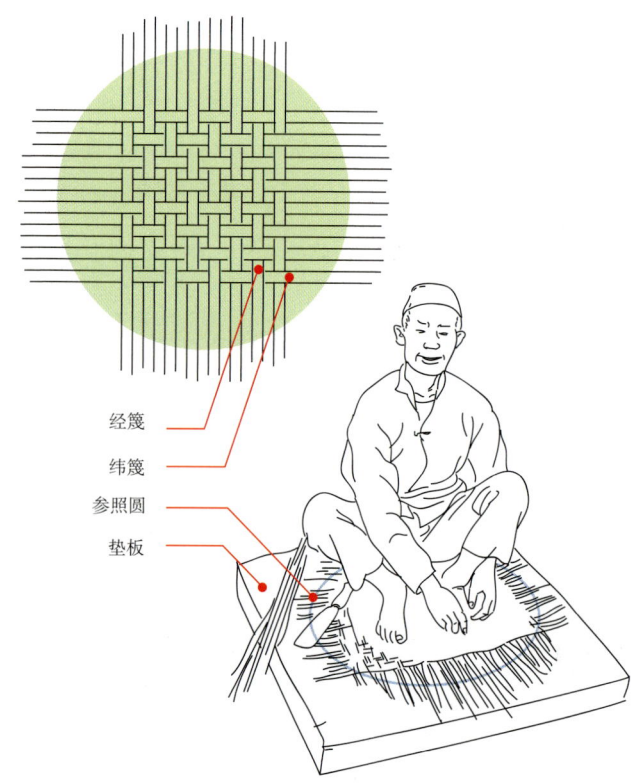

图四　毛南族米筛筛网的编织分析图

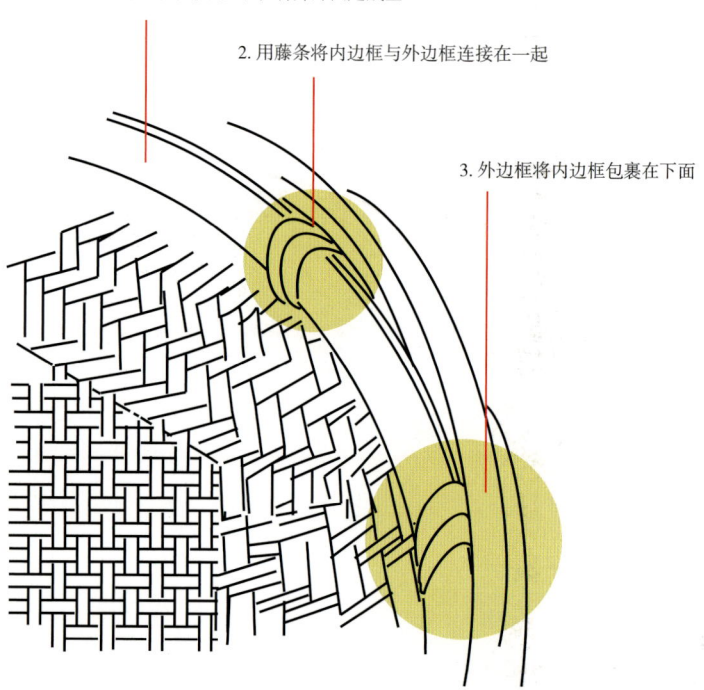

1. 内边用宽竹片弯成圆形，将筛片固定成型

2. 用藤条将内边框与外边框连接在一起

3. 外边框将内边框包裹在下面

图五　毛南族米筛的收边分析图

图六　毛南族米筛使用情境图

清代毛南族石缸

图一　清代毛南族石缸主图

石缸，是毛南族用来装水的水缸。毛南族生活在大石山区，自古就与石头相伴，石头成为他们不可缺少的生活材料，他们在山中开采石头建筑房屋，精选质地好的石头打制生活用具。在毛南族村寨中石桌、石凳子、石臼、石猪槽、石盆、石缸、石磨随处可见。本案例是环江县木论乡乐衣村农户家中使用的石缸。通体以青石为材料，圆口小底，缸口直径70厘米，高60厘米，底部直径32厘米，壁厚6厘米。缸体有雕饰和落款，打制于清代乾隆五十九年（1794）。

毛南族石缸造型匀称美观，做工讲究。缸体上半部雕刻有两幅图案，一幅为"吉祥狮子"，一幅为"鲤鱼跃龙门"，均为阳雕。这类题材图案在毛南族中出现有着深刻的社会历史文化内涵，反映了毛南族人想通过读书获取功名富贵，改变生活窘境，获得民族地位的强烈愿望。图案朴拙，装饰性强，刻制精细。图案之间阴刻有"清皇乾隆五十九年五月立"，"蒙富案记号"的字样。这表明石缸是专门定制的家庭专用水缸。由于毛南族的建筑为干栏结构的木楼，因而石缸均有着蓄水和消防的双重功能。毛南族许多村落饮用水困难，有的地方挑水要走很远的山路。为了蓄水，石水缸大部分摆放在屋外的院子中或屋檐下面。

毛南族石匠行当在过去极为普遍，用的工具主要有錾子、二锤、钢钎、风箱、红线墨斗等。打制石缸使用最多的工具是錾子。錾子分为两种，一种是尖头錾子，一种是平头錾子。尖头錾子一般用于打窝、镂空，而平头錾子大多是用于后期铲平石头表面。二锤一头方，另一头宽平，类似木工斧头，既能像锤子一样敲打，也能削平石料多余部分。风箱主要用来烧炭吹火，将已经变钝的工具重新打制、淬火，使工具更加坚硬锐利。因此，石匠的工作非常辛苦，有"白天打石匠，晚上打铁匠"的说法。

宋代《营造法式》把石作归纳为打剥、粗搏、细漉、褊棱、斫砟、磨砻六道工序。从石缸的结构和外观判断，其打制过程大致经过这几道工序：首先，将选好的石料按照缸的尺寸打剥成方形，用墨线笔画出缸的上口圆和底部圆，然后用尖头錾子和二锤凿掉多余的突出部分，形成缸的大体轮廓，用细长的尖头錾子剔除石缸内石料。用平头錾子

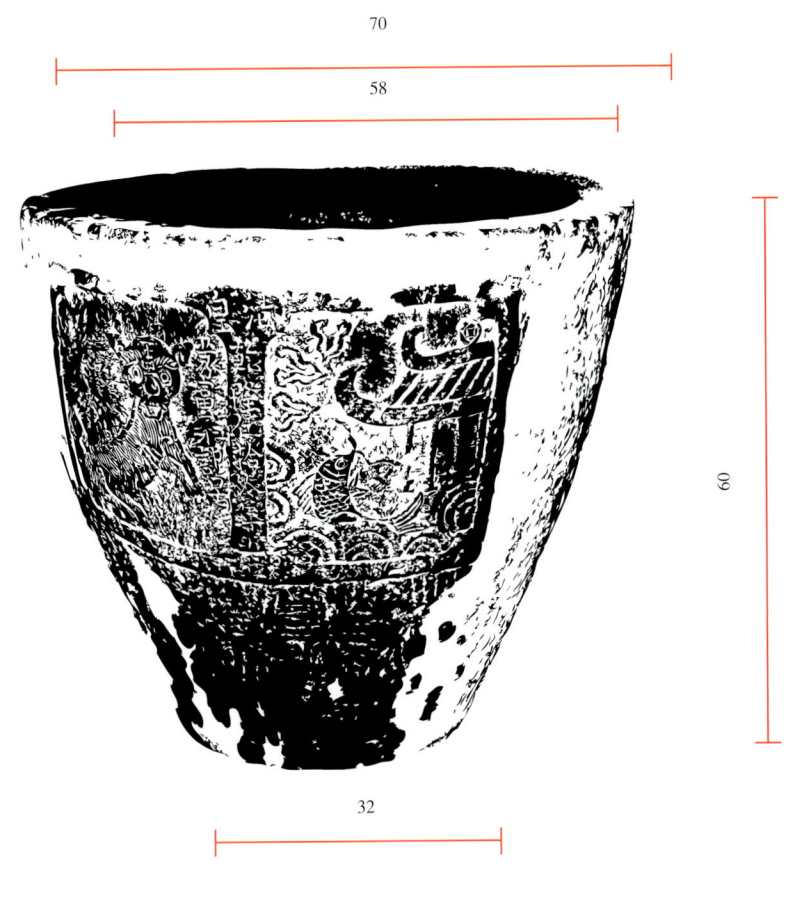

图二　清代毛南族石缸尺寸图（单位：cm）

打平多出的粗糙部分，使缸体造型更加规整。在缸体上画出图案，用錾子进行精细雕刻。最后，用錾子进一步修整，对图案雕刻和缸口边沿部分进行打磨。

早在新石器时代前，人们就会以陶土为原料，采用盘泥条的方式的制作方法烧制陶缸，主要用来盛物、装酒和存水。随着我国木结构建筑的发展，出于消防考虑，缸几乎成为家家户户必备用品，材料也由单一的陶土扩展到石头和金属。这种主要用于消防

图三　清代毛南族石缸缸体图案

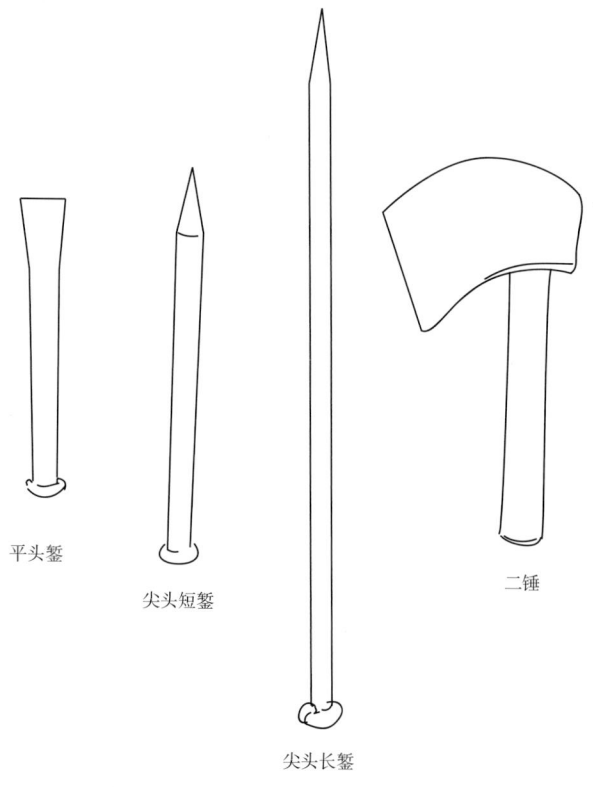

平头錾　　尖头短錾　　尖头长錾　　二锤

图四　清代毛南族石缸石匠工具

的"太平缸",造型和工艺非常讲究,极具实用价值和观赏价值。据《思恩县志·经济篇》记载,在毛南族仪凤、上光等村,有很多家庭也制作陶缸,表面上釉,价格便宜,畅销于"三南"地区。但与石缸相比,其经久耐用程度就远远不及,目前毛南族家庭用的石缸,大部分都有上百年历史。

毛南族石缸一般都较为朴素,表面不加雕饰。该案例的雕饰内容和雕刻工艺,较为全面地反映了毛南人的社会心理、价值观念和审美追求。这些将成为后人了解毛南族生活的珍贵历史信息。

图片来源
图一　谭家乐　摄影
图二至图五　刘明来　制图

图五　清代毛南族石缸打制情境图

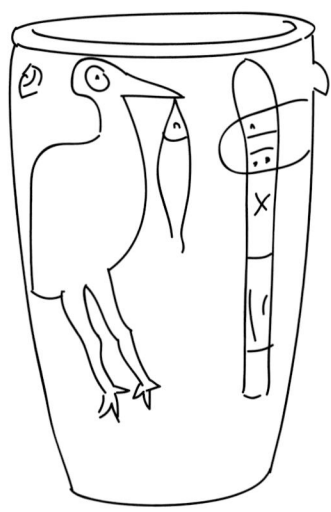

鹳鱼石斧图彩陶缸,新石器时代前期仰韶文化的葬具,高47厘米,口径32.7厘米,底径20.1厘米

故宫中的铜质"太平缸",乾隆年间制造,放置于殿宇之外,有消防和装饰环境的作用,高120厘米,口径160厘米,重3392公斤,可容水2000升

图六 延展图:鹳鱼石斧图彩陶缸和"太平缸"

毛南族烟枪

图一 毛南族烟枪主图

烟枪，是毛南族吸食烟草的工具，一般是用木头、竹子和金属为材料制成，形式多样。烟枪由烟枪杆、烟枪头、烟嘴和烟钵组成。本案例采自环江县毛南族博物馆，烟枪的主体为木质，烟枪头的烟钵处用铝片包裹，烟嘴装有铜质嘴圈。烟杆上装饰有几何纹样，为20世纪遗物。

烟杆长27厘米，烟嘴直径2厘米，烟枪头最宽处5厘米。其形制头大尾小，烟杆中段呈竹节状，这种造型易于吸食者把握。吸食者左手握住烟枪头，右手将烟草装入烟钵，点着后或手捧烟枪头吸食，或手持烟杆吸食。烟枪的尺度适中，这一方面便于手部操作，另一方面缩短了烟钵通往烟嘴的烟道距离，使吸食更加顺畅、舒适。烟枪呈黄褐色，围绕烟枪杆用折线、交叉线和小圆点装饰表面，图案给人以"日月星辰"的联想，这种设计与毛南族日出而作、日落而息的生活习惯及由此产生对日月和自然的崇拜有关。图案与烟杆的粗细和竹节的疏密变化有机结合在一起，具有音乐般的节奏感和韵律感。该烟枪的烟钵用铝片粘贴包裹，周围用铁钉钉牢，以防烟火熏烧。烟嘴的铜质嘴圈，既起到了保护烟嘴的作用，又有很好的装饰性。

毛南族吸食烟草的历史很长，烟枪基本是自制，因此在尺度和形制上都有差别，烟袋或烟盒挂于烟枪杆上。外出时，通常把烟枪插在腰间。毛南族的烟叶大部分自己种植，采收后晾晒、烘干，制成的烟叶较脆，用手搓捏正好放入烟钵之中。但由于烟钵较小，每次只能吸食一两口，如需连续吸食，要不断加烟点火。烟草虽然是无法充饥的东西，但对于生活艰辛的毛南人来说却成为平慰心灵、沟通情感的"宝贝"。在某种意义上说，烟枪也成为毛南族贫富长幼的划分的一种标志。

图片来源

图一　刘明来　摄影

图二、图六　刘明来　制图

图三、图四、图五、图七　阮晨　制图

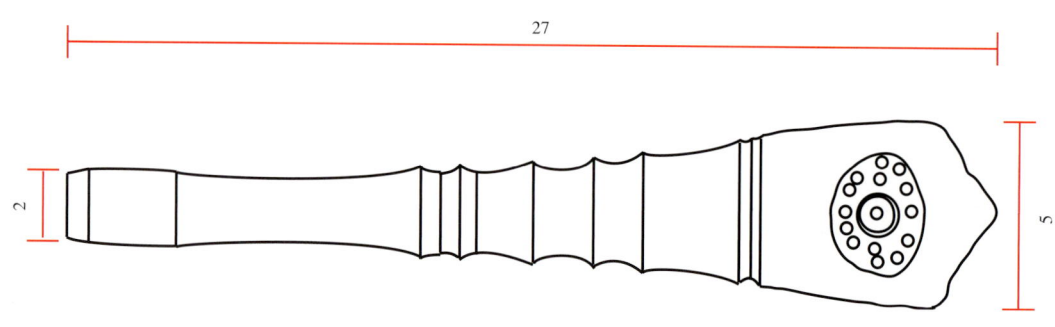

图二　毛南族烟枪尺寸图　（单位：cm）

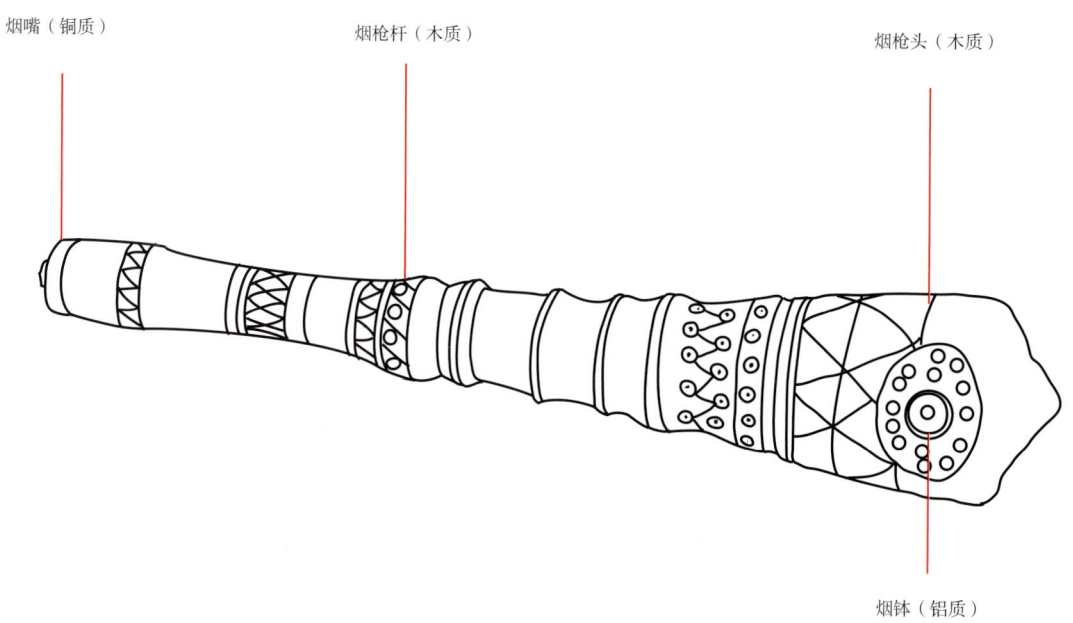

图三　毛南族烟枪结构名称图

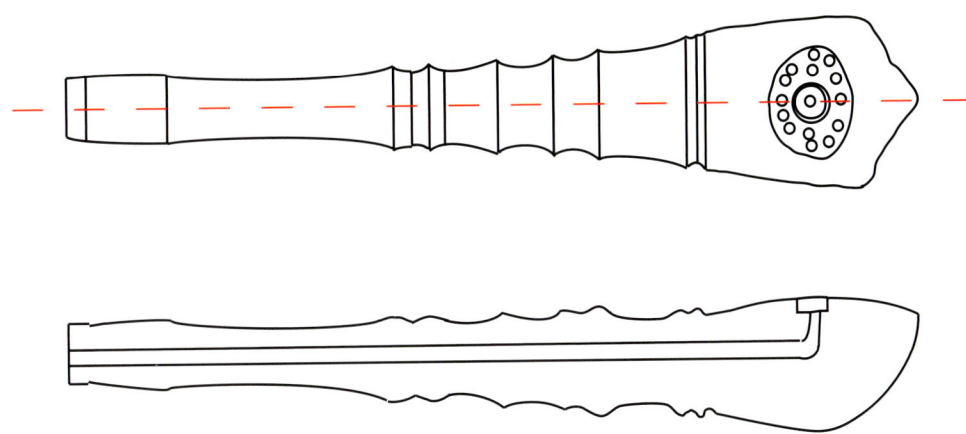

图四　毛南族烟枪内部结构图

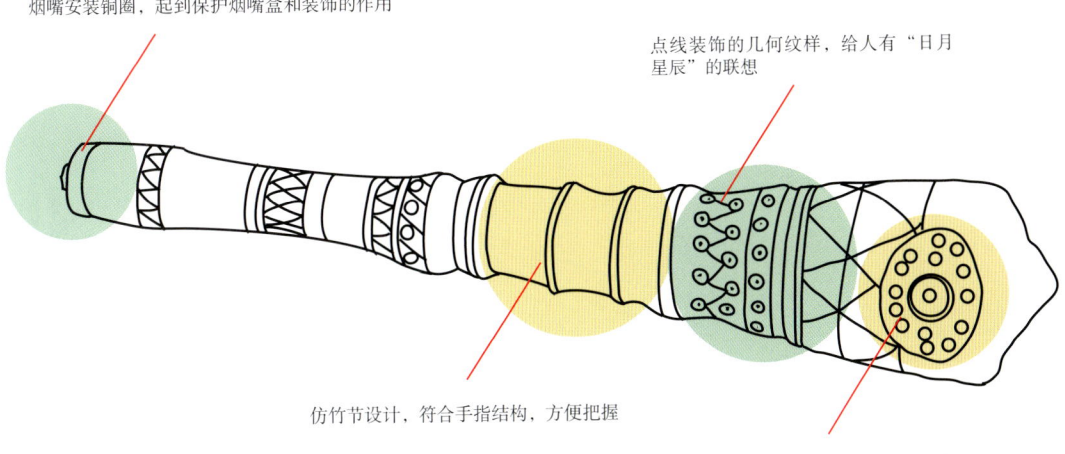

烟嘴安装铜圈，起到保护烟嘴盒和装饰的作用

点线装饰的几何纹样，给人有"日月星辰"的联想

仿竹节设计，符合手指结构，方便把握

烟钵用铝片包裹，以防烟火烧烤

图五　毛南族烟枪设计分析图

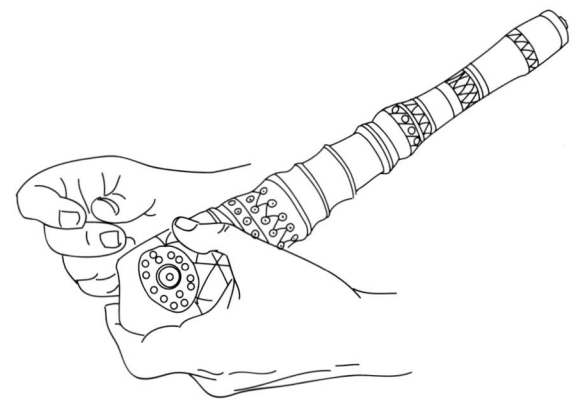

图六 毛南族烟枪操作示意图

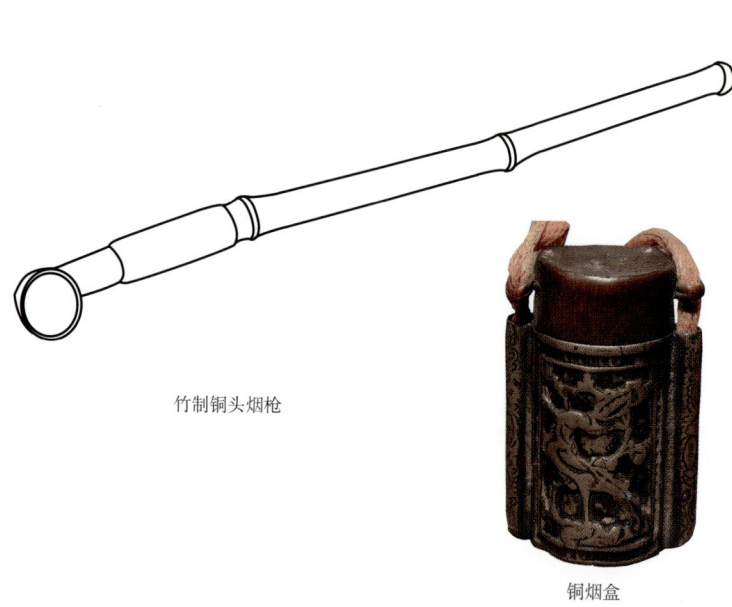

竹制铜头烟枪

铜烟盒

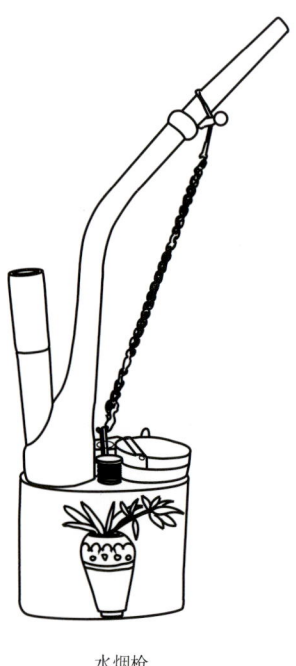

水烟枪

图七 毛南族常用烟具

清代毛南族铜熨斗

图一　清代毛南族铜熨斗主图

清代毛南族铜质熨斗，是熨烫衣料的生活用具，其通体为铜质，形似水瓢，使用时斗内放置烧红的木炭，故而又称火斗、金斗。熨斗最早出现在商代，是一种用来烫人皮肤的刑具，秦末以后开始用于熨烫衣物。目前发现的古代熨斗，汉魏以前为青铜铸造，为圜腹。此后多为铜铸或铁铸，形制口宽底平。该案例熨斗为清代铸造，现有四款存放于环江县毛南族博物馆。

毛南族清代铜质熨斗的形制为后高前低的官帽状，菱花口沿，口大底小，斗底为圆形，厚实平滑，斗高10厘米，底部直径12厘米。铜手柄为空心短柄，用来安装木把。斗身装饰有回纹和卷草纹，细密的回纹布满斗身，卷草纹居于熨斗两侧中部，有边框衬托，卷草纹和回纹形成疏密对比的关系，非常美观。整个熨斗线条流畅，敦厚坚实，色泽深沉。从熨斗细腻的外观上可以判断，其应为失蜡法铸造。明代的《天工开物》详细记载了钟鼎等器物采用失蜡法铸造的工艺和方法。毛南族使用的铜熨斗为清中期所造，在铸造工艺上沿用了明代的方法。在这个时期铜熨斗的外观多有模仿商周时期青铜纹饰的痕迹，毛南族博物馆的四款同时期的铜熨斗，均有回纹图案装饰斗身，两侧有几何状的兽面纹、草龙、卷草纹等青铜纹饰装点。铜熨斗的铸造，是先用石灰、细沙和黏土调和的土制成熨斗内模，等内模干透后，用牛油和黄蜡调制的油蜡涂抹在上面，油蜡的厚度就是熨斗的厚度。油蜡涂好后，用刀刮平表面，并在上面精雕细刻出熨斗上的图案。再用细泥和炭末调成糊状，均匀涂抹在蜡模的表面，即挂浆，挂浆需逐层反复，增加浆模的厚度。晾干后，用低温烧烤，蜡层熔化流出预设的开口，形成空隙，空隙的部分就是要浇铸的熨斗。熨斗的斗身和铜柄是分开浇铸的，脱模后将铜柄用热熔的方法与斗身连接在一起。毛南人将熨斗买回后装上木柄，将烧红的木炭放入斗腔之中，木炭的表层盖上一层炭灰，这样使木炭燃烧不易过快，炭火的温度也会均匀传递到熨斗底部。宽大、厚实、平滑的圆形斗底，不会刮伤和烫坏布料，适合大面积的熨烫。

现在的熨斗已与古代熨斗完全不同了，其形制更加合理，功能更多样，使用更加方便，随着电熨斗和蒸汽熨斗的出现，老式熨斗已很少使用。但毛南族铜熨斗的历史性、工艺性、观赏性给人们留下了深刻的印象。在无电的时代，它的设计无论在功能和形式上都是令人称道的，它的存在提高了人们的生活质量，满足了人们对美的需求。

图片来源
图一　刘明来　摄影
图二、图三　张强玮　制图
图四、图五　刘明来　制图
图六　刘明来、张强玮　制图

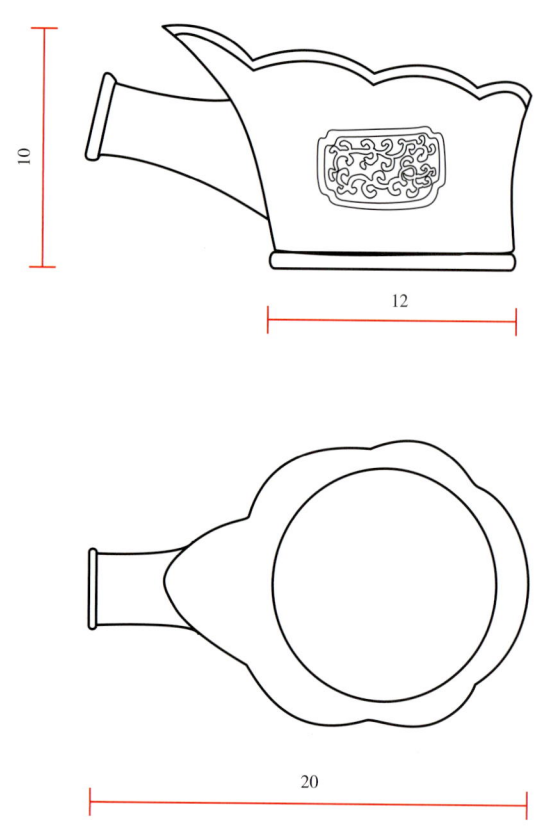

图二　清代毛南族铜熨斗尺寸图（单位：cm）

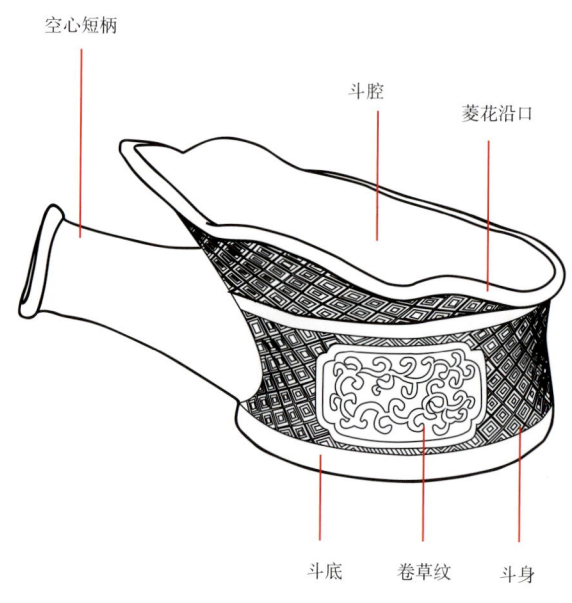

图三　清代毛南族铜熨斗结构名称图

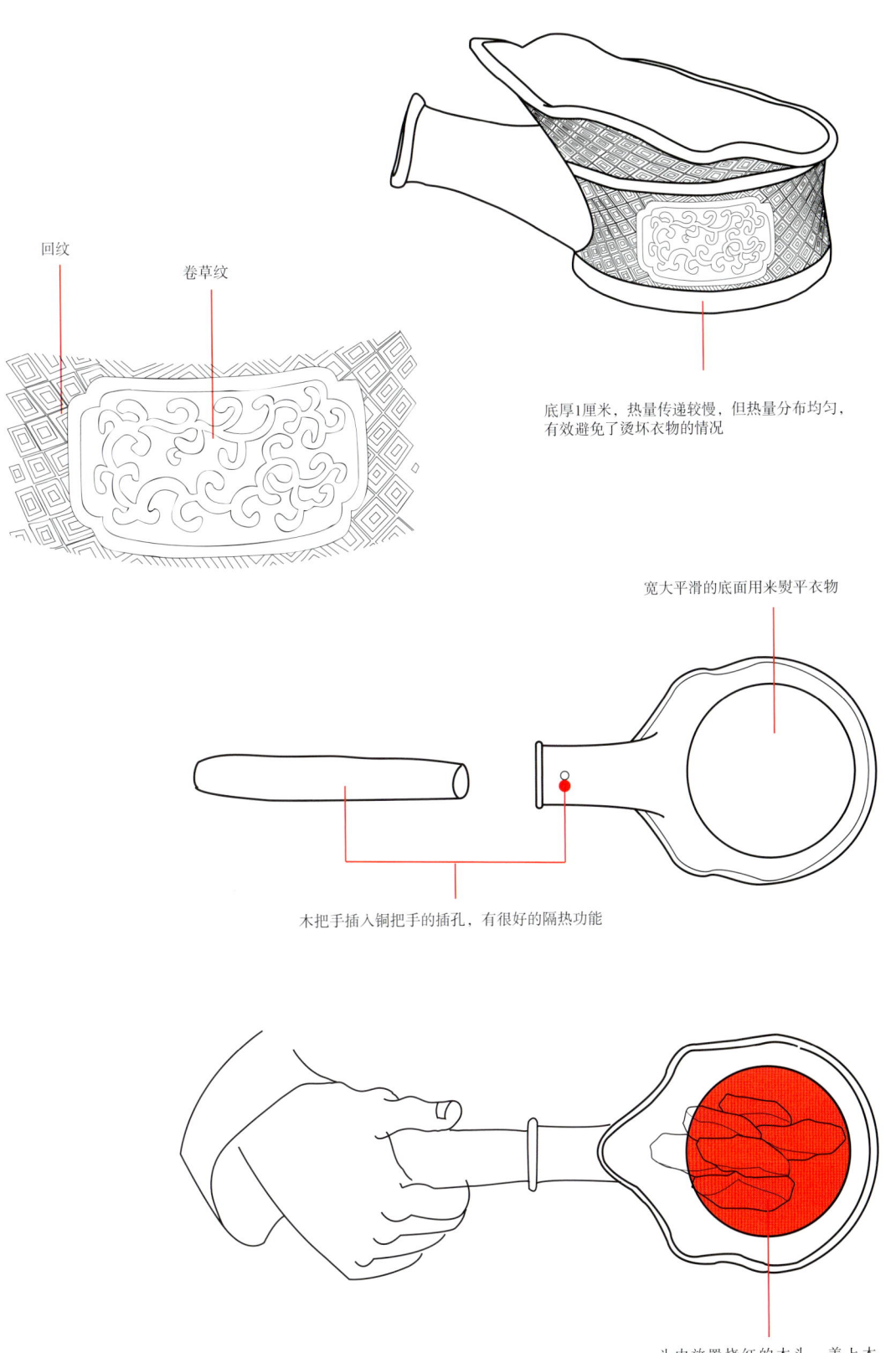

图四　清代毛南族铜熨斗设计分析图

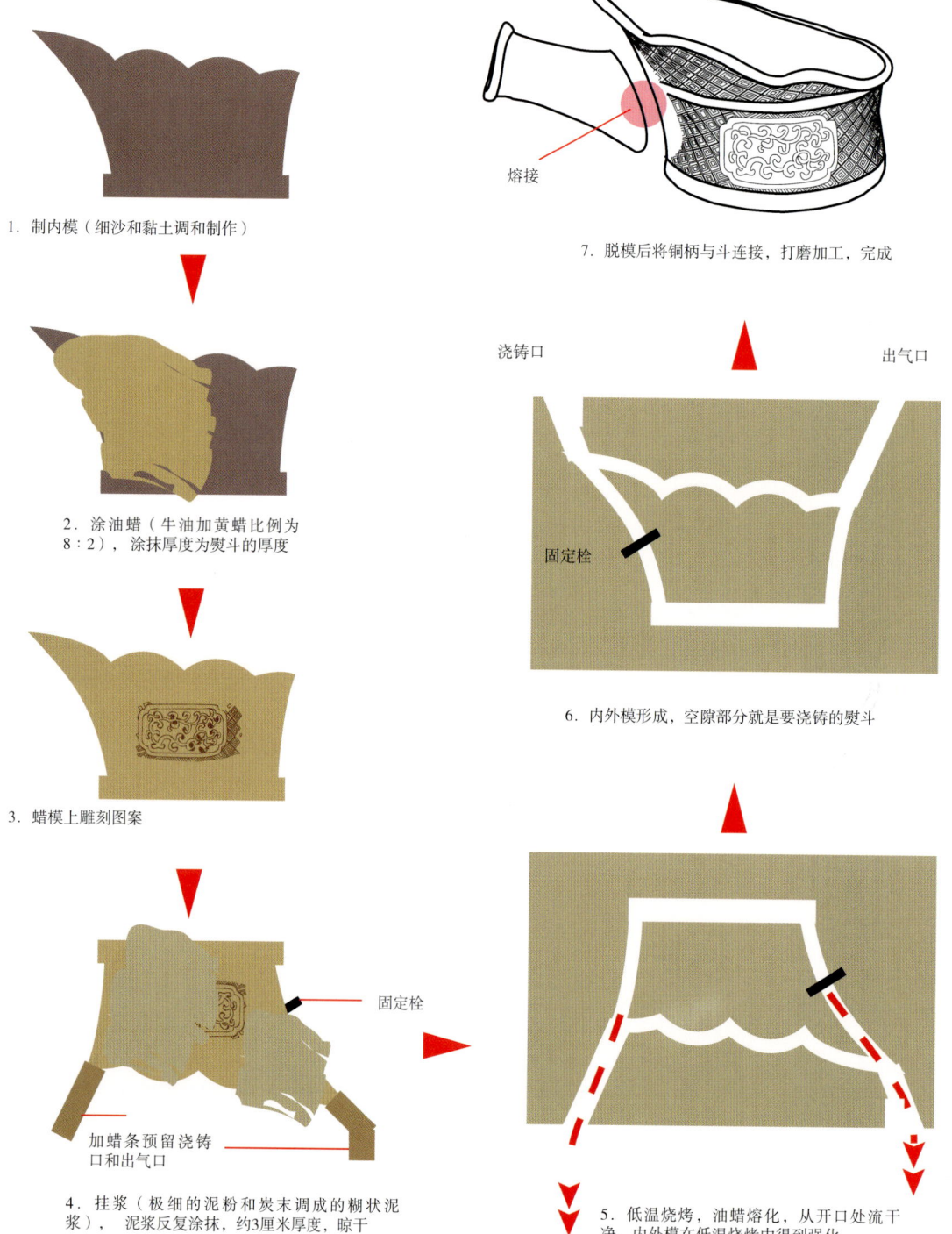

图五　清代毛南族铜熨斗的铸造工艺图

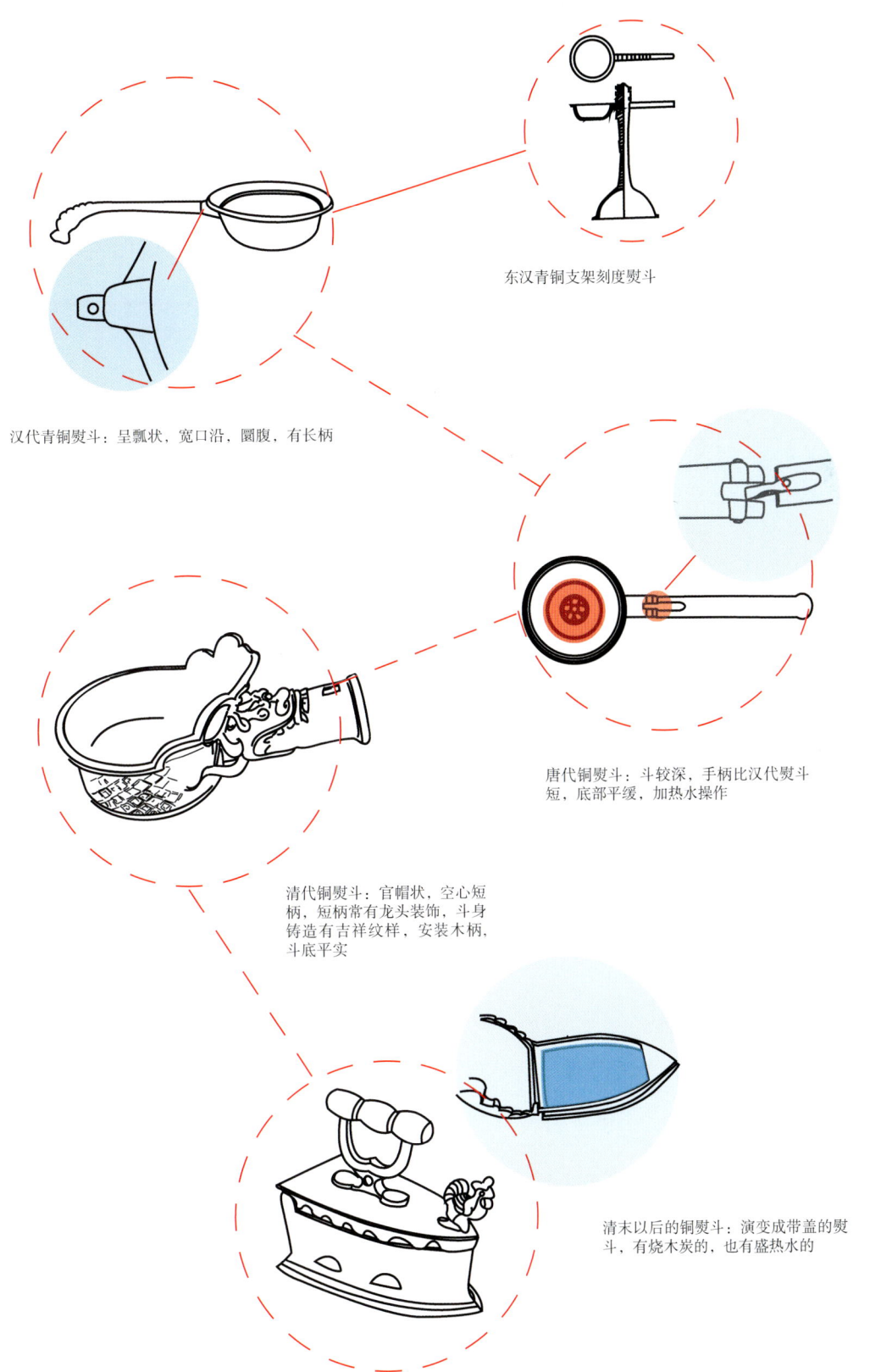

图六 延展图：熨斗演变图

毛南族竹火笼

图一　毛南族竹火笼主图

竹火笼，是毛南族冬天取暖的器具，它用竹子编织而成，内置钵状瓦器。毛南族冬季较短，极端天气温度在1度左右，阴冷潮湿，干栏式房屋保暖不够，毛南人主要依靠火炉和阳光取暖。竹火笼是毛南人设计的便携式取暖用具，它小巧玲珑，适合一人使用。本案例采自环江县毛南族博物馆，为20世纪中期遗物。

竹火笼形制类似圆形竹篮，由提手、笼口（铁丝网罩）、笼身、笼底和沙钵构成。竹火笼高30厘米，其中提手高10厘米，笼身高20厘米，笼身呈鼓形。笼口直径12厘米，笼底直径16厘米。笼身是由宽约2厘米的光滑竹条交叉编织而成，编织的网眼较大，便于散热取暖。腰部用宽竹片束身，笼身下部采用较细的篾条与宽竹条呈经纬交织，从火笼的腰部至底部，放置沙钵，底部再用结实的宽竹条加固。火笼的编织是围绕着沙钵的形状从笼底向笼口进行的，沙钵卡在竹笼中稳定牢固。沙钵用当地的黄沙泥烧制而成，其形状与碗相似，口部直径18厘米，高8厘米。提手采用一根宽2厘米的竹条与两根宽1厘米的篾片缠绕编织，三根竹片两端分散插入竹笼腰部，与底部紧密结合，非常结实牢固。笼口放置由铁丝编制的网罩，网罩一方面可以保障烤火时的安全，另一方面也可烘干小型衣物。使用时，将烧红的木炭放进竹火笼的沙钵里压实，木炭上盖一层热木灰，使木炭燃烧不易过快，以控制炭火均匀散热，确保人不会灼伤。一般调好的炭灰其热量可以持续五六个小时。火笼里的木炭一般是用做饭灶头里烧红和烧剩的木炭，有时也用一点未用过的木炭。使用者将火笼放在两腿之间，双手放在火笼上，手、脚、腿很快就会热起来，全身也会感觉到热乎乎的。

火笼在我国使用较为普遍，形制和材料各有不同。毛南族主要使用的有竹火笼和铜火笼。还有一种更大型的火笼，即在一个大火盆上，罩上竹编的漏斗状栅栏，供全家取暖和烘烤衣服使用。竹火笼充分利用竹子和黄沙泥等自然材料的特点，材料便宜，设计精巧，便于携带，使用安全，成为毛南人冬季的可移动"空调"。这种可移动"空调"在现在的偏远的毛南族村寨仍在使用。

图片来源
图一　刘明来　摄影
图二、图三、图七　张强玮　制图
图四、图五　刘明来、张强玮　制图
图六　刘明来　制图

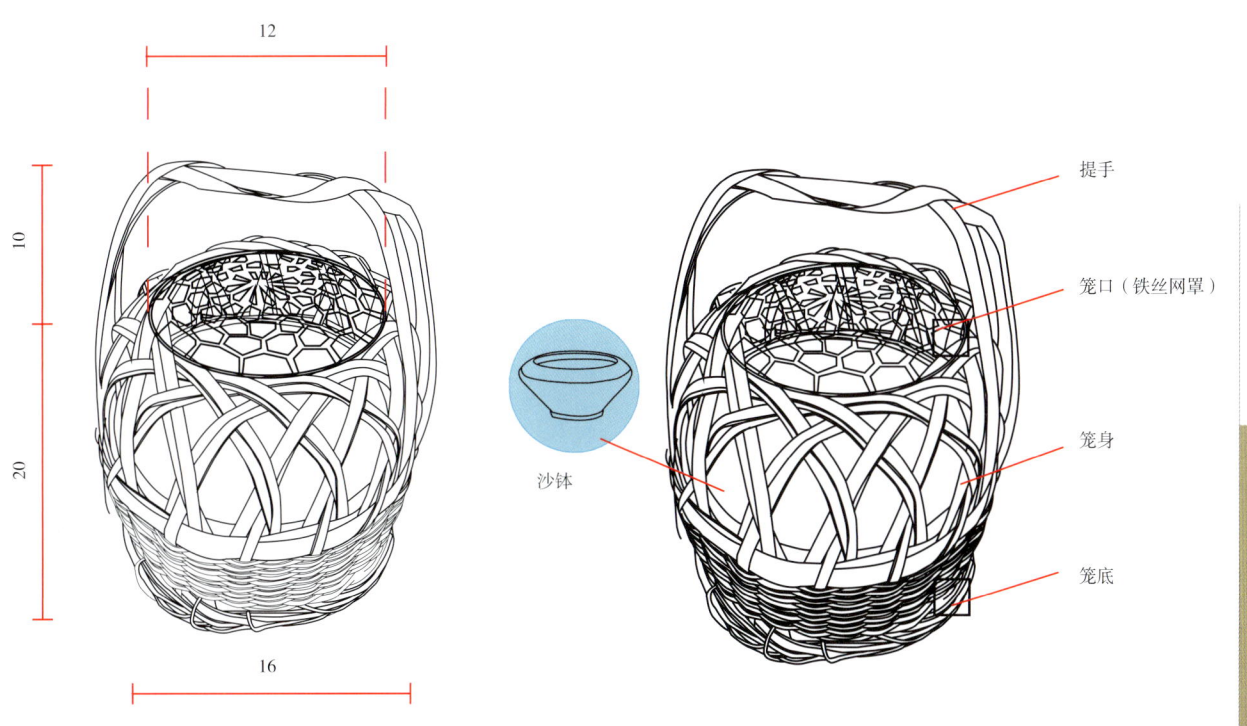

图二　毛南族竹火笼尺寸图（单位：cm）　　图三　毛南族竹火笼结构名称图

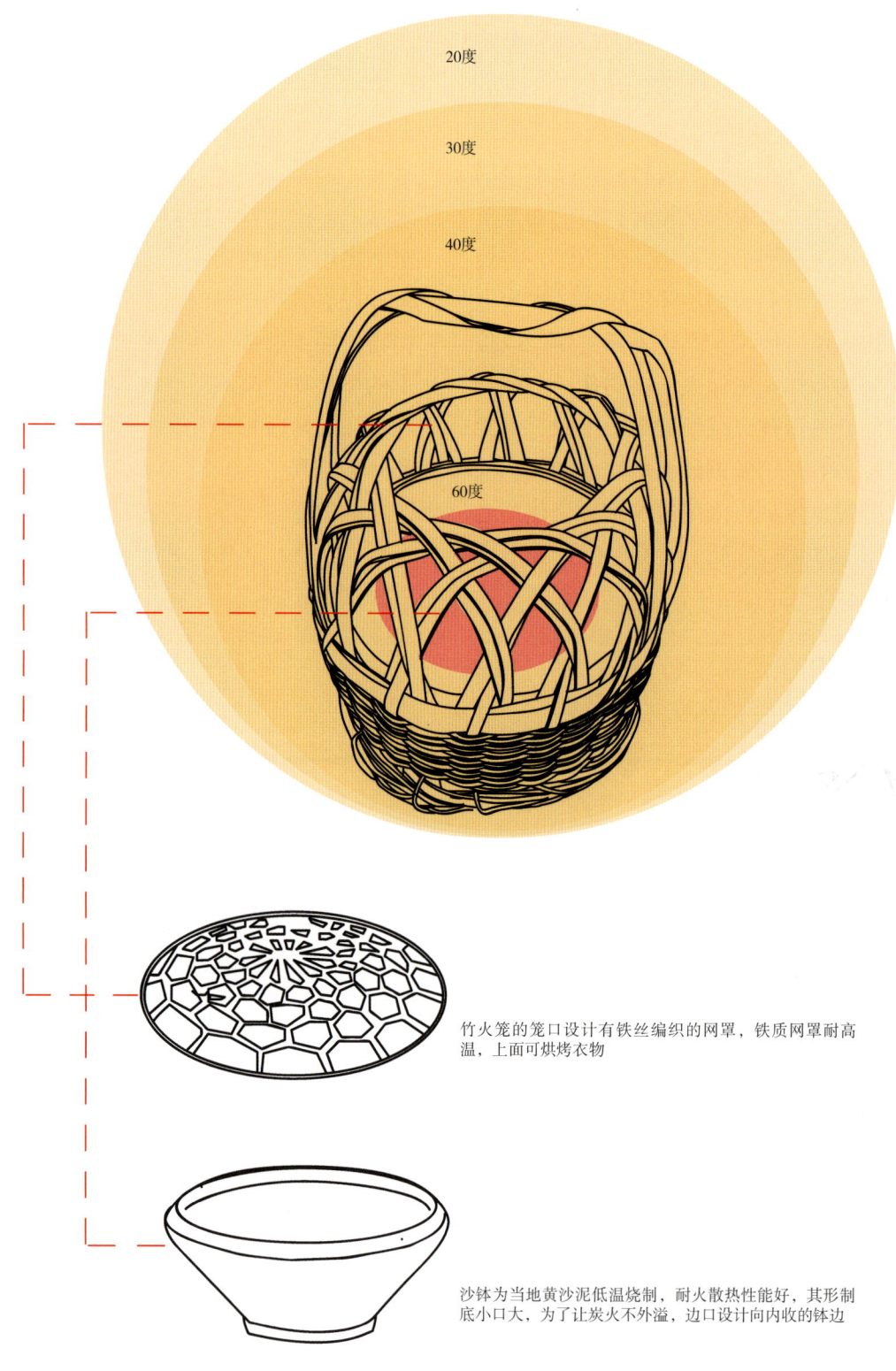

图四 毛南族竹火笼设计分析图

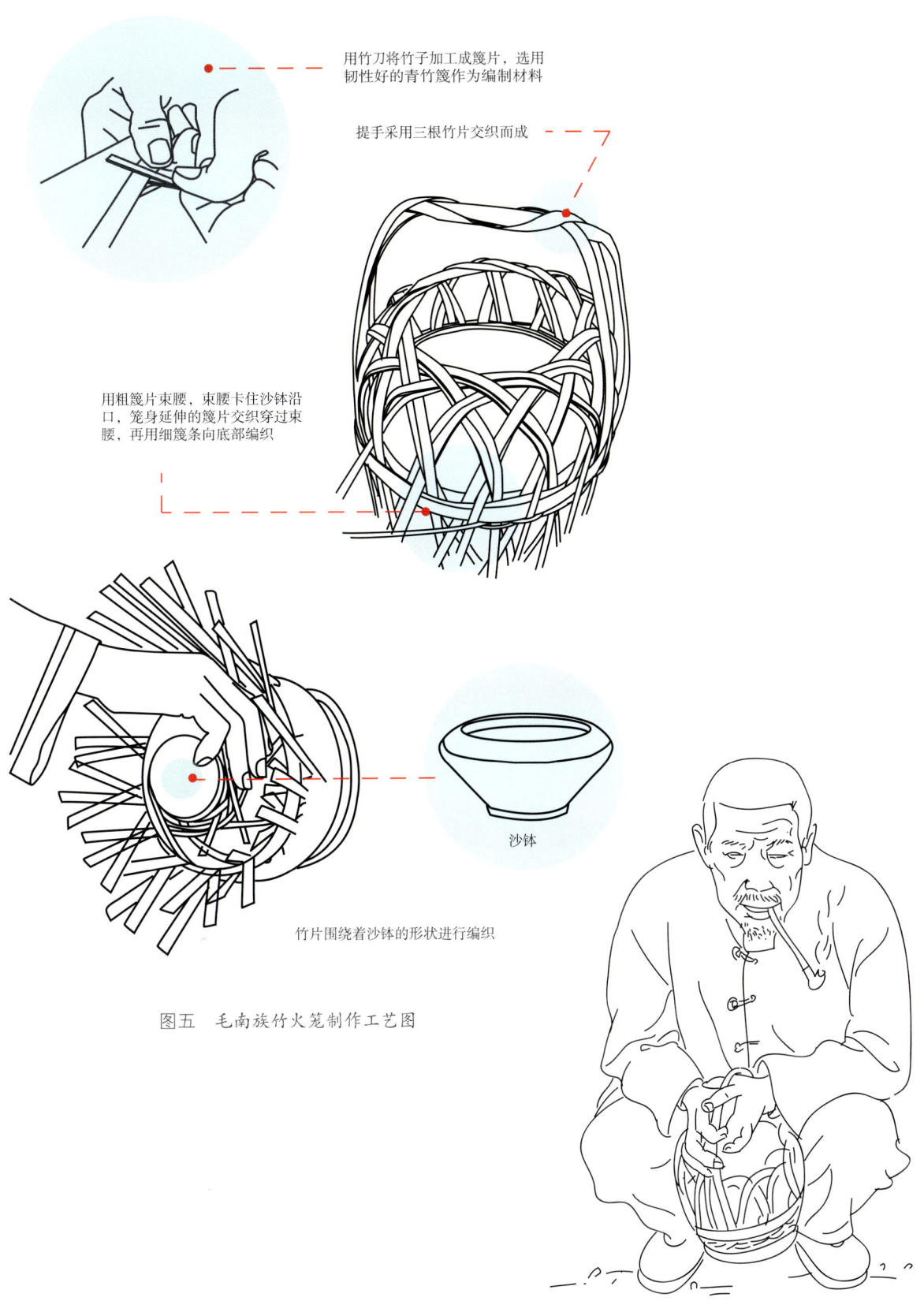

图五　毛南族竹火笼制作工艺图

图六　毛南族竹火笼使用情境图

第四章　毛南族传统生活用具

173

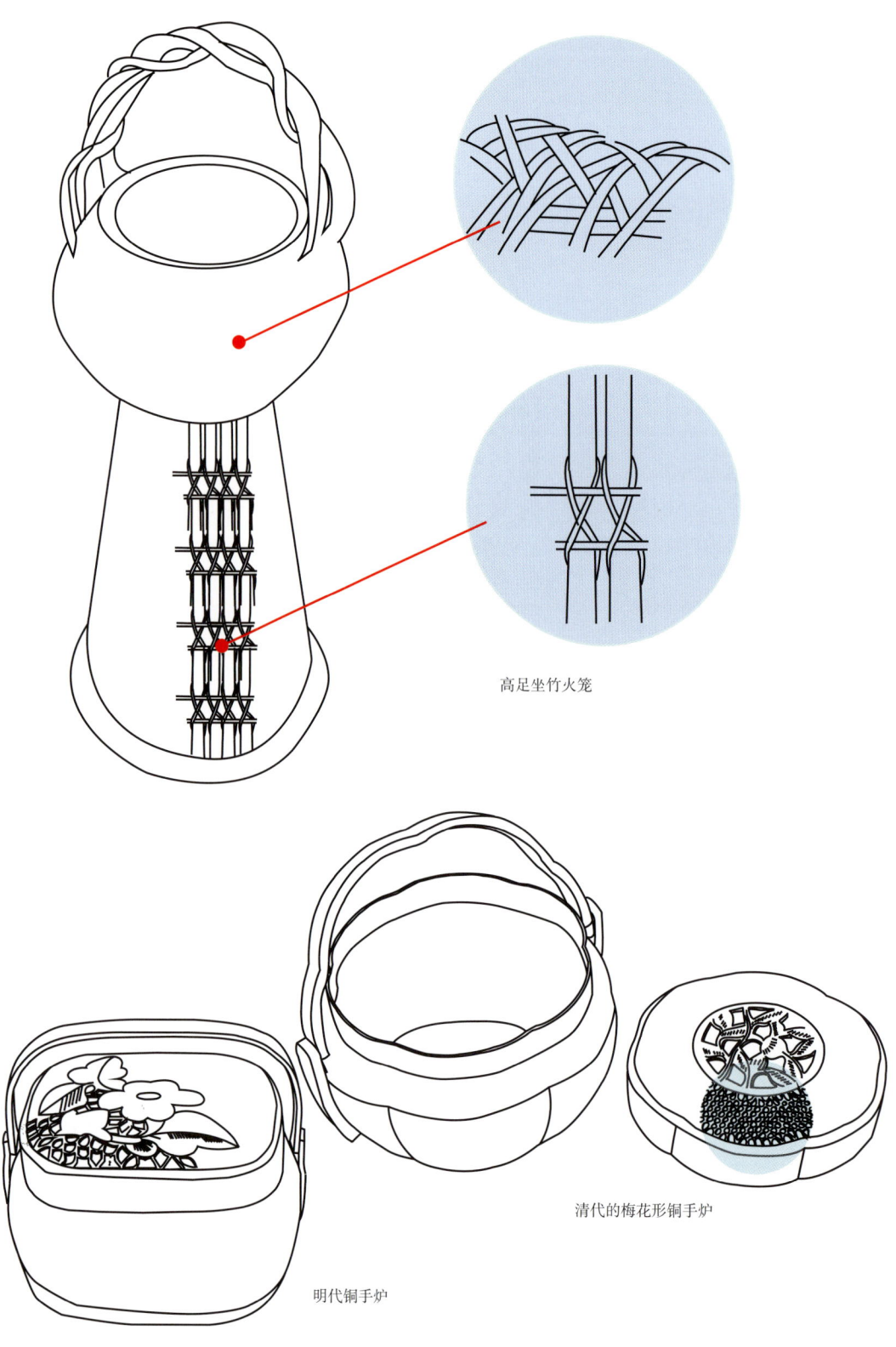

高足坐竹火笼

明代铜手炉

清代的梅花形铜手炉

图七　延展图:铜手炉

第五章 毛南族传统生产工具

毛南族脚踏犁

图一　毛南族脚踏犁主图

脚踏犁是完全靠人力的一种农业生产工具，随着生产技术的发展，脚踏犁已鲜为人知。脚踏犁的前身为"耒耜"，在先秦时期就已出现，周朝时已广泛使用，它的发明开创了我国的农耕文化，大大提高了生产力。宋代传入毛南族，宋人周去非在其《岭外代答》中写道："踏犁形如匙，长六尺许，末施横木一尺余，此两手所捉处也。犁柄之中，于其左边施短柄焉，此左脚所踏处也。踏，可耕三尺，则释左脚，而以两手翻泥，谓之一进。迤逦而前，泥垄悉成行列，不异于牛耕耘。予尝耕之，踏犁五日，可当牛耕一日……"因毛南山区耕地狭窄、分散、土黏结、石块多的地理特点，其他先进的生产工具无法发挥作用，因而，脚踏犁在毛南族生产生活中不可缺少，毛南人几乎每家都有一副脚踏犁。

此案例采集于环江县下南乡中南村南昌屯，为传统的脚踏犁，犁头、犁杆和手柄为木制，木犁头的犁刃用厚0.3厘米的铁片沿边包裹，俗称"铁包头"。犁头宽22厘米，长27厘米（犁头至尾部长58厘米），犁杆长100厘米。犁杆和犁头为一个整体，是利用树的枝杈加工而成，非常结实耐用。犁杆下端设置脚踏，上端横置一个47厘米长的木柄作为把手。操作时，左脚踩踏，身体前倾，用力使铁制犁头插入土中，再用双手下压犁杆，向左右翻掀泥土，深耕可达15厘米。脚踏犁的形制简单，尺度合理实用，其优点主要表现在：①犁头的材料是铁质，前端扁平锋利，犁的宽度和厚度适合快速破土。②犁头与犁杆的角度约120度，适合使用者前推用力。③利用杠杆原理，在翻撬时，犁跟作为支点，力臂较长，持犁人只需稍一用力就能翻掉泥土、草根和石块，节省了体力。④横把手的高度位于人的腰部，其形状和尺寸有利于手握用力和翻掀泥土。脚踏犁每人每天耕田大约0.5亩，相当于牛耕的四分之一，但比锄头等工具效率高，而且省力，适用于毛南族特定的地理环境，被毛南人称为"山地的功臣"。脚踏犁制作简单，材料容易获得，几乎每家都能自制。现在的脚踏犁整个犁头完全用铁制成，更加坚固。

脚踏犁在今天虽然是落后的生产工具，远远比不上现代机械犁铧，但在特殊的地理环境中，仍然发挥着先进工具无法替代的作用。脚踏犁的设计针对性强，有着简单实用，结构合理，工作有效的特点，这正是现代设计所追求的。脚踏犁的存在是我国农耕文化的历史体现。

图片来源

图一　刘明来　摄影
图二至图七　刘明来　制图

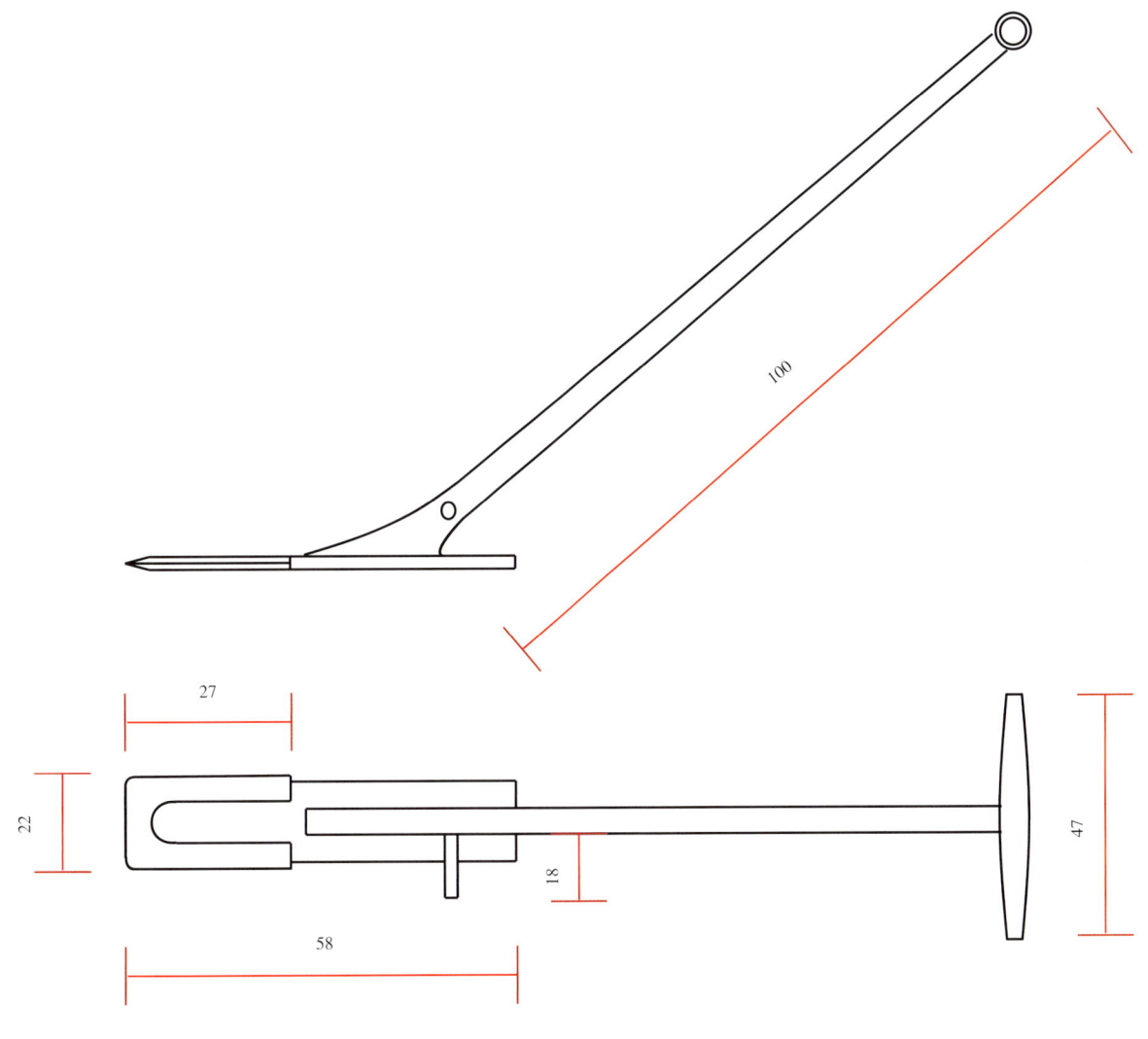

图二　毛南族脚踏犁尺寸图（单位：cm）

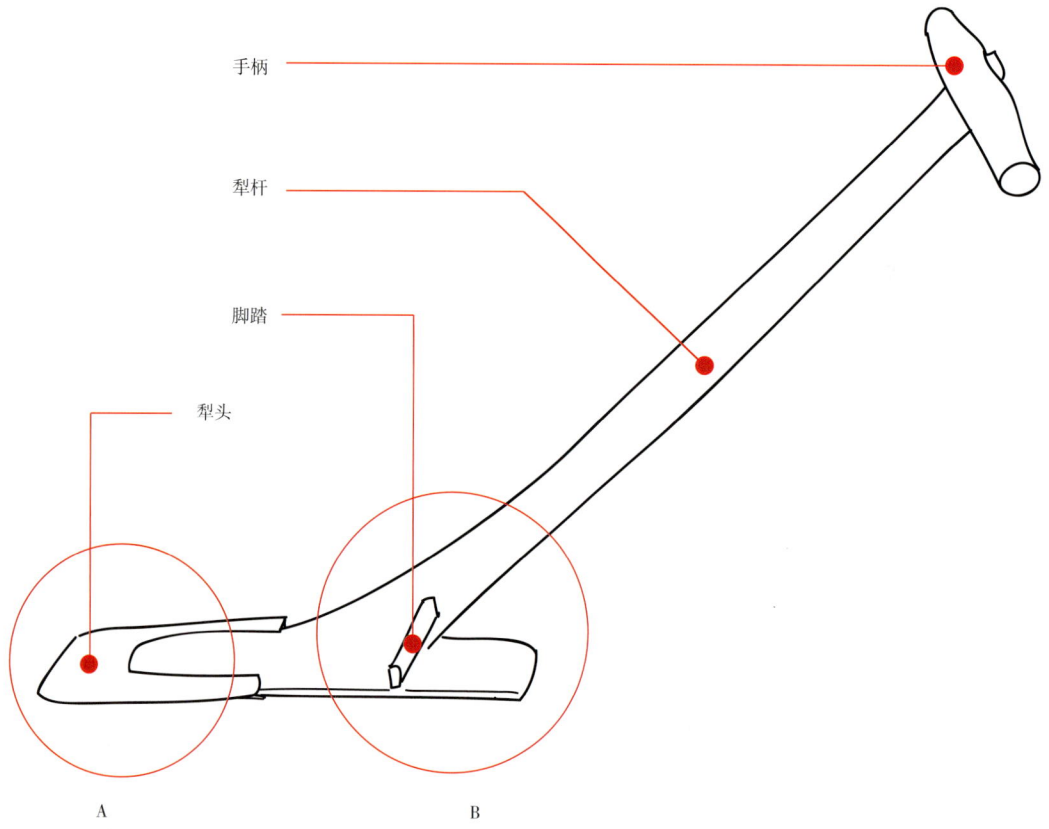

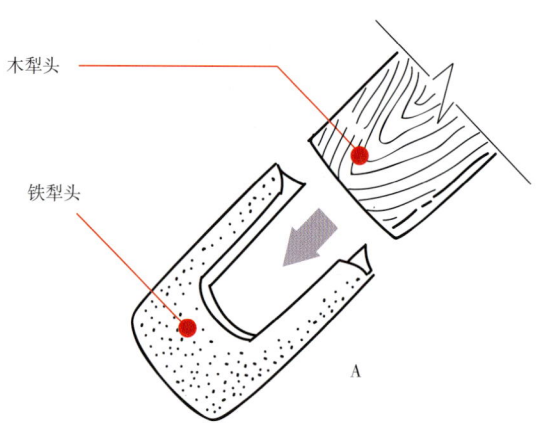

铁犁头是两块厚约0.5厘米的铁板打制而成，犁头内侧呈"V"字形开口，以便木质犁头插入，木犁头插紧后，敲击铁犁头内边，卡紧犁头

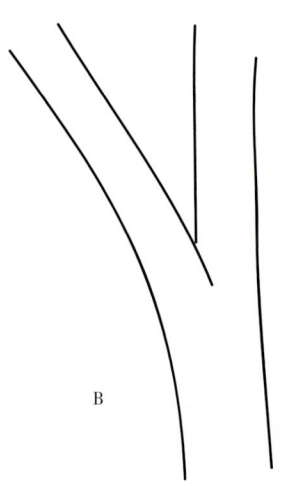

采用树木枝杈制作，减少接点，结实耐用

图三　毛南族脚踏犁结构名称图

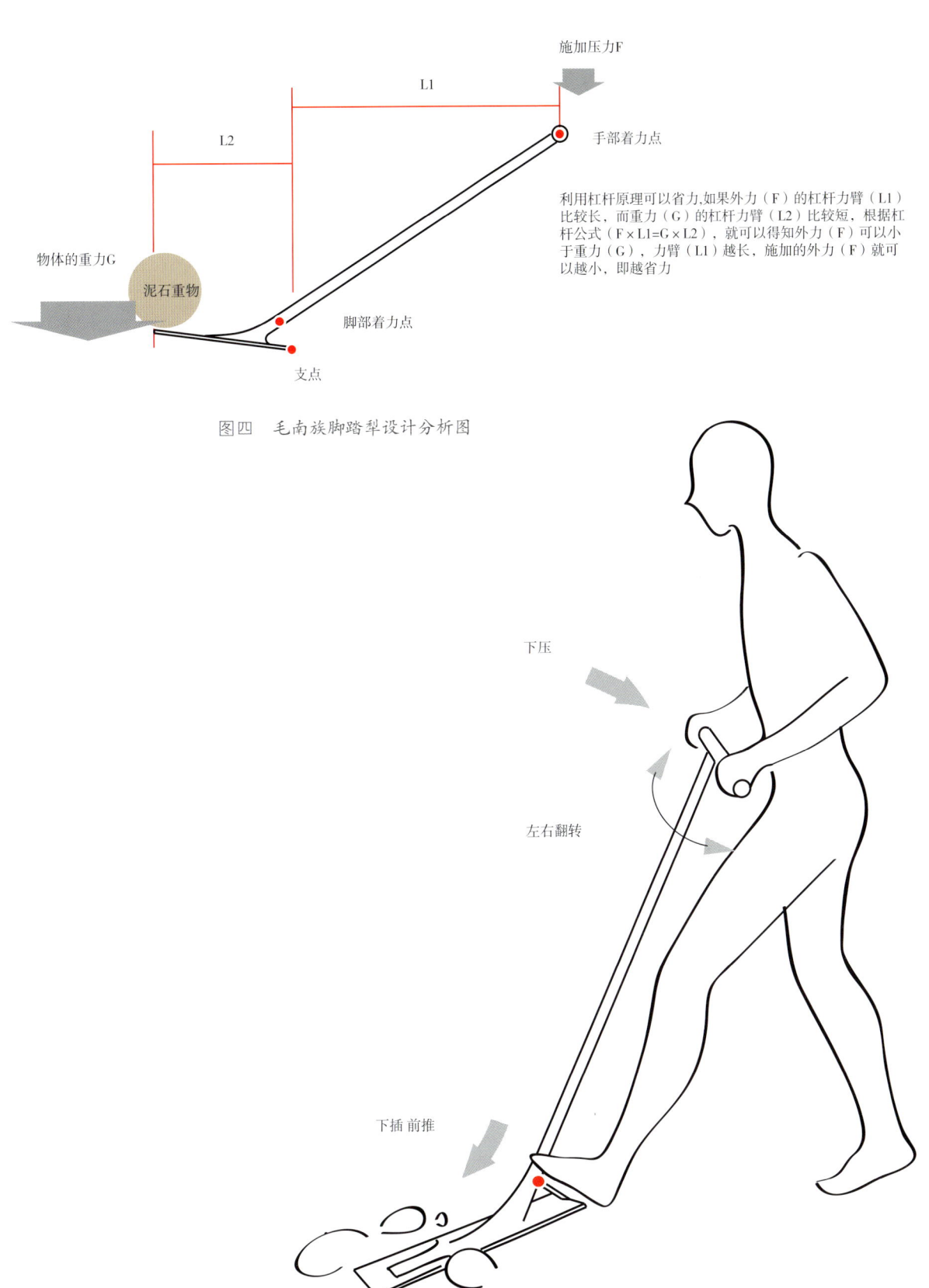

图四 毛南族脚踏犁设计分析图

利用杠杆原理可以省力,如果外力(F)的杠杆力臂(L1)比较长,而重力(G)的杠杆力臂(L2)比较短,根据杠杆公式(F×L1=G×L2),就可以得知外力(F)可以小于重力(G),力臂(L1)越长,施加的外力(F)就可以越小,即越省力

图五 毛南族脚踏犁操作示意图

第五章 毛南族传统生产工具

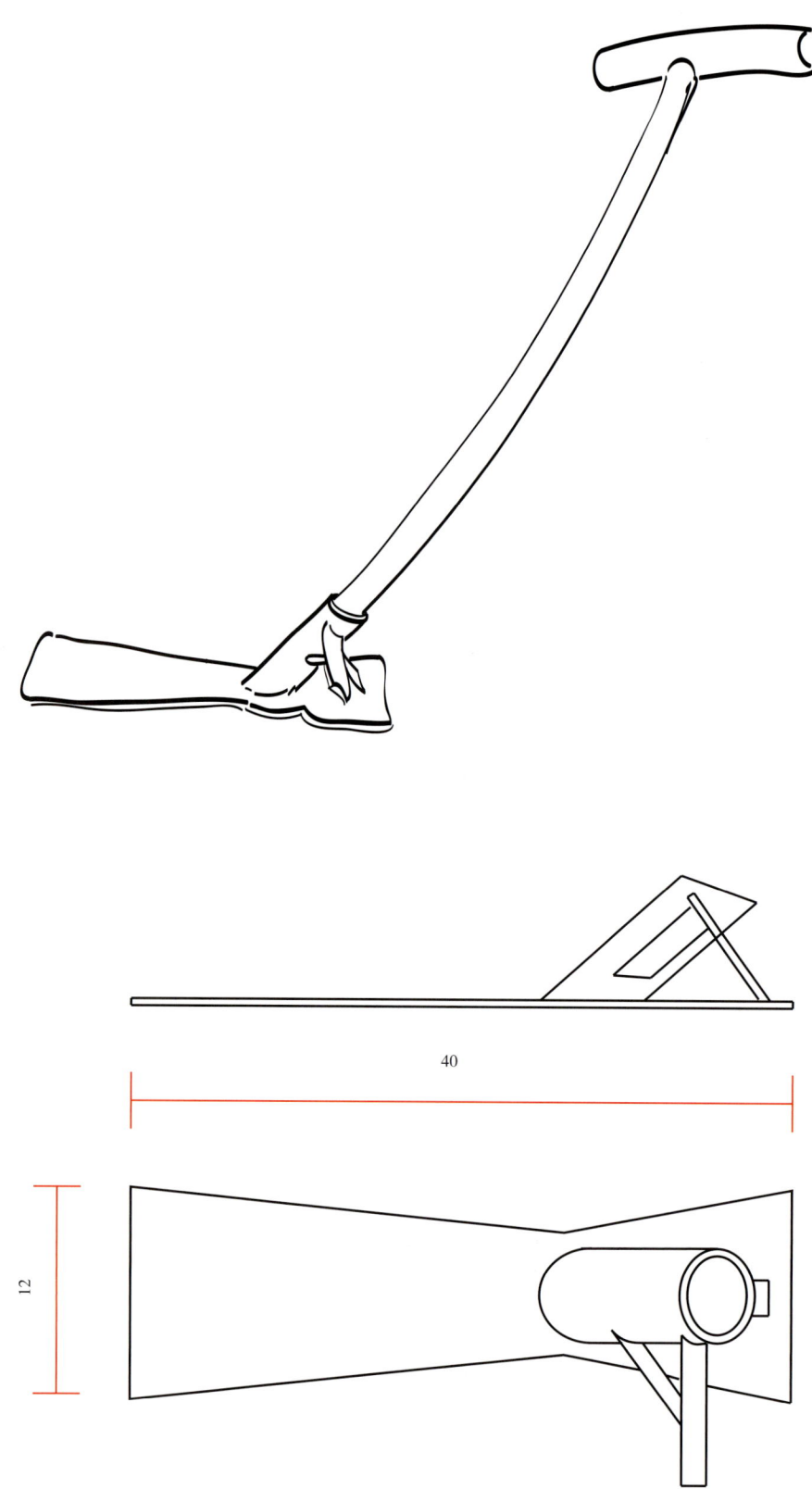

图六　毛南族现代脚踏犁　（单位：cm）

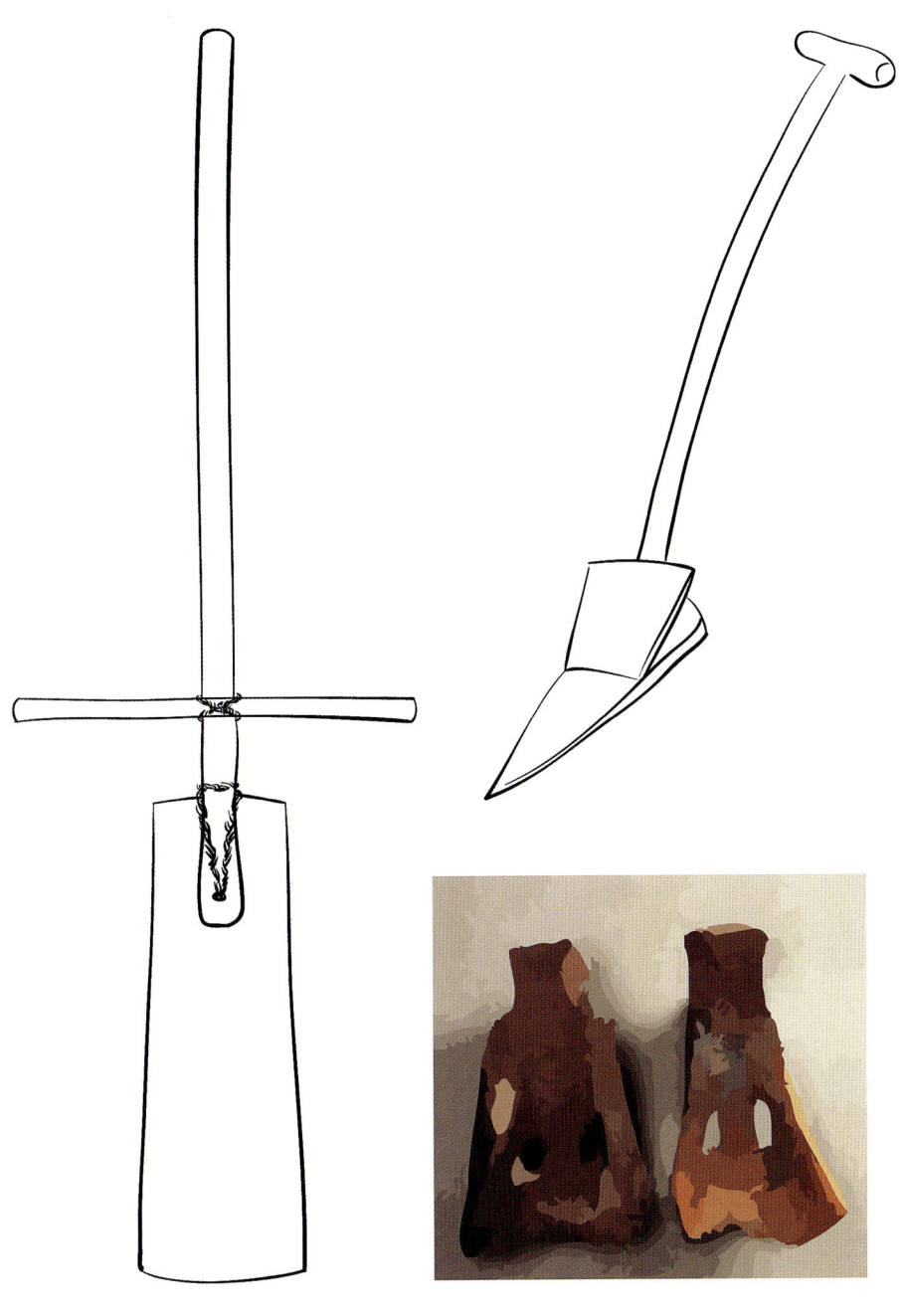

耒耜：先秦时期的翻土工具，形式多样，材质由木质发展到石质、骨质和陶质，它是犁的前身

图七　延展图：耒耜

第五章　毛南族传统生产工具

181

毛南族牛耙

图一　毛南族牛耙主图

牛耙，也叫耖，是中国传统农业生产工具，用于耕田碎土，平整耕地。元代王祯《农书·农器图谱》载："高可三尺许，广可四尺。上有横柄，下有列齿，以两手按之，前用畜力挽行。耕耙而后用此，泥壤始熟矣。"牛耙出现于西晋时期，但真正普及是在宋朝以后。唐宋两代加强了对毛南族地区的管理，尤其是宋代，鼓励农桑，并输入先进的生产工具让地方居民开垦土地，牛耙可能就是从那时传入毛南族的。毛南族西南部为大山，东北部平地较多，多开发为水田种植稻米。因而牛耙成为毛南族东北部耕种农田的重要农业生产工具。

因土地狭窄，毛南族牛耙尺寸较小，一般7至9齿。本案例的牛耙为8齿，采自环江县毛南族博物馆。它主要由扶手、耙梁、耙爪、耙齿、背套几个部分组成。通高66厘米，扶手长67厘米，耙梁长82厘米，耙爪长30厘米。除了耙齿外，其他部分多由木质树干制成，整体为四出头框架形，上为扶手，下为耙梁，耙梁上装有8个铁钉作为耙齿。由于耕作时耙梁经常浸泡在水里，为使耙梁不易腐烂、损坏，通常采用结实、不易变形的硬木加工制作，并套上铁圈来加固。背套是用"V"形树干制成，反过来正好卡在牛颈背上，下面用藤编套具与木

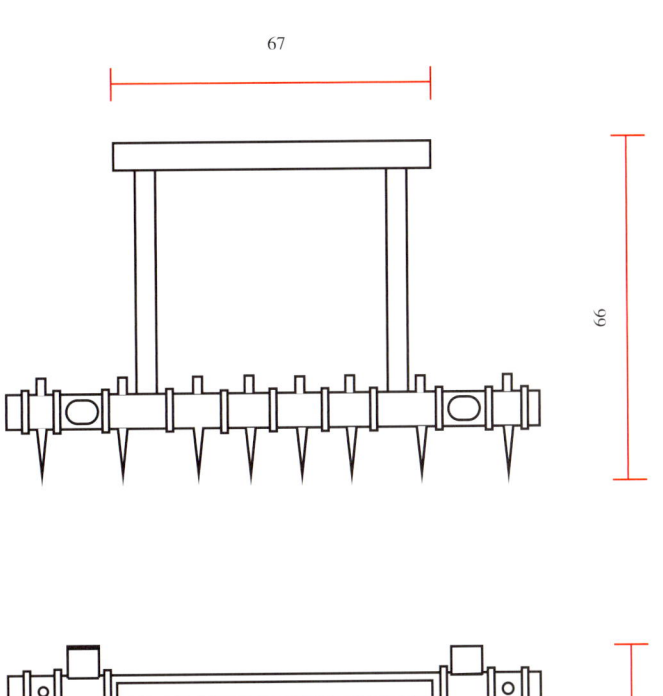

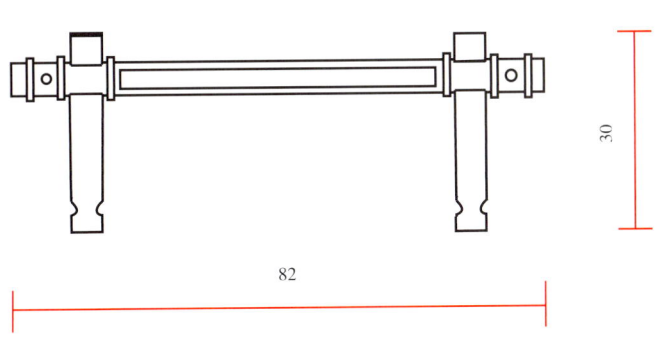

图二 毛南族牛耙尺寸图 （单位：cm）

质背套结合，形成完整的牛背套。两根耙爪垂直安插在耙梁两边，用绳索与牛背套连接在一起，就可以使用了。使用时，将牛背套套在牛颈背上，人在其后，手扶扶手，赶牛前移。耙梁上的耙齿在土地中运动，将泥土破碎，耙梁使土地变得更加平整，十分科学。毛南族家庭一般都会制造牛耙，木材选用山上较为结实的杂木，耙齿和加固铁环从铁匠铺购得或自己用废旧钢材打制。毛南族水田耕作的生产工具主要有铧犁、脚踏犁和牛耙，铧犁、脚踏犁是将泥土翻松，协调养分、水分、空气、热量等因素，提高土壤肥力，使土壤层更加适合耕种，而牛耙是将翻耕过的泥土破碎平整，使泥土更加松软，适合播种。

毛南族东北部虽然是主要的稻米生产基地，但相比而言，土地耕作面积不大，地形较为复杂，大型的现代化农业生产工具还是很少使用。因此，小型的传统农业生产工具在毛南族生产生活中仍然发挥着重要作用。

图片来源

图一 刘明来 摄影

图二、图三、图四、图六 阮晨 制图

图五 刘明来 制图

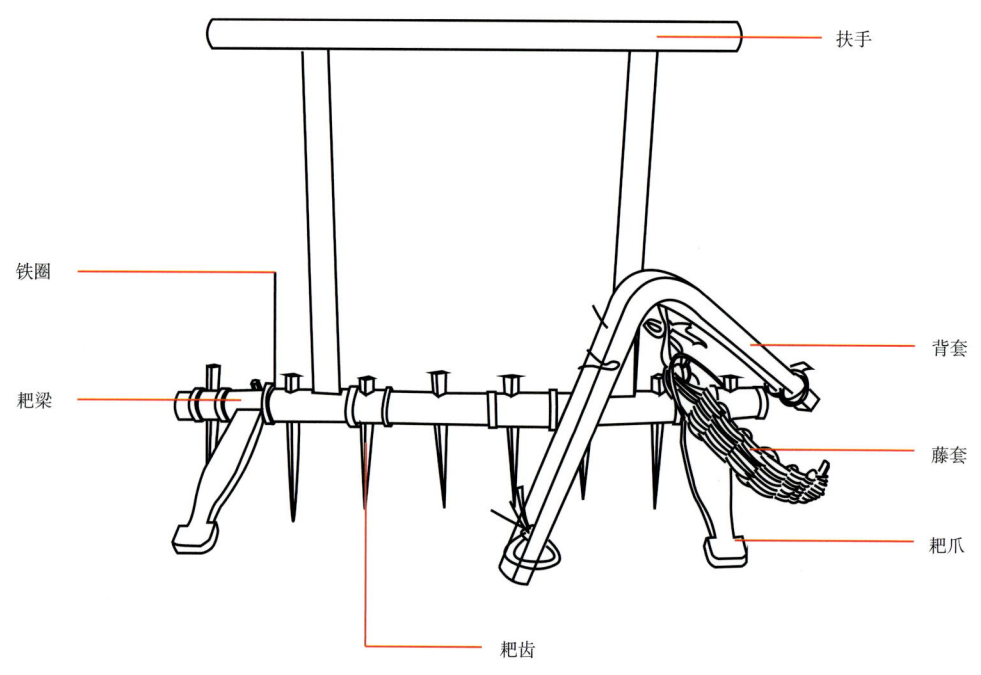

图三 毛南族牛耙结构名称图

图四 毛南族牛耙使用情境图

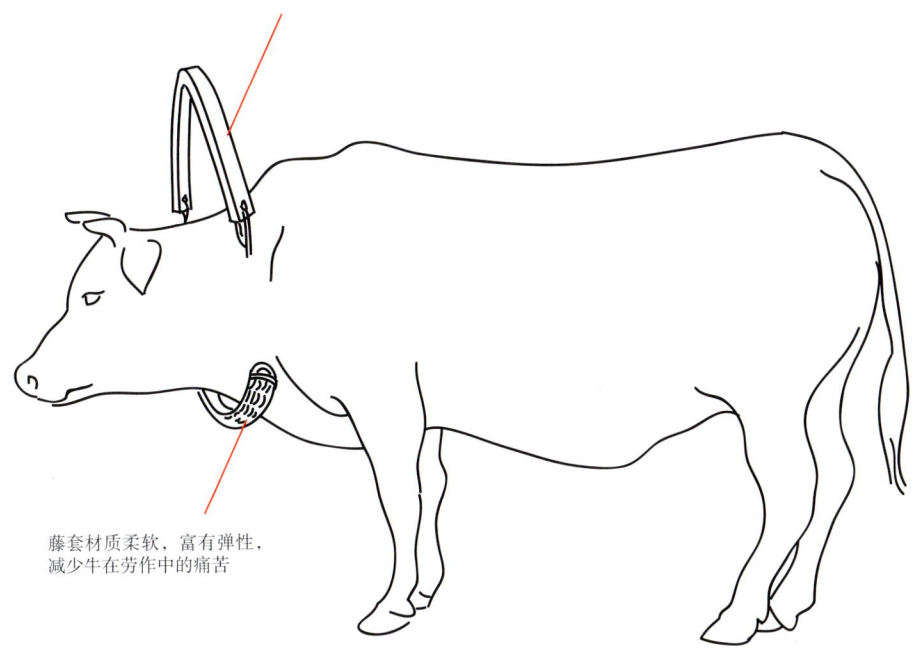

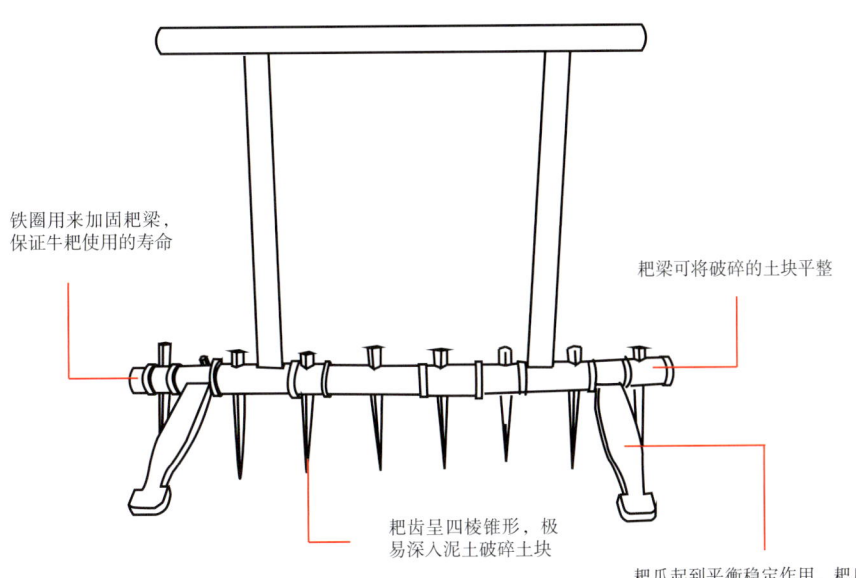

图五 毛南族牛耙设计分析图

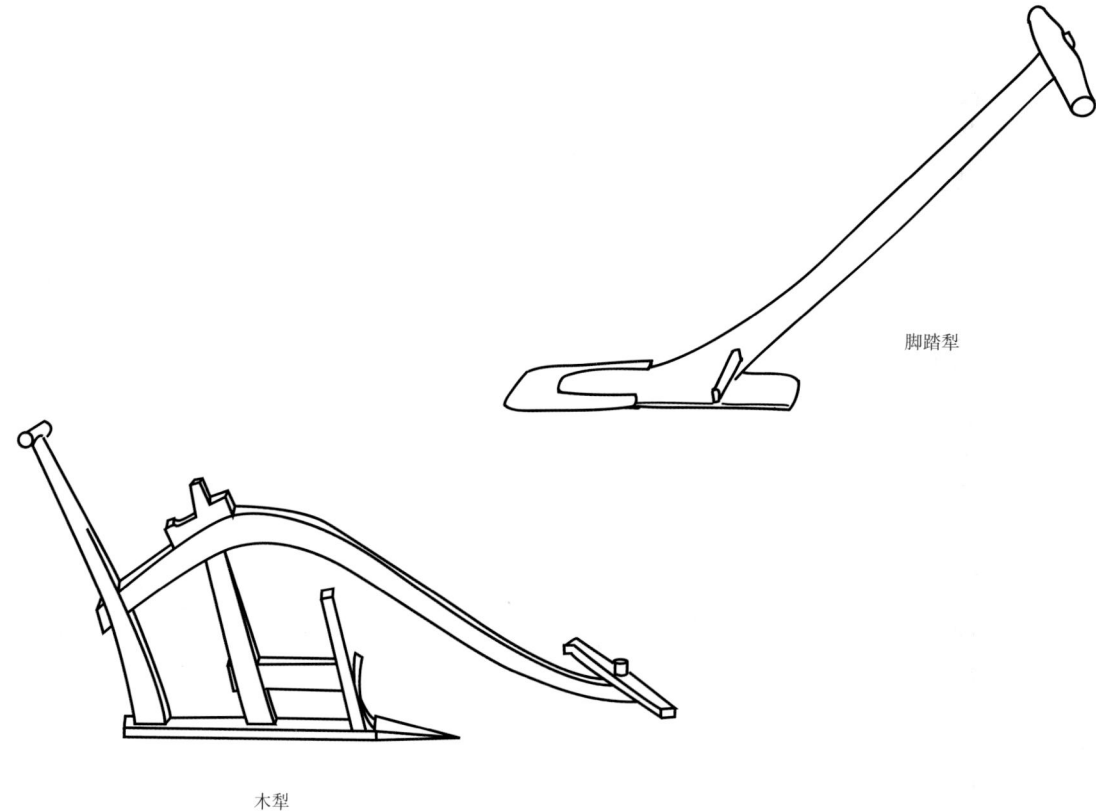

脚踏犁

木犁

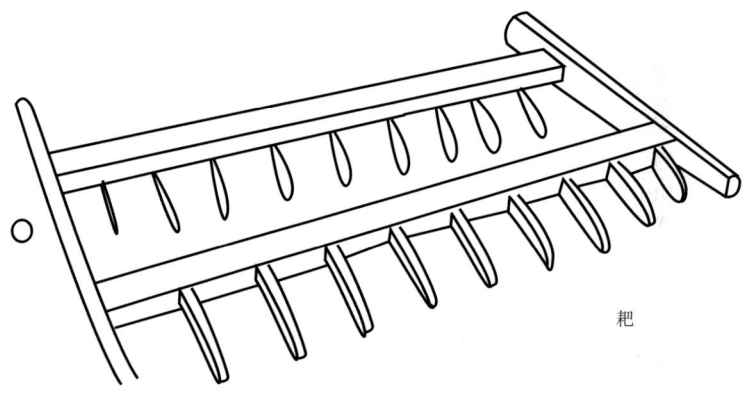

耙

图六 延展图：毛南族常用的耕作工具

毛南族三角刮

图一　毛南族三角刮主图

三角刮又叫三角钩锄，毛南语叫"拱"，是一种小型农业生产工具。它由木柄和铁刮两部分构成，铁刮类似三角形，有刮尖和刮刃。毛南族三角刮大小不一，长度一般在30~50厘米之间，铁刮的长度在15厘米左右，弯曲的三角部分在12~20厘米之间。有刮断、钩拉杂草和藤蔓，刨松泥土，点种黄豆的功能，小巧轻便，特别适合"鸡窝地"里使用。本案例采自环江县毛南族博物馆，为20世纪五六十年代的劳动生活用具。

这种独特的生产工具在毛南族非常普及，农户家家必备。这和当地的地理环境和长期形成的小规模农业有关。毛南族聚居在大石山区，西部耕地有限，人们十分珍惜土地，有寸土必耕的习惯。他们用山石垒墙固土，形成许多小块鸡窝地。为了充分利用有限的土地，实行轮种、间种、套种。旱地主要农作物有玉米、黄豆、红薯、南瓜、猫豆等，三角刮的形制能在鸡窝地里游刃有余，发挥其他农具无法替代的作用。三角铁刮的设计有以下特点：1.三角刮的尖角易于轻松地刮入泥土，便于碎石和刮除植物的根茎。2.三角刮的刮背呈圆弧状，较为厚实，这对刮尖和刮刃具有强化作用，保证了铁刮的耐用性。3.刮刃扁平，较为锋利，可以割断草根和藤蔓，刨松和平整泥土。4.刮尖和刮刃配合使用，可以点种。5.弯钩的设计，便于锄刮、钩拉，同时方便悬挂摆放。三角刮的制作。主要是铁刮部分的打制，毛南族打铁行业已有300年的历史，据《思恩县志·经济篇》记载，"后区（清代咸丰年间，思恩县划分的区域，是毛南族主要的聚居区）下矄乡之下依村人，制造家用刀、锹、耙、普通镰刀及细齿镰刀等农具最为精美，昔商人运往河池、东兰各地发售者颇多"。这说明，在这个时期，从事打铁行业的铁匠就有一定的规模，而且打铁技术就相当成熟。打铁的材料主要从宜山、怀远等壮、汉族地区输入。打制三角刮与打制其他农具一样，通过加热、锻造、淬火三个程序。将铁块烧红变软，通过多次加热、锤打，锻造成三角刮的形状，并将常温冷却的三角刮回火后迅速放入水中，使钢铁的内部特性发生变化，从而达到提高硬度、加强韧性、耐磨宜用的目的。毛南族还有类似三角刮的平头铁刮，有的铁刮就是一把平口铁锹，将铁锹装在一根有弯头的木柄上，构成刮锄。

毛南族三角刮是在特殊地理环境下逐渐形成的具有民族特点的劳动工具，在设计上充分体现了"合目的性"，这种"合目的性"的形式从某种意义上说是美的。毛南人用朴素的、实用的、求美的方式，创造出完全适合自身生产、生活的工具设计，而这些工具的设计又在不断提高劳动生产力，改变毛南族人们的生活。

图片来源
图一　刘明来　摄影
图二至图六　刘明来　制图

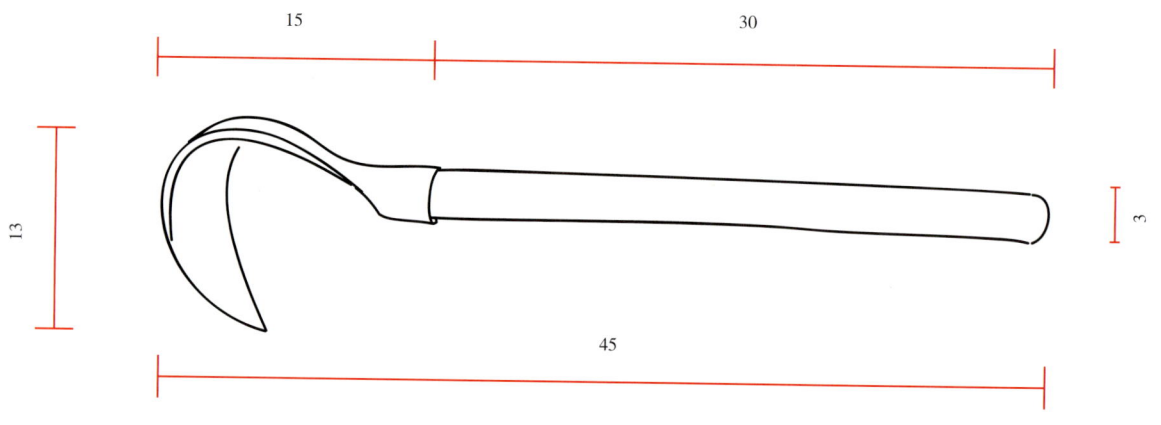

图二　毛南族三角刮尺寸图　（单位：cm）

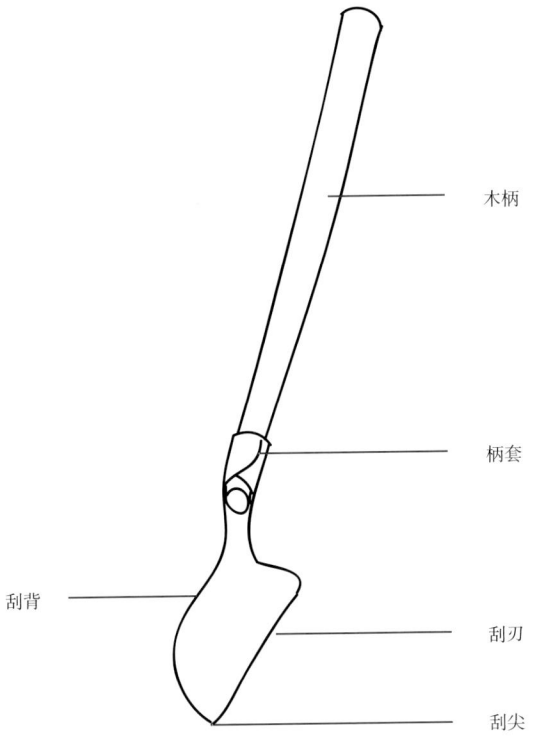

图三 毛南族三角刮结构名称图

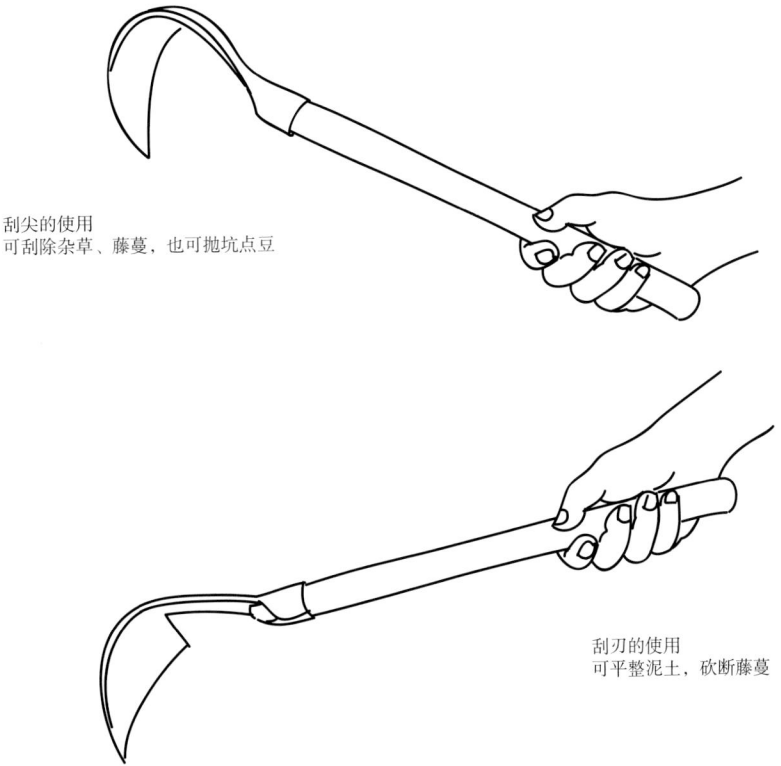

刮尖的使用
可刮除杂草、藤蔓，也可抛坑点豆

刮刃的使用
可平整泥土，砍断藤蔓

图四 毛南族三角刮使用分析图

第五章 毛南族传统生产工具

三角刮打制过程：

加热 ⇔ 锻打 → 淬火

图五 毛南族三角刮的制作过程

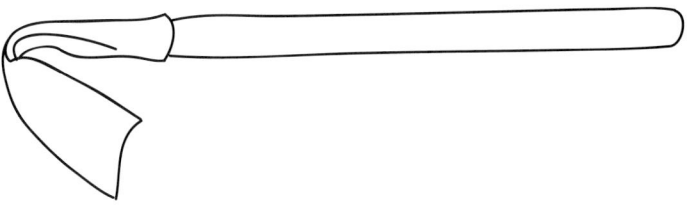

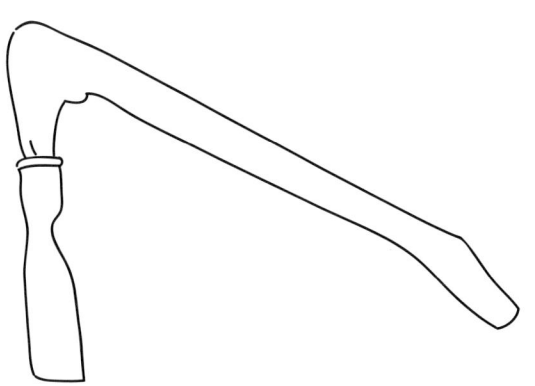

平口钩锄：
尺度与三角铁刮相同，小巧轻便。平头为锄口，可刨土、锄草、点种，锄背可敲碎土块。有的用弯曲的木柄，安装平口铁锹即成，简单实用

图六　延展图：平口钩锄

毛南族手推磨

图一 毛南族手推磨主图

手推磨，是毛南族乡村常见的一种生产工具，主要是将小麦、玉米等粮食作物碾磨成粉末。它比小型石磨体积要大，靠人工推动推杆带动磨轮碾磨，其特点是转动快，加工效率高。毛南族粮食作物主要有水稻、小麦、玉米、山芋、黄豆等，大多是自给自足的家庭化生产，因而手推磨在村寨化的粮食加工中起到了非常重要的作用。

本案例采自环江县毛南族博物馆，为20世纪五六十年代的劳动生活用具。该手推磨由石磨（分磨轮和磨盘）、推杆、木斗和支架等构成。其正方形支架边长为80厘米，木斗高60厘米，磨盘和磨轮直径40厘米，磨盘和磨轮厚度分别为16厘米和24厘米，推杆长160厘米，把手40厘米。手推磨的磨盘和磨轮为石头打制而成，其他部件均为木制。支架为正方形，木斗架于支架之中，木斗上大下小，斗口四周与支架连接，斗底设计有出料口。斗内用方料加固，将圆形磨盘放于方料构架之上，磨盘中间有硬木制成的转轴，磨轮卡住转轴，置于磨盘之上。磨轮形制为鼓形，上部凿空成漏斗形，既减轻了磨轮的重量，同时又成为进料口。在磨轮的侧面开方孔，横穿一根方木，方木一端开圆孔安置转轴，推杆套于转轴之上。手推磨在设计上有以下优点：1.正方形支架用4根厚实的方木制成腿，8根横档上下各4根与之榫卯相接，牢固稳定。2.木斗夹于正方形框架的横档之间，上大下小的倒梯形设计有利于磨出的物料汇入出料口，同时四合的斗壁保证了加工过程的干净卫生。3.石磨的磨盘表面的磨齿呈直线凹凸状，分8组有规律地排列，整齐美观，增加了摩擦力，使谷物在磨盘中能够得到充分碾磨。磨轮凹陷部分设计可谓一举两得，既减轻了磨盘的重量，节省了操作者推动磨盘的体力，又可以作为进料口。4.推

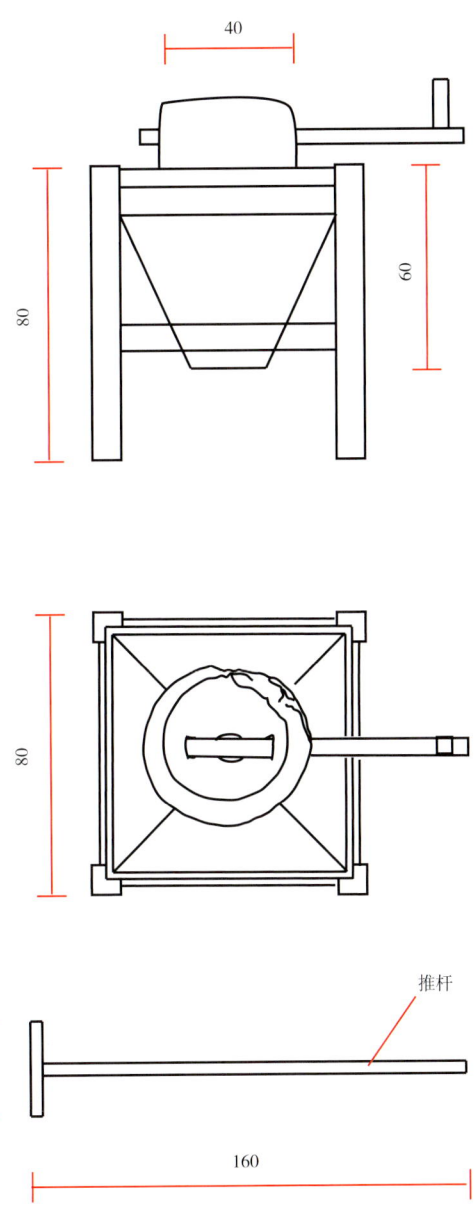

图二　毛南族手推磨尺寸图（单位：cm）

杆的长度缩减了操作幅度，提高了磨轮转动的速度。手推磨的操作与小型石磨不同，操作者站在1米左右的位置，双手握住推杆的把手，把手用绳索吊挂起来，起平衡稳定的作用。操作时推拉推杆，带动磨盘转动，谷物堆放在进料口中，随着磨盘的转动沉入磨膛之中碾磨，磨出的物料从磨膛周围流入木斗中，打开出料口，用盆接住磨好的物料。

在过去，进行谷物碾磨加工是毛南族家庭一项重要内容，使用的工具主要有脚碓、小型石磨、水磨和手推磨等。相比来说，脚碓和小型石磨属于生产效率不高的加工工具，适合家庭少量加工，毛南族家庭一般都有备用，主要用于舂米和磨豆腐。水磨和手推磨尺度较大，加工效率高且省力。20世纪50年代前，在中南村南昌屯村头小河边就设有两台直径在100厘米的水磨，50年代后归生产队所用，60—70年代生产队还开办了面条加工厂，70年代末停办。80年代以后，碾米机、磨浆机、电磨等现代加工工具的出现，古老的粮食加工工具不再使用，现两台水磨闲置在村前的大榕树下，成为历史记忆。

手推磨在我国其他地区都有使用，一般是在小型石磨的基础上，加上推杆，没有木斗设计，出料直接在磨盘上留有小口，支架也较为简易。相比之下，毛南族手推磨设计和制作更加规范和讲究。尤其是在推杆、磨轮和木斗的细节设计上值得学习和借鉴。现在手推磨基本不用了，但在过去很长的历史时期里对毛南人的生活至关重要。

图片来源
图一　刘明来　摄影
图二、图三、图六　阮晨　制图
图四、图五、图七　刘明来　制图

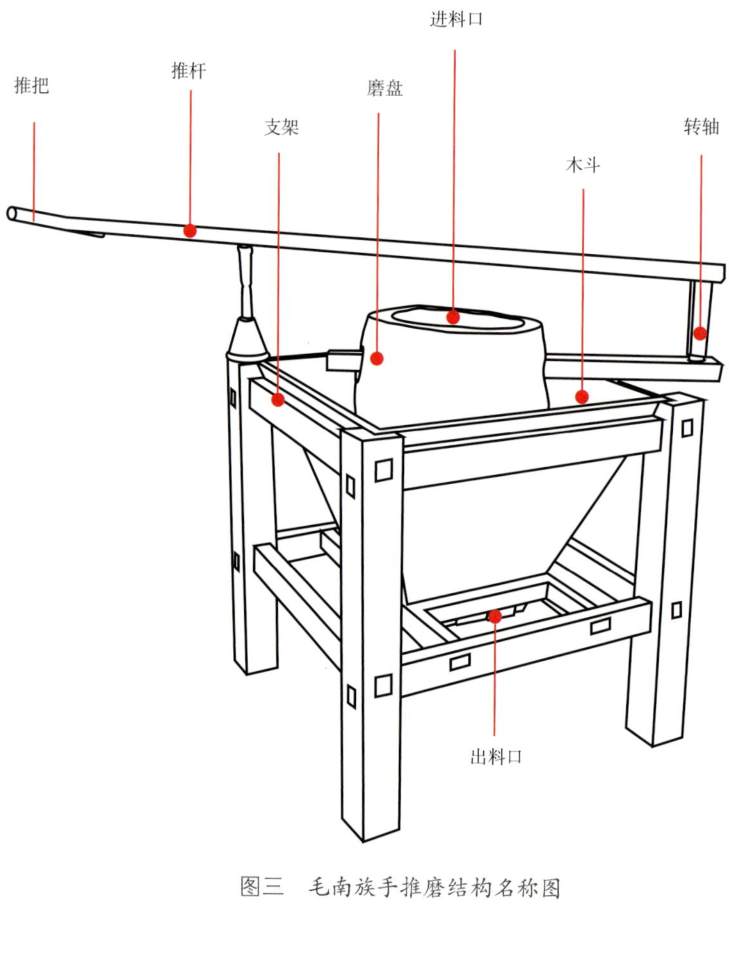

图三　毛南族手推磨结构名称图

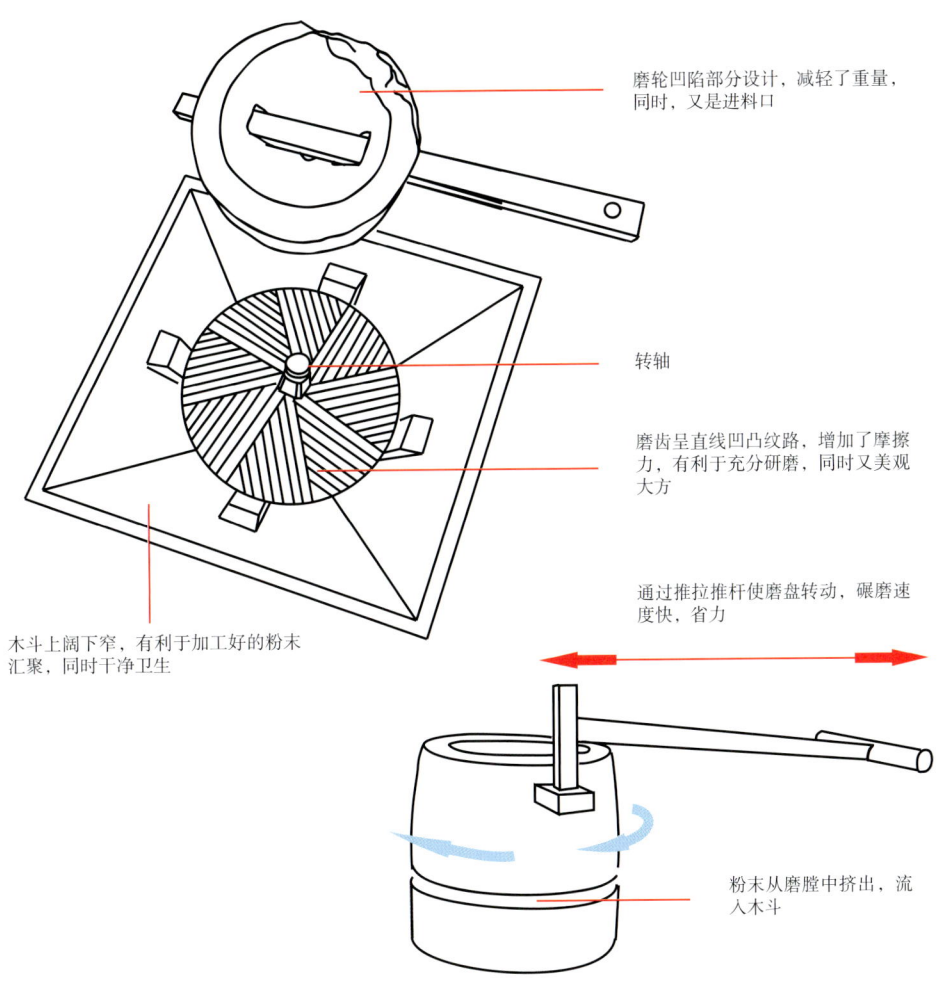

图四 毛南族手推磨结构设计分析图

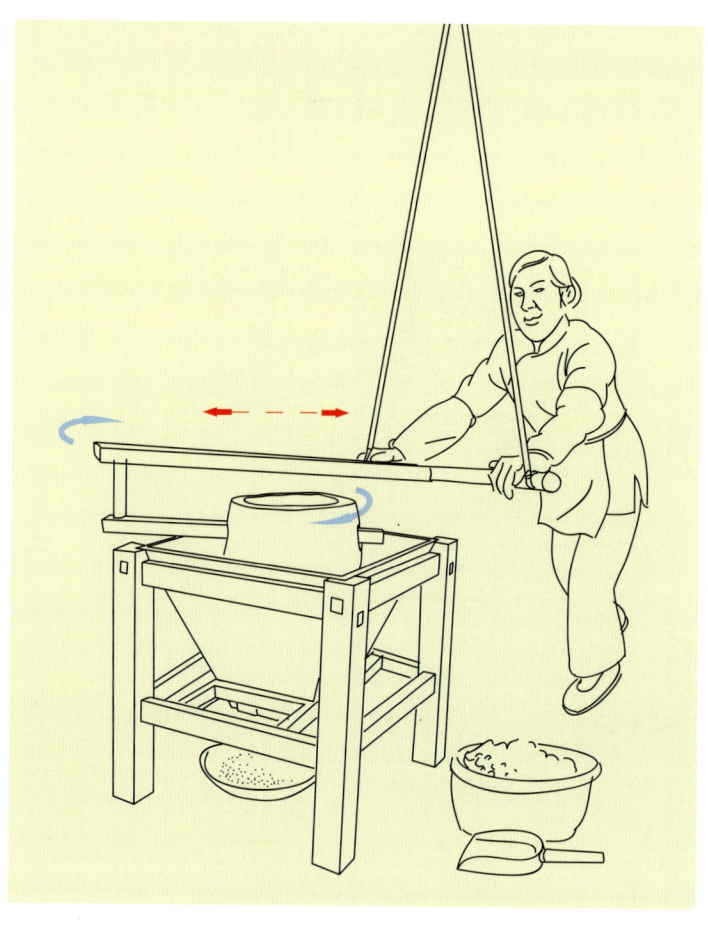

图五　毛南族手推磨使用情境图

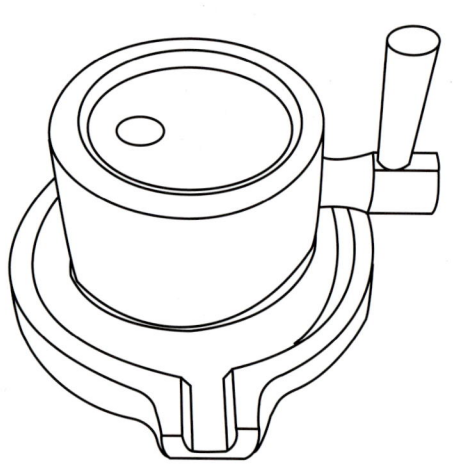

小型石磨：
毛南族家庭使用较为普遍，一般配上木头支架，方便人们站立操作

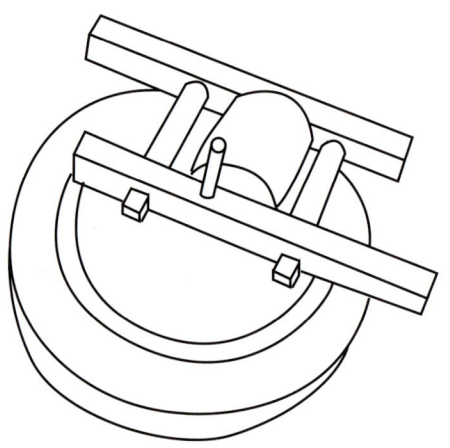

滚轮式石磨：
固定架和推杆是木制的，通过滚轮滚动碾压谷物，北方较多，主要在户外庭院或晒场使用

图六　延展图：石磨

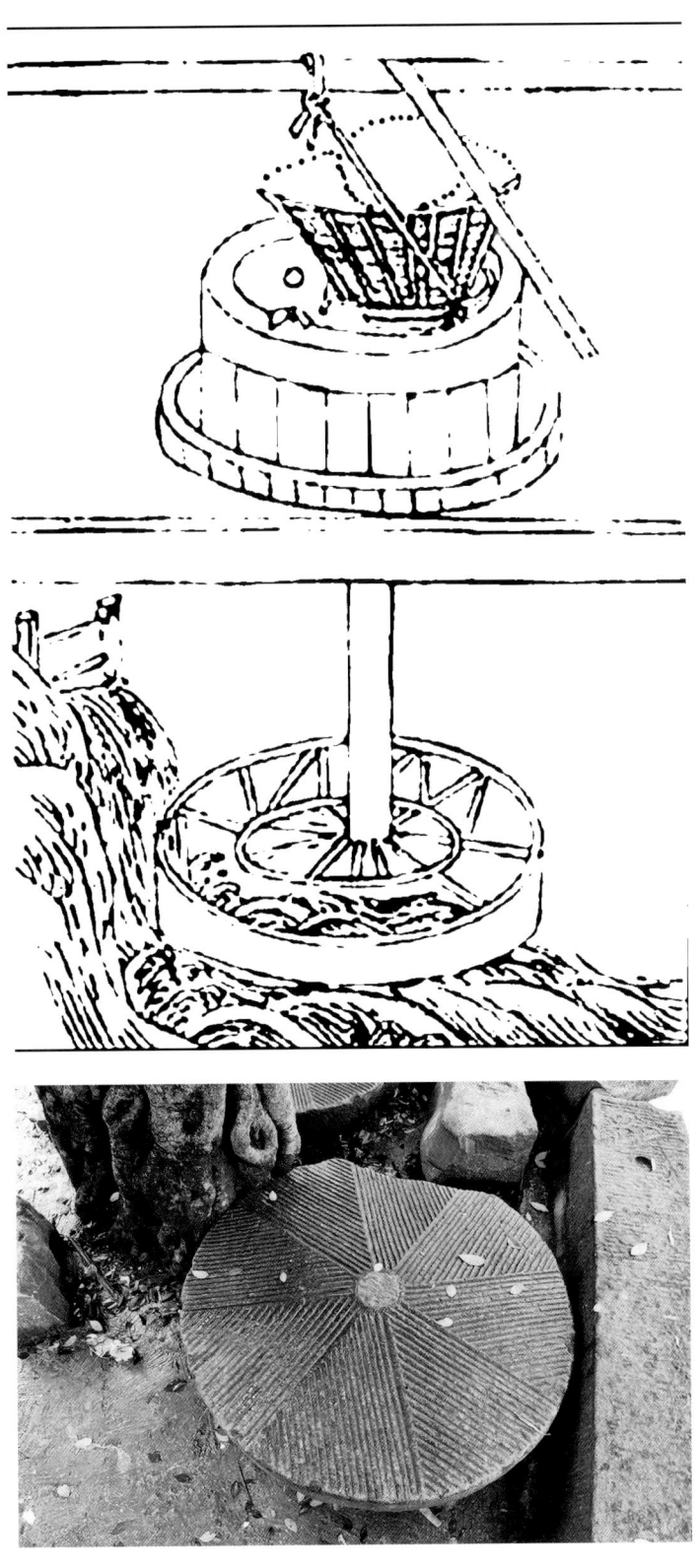

图七　古代《农书》中的水磨

毛南族脚碓

图一　毛南族脚碓主图

　　脚碓是将稻谷去壳或舂成粉末的传统农业生产工具。毛南族聚居三南地区，山多地少，土地并不肥沃，但毛南人利用亚热带雨量充沛，无霜雪，植物生长期长的优越的气候条件，在狭窄的土地上垒土造田，种植稻谷。脚碓作为小型的谷物加工工具，在过去的很长时间里，对毛南人的自给自足的生产生活方式起到了非常重要的作用。脚碓是由碓杆、杵、轴杆、踏板、石撑（木撑）、石臼构成。碓杆是一根粗大的圆木制成，前端安装杵，后端加工成踏板，中间为轴杆，架于两块石撑之上。地上埋有石臼与杵对应。操作者用脚上下踩动踏板，带动杵，周而复始的机械运动，将稻谷的壳舂掉。该案例采自环江县下南乡中南村南昌屯谭日胜老人家中，脚碓放置在厨房的墙角边，长200厘米，石臼直径50厘米，深度40厘米。从脚碓所处的位置和尺度上可以判断，它主要用于家庭稻米加工。为清晚期遗物，现在仍在使用。

　　脚碓除了石臼和石撑为青石制作，其他部分均是硬木为之。碓杆的三分之一处设置轴杆，架于"U"形石撑之上，由于支撑点的后移，就形成了前端杵部分厚重，后端踏板部分较轻的效果。这种设计采用了杠杆平衡的设计原理，踩下时利用身体的重量翘起前端，脚抬起时利用前端的重力将杵砸下去。为了提高前端抬起的高度，以增加杵砸下去的力度，将踏板位置的地面挖一凹槽，以便充分踩下踏板，抬高杵。这比起手动木杵舂米力量大，效率高，而且省力。石臼上口大，底部小，内壁凿成螺纹状。这样在舂米时，一方面舂下的稻谷向四周上面顶起，上面的谷物向内聚，形成内循环，保证每粒稻谷都能舂到；另一方面凹凸的螺纹增强了对稻谷的摩擦力，便于脱去稻壳。

脚碓早在汉代以前就已出现，在汉代墓室中，就发现"双人舂米陶俑"和"舂米画像砖"，其脚碓的形制与现代的脚碓极为相似。这种原始的生产工具与现代的机械加工碾米机相比耗时费力，生产效率低下。从20世纪80年代后，碾米机、磨浆机、电磨开始出现，脚碓已闲置不用，但在偏僻的毛南族地区时常发现它的存在。

图片来源

图一　刘明来　摄影

图二至图六　刘明来　制图

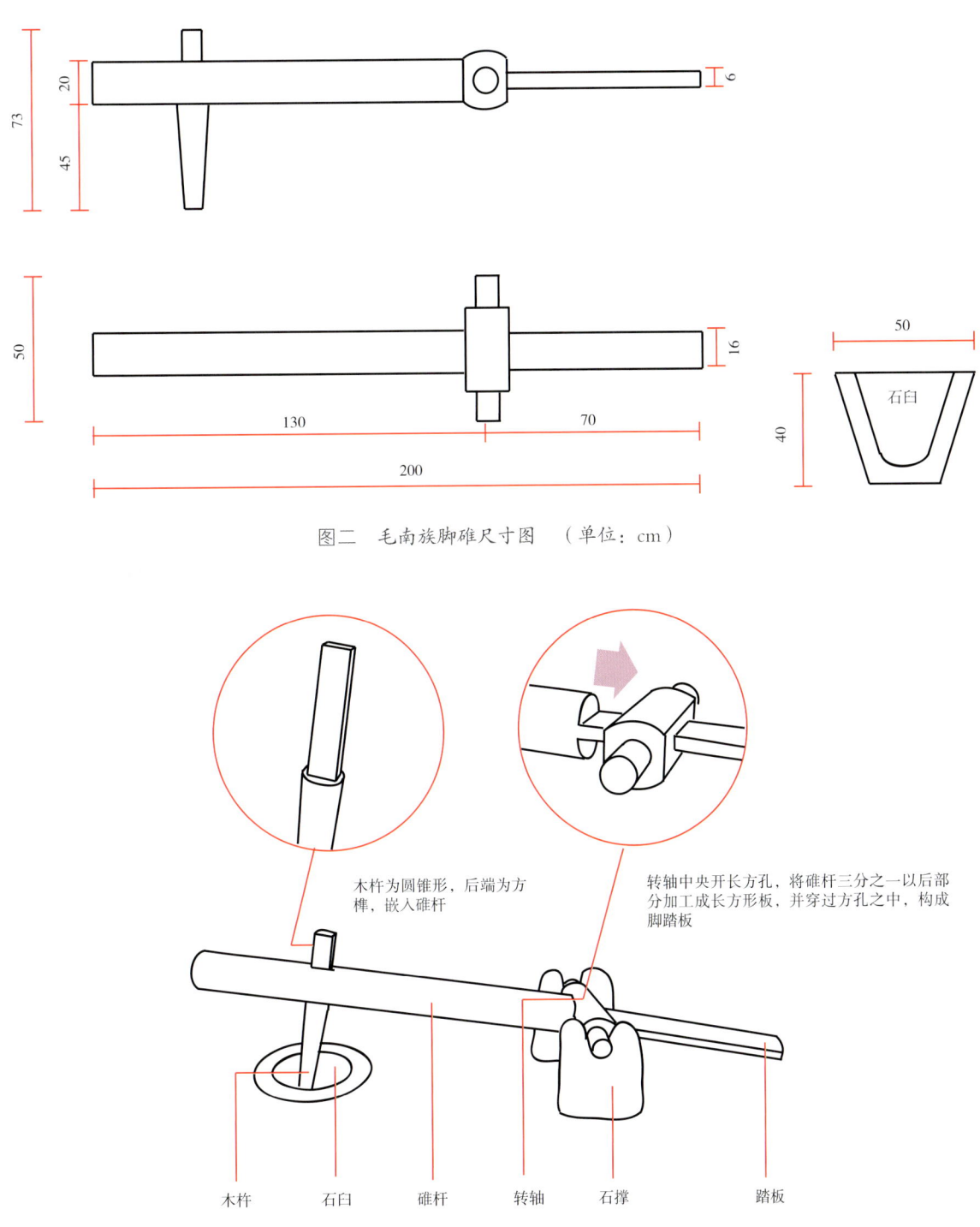

图二　毛南族脚碓尺寸图　（单位：cm）

图三　毛南族脚碓结构名称图

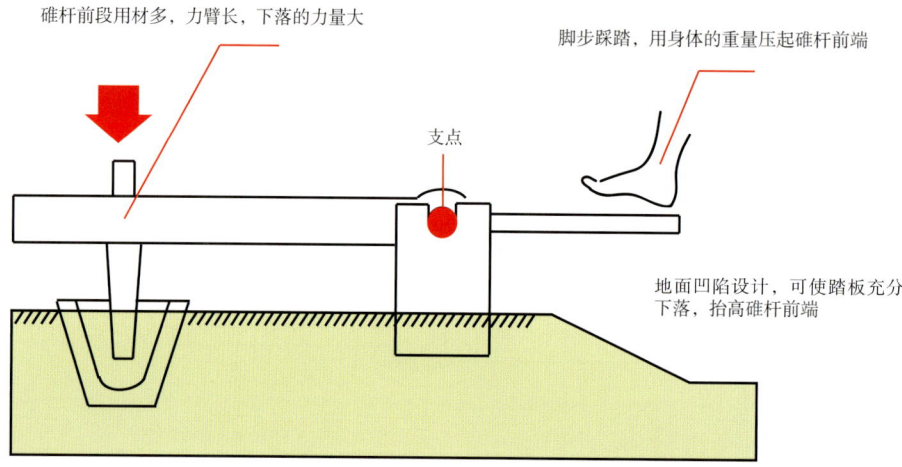
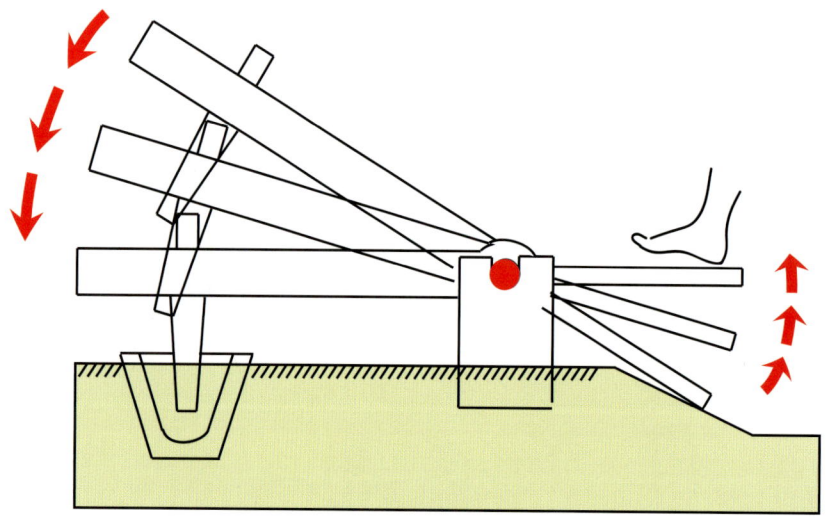

图四 毛南族脚碓设计分析图

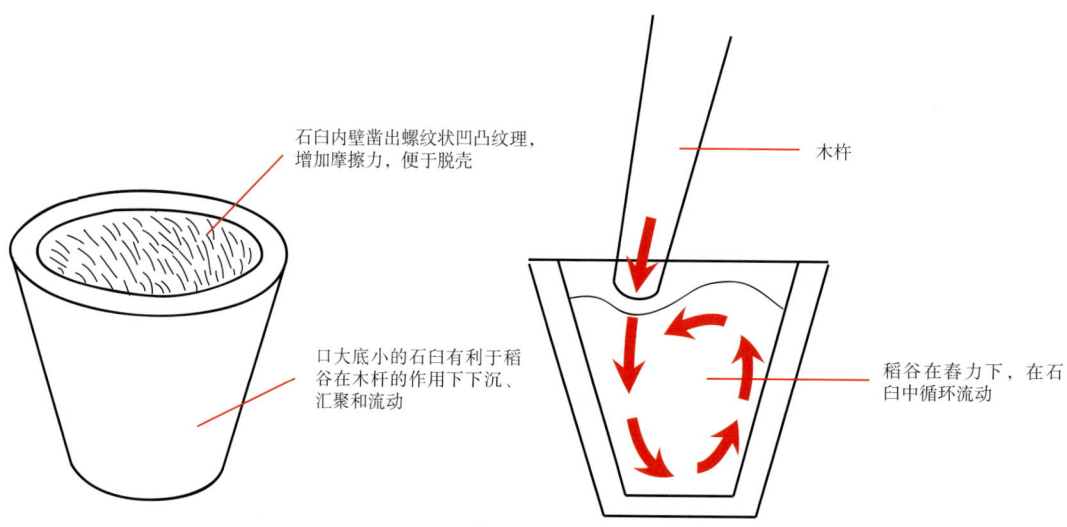

图五 毛南族脚碓石臼形状设计分析图

图六　毛南族脚碓使用情境图

毛南族禾剪

图一　毛南族禾剪主图

禾剪，又称禾镰、手镰、剪禾器、摘禾刀，是毛南族用来收割谷穗的传统农业工具。它主要有握杆、夹板和剪口三个部分组成。握杆以竹子或木棍为材料，夹板一般为木片，也有铜、铁等材料，剪口的刀片以钢片或铁片制成。其形制简单，在握杆的中上部横嵌一块半圆形夹板，在夹板上再嵌入铁片即成。操作时将禾剪握于手掌之中，因而它的尺度小巧。本案例采自环江县毛南族博物馆，为20世纪五六十年代的劳动生活用具。握杆长约10厘米，夹板的直径约5厘米，刀片在3厘米左右。

禾剪在设计制作上充分考虑到使用的舒适性和收割的实用性。禾剪握杆选择只有一指粗细的竹竿或木棍，长度略长于手掌，正好一手把握。在握杆的五分之二的位置锯出插口，将半圆形夹板的圆弧中段涂上胶水，插入握杆的插口固定。在半圆形夹板直线的中间，开一倒梯形凹口，将刀片插入夹板凹槽之中形成剪口，剪口两边夹板的造型对称向剪口处倾斜。这种设计便于手的控制，操作者手握握杆，中指或无名指夹住夹板上端，小指夹住下端，拇指与食指用来抓穗，一只手就能完成剪割的动作。值得一提的是，剪口两边夹板内聚形设计，有利于将稻秆汇聚于剪口之上，保证了剪割的准确性，提高了工作效率。

据考证，早在新石器时代就有类似禾剪的收割工具，南宁的贝丘遗址出土的石刀和蚌刀，就是禾剪的原始雏形。此后出现了青铜质地的铚和艾，其中铚就是短刀，艾则是镰刀，均有收割的功能。西汉以后，铁器广泛应用于农业生产，铁镰大大增强了收割功能，成为我国绝大多数地区主要的农业收割工具。然而，在毛南族地区，仍然保持着用禾剪收割的习惯。禾剪与铁镰相比，形体小巧，易于制作，便于携带，但生产效率低，每人每天剪割谷穗只有五六十斤。尽管如此，收割者在齐腰深的稻田中，站成一溜排，忙着、说着、唱着，忘记了生活的烦恼和辛劳，享受着丰收的喜悦。这可能是禾剪收割保留至今的原因之一吧。

禾剪主要用来收割糯类稻穗和稻秆太长不便打谷的金银粘以及小麦、小米等，易掉粒的稻类不能用。在广西地区的壮族、侗族、苗族等聚居地也有使用，有的是握杆式的，有的为套绳式的，有的为更简易式的（直接用铁皮插入握杆制成）。无论怎样，禾剪的夹板和剪口的式样大致相同。这种看似简单小巧的小型农具，长期以来对该地区的农业生产起到了极其重要的作用。由它延伸出的文化精神价值更是无法估量。

图片来源

图一　刘明来　摄影

图二至图七　刘明来　制图

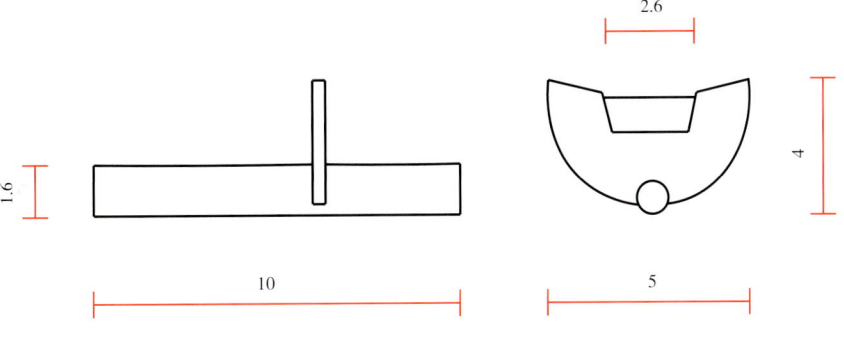

图二　毛南族禾剪尺寸图　（单位：cm）

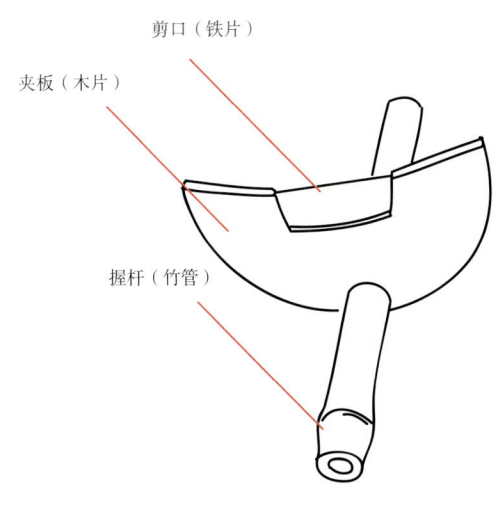

图三　毛南族禾剪结构名称图

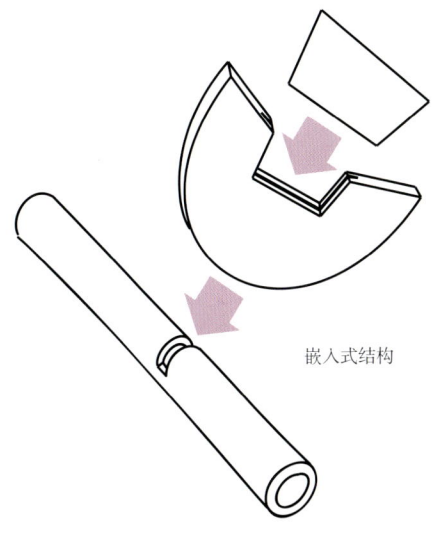

图四　毛南族禾剪制作工艺分析图

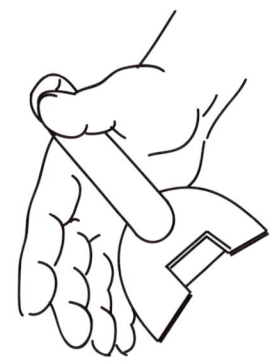
握杆的尺度适合手的掌握

中指、无名指和小指控制禾剪，拇指和食指抓取谷穗

抓住谷穗后，穗秆滑入剪口，转动手腕，轻松割下谷穗

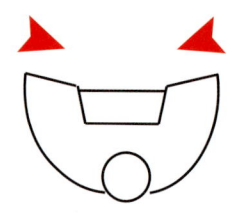
剪口形状的设计，有利于将谷穗聚于剪口

图五　毛南族禾剪功能设计分析图

图六　毛南族禾剪使用情境图

套绳式禾剪：
夹片尾端开孔，将绳索穿入洞孔，使用时，绳索套在手背上，中指、无名指和小指夹住夹片，拇指和食指拿捏谷穗，用剪口割断穗秆

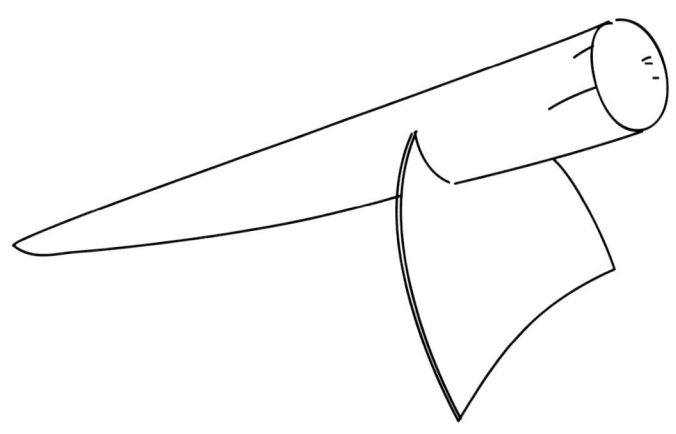

一体式禾剪：
禾剪无夹片，用一片半月形铁片，一端加工成剪口，另一端插入握杆的中部，即成

图七 延展图：其他式样的禾剪

毛南族尖头扁担

图一　毛南族尖头扁担主图

尖头扁担，又称草扁担，是毛南族常见的传统生活用具。它与中间宽两头窄的普通扁担不同，其形制为两头尖，中段窄，中心宽，尖头呈四菱锥体状，有的锥体尾部套上铁质空心锥子。这种扁担主要用于日常收集稻草、红薯藤、牧草等。尖头扁担是用质地坚韧的木材或竹材加工而成，其尺度因人而异，一般长约170~200厘米。本案例采集于环江县毛南族博物馆，通长172厘米，两端四菱锥体部分长50厘米，中间部分长72厘米，扁担头部套有长12厘米的锥子。

尖头扁担的形制和尺度与毛南族生产生活紧密联系。毛南族地处亚热带季风性气候区，四周群山环绕，夏季高温多雨，冬季少见霜雪，年平均温度在20度左右，植物生长茂盛。农作物主要以水稻为主，为适应多山石的地形还种有红薯、南瓜、黄豆、猫豆、玉米等作物。尖头扁担对于藤草植物收集和山地运输有着明显的优势。从形制上看，四菱锥体状扁担两头可以轻松插入藤草之中，而且易于抽取。四菱锥体的尾端粗大，形成棱扣，当四菱锥体完全插入藤草中后，粗大的棱扣使藤草在挑运的过程中不易脱落，铁质的尖头降低了尖头的磨损，延长了扁担使用的寿命。尖头扁担中段窄，但中间扁宽，扩大了肩膀的受力面，减少了压强对人的作用，使人挑起来感到轻松。从尺度上看，扁担两端担负的重物占有扁担长度的三分之二，挑担的人居于中间，较短的力臂增强了重心的稳定性。过去毛南族山区交通不便，狭窄崎岖的地形决定了藤草的运输主要靠人力，尖头扁担起到了非常重要的作用，是毛南族农家必备的用具。尖头扁担主要是农家自制，因此扁担的尺度和形制都有差别，制作上采用硬度和韧性较高的木材，先制成方形坯料，再用斧头砍成粗坯，然后经过刨刀反复修刨，直至光滑好用。

毛南族使用的扁担多种多样，而尖头扁担这种特有的造型成为扁担中的一大特色。由于极具针对性的功能设计，尖头扁担成为生活在毛南山区的毛南农家生产生活中不可缺少的工具，直到今天仍然普遍使用。一根看似简单的尖头扁担，却是毛南人生产生活经验和智慧的体现。

图片来源

图一　刘明来　摄影

图二至图五　刘明来　制图

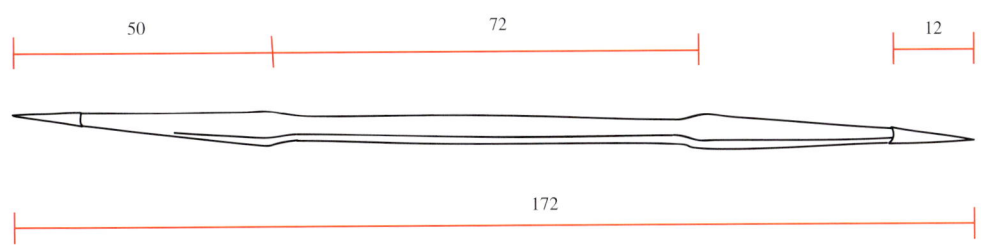

图二　毛南族尖头扁担尺寸图　（单位：cm）

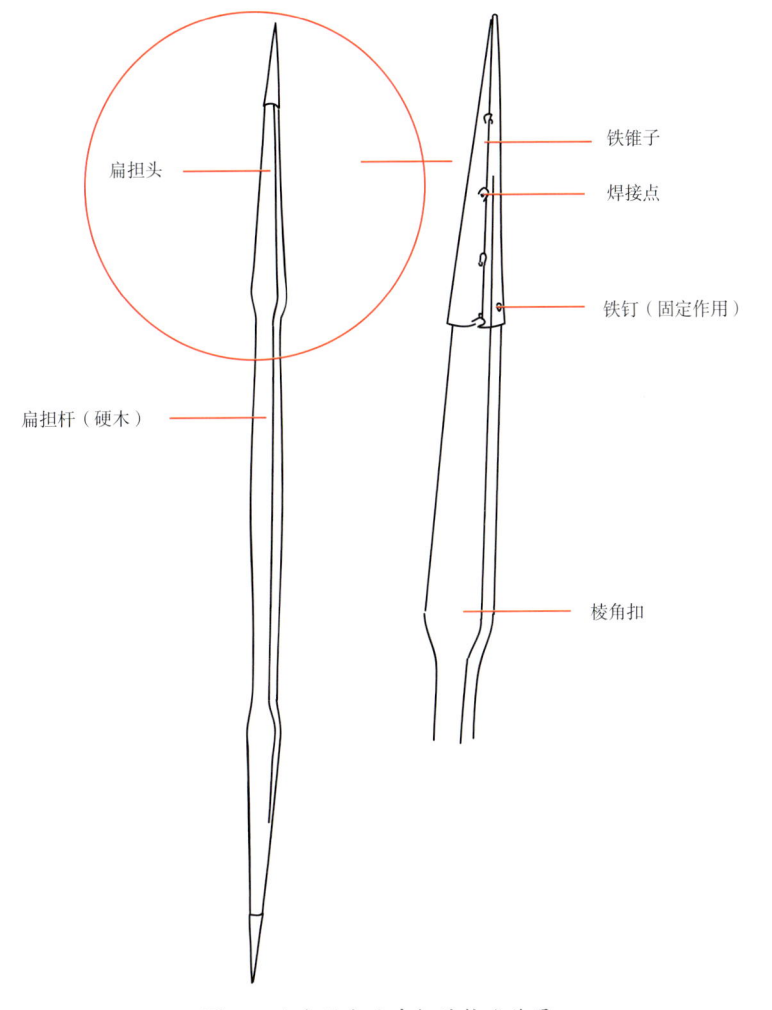

图三　毛南族尖头扁担结构名称图

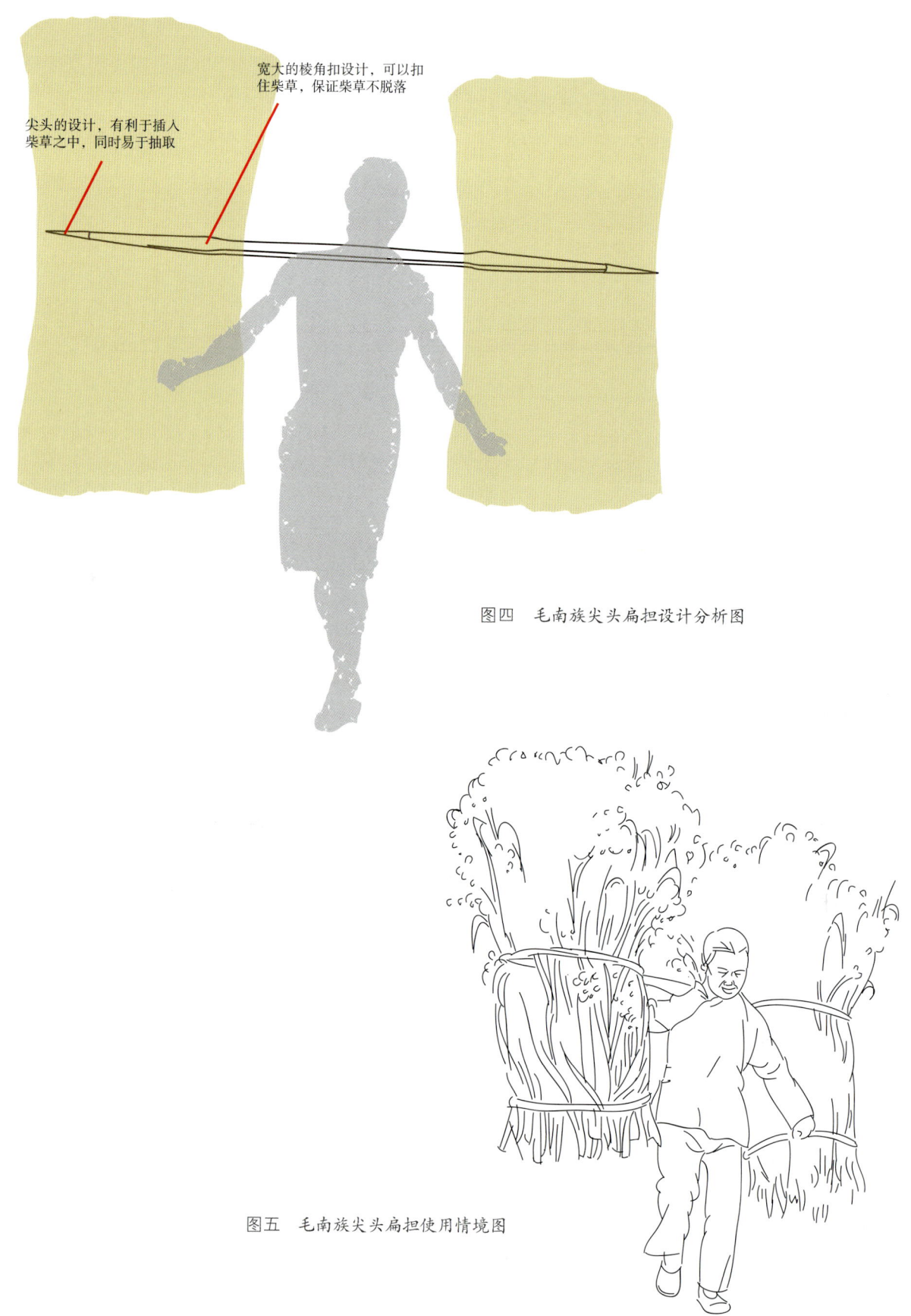

图四 毛南族尖头扁担设计分析图

图五 毛南族尖头扁担使用情境图

毛南族牛粪四齿钉耙

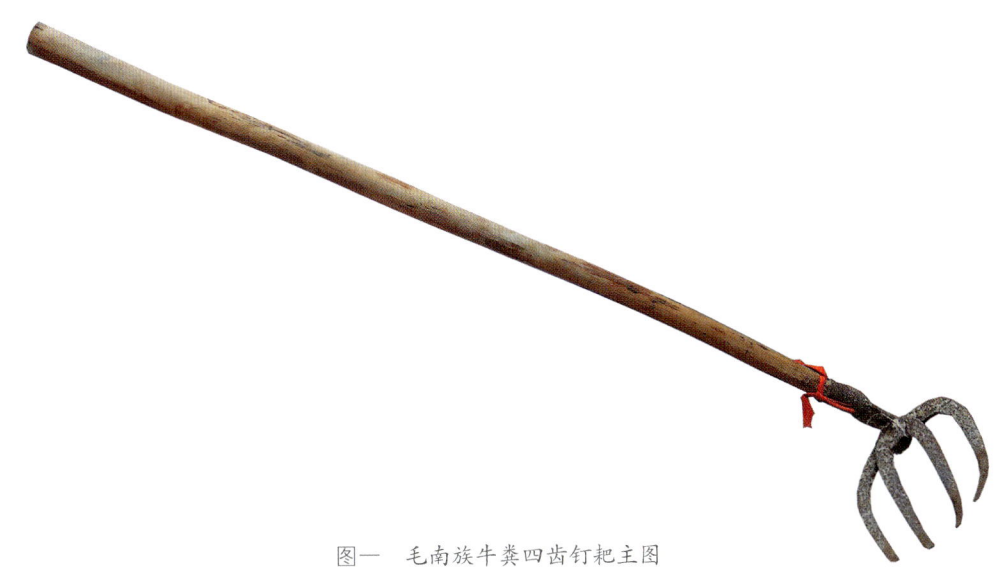

图一 毛南族牛粪四齿钉耙主图

牛粪四齿钉耙，是毛南族为菜牛饲养制作的清理牛粪的工具，有时也作为耙草、搭田坎、平整菜园的农具使用。它由铁耙和木把两个部分组成，铁耙有四齿，四齿分别由两个宽窄不同的"U"字形铁件构成，四齿间隔匀称，齿尖微微向内收拢。两个"U"铁件叠合的部分，由铁套延伸部分的铁条将其扣死。木把插于铁耙的铁套之中。本案例采自环江县毛南族博物馆，为20世纪五六十年代的劳动生活用具。木把高93厘米，耙齿部分高15厘米，肩宽16厘米，四齿宽12厘米。

牛粪四齿钉耙是用钢铁锻造，钉齿经过反复淬火，坚硬耐磨。常见的锄地四齿钉耙是两个"U"形钉齿穿连在一起，木耙直接套在中部"U"形的末端即可。而牛粪四齿钉耙由于用料较为扁平，因此在连接上，是用铁套上的铁条将两个"U"形钉齿末端叠扣在一起的，铁套延伸部分形成优美的曲线和勾头，既美观又实用。

牛粪四齿钉耙与传统锄地用的钉耙虽然形制相似，但由于用途的不同造型略有差别。锄地的钉耙由于要刨开坚硬的土石，敲碎土块和石头，因此用料厚实，耙根宽大，钉齿粗壮挺直。而用于收集牛粪的钉耙则相对较为单薄轻巧，钉齿后端较为厚实，并由后向前逐渐减薄变尖，齿尖内收。这样的设计一方面保证了四齿钉耙的坚固耐用，同时扁平锋利的齿尖可轻松刮入粪土之中，将粪土刨开。毛南族养牛一般是将牛圈养在自家牛圈之中，牛粪和吃剩的草料长期积累在牛圈里，经过反复踩踏形成的粪土，虽然硬度不高，但由于草料的混合变得难以清理。钉耙四齿刮入粪土，向后提拉可拉起其中的草料抓出粪土。

牛粪四齿钉耙是毛南族常见的生产工具，轻巧灵活，简单实用，是毛南人根据自身的生产需要，对传统生产工具的继承和改造。它在收集、清理牛粪中起到了其他生产工具难以替代的作用。

图片来源
　　图一　刘明来　摄影
　　图二至图六　刘明来　制图

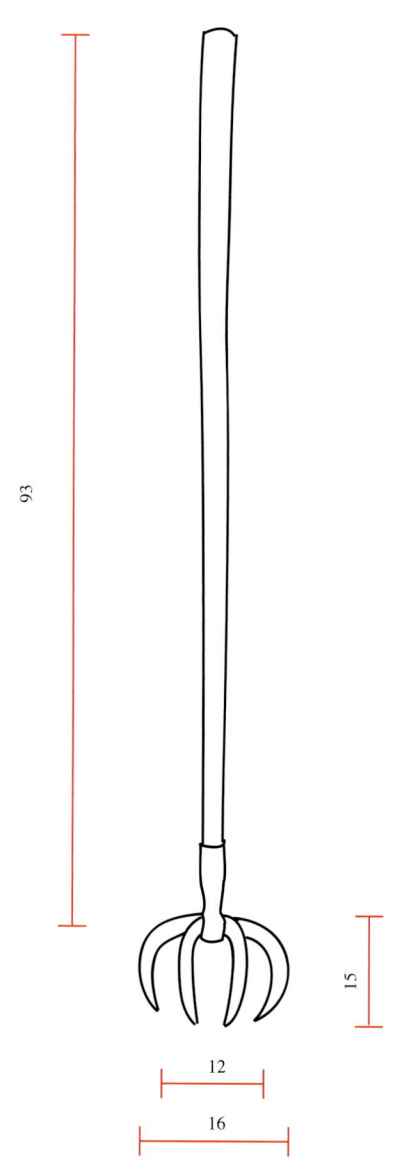

图二　毛南族牛粪四齿钉耙尺寸图（单位：cm）

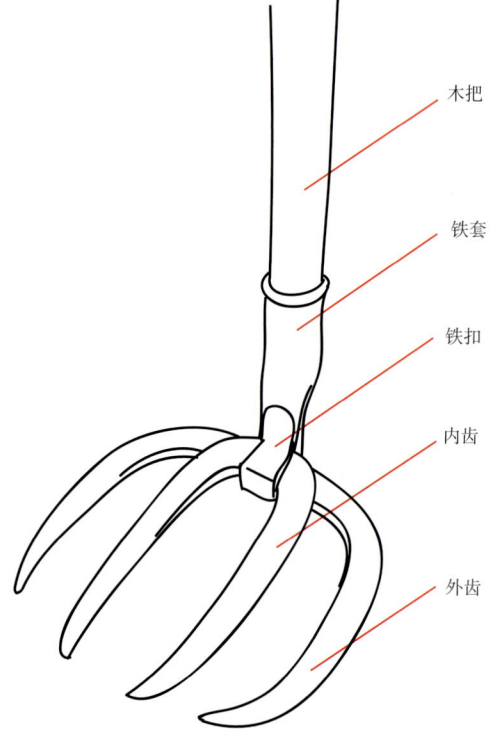

图三　毛南族牛粪四齿钉耙结构名称图

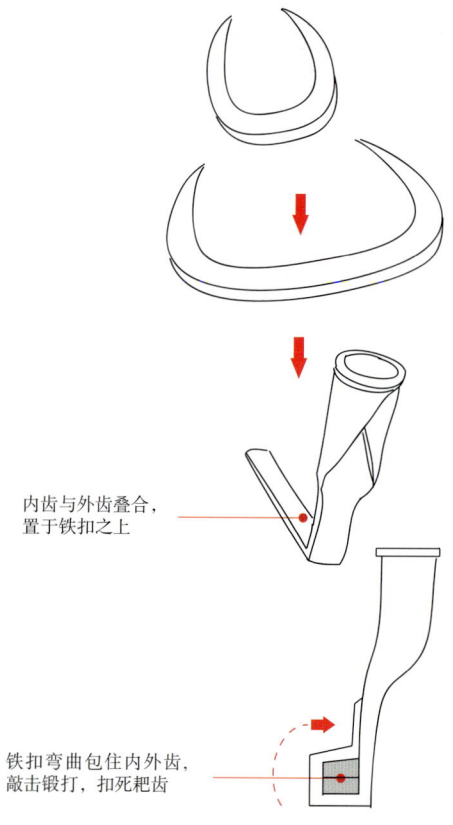

图四　毛南族牛粪四齿钉耙制作工艺图

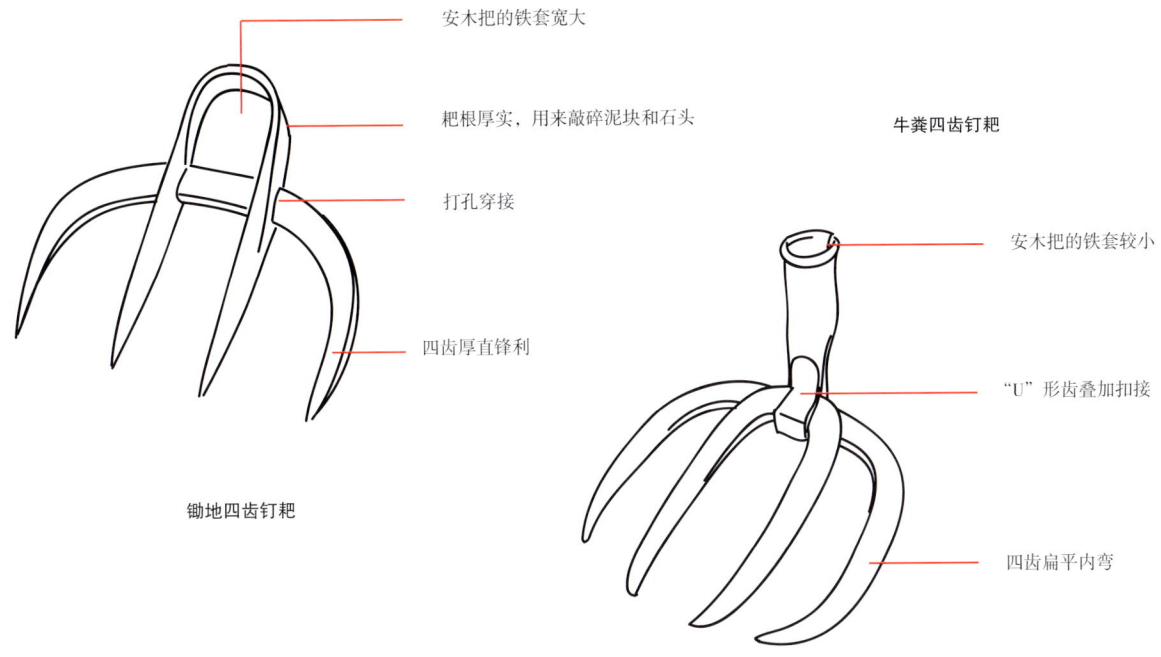

图五　毛南族牛粪四齿钉耙与锄地四齿钉耙比较图

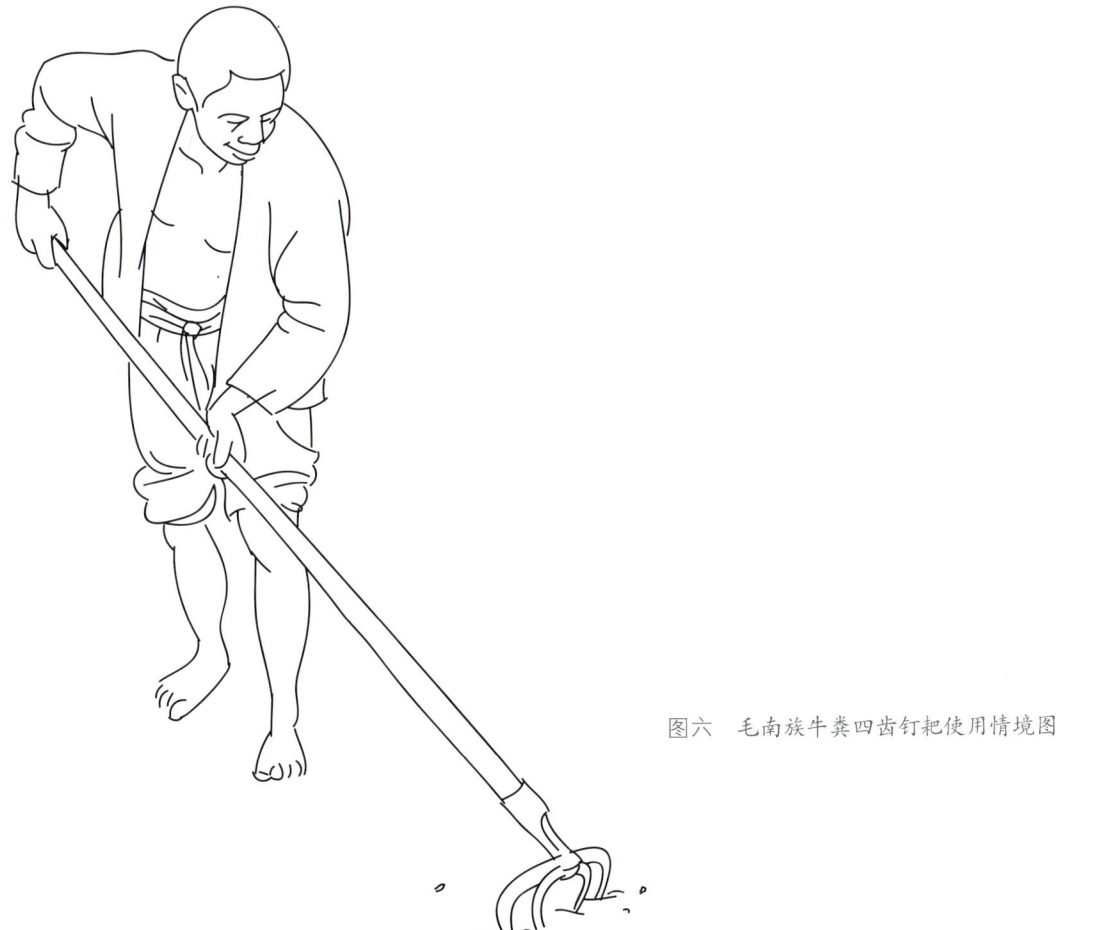

图六　毛南族牛粪四齿钉耙使用情境图

毛南族戽斗

图一　毛南族戽斗主图

戽斗是毛南族传统汲水灌溉的农业工具，一般用竹篾和藤条编织而成，形似斗状，可将低处的水泼往高处。戽斗有双人操作和单人操作之分，形式多样。双人操作的戽斗，是将斗的上沿和下沿分别穿上两根绳子，扎紧后，两人双手拉提绳子的两端，打水时同时俯身，泼水时同时起身将斗提起飞出，周而复始。单人操作的戽斗，上设尾杆作为手柄，把戽斗用绳子吊挂在三根竹竿或木杆支撑的三脚架上，按提尾杆，使戽斗作弧形运动，一汲一倒即可将低处水泼往高处。

本案例采自环江县毛南族博物馆，是20世纪遗存。该戽斗为单人操作的形制，口大尾小，形似喇叭筒。体长110厘米，口宽32厘米，口高28厘米，壁厚3厘米，脊背留有6厘米宽的泄水槽，尾杆已缺失。戽斗通体是用圆木制作。其制作方式是：选用粗大的树木，放入水中浸泡，然后风干，以防生虫和变形。截取没有疤结的部分，加工戽斗外形，然后将其纵向一分为二，用凿子挖凿斗腔，挖凿平整后，开设泄水槽和锁眼，制作锁扣和尾杆，再合二为一，用刮刨修整表面，使之光滑流畅。该戽斗在设计上有其独到之处。1.斗身采用圆木挖凿而成，挖空的圆木结实耐用，宽阔的斗口，可最大限度地汲水和泼水。2.斗身和尾杆可拆卸拼装，便于携带和存放。3.圆木挖空形成筒状腔体，并在斗脊上设计槽口，戽斗在提推的运动过程中可保证斗内水不会大量溢出，同时多余的空气和水通过槽口泄出，减少了水的阻力，提高了工作效率。4.斗口上端泄水槽处设置锁扣，一方面起到联接和加固作用，另一方面可调节泄水槽的宽窄，固定尾杆。戽斗在民间形式多样，制作也就地取材，强调简单实用。戽斗是较早的灌溉工具，其缺点是间歇运动，费时费力，后来在此基础上，产生了刮车、翻车、筒车等灌溉工具，提高了工作效率。但刮车和翻车车身长，对水源与田岸的高度有要求。筒车虽不费人力，但需要急流作为动力，而且能灌不能排。因此戽斗对于水浅、地窄、田低的环境有着不可替代的作用。

从该案例中我们可以感受到，设计是在生活中发现问题并有效地解决问题的学科。尤其是民间生产工具的设计，更加强调其实用性的一面。而在朴实的设计观念中产生的器物，其形式美、材质美和工艺美仍然散发着特有的光彩。

图片来源
图一　刘明来　摄影
图二至图六　刘明来　制图

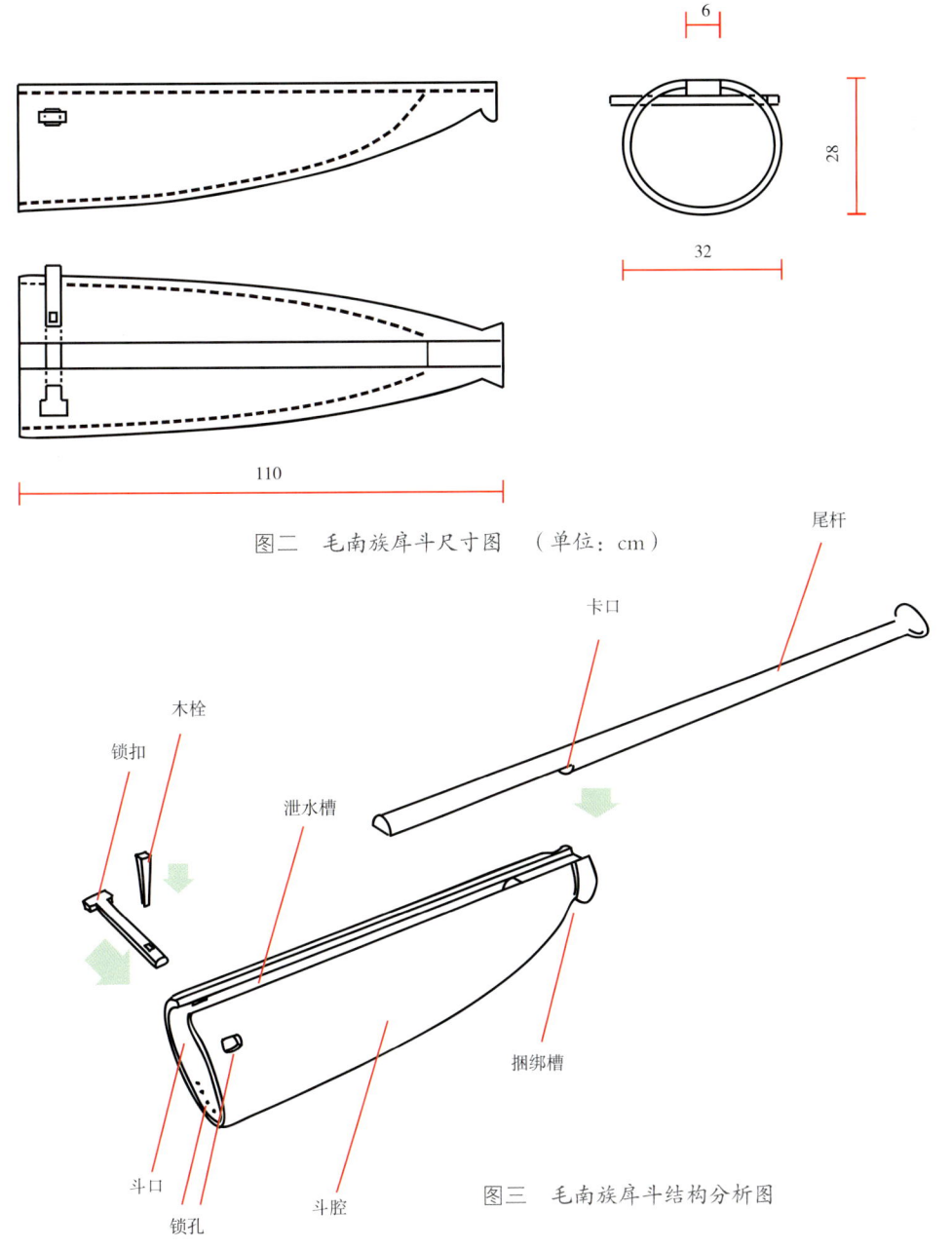

图二　毛南族戽斗尺寸图　（单位：cm）

图三　毛南族戽斗结构分析图

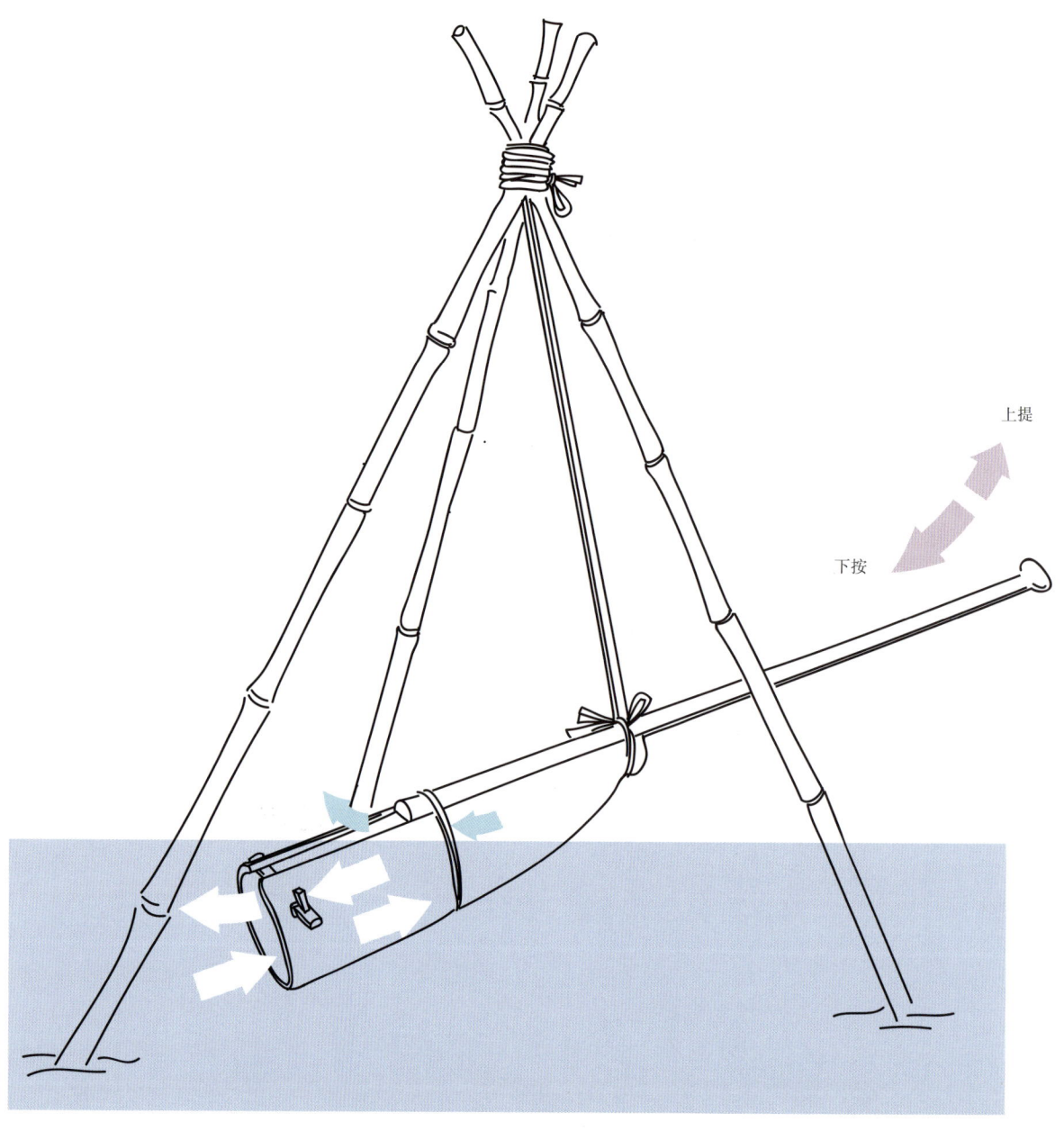

操作示意图:按提尾杆,一汲一倒,将低处水戽入高处

图四 毛南族戽斗单人操作示意图

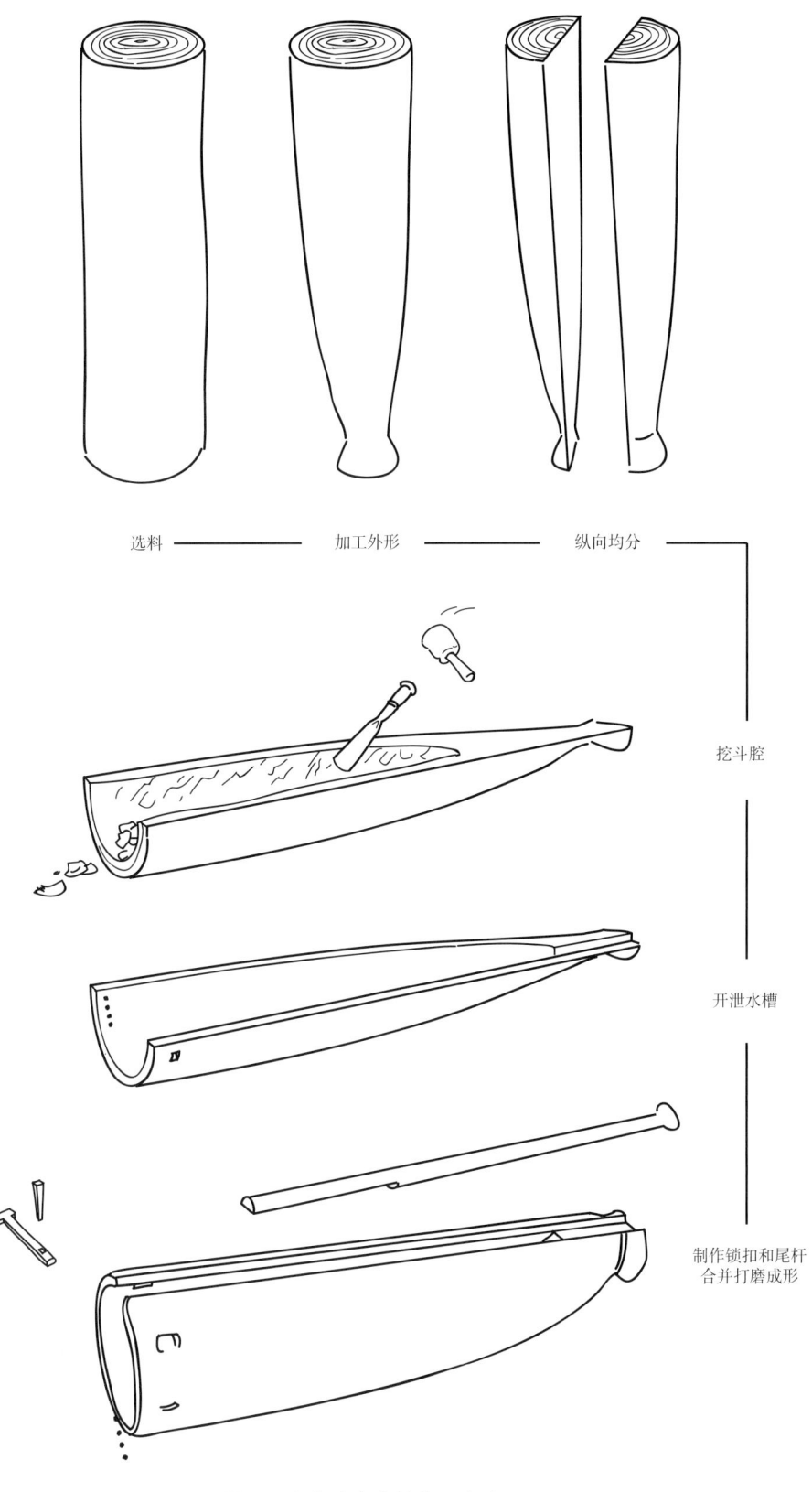

图五 毛南族庠斗制作工艺图

古人采用的双人操作的戽斗,也是毛南族常见的灌溉方式

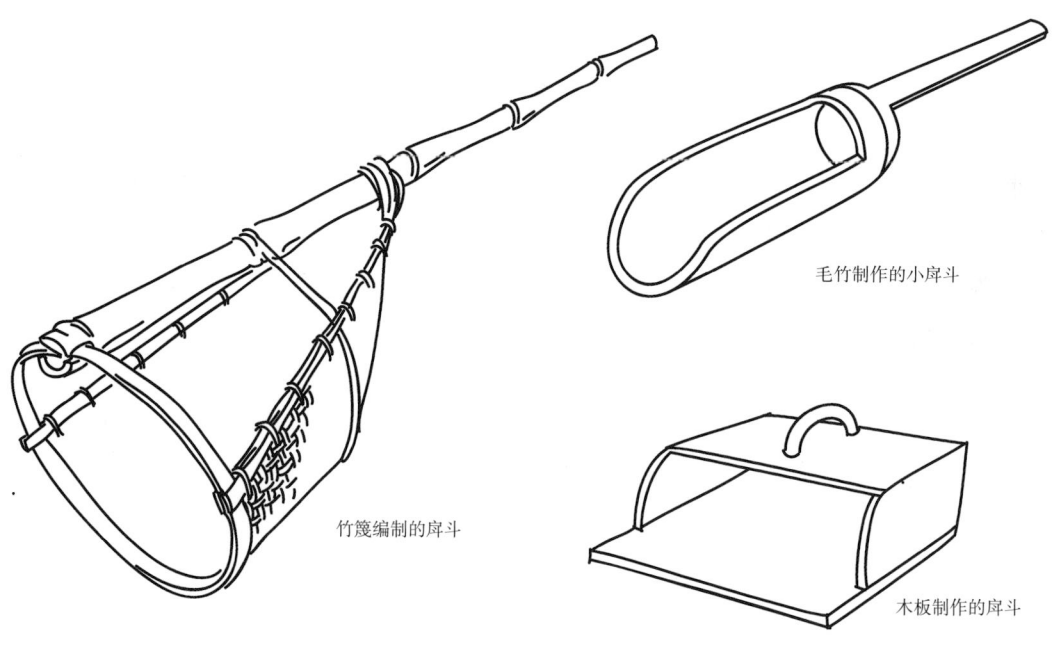

毛竹制作的小戽斗

竹篾编制的戽斗

木板制作的戽斗

图六 延展图:其他式样的戽斗

毛南族轧棉机

图一 毛南族轧棉机主图

轧棉机,又称轧花机,古称搅车,是一种将棉花去除棉籽的传统农业生产加工工具,主体为一个支架,架上横置一对轧辊,靠轧辊相向转动去除棉籽。过去,毛南族种植棉花基本上是自家织布使用,产量不大,因此这种生产效率较低的轧棉机,一直沿用到20世纪60年代。毛南族传统轧棉机为坐机形式,主要是由支架、轧辊、曲柄、调节板和条凳组成。

本案例采自环江县毛南族博物馆,是民国时期的遗存。该轧棉机整体长130厘米,高87厘米,宽25厘米。支架高40厘米,宽20厘米,条凳的高度47厘米。这种条凳式坐机形式和尺度设计,符合人机工程学原理,适合人们长时间轻松操作。轧棉机支架部分看似简单,设计尤为科学。它是用两根立木,上端横穿方木条,下端与条凳榫卯相接,形成牢固的长方形框架。两根立木中部开孔,轧辊和调节板横穿其中。值得一提的是两侧支架的开孔呈葫芦形,轧辊在其中既不会松动错位,也可以灵活调节。两根轧辊左端设计螺旋形齿轮相扣,上面的固定轧辊短于下面的活动轧辊,活动轧辊的右边安装曲柄。在两根轧辊的下方安置两块调节板,上面的调节板两端突起，呈"凹"字形，凹形调节板放倒，轧辊松弛，立起，轧辊收紧。调节板凹陷部分设计，既起到了有效地调节轧辊松紧的作用，又缩减了与轧辊接触的面积，便于滚动操作。操作者坐于条凳之上，右手转动曲柄，左手将棉花放入两根轧辊之间，轧辊向内转动，把棉纤维带往轧辊之前，棉籽落入轧辊之后。这种加工方式，使棉籽和纤维之间产生相对运动，轧辊的作用力稍大于棉籽和纤维的联结力，因而避免了棉纤维损伤。

我国古代的轧棉技术的发展经过了手工去棉籽、铁杖赶除棉籽和搅车轧除棉籽三个阶段。前两个阶段较为原始，生产效率低下，元代搅车的出现是棉花初加工技术的重大突破，它大大提高了生产效率。元代王祯《农书》中的"木棉搅车"，采用两根轧辊，轧辊的直径不等，操作时需要三人配合，两个人摇动曲柄，一人添加棉花，利用直径不等，速度不等，回转相反，将棉籽挤压出来。明代宋应星《天工开物》中的"赶车"，已在"木棉搅车"的基础上有了很大改进，形制与毛南族轧棉机极为相似，只需一人操作，可见毛南族轧棉机从明代开始一直沿用，无多大变化。

传统的轧棉机在我国产棉区形式多样，基本上都是民间自制，随着世界棉花初加工技术的发展，产生了皮辊轧棉和锯齿轧棉等技术，现代机械化的生产方式，使传统的轧棉机逐渐淘汰。但对毛南族生产生活有着深刻影响的传统轧棉机，其特定时期的价值不可磨灭，它的设计精髓值得后人学习。

图片来源
图一　刘明来　摄影
图二、图三、图六　阮晨　制图
图四、图五、图七　刘明来　制图

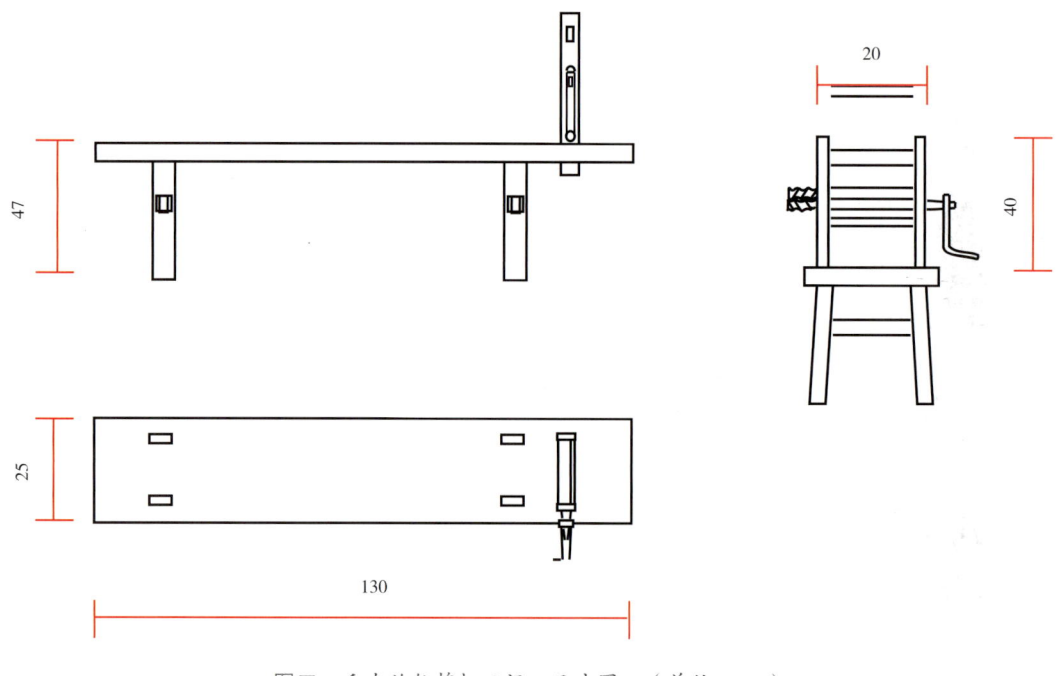

图二　毛南族轧棉机三视、尺寸图　（单位：cm）

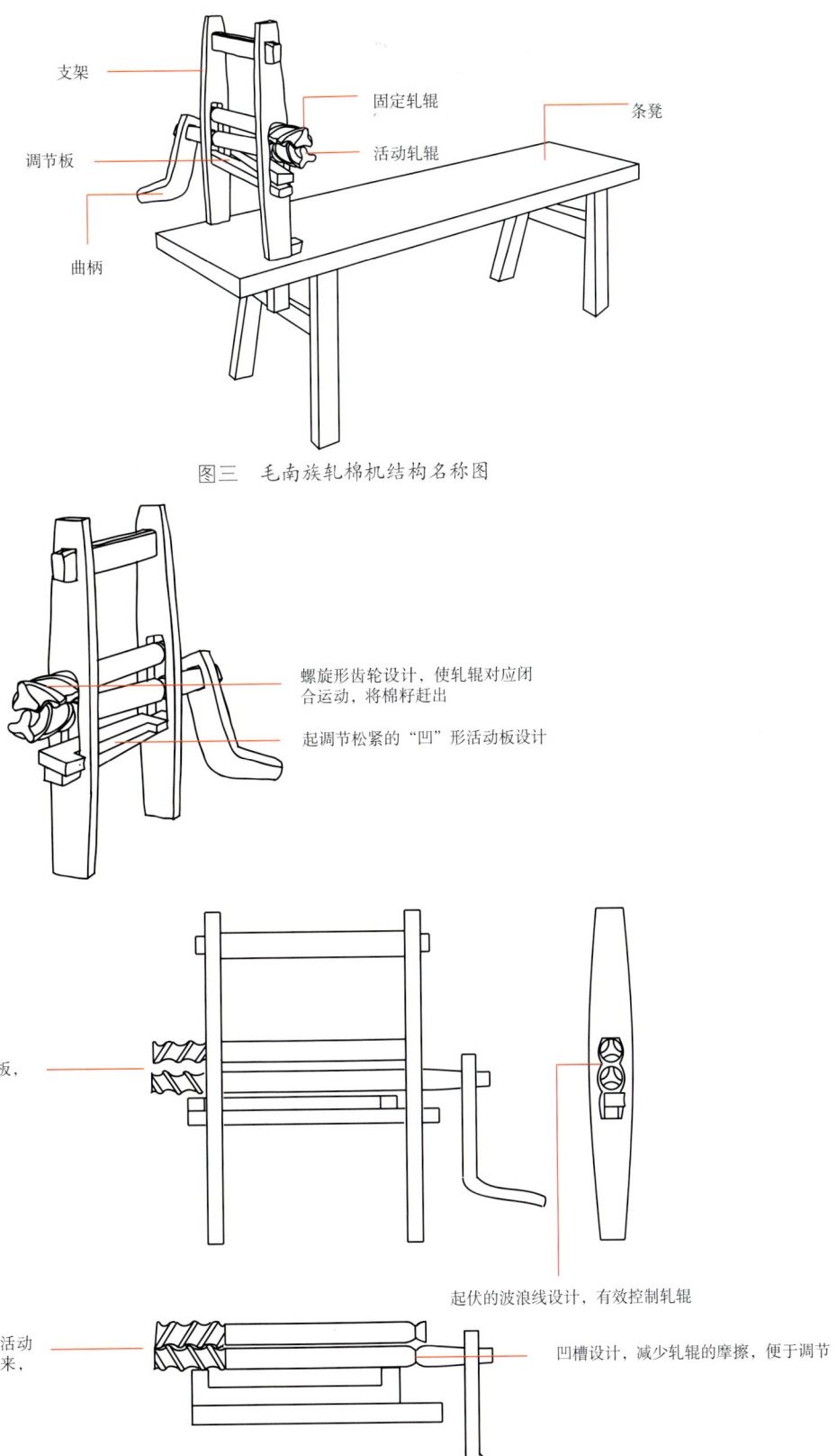

图三　毛南族轧棉机结构名称图

图四　毛南族轧棉机设计分析图

图五 毛南族轧棉机操作示意图

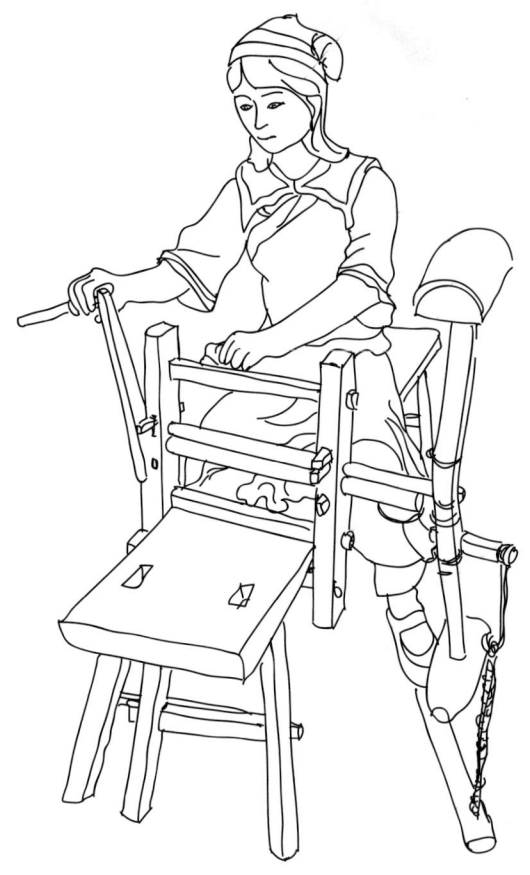

图六 毛南族轧棉机延展图：脚踏式轧棉机

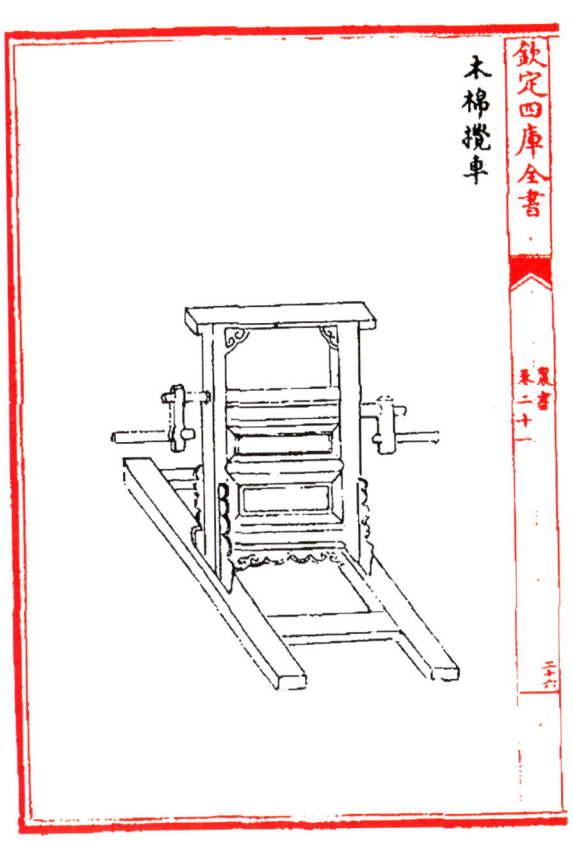

元代《农书》中的木棉搅车

明代《天工开物》中的赶车

图七 古代轧棉工具

毛南族纺车

图一　毛南族纺车主图

　　纺车，是毛南族自给自足的小农经济必不可少的劳动生产工具，它可以将棉花纺织成棉线，然后织布制衣。毛南族纺车大都是卧式手摇单锭纺车，一般线轮和摇柄在右，锭子在左，一人即可操作。

　　该案例采自毛南族博物馆，为20世纪50年代所制。纺车采用木材和竹片制作而成，主要由线轮、支架、底座、摇柄、锭子等组成，纺车通长100厘米，底座长76厘米，线轮直径60厘米。纺车的支架和底座采用厚重的方木，线轮是由两扇竹制翅翎组成，每扇翅翎上有六条宽约4厘米的竹片交叉叠错构成圆轮，其中两条竹片"十"字交叉，另四条竹片呈"井"字形交叉，并固定于十字交叉的竹片上，从"十"字交叉的竹片中心打孔穿入机轴，另采用四根竹撑将两扇翅翎串联在一起，每扇翅翎的外围还用细竹条箍紧，翅翎间用麻线呈"W"形连续穿接形成线网，构成完整的线轮。线轮上的线网绕有一根纺玄并与锭子连接，摇柄安装在翅翎"井"字竹片的交叉点上。这种结构形式，使纺车结实、稳定，不易变形。同时，线轮的翅翎采用竹片制成，有极好的韧性，便于调节线轮的松紧。使用时，纺纱者右手摇轮，左手纺纱，左手在锭子轴向时加捻，左手靠近锭子时便可绕线。线轮带动锭子转动，线轮转动一圈，锭子转动几十圈，相比原始的纺专加捻的间歇式纺纱，纺车的纺纱加捻易于控制，操作连贯，大大提高了纱线的质量和生产的效率。

纺车在我国大江南北普遍存在，传统的纺车一般可分为手摇纺车、脚踏纺车和大纺车，有单锭的和多锭的。由于毛南族所处的地理环境和经济形态，种棉、纺纱、织布只是为了满足自家的使用，很少用来买卖。因此，大部分家庭使用的是单锭手摇纺车。纺车的尺度较小，形制与汉族同类纺车基本相同，但毛南族纺车在材料的使用和结构的设计上更为讲究。

图片来源
图一　刘明来　摄影
图二至图六　张强玮　制图

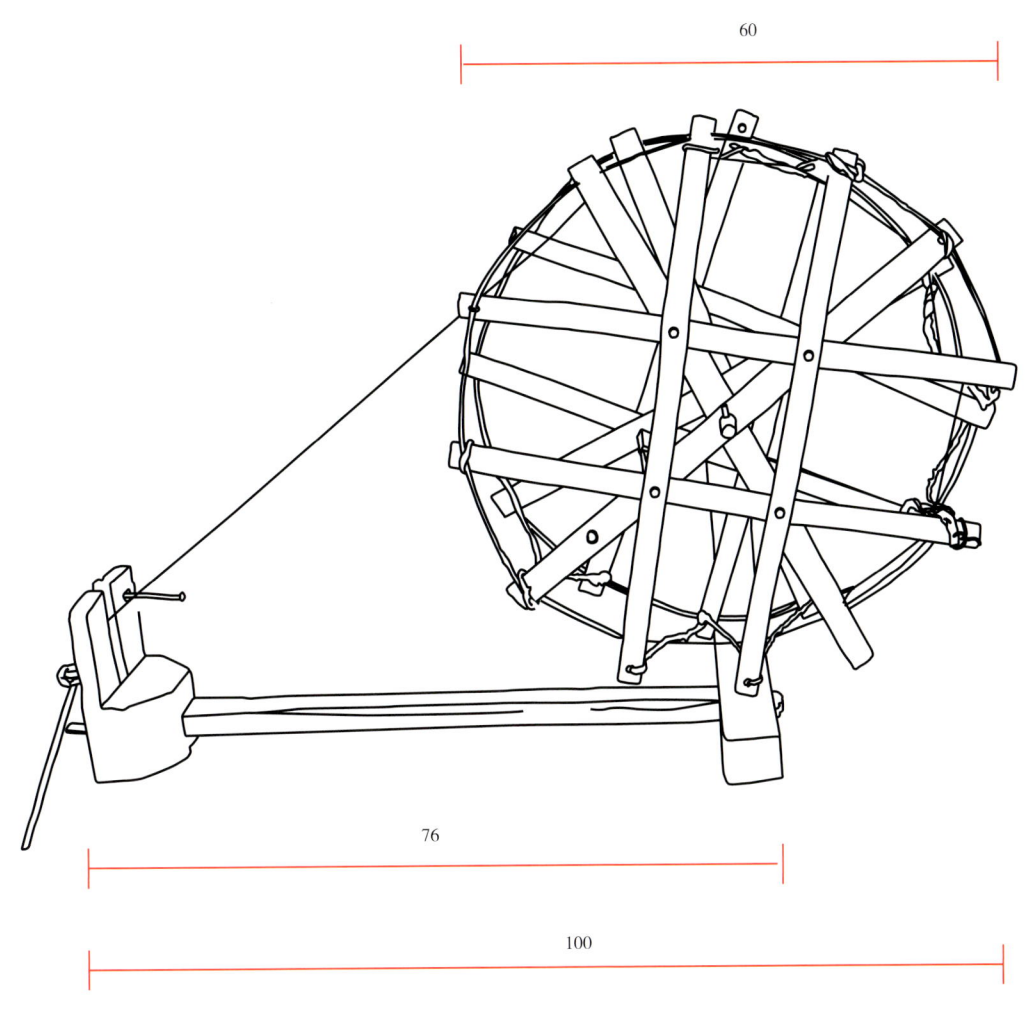

图二　毛南族纺车尺寸图　（单位：cm）

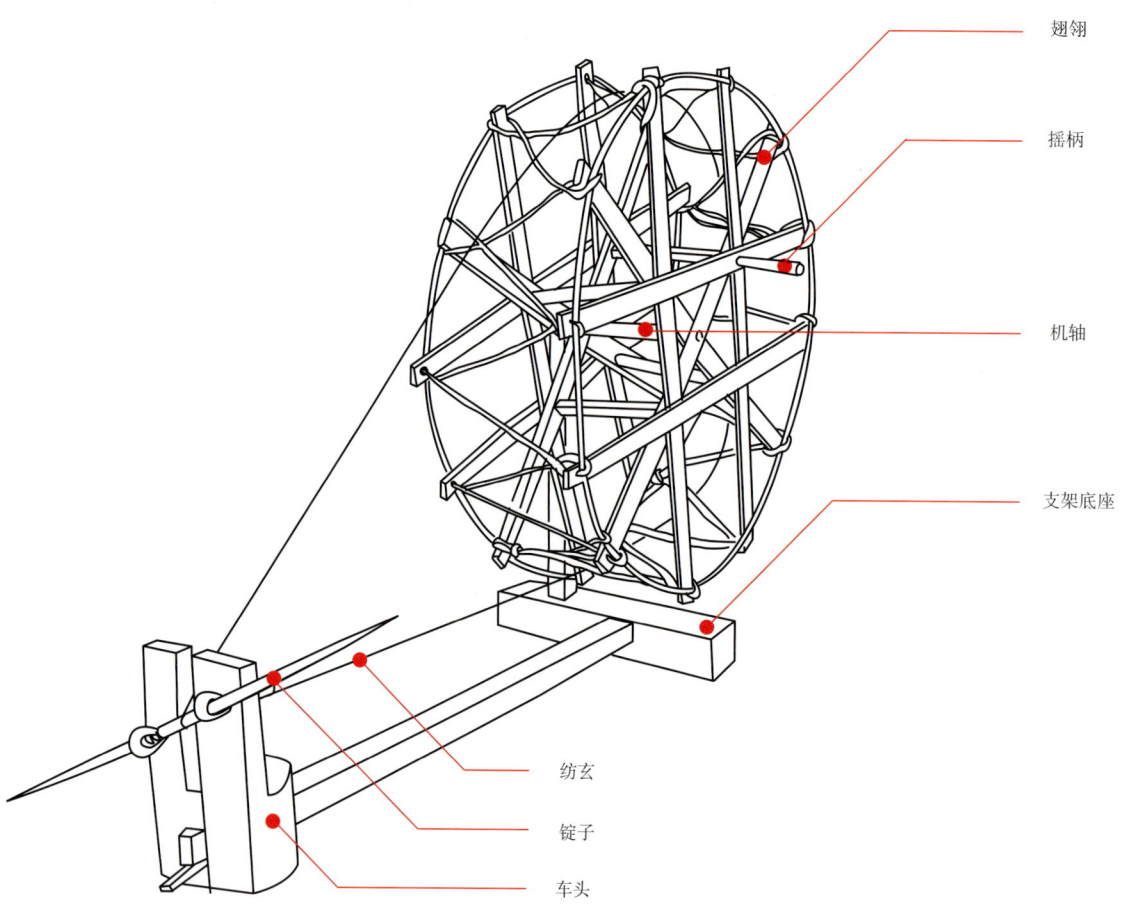

图三　毛南族纺车结构名称图

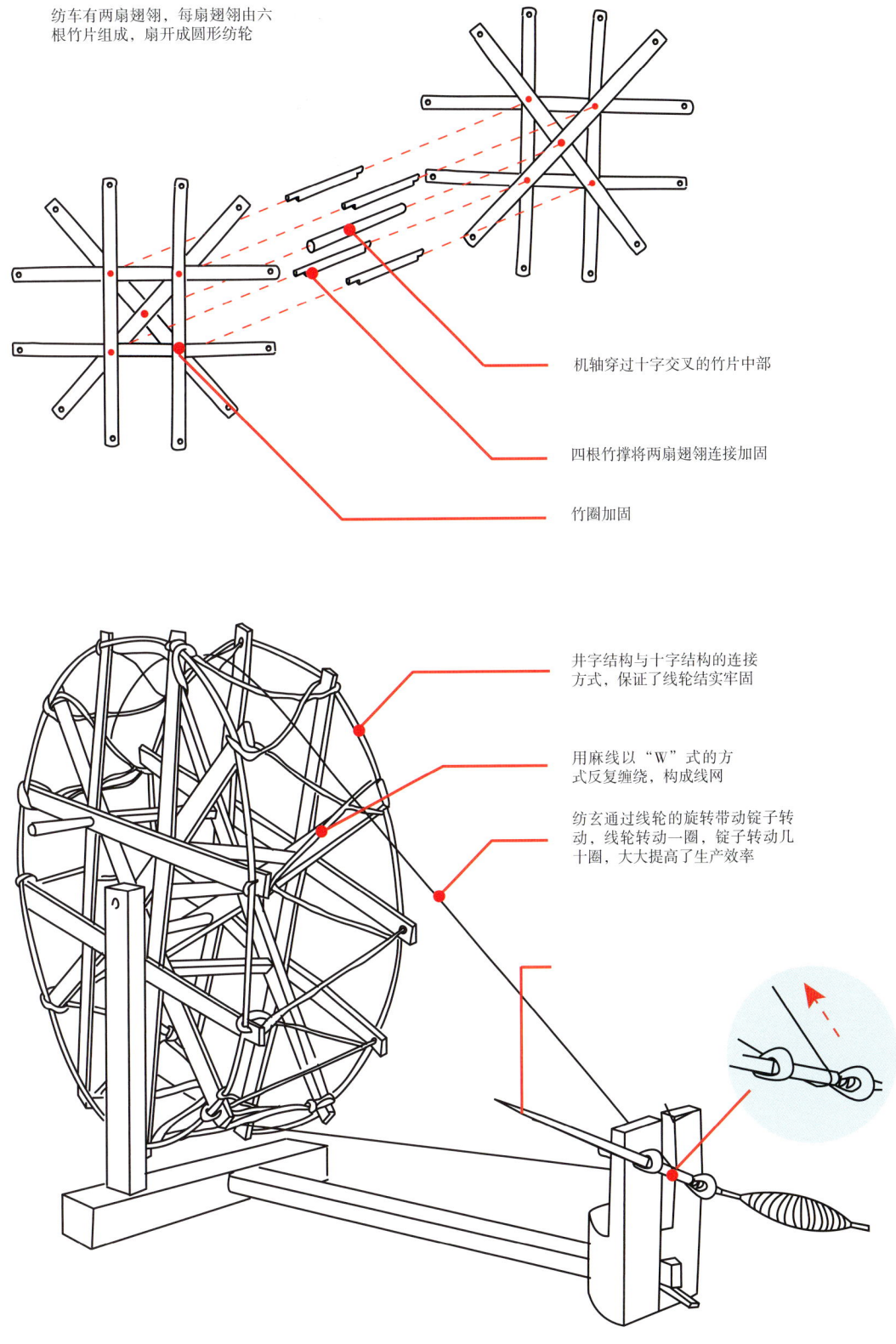

图四 毛南族纺车设计分析图

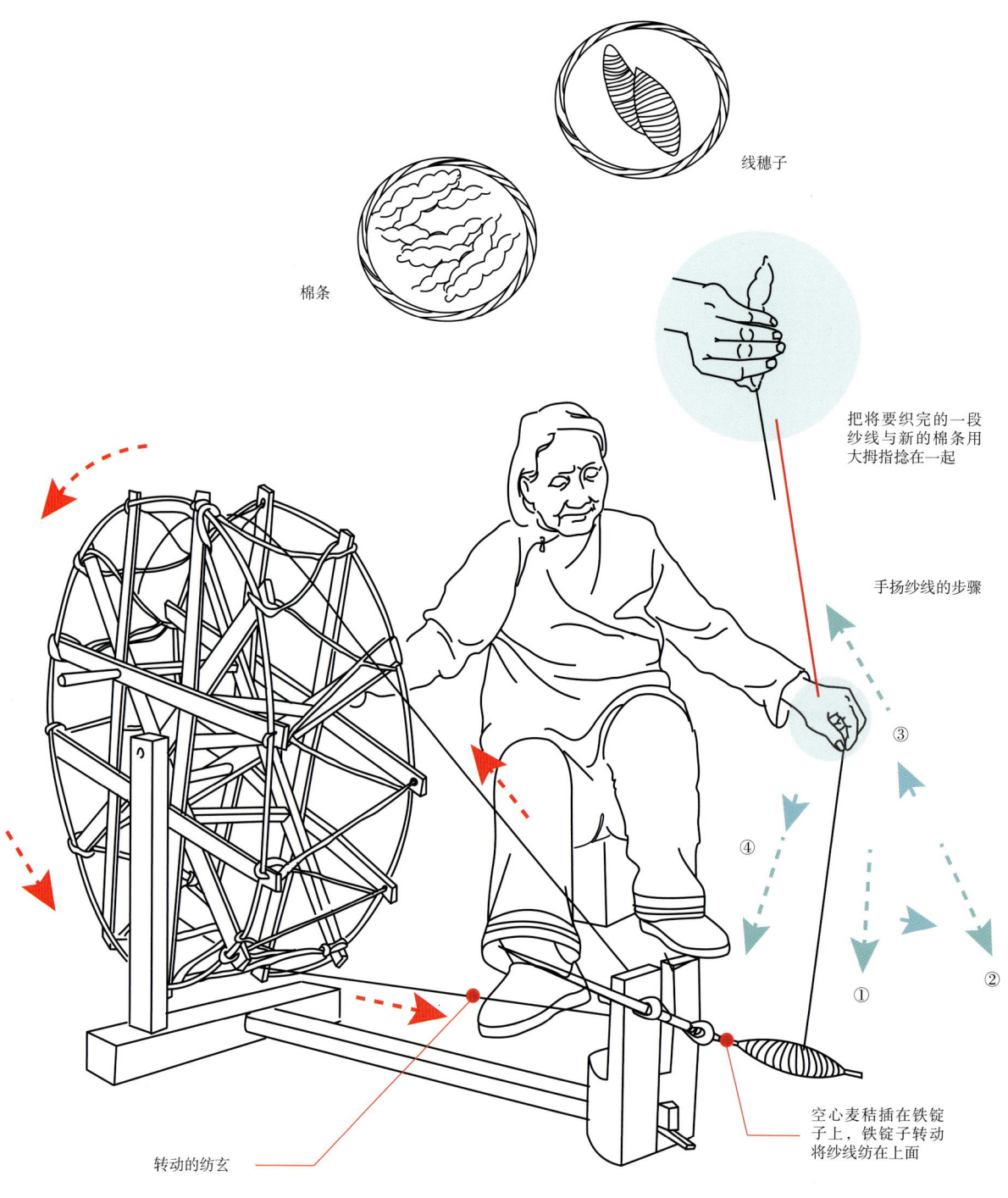

图五　毛南族纺车使用示意图

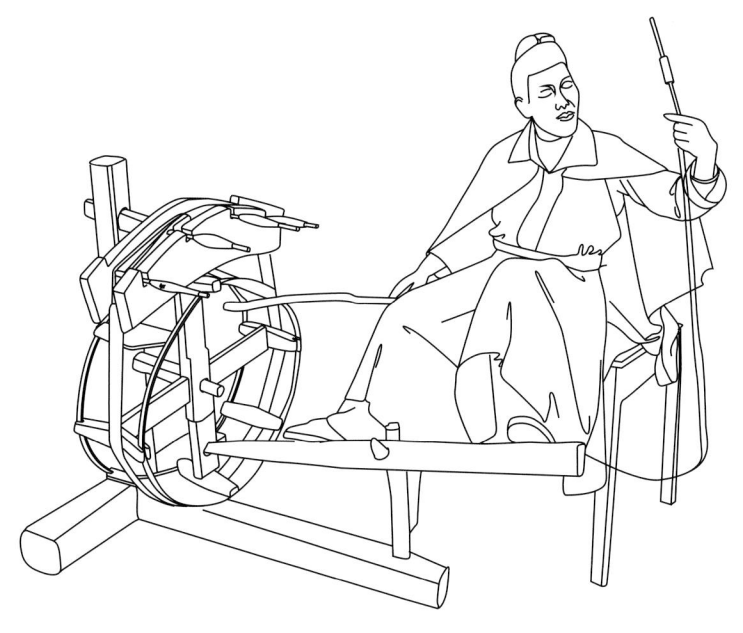

脚踏纺车：
由纺纱机构和脚踏机构组成，脚踏机构通过曲柄带动纺纱机构转动，双手可以控制多个纱锭

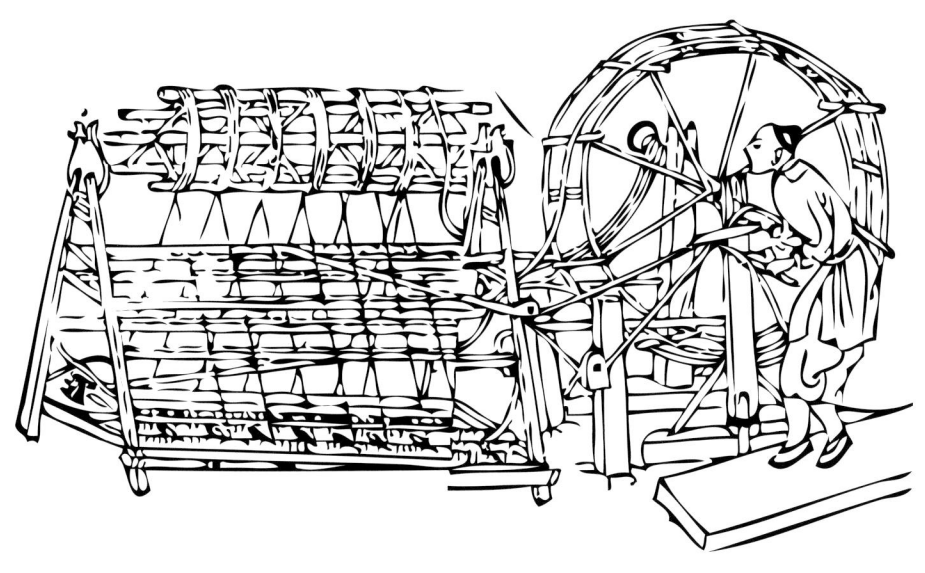

水动大纺车：
通过水力驱动，可带动几十个锭子转动

图六　延展图：脚踏纺车和水动大纺车

第五章　毛南族传统生产工具

227

毛南族竹笼织锦机

图一 毛南族竹笼织锦机主图

竹笼织锦机，是毛南族自制的传统织锦设备，它是由机台和机架组成，因其机架的杠杆上吊挂有竹笼，故而得名。本案例采自环江县毛南族博物院，机架长136厘米，高127厘米，宽64厘米，前端坐架高38厘米。吊挂竹笼的杠杆长130厘米，竹笼略长于机架的宽度，呈鼓形，鼓腰直径20厘米。

过去，纺织是毛南族最为普遍的家庭手工业，竹笼织锦机主要分布在环江县下南乡，现在已很少见到。织锦机在壮族地区的忻城、宾阳也有使用，外形原理大致相同，而毛南族竹笼织锦机机架和竹笼比较小巧。

毛南族竹笼织锦机，机台和机架均为木制，杠杆和竹笼用竹子制作。其形制和尺度适合一人操作。机架上设有两个"V"字形杠杆，上部杠杆用于吊挂、提拉编结有花纹的竹笼（竹针编排在竹笼周围，一般在40根左右），后端吊有重物以保持平衡，下部杠杆用来提拉地综。杠杆尾端均有绳子连接踏杆，用脚踩踏操作，产生机械连动，进行织造。

竹笼织锦机的织造过程，主要是经线和纬线的交织过程。在机台尾部有卷经轴，卷经轴前面设置三角形的分经筒，将经线分为底经和面经。踏动踏杆，杠杆提起地综，底经跟随而起，变成面经，放开踏杆，便复回原来的形态。通过底经和面经的转化，形成梭口，引纬织造。竹笼织锦机没有梭子，是用木质刀杼穿纬。刀杼刀刃平直，两端较窄便于持握，刀背部较厚，挖空装上可以滚动的纬管，这样的设计，既可代替梭子完成引纬功能，又起到打紧纬线作用。竹笼织锦机竹笼较低，有利于操作者拨动竹笼上竹针。织造者坐在可以活动的坐板上，腰部套上腰带，通过腰脊绷紧经纱。已完成的织锦绕在夹棍上，用布带缠住夹棍的两端捆于腹前。毛南锦大多是棉丝合织的，棉为经，丝为纬，既好看又结实。织锦主要用于被面、背带、枕巾、头巾等。

我国织锦历史悠久，早在先秦时期就生产出了美丽的多色提花锦，随着人们对织锦形式和工艺的追求，织锦机也在不断发展完善中。毛南族竹笼织锦机继承了原始的腰机特征，由于地理位置偏远，发展极为缓慢。然而，毛南织锦正是通过这种原始的织锦机，产生绚丽多彩的图案，其织造工艺与其他名锦相比也毫不逊色。

图片来源
图一　刘明来　摄影
图二至图五　刘明来　制图
图六　刘明来、张强纬　制图

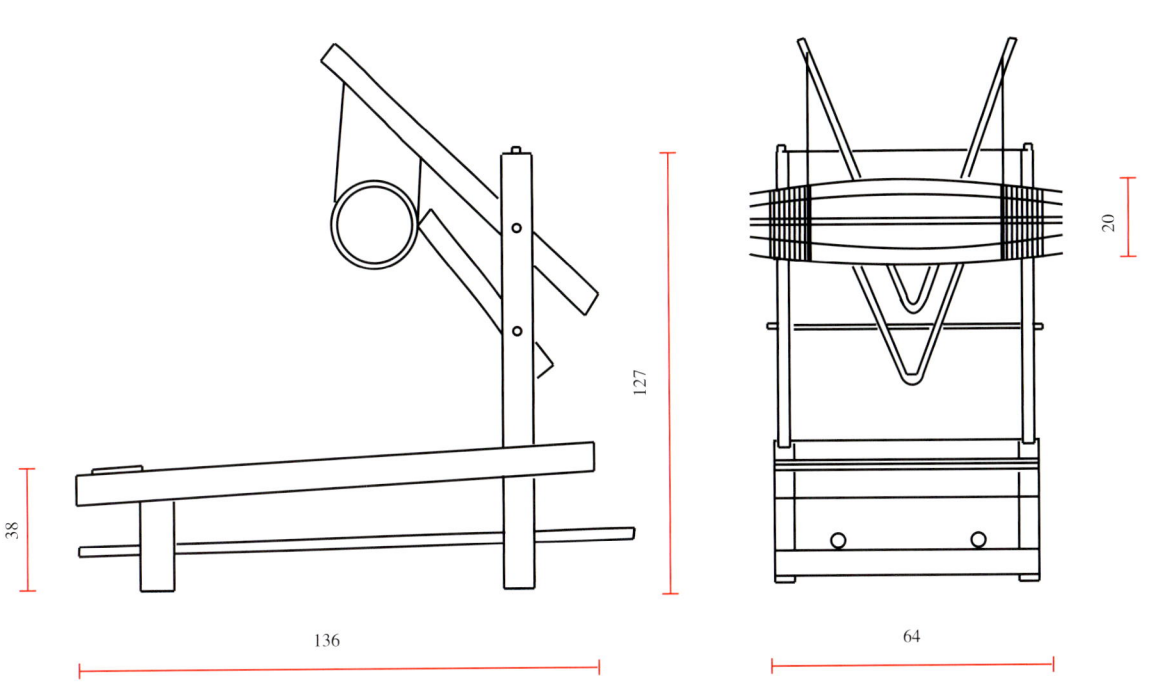

图二　毛南族竹笼织锦机尺寸图　（单位：cm）

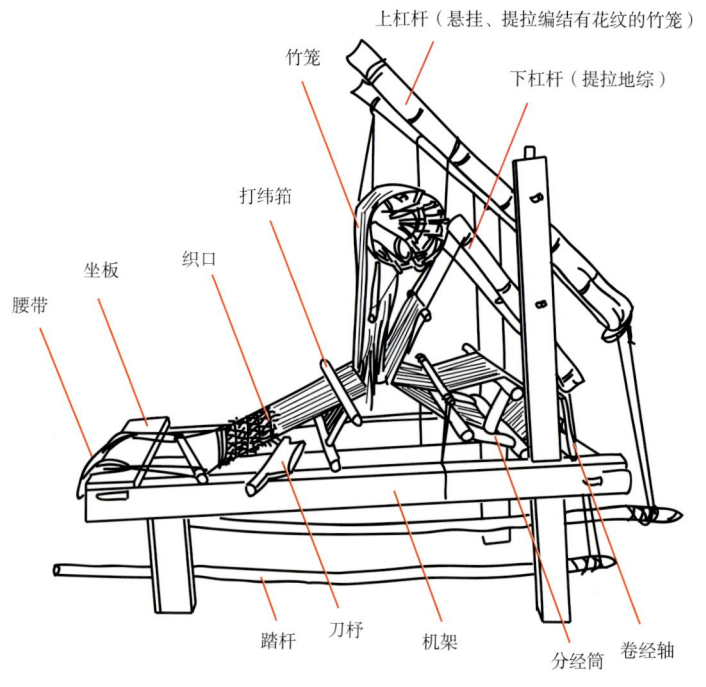
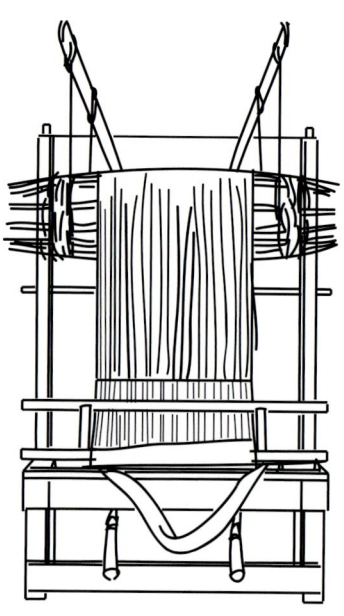

图三 毛南族竹笼织锦机结构名称图

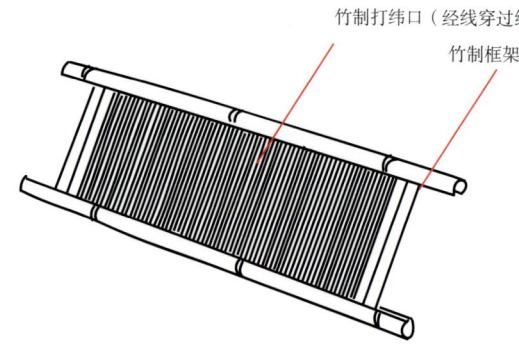

打纬箅：有打紧纬线的功能

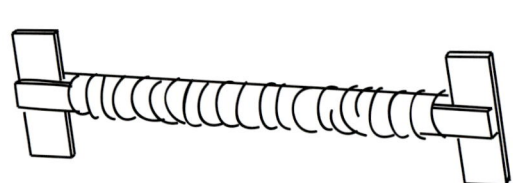

卷经轴：固定经线

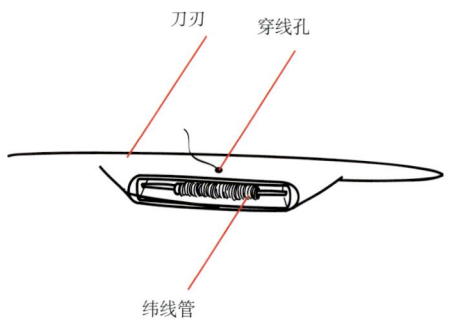

刀杼：有穿纬和打纬的功能

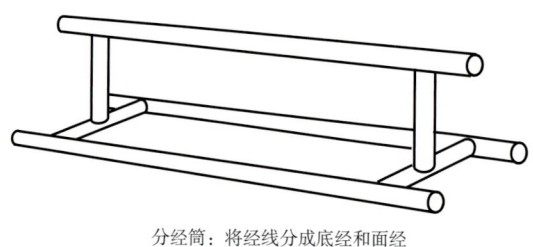

分经筒：将经线分成底经和面经

图四 毛南族竹笼织锦机设计分析图

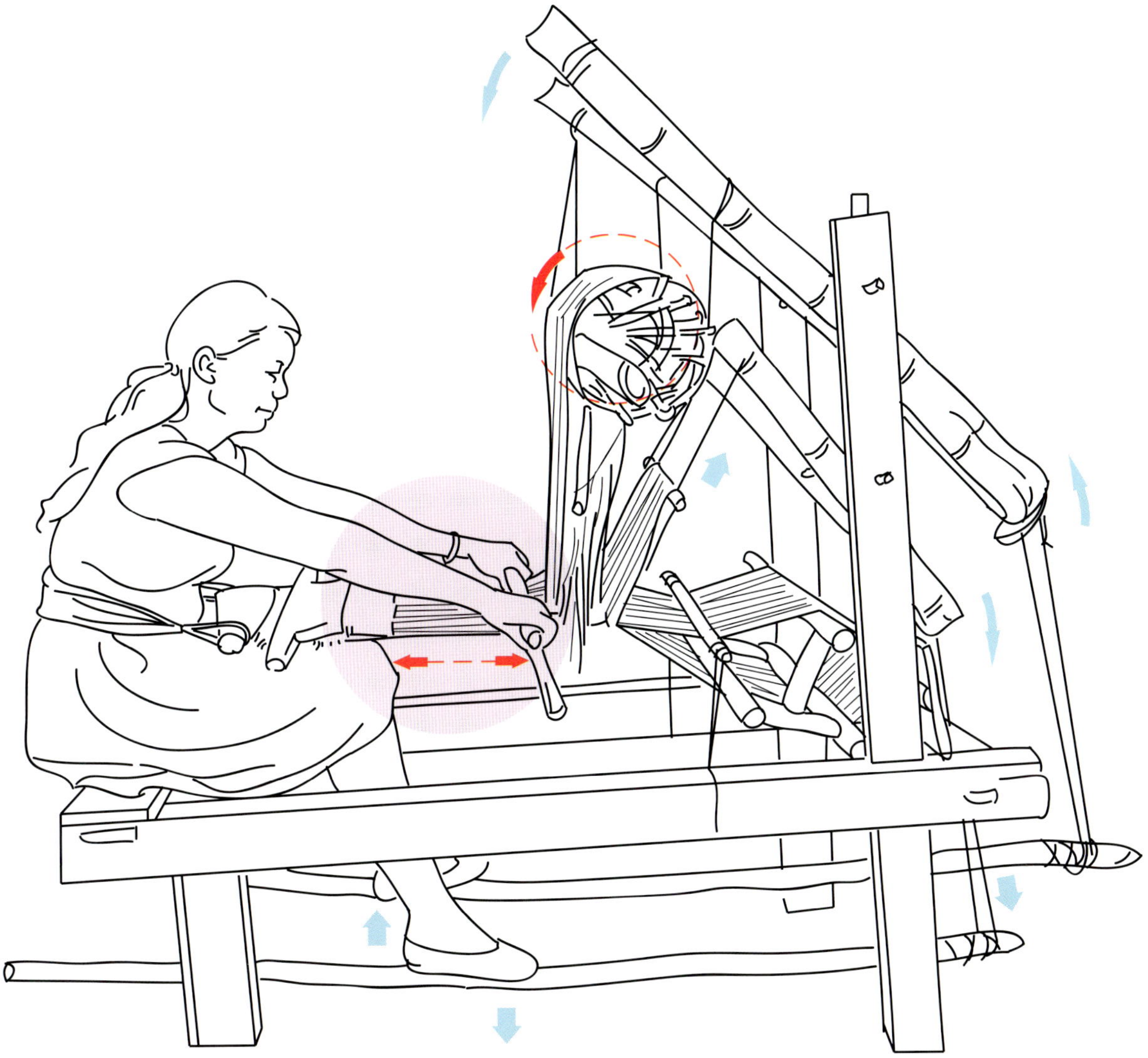

脚踩的同时，腰要往前收

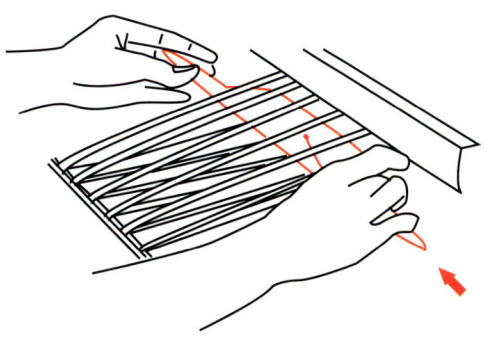

木质刀杆穿纬，同时也用来打紧纬线

图五　毛南族竹笼织锦机操作示意图

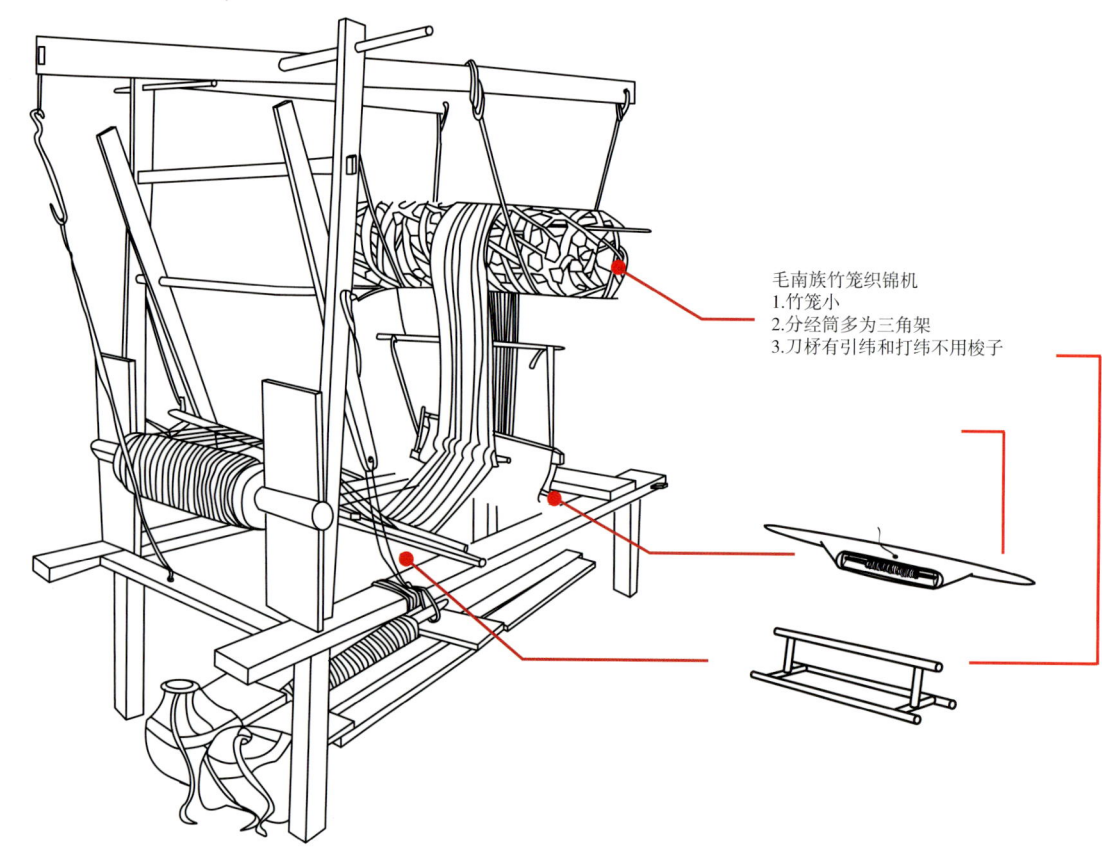

毛南族竹笼织锦机
1.竹笼小
2.分经筒多为三角架
3.刀杼有引纬和打纬不用梭子

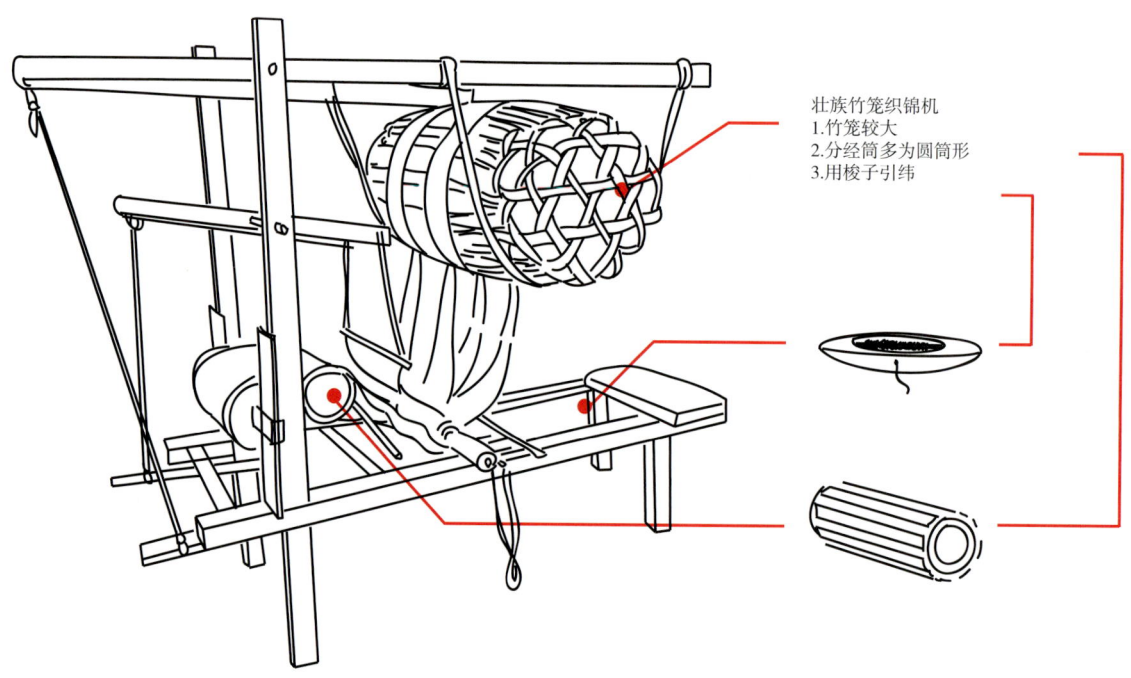

壮族竹笼织锦机
1.竹笼较大
2.分经筒多为圆筒形
3.用梭子引纬

图六　毛南族与壮族竹笼织锦机的区别图

毛南族草鞋及草鞋编织工具

图一　毛南族草鞋主图

图二　毛南族草鞋编织工具主图

草鞋，是用茅草编织的鞋子，过去我国农村和偏远山村使用普遍。毛南族草鞋一般不用野生茅草编织，它采用的材料多样，竹壳、米草、九层皮、竹棉、布条等都可以用来制作。因此，根据材料的不同，制成的草鞋名称也不同，如：竹壳草鞋、米草草鞋、九层皮草鞋、竹棉草鞋和烂布条草鞋等。草鞋材料易于获取，制作简单，经济实用，是20世纪50年代以前毛南族最为普遍使用的鞋，人们上山砍柴、长途远涉一般都穿草鞋。

本案例草鞋采自环江县毛南族博物馆，

是用米草和葛麻制成，长28厘米，最宽处11厘米，鞋底厚度1.5厘米左右。鞋底略凹，底边凸出，前掌和后跟均有系带。葛麻搓成麻绳，作为草鞋的内筋骨，米草用来编织鞋底。整双草鞋细腻、匀称。

在长期的草鞋编织实践中，毛南人积累了许多经验，由徒手编织，发展到发明简单工具编织。本案例的草鞋编织工具采自环江县毛南族博物馆，为20世纪五六十年代的劳动生活用具。工具主要由木质撑杆、踏杆组成，从正面看呈"T"字形，纵向为撑杆，横向为踏杆。撑杆呈弓形，前端有弯钩与踏杆榫卯连接，尾端呈"十"字形。其尺度为：通长55厘米，踏杆长28厘米，踏杆到支点的距离为18厘米。草鞋编织工具形制简单，但设计巧妙，其尺度适合一人坐下编织，操作者双脚前脚掌踏于踏杆之上，脚跟落地形成支撑，撑杆弯曲至人的怀中。绷绳（葛麻）绷于踏杆和撑杆尾部，双手在双腿之间的绷绳上操作。工具的设计人机一体化，具有平衡稳定、易于操作的特点。

草鞋的编织程序是，先将葛麻绳分别套在踏杆的左右两侧，并拉至撑杆尾部绷紧，形成四条经线，作为草鞋的内胫。然后用米草作为纬线在四根经线之间上下编织。每次编织到鞋帮时，将米草拧几道，编织鞋底时，将米草捋顺压紧。这样就使鞋帮坚硬牢固，高于鞋底，鞋底平缓顺畅，低于鞋帮。简单的编织手法，既有强化结构的效果，也有保护脚部的功能。鞋底编织好后，用结实的草绳作为系带，安置于鞋帮之上，整双草鞋制作完成。

草鞋早在我国商周时期就已出现，到汉代以后，布鞋和革履的出现，草鞋才多为平民所用。在漫长的发展过程中，各个地区的编织工艺和方法略有差异，编织工具也多种多样。

图片来源
图一、图二　刘明来　摄影
图三至图九　刘明来　制图

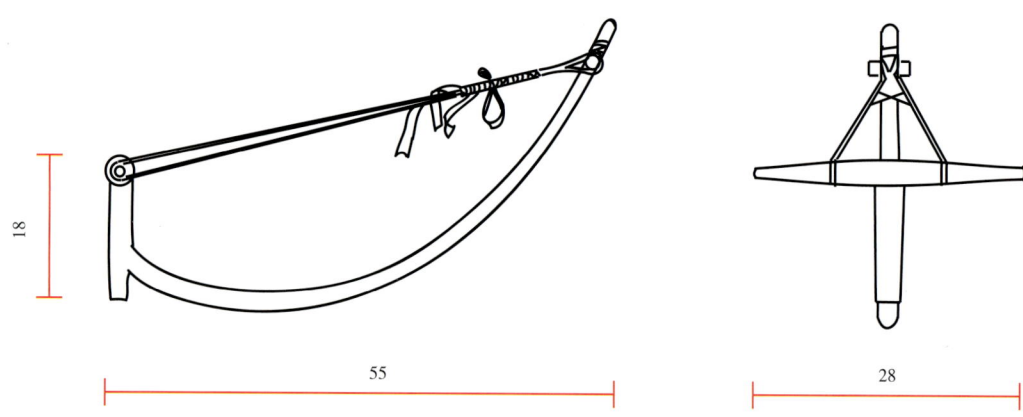

图三　毛南族草鞋编织工具尺寸图　（单位：cm）

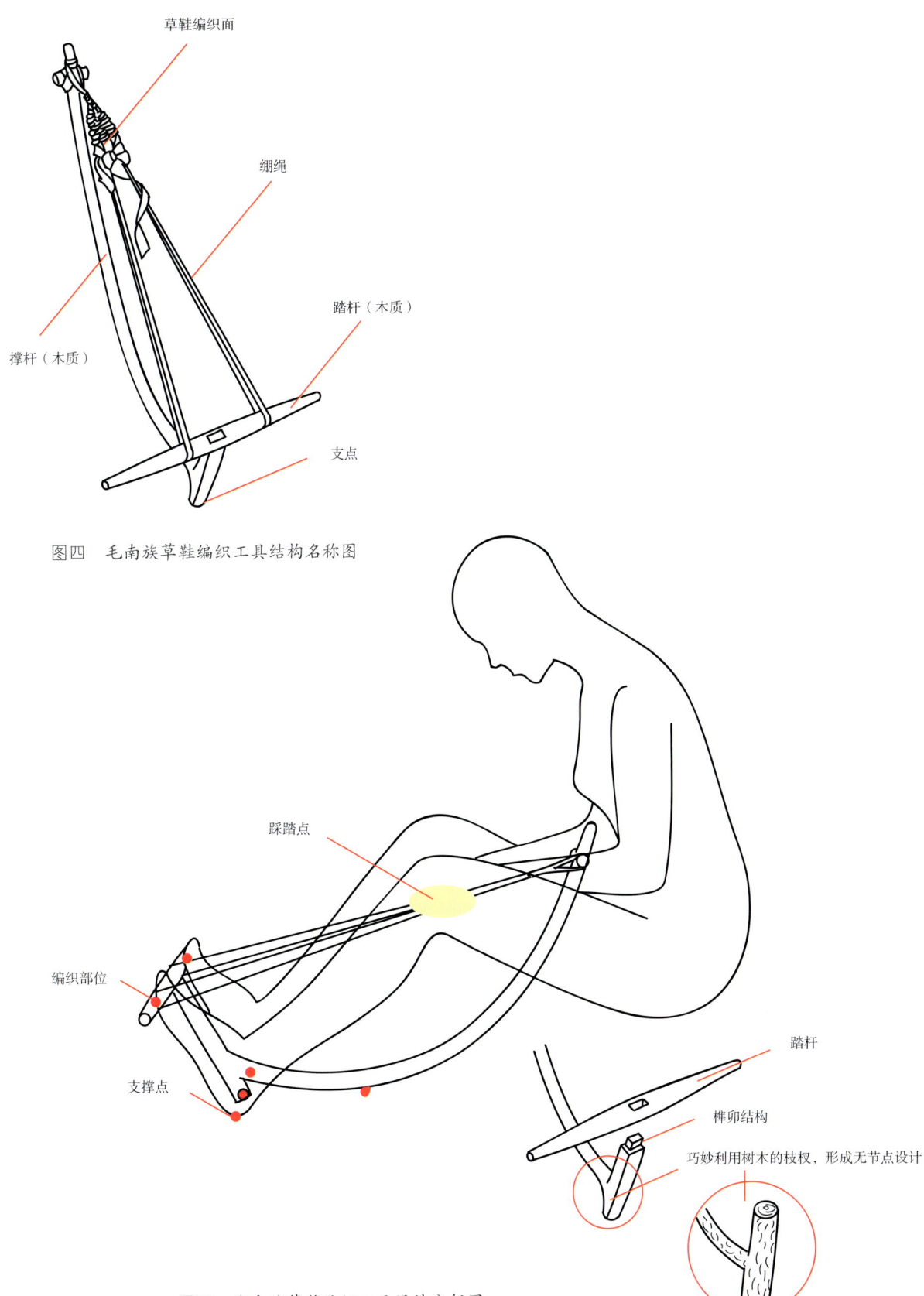

图四 毛南族草鞋编织工具结构名称图

图五 毛南族草鞋编织工具设计分析图

图六　毛南族妇女打草鞋示意图

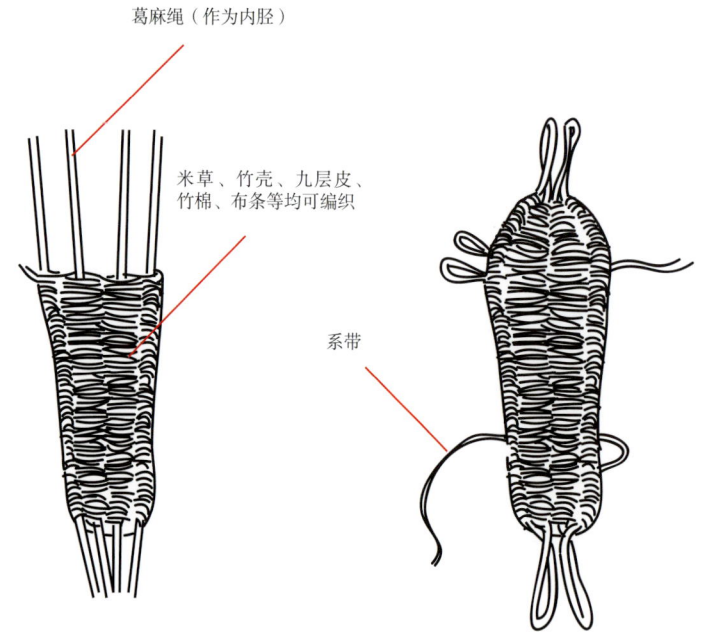

图七　毛南族草鞋编织工艺分析图

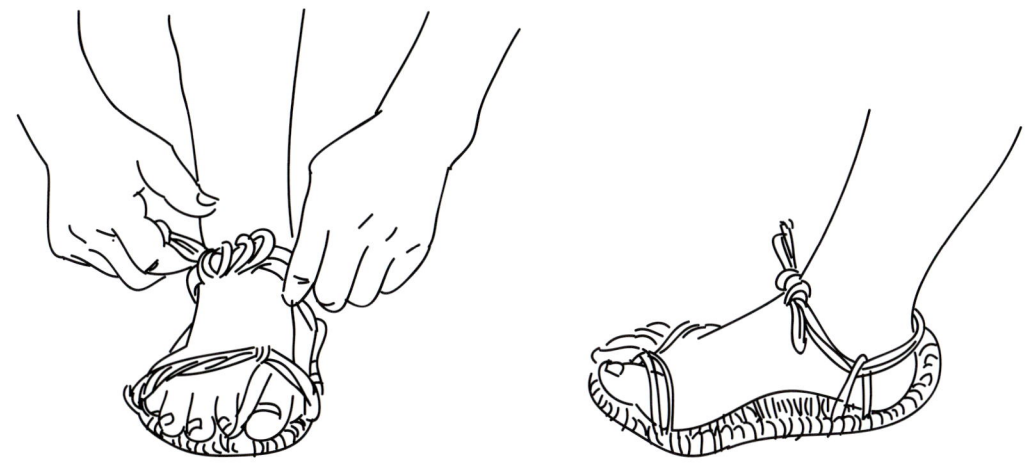

图八　毛南族草鞋穿着示意图

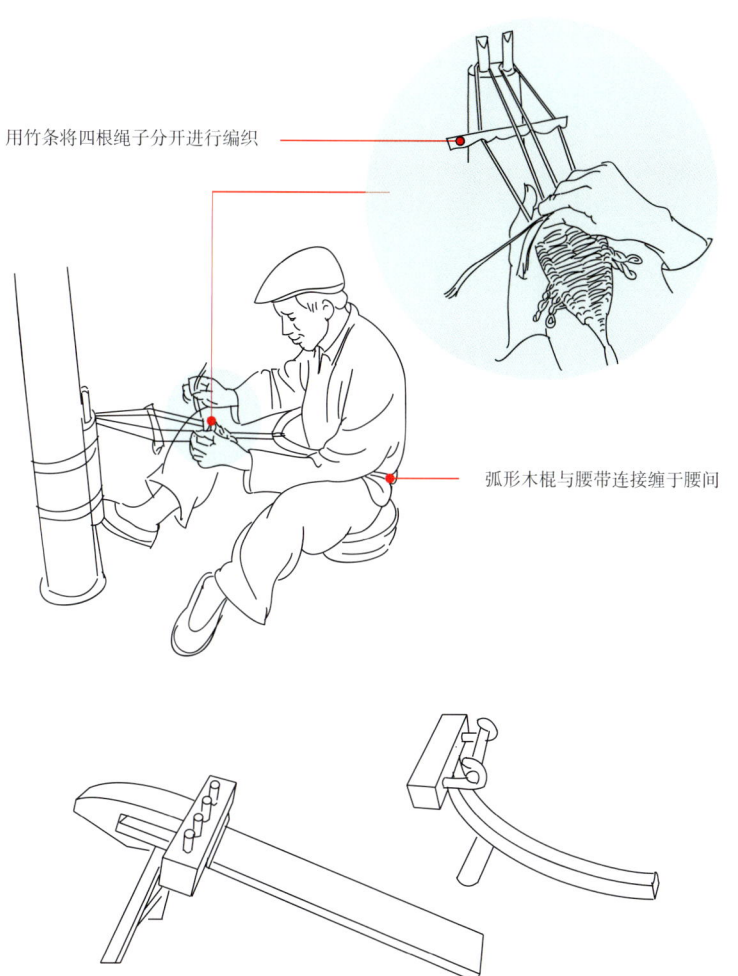

用竹条将四根绳子分开进行编织

弧形木棍与腰带连接缠于腰间

图九　毛南族草鞋编织情境图

第五章　毛南族传统生产工具

237

毛南族捞绞

图一　毛南族捞绞主图

捞绞，又叫捞网、抄网，是毛南族在浅水中捕捞小鱼小虾的工具，有时也作为捕捉大鱼使用。它是由捞口、捞杆和网兜构成，捞口和捞杆由藤条制成，网兜是由合成纤维编织而成。本案例采自环江县毛南族博物馆，为20世纪五六十年代的劳动生活用具。形似长把捞瓢，通长188厘米，捞口直径约为50厘米。毛南族居住的地区有大环江、小环江和打狗河三江并流，贯穿全境，支流遍布，水利和渔业资源丰富。毛南族男子自古就有捕鱼的习惯。

毛南族捞网看似简单，但设计和制作都很讲究。捞口是将藤条用火来回烘烤加热，弯曲成椭圆形，将藤条接头的两端，削整拼合在一起，用铁丝捆绑固定，通过自然冷却的方式使之定型。捞口做好后，用同样的方式在捞口外围制作一个外圈，以固定捞口。外圈藤条两端分别插入事先准备好的撑条两端的榫眼之中，并延伸到捞杆处交叉，撑条与外圈延伸部分构成等腰三角形，捞杆平分等腰三角形，前端插入撑条的中心卯眼，捞杆与外圈用绳索捆绑固定。这种榫卯穿插、层层相扣的结构，使捞绞非常结实，不易变形。网兜是根据捞口的大小编织，下端逐渐

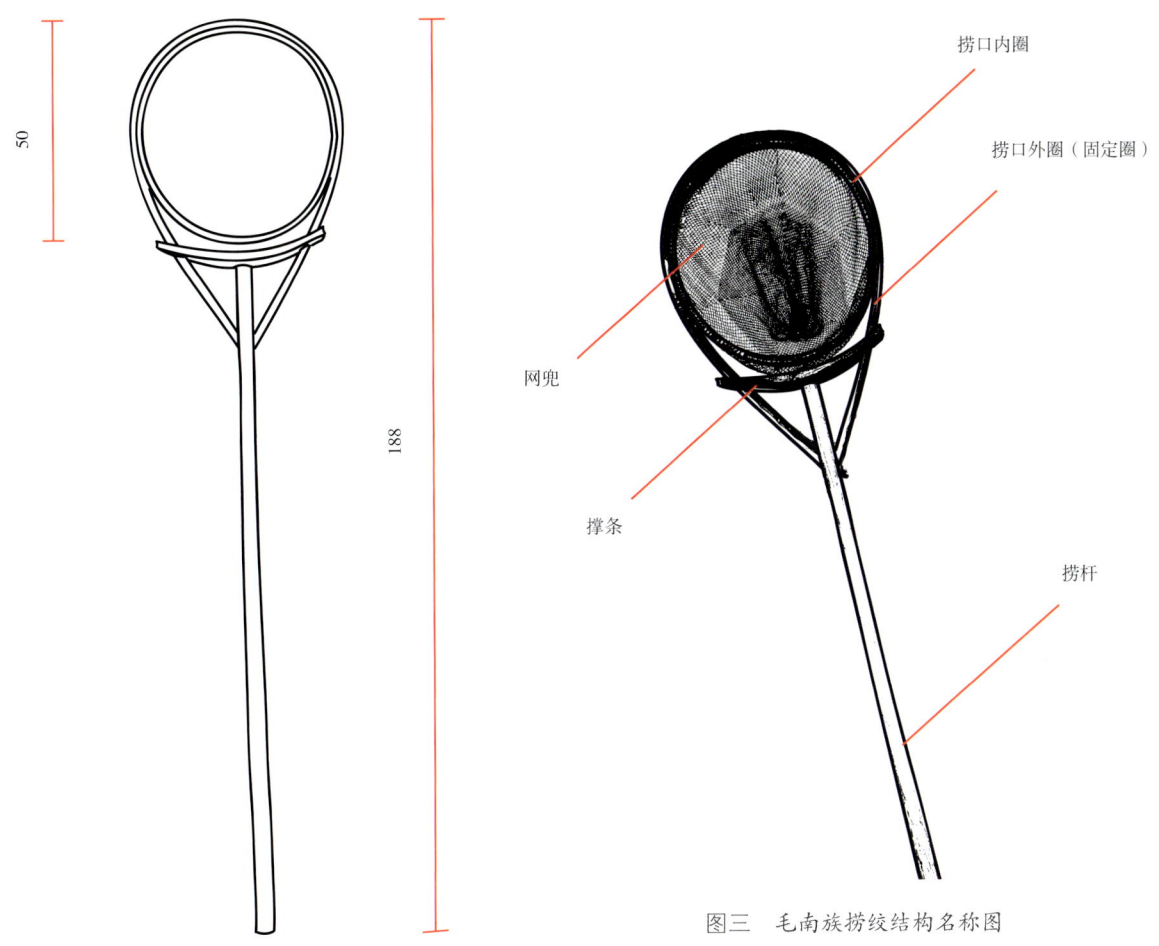

图二 毛南族捞绞尺寸图（单位：cm）

图三 毛南族捞绞结构名称图

缩小，呈喇叭形。网兜采用传统的打结法编织，编织工具主要有梭子和竹尺，渔网的经线和梭子中的纬线套结，形成网目，仔细观察可以看到，网兜的上半部分网目较大，下半部分网目细小（呈六角形），工整美观。大小网目是因竹尺的宽窄不同而形成的，这样的设计既降低捞网在水中运动的阻力，也使捕捞过程中小鱼虾不会漏出，同时也增强了网兜的耐磨性和抗大鱼的冲击性。

捞绞捕鱼主要采用抄捞、刮拉、推移的方式。一般的时候是在小河沟里或水草中以逆水侧捞的方式捕捉小鱼虾。如果遇到天气闷热或雨水暴涨的时候，大鱼会浮出水面，有的被湍急的水流带动着沿河而游。这时，毛南族男人就会戴上斗笠，背上鱼篓，扛起捞绞去捞捕。他们掌握水流和鱼的习性，看准位置，将捞网扣入水底，再逆水刮拉，并迅速翻转捞网提出水面，大鱼便在捞网之中。20世纪90年代，毛南人开始挖掉近水的低产田作为鱼塘养鱼，也有在田间地头设置水柜养鱼。捞绞开始成为渔业养殖的辅助工具。

毛南族捞绞与现代抄网相比，材料在自然中获取，尺度大，捞杆长，适合野外捕捞。毛南族捞绞充分利用藤条材料柔韧的特点，采用榫卯穿插和捆绑结合的制作方法，增强了捞网结构的牢固性。

图片来源
图一 刘明来 摄影
图二至图七 刘明来 制图

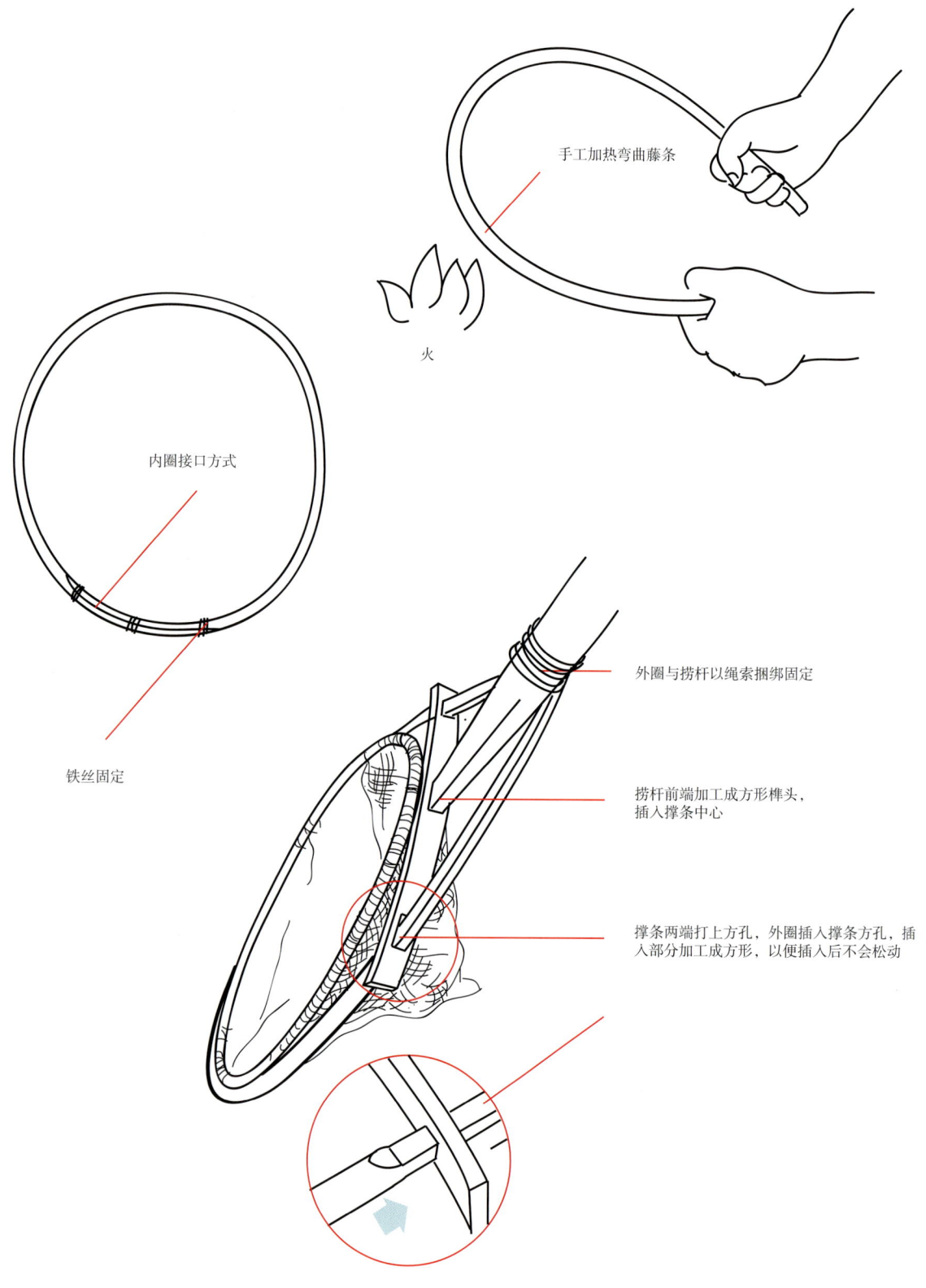

图四　毛南族捞绞制作工艺图

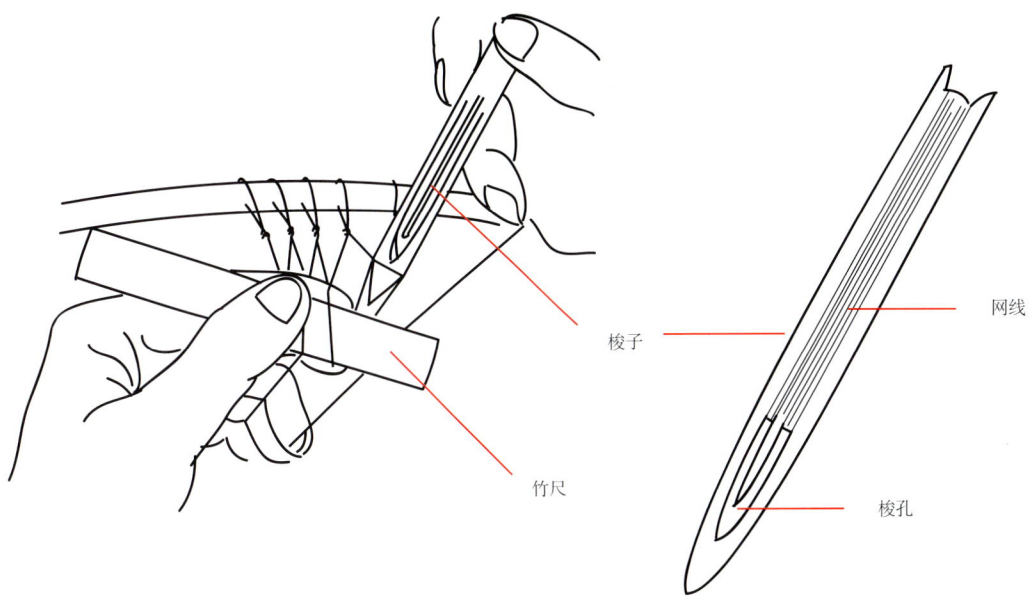

图五　毛南族捞绞编织工具图

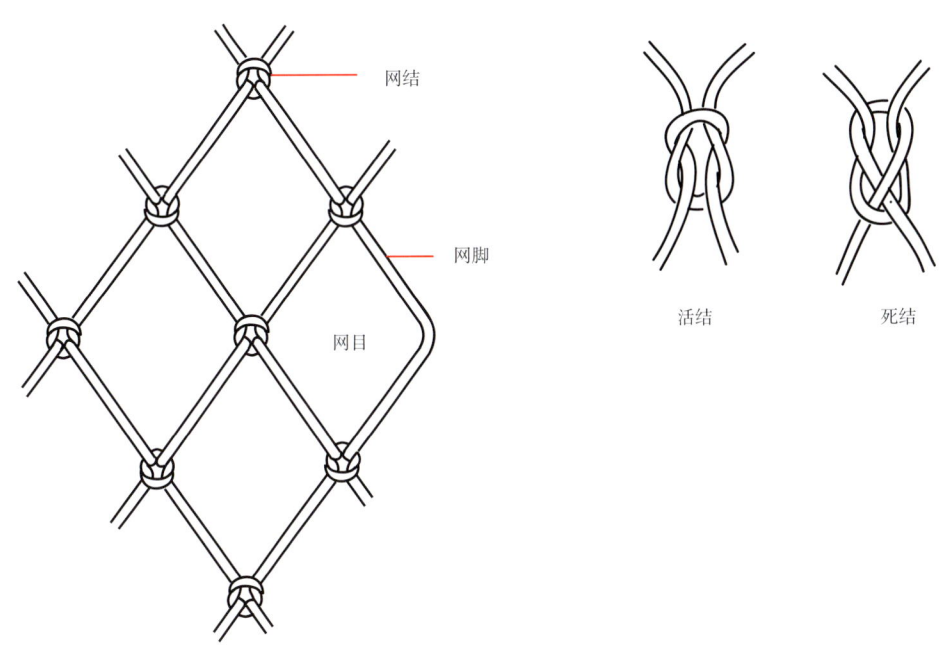

图六　毛南族捞绞编织方法图

241

图七 毛南族捞绞使用操作图

毛南族捕鱼篓

图一　毛南族捕鱼篓主图

捕鱼篓，是一种在浅水阻挡鱼类前进的竹制捕鱼工具。分内外两层，内层入口处有可以松动的竹篾倒须，鱼只能进不能出，因此，也称"倒须笼"。本案例采自毛南族博物馆，为现代毛南人制作。捕鱼篓通长140厘米，内层长70厘米，喇叭口直径65厘米，鱼笼部最宽处直径30厘米。捕鱼篓口大尾小，腹部隆起，外形美观，设计制作巧妙。

毛南族生活在山林与河流之间，境内有大环江、小环江和打狗河流过，主要支流27条。流动浅河和小溪是捕鱼篓捕鱼的最佳场所。毛南族捕鱼篓捕鱼的方法有两种。一种是利用鱼逆流而上的生活习性，将捕鱼篓放置在流动的浅水中，喇叭口朝下游，用泥石将口的两边堵死，水由上而下从喇叭口流出，鱼逆流穿过须口进入笼中，须口闭合，鱼不能出。另一种是暴雨后，将捕鱼篓设在流水的下游，利用湍急的水流将鱼冲入捕鱼篓内。在没有水流的地方，有的在河边挖"U"形水槽，用排车车水灌入水槽，引鱼入笼。这种捕鱼的方法省时省力，好的季节每笼可捕获四五十斤鱼。捕鱼不是毛南族的主业，但是一个很好的生活补充。

捕鱼篓采用当地笔直修长的金竹作为材料。先将金竹破成宽1厘米，长160厘米的篾片70根，其中将35根篾片从25厘米处分成三根细篾，用于编织捕鱼篓外层。另35根篾片在20厘米处分成两根，用于编织内层。然后，另用三根细长竹篾作为横栅，与分出来的细篾呈螺旋式交叉编织，螺旋弧度的大小决定捕鱼篓的宽窄。内外层分别编织到适合的位置合二为一，合并形成5根细篾一组，共35组，成组在捕鱼篓的喇叭口处弯曲叠压收口，这种收口方式，使喇叭口的结构更加坚韧牢固。最后用细篾片编织提手和抓手，提手编织在喇叭口的颈部，抓手安置在捕鱼篓尾部须口处。这样在捕鱼完成后，左手抓住提手提起捕鱼篓时，喇叭口朝上，右手抓住尾部抓手，轻松将鱼从须口倒出。

从捕鱼篓的设计制作和使用方法上可以感受到，毛南人善于在生活中发现和总结，能够巧妙地运用自然力。在制作工艺上，他们往往利用最简单的材料产生最精妙的设计，获得最大的效用。

图片来源
图一　刘明来　摄影
图二至图五　刘明来　制图

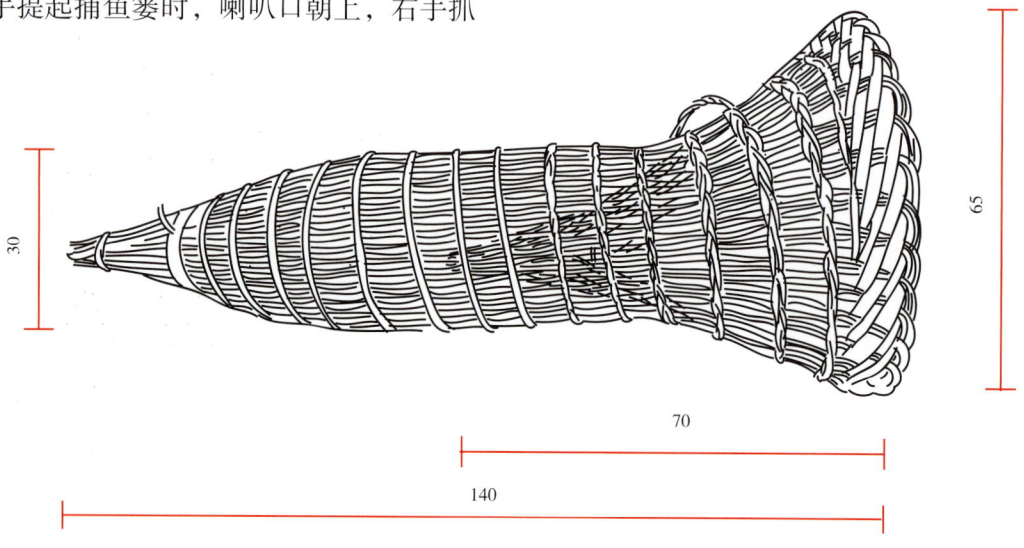

图二　毛南族捕鱼篓尺寸图　（单位：cm）

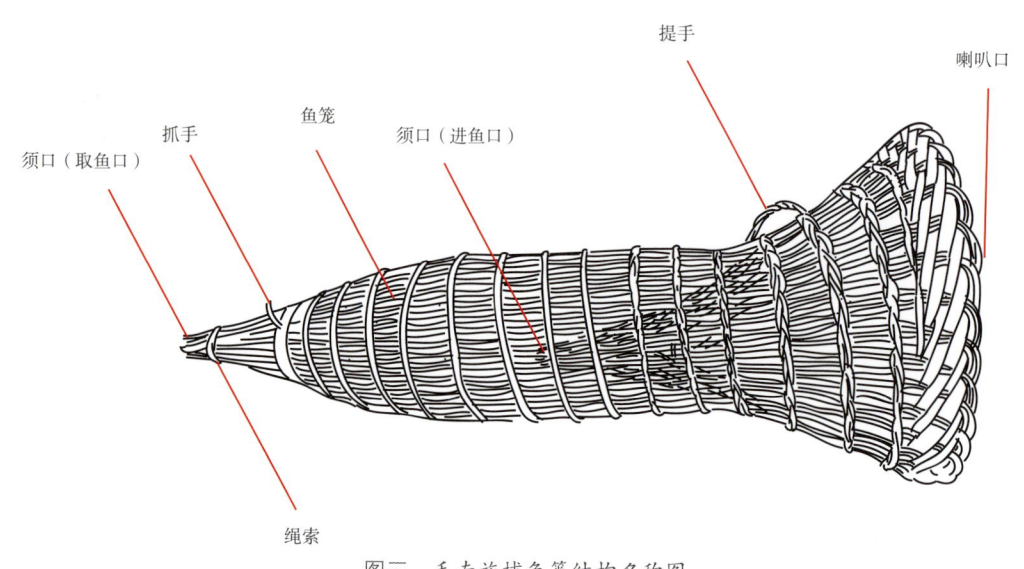

图三　毛南族捕鱼篓结构名称图

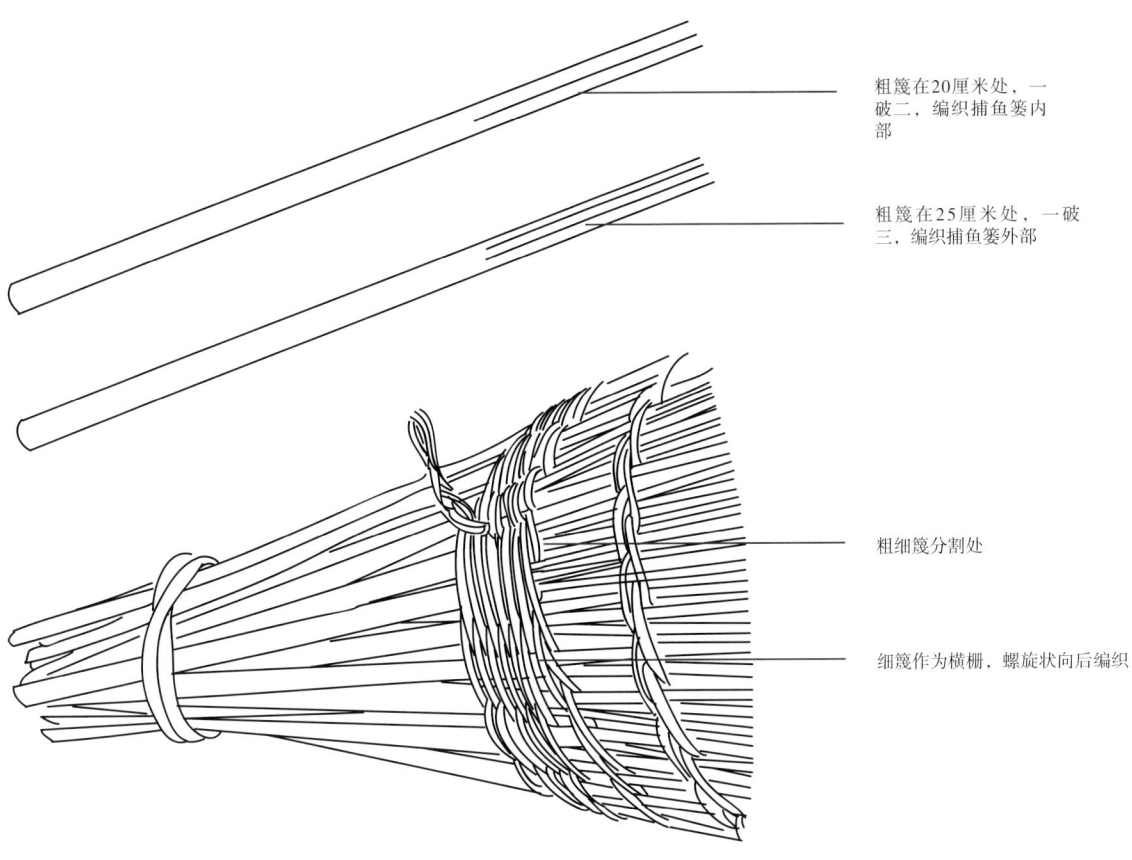

图四 毛南族捕鱼篓工艺分析图

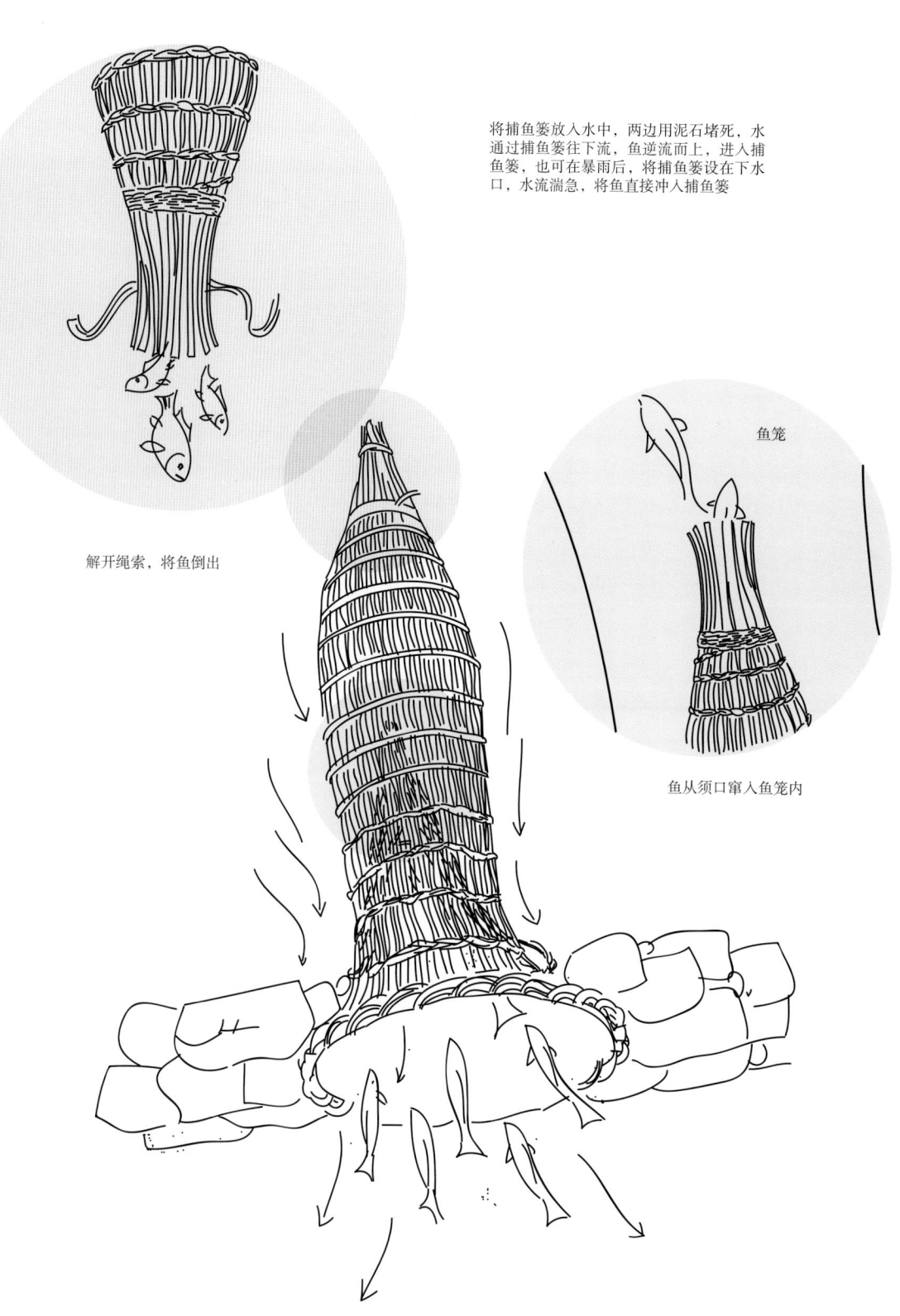

将捕鱼篓放入水中，两边用泥石堵死，水通过捕鱼篓往下流，鱼逆流而上，进入捕鱼篓，也可在暴雨后，将捕鱼篓设在下水口，水流湍急，将鱼直接冲入捕鱼篓

解开绳索，将鱼倒出

鱼笼

鱼从须口窜入鱼笼内

图五　毛南族捕鱼篓捕鱼操作示意图

清代毛南族石药碾

图一　清代毛南族石药碾主图

石药碾,是毛南族民间草医传统的碾药工具。采用青石制成,由碾槽、碾轮、木柄构成。碾槽为船型,碾轮为扁圆型,圆心穿孔,配有木柄。本案例采自环江县毛南族博物馆,为清代遗存。碾槽长60厘米,宽20厘米,高20厘米,槽底碾道呈弧形,最深处为10厘米。碾轮直径为30厘米,厚5厘米。石药碾主要用来将采集来的草药或矿药碾磨成粉末,提高药的效用,便于制作丸、散、膏等成药。

药碾在我国大江南北较为普遍,大多为生铁铸造,毛南族药碾基本采用石头打制,这与毛南族所处的多石山地和长期形成的雕凿石器的传统有关。从外观上看,船型的碾槽呈灰白色,上大下小,呈倒梯形。左右两侧凿有以折线构成的三角形组合图案,三角形交错对应,内部用斜线装饰,朴素大方。这种简单实用的加工方法在毛南族很多石制器物上经常出现。它发挥尖头錾子的特点,雕凿的几何纹路图案极富装饰性。槽口两头小中间大,呈纺锤形,底部形成弧形碾槽,从功能上说,其形制符合碾磨加工的要求,弧形运动节省了操作者的体力。药物堆放在碾槽的中部,碾轮在碾道上前后滚动碾压药材,碾碎的药材在碾轮的推动中沿碾槽向前后集中,然后转而向中部流动,中间的药材不断向下沉入碾道之中,周而复始,直至将药材碾压成粉末状。

毛南人中医发展从清代中后期开始,谭妙机为第一代传人,此后出现了谭云锦、谭清修等名师。民国以后毛南族医师达24人,著有《医方摘要》《证治歌诀》《共和堂医方》《毛南族医药》等中医药著作。毛南族药材品种繁多,有400余种,以树木的根、梢、皮、藤和草类为主。药材主要分布在上南乡、中南乡和下南乡的希远、景阳、仪凤等山林之中。药师将药材采回晾干后,用药斩子将其切碎,然后放入石药碾中研磨。操作者坐在凳子上,双脚踏在碾轮的木柄之上,用腿力使碾轮在碾槽中来回滚动。一般经过上百次的来回碾压才能将药材碾磨成粉。这种加工方式虽然费时费力,但大大提高了药材的药用价值,调制的成药也丰富多样。

药碾是中医药不可缺少的工具,相传药碾的发明与华佗有关。华佗为穷困无助、身无分文的铁匠治好了烧伤,挽救了的铁匠性命。铁匠十分感激,看华佗用石臼研磨药材非常辛苦,于是用铸铁制作了"凹"字形药槽,用圆形铁轮在凹槽中来回碾压药材,提高了研磨效率,节省了研磨者体力。铁匠将新制药碾起名为"惠夷槽"赠送给华佗。此后药碾在中医中普遍使用,经过千年的发展,形制多样。毛南族石药碾形制大同小异,已有的石药碾除了船型还有元宝型,基本都是民国以前打制的。如今毛南族医疗主要集中在城乡,医疗条件改善,看病的途径和方式增多,民间草医逐渐减少,大批量的中药通过研磨机研磨。尽管如此,这种传统的研磨工具,仍然以其体积小,研磨过程直观,发挥着不可替代的作用。

图片来源
图一　刘明来　摄影
图二、图四　刘明来　制图
图三、图五、图六　张强玮　制图

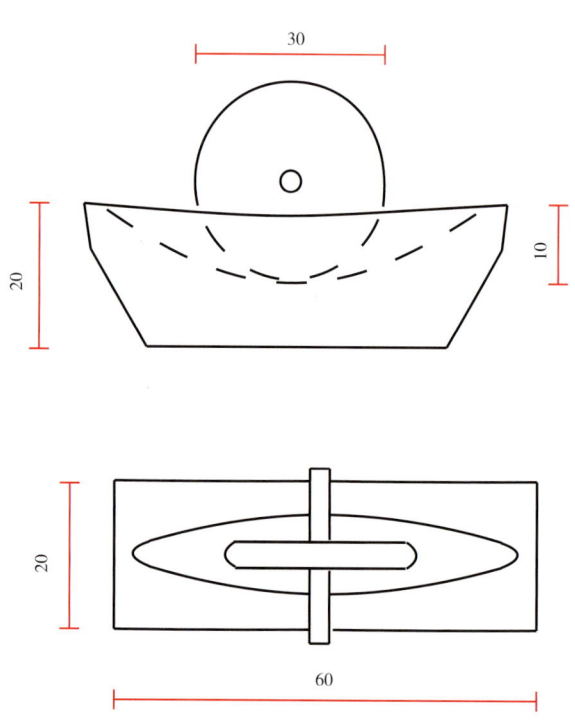

图二　清代毛南族石药碾尺寸图　(单位:cm)

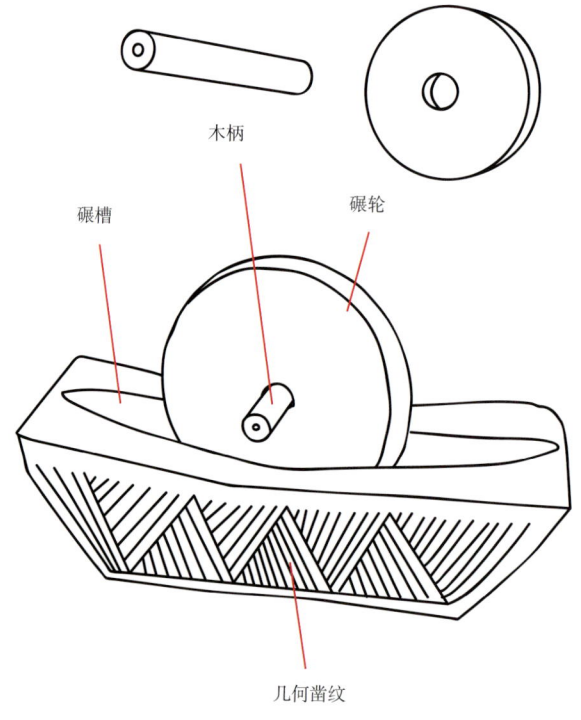

图三　毛南族石药碾结构名称图

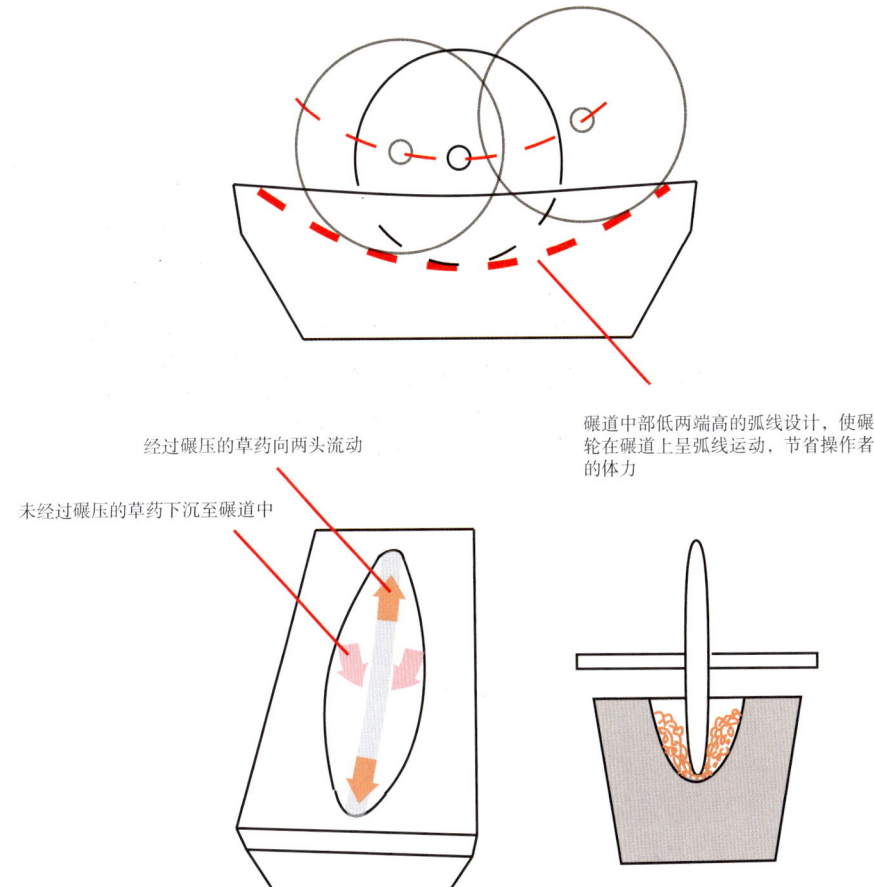

图四　清代毛南族石药碾设计分析图

图五　毛南族石药碾操作示意图

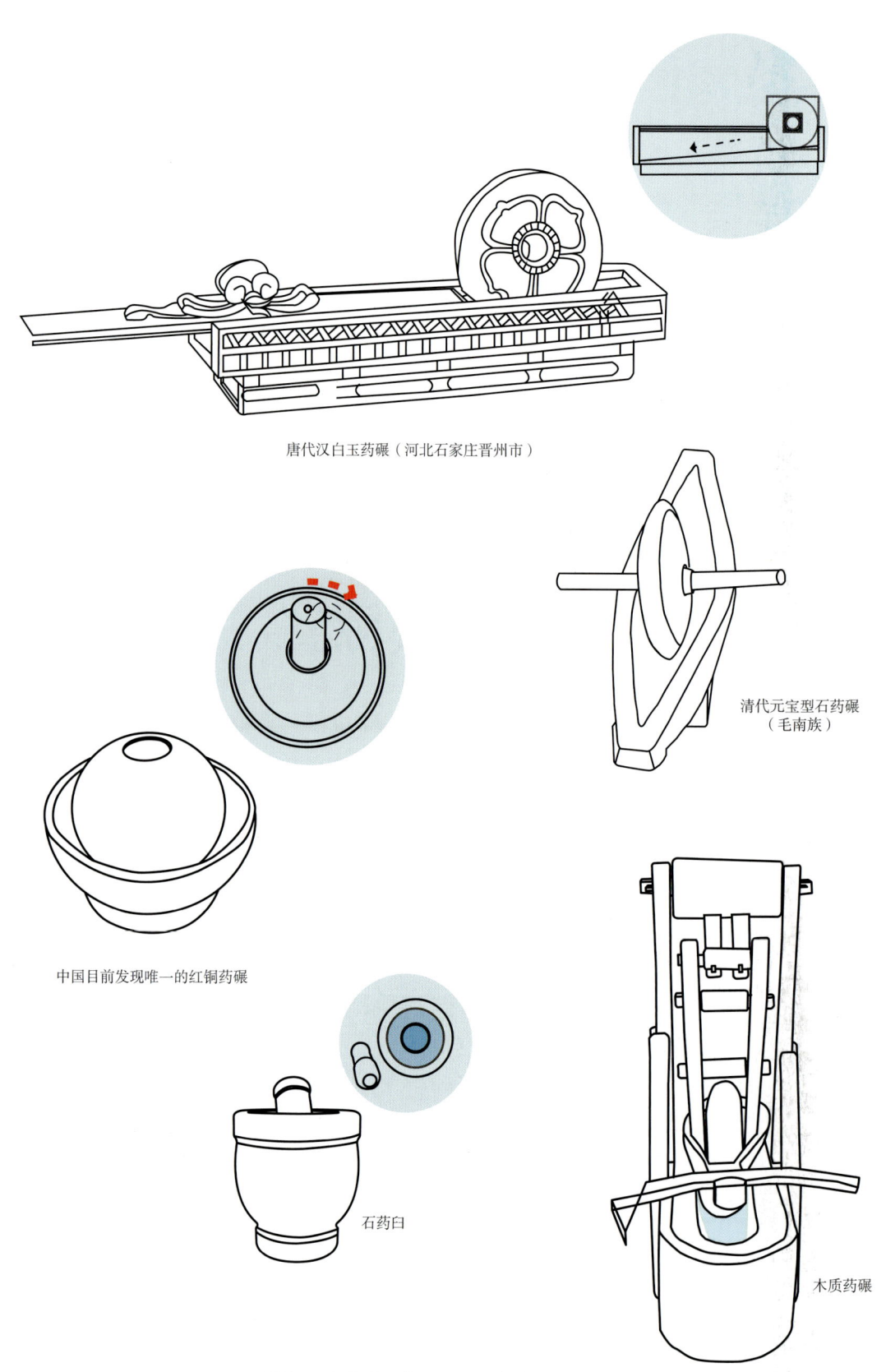

图六 延展图：中国不同时期药碾比较图

毛南族凿眼刀

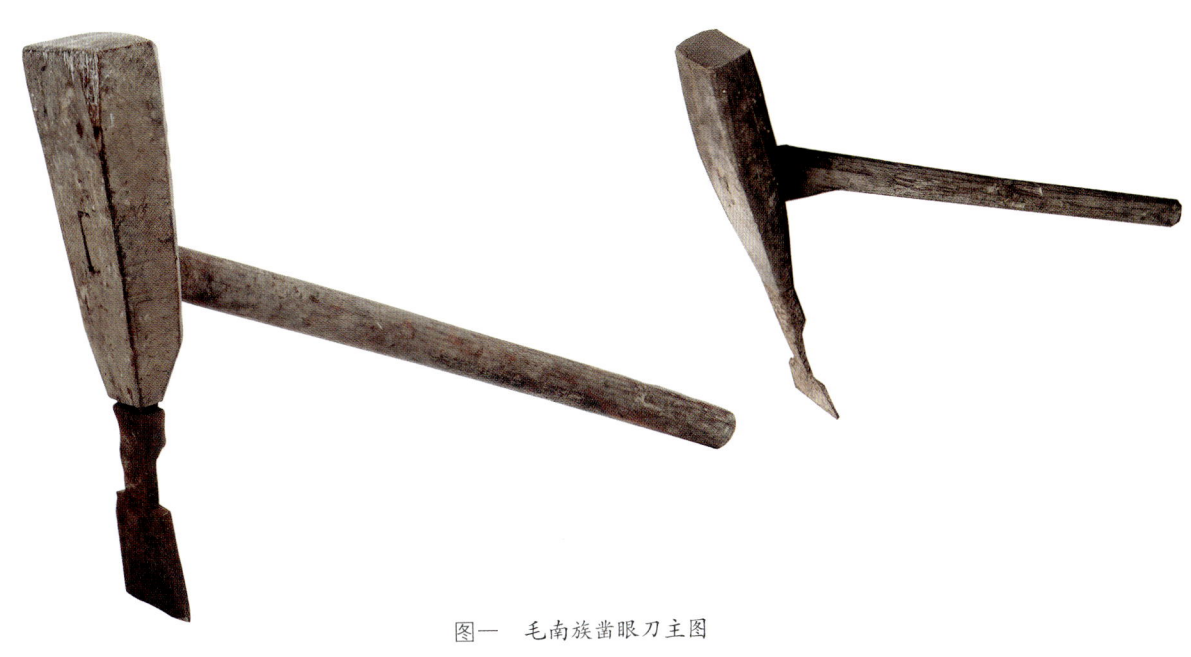

图一 毛南族凿眼刀主图

凿眼刀是毛南族木工使用的一种凿眼工具,北方木工称之为"锛子",主要用来平整木头。它由锛头、锛体和锛把三个部分组成。形制为一头扁平,一头方正,整体形似锤子。主要用于房屋建筑中大木匠对房梁和檩条等大件木料的加工。分大锛子和小锛子。大锛子长约100厘米,分量较重,需双手操作,用来平木。小锛子尺寸在50厘米左右,轻便灵活,用来凿眼。本案例采自环江县下南乡松现屯,为覃合栋老人制作和使用的工具。该凿眼刀把长50厘米,锛体通高36厘米,铁制锛头高13.5厘米,刀口6.5厘米。据覃合栋老人说,在过去,凿眼刀是毛南族木工建造房屋必不可少的工具,现在也常使用。

凿眼刀的锛体和锛把均是杂木制成,锛头由熟铁锻造。锛体是一头大一头小的方木制成,小头有榫与铁制锛头连接,锛体中间凿有长方形榫眼用于安装锛把。锛把斜插于锛体之中,角度约为80度。锛头像一把斧头,前面薄而宽,后面厚而窄,是加工木材的主要部分。覃合栋老人说,毛南族木工工具大部分是木工自己制作,铁质锛头也是他找来废旧钢铁打制而成。锛头刀口需反复淬火至颜色发绿方能好用。从设计学角度看,毛南族凿眼刀有以下优点:1.凿眼刀尺度合理,小巧轻便,便于携带。在使用时适合把握。锛把与锛体呈钩状的角度设计,拉近了

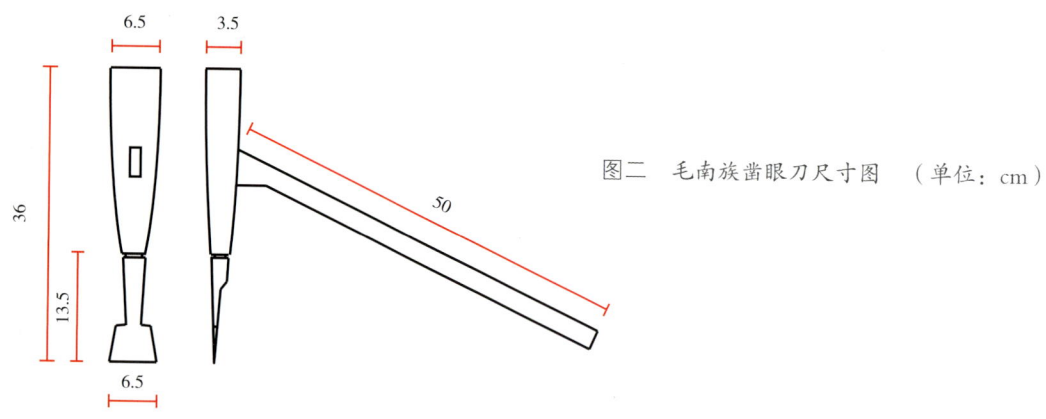

图二 毛南族凿眼刀尺寸图 （单位：cm）

图三 毛南族凿眼刀结构名称图

操作者与加工木材的距离，有利于准确凿眼。2.锛体上头宽大厚重，下端较窄，这样的设计使锛体下落时较为省力，操作者可将精力放在落锛的准头上，提高了凿眼的质量和工作效率。3.锛头刀刃锋利，后端厚重，类似斧头，砍削木头轻松自如。毛南族大木匠操作凿眼刀有这样的口诀："左手不离怀，右手只管抬。"左手握锛把尾端，曲肘靠近怀中，控制住方向；右手把在锛把尾端算起1/3处，一起一落挥动。在脚步动作上，"右脚在前左在后，两腿靠拢丁字步，往后退步左先走，右脚跟上倒牵牛"。在下锛时要做到"锛子上下砍，腰身不动弹"。

毛南族的凿眼刀，大部分是木工根据自己的需要自制的，因而在尺度和形制上都有所差异。这种在我国北方主要用来平木用的锛子，在毛南族却成为开凿榫眼的工具，这可能与毛南族建造干栏式建筑用料习惯有关。在毛南族干栏式建筑木架结构中，我们可以看到，大料基本上是在树木的原始形状的基础上稍加修整，基本不做修平修方的加工处理。因此，毛南族凿眼刀是对外来工具的利用、改造和发展，是毛南族工匠在长期生产实践中摸索出来，为我所用的木工工具。它简单朴实，科学合理，易于使用。

图片来源
图一 谭家乐 摄影
图二至图六 刘明来 制图

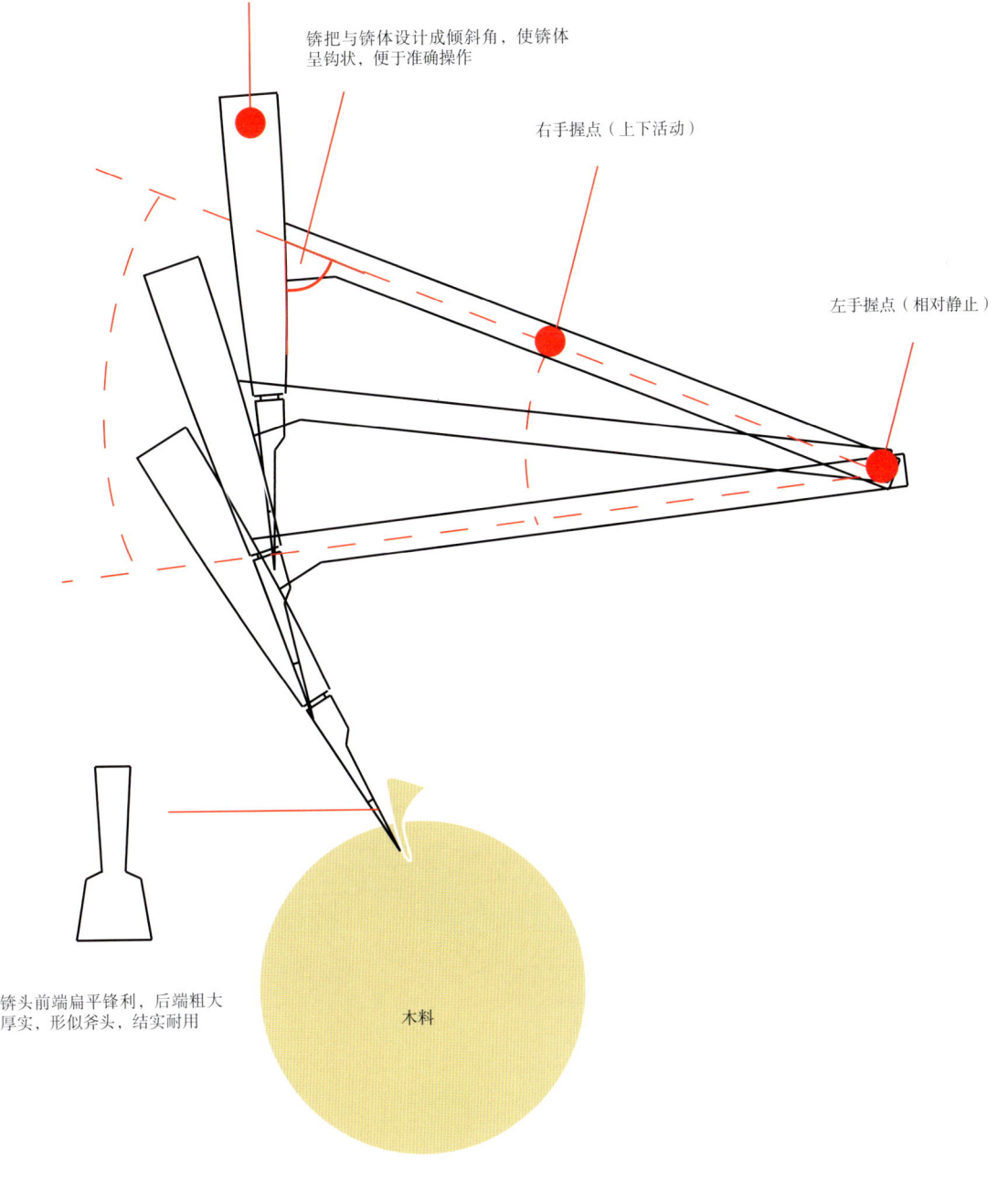

图四 毛南族凿眼刀设计分析图

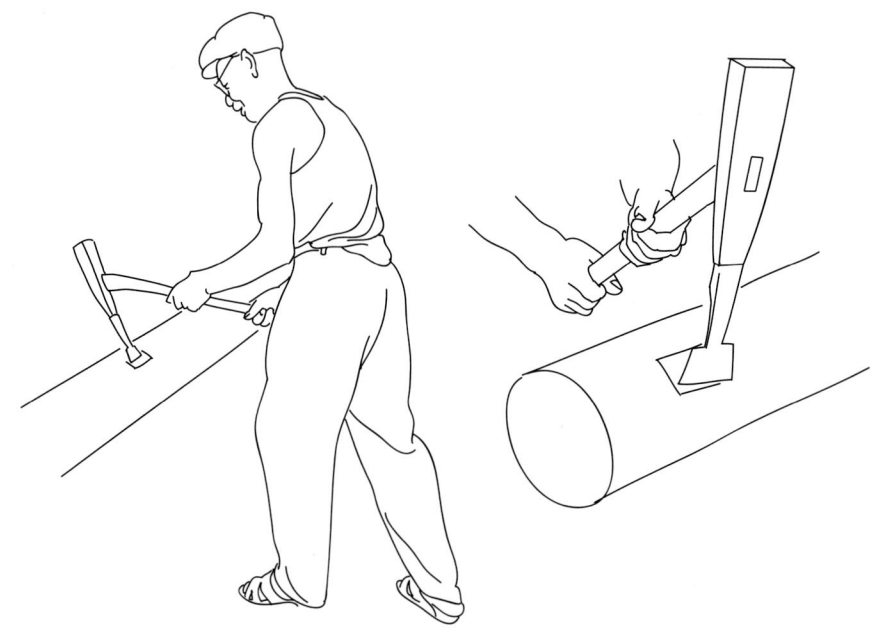

图五　毛南族凿眼刀使用示意图

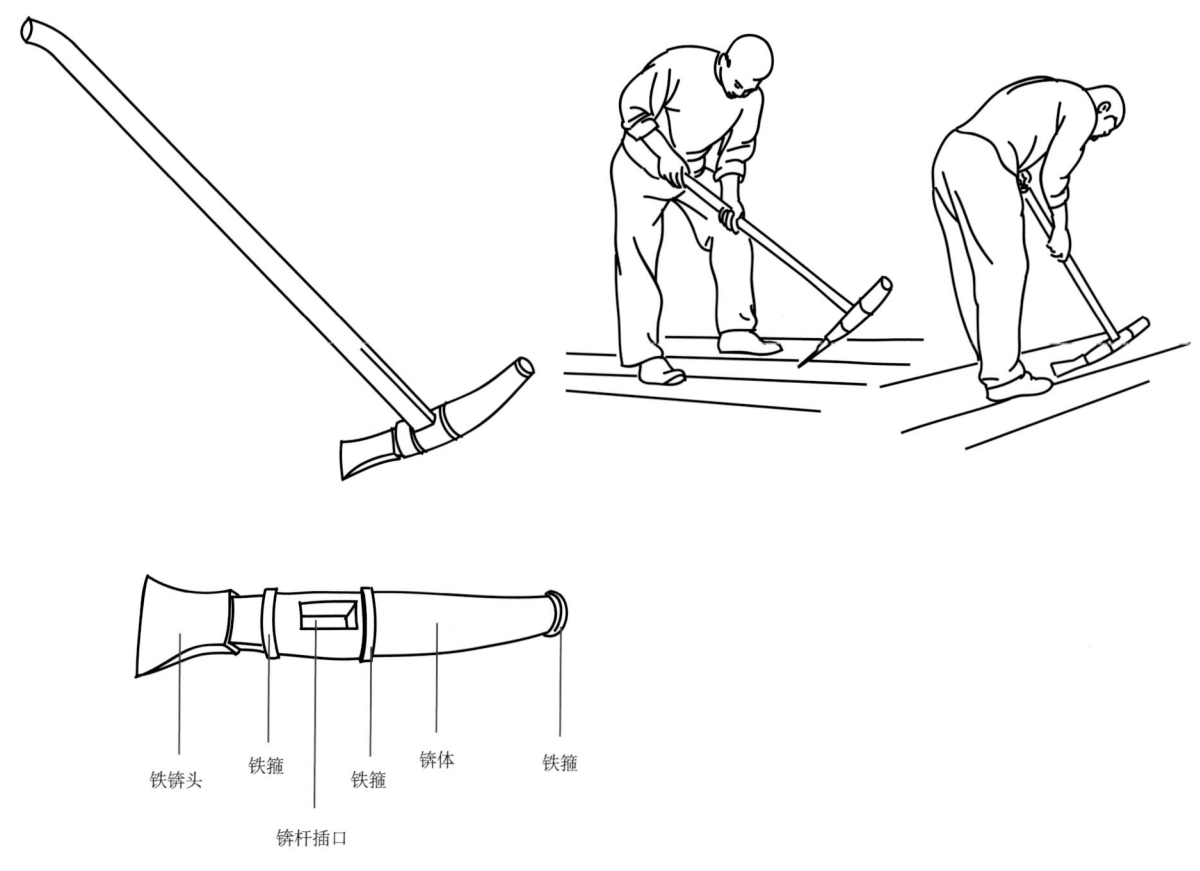

图六　延展图：大锛子

毛南族捕兽器

图一　毛南族捕兽器主图

捕兽器又称捕兽夹,捕猎夹,是毛南族民间常用捕猎工具。捕兽夹大小根据捕猎的大小而定。本案例采自环江县毛南族博物馆,为20世纪五六十年代的劳动生活用具,为中型捕兽夹,多用于民间林地农田捕捉动物使用,长18厘米,宽15厘米,高12厘米。毛南族地处山区,山地资源丰富,中小型动物很多,毛南人自古靠山吃山,充分利用山地自然资源改善生活,狩猎成为他们生活的重要内容,几乎家家户户都有自制的捕猎工具,捕兽夹却是由专门的铁匠打制而成,由于它有携带方便,坚固耐用,操作简便的特点,成为毛南族最常用的捕猎工具。

捕兽夹由底座、夹子和锁链三大部分组成,通体为钢铁材料,夹子呈两个半圆弧状,圆弧中间较宽,设有锋利的三角形牙齿,两端角细,有铁钩与底座连接,牙口可以扳动开合。底座是一个圆形的不连接铁圈,铁圈一部分落地,另一部分翘起,翘起的一端设有方形扣眼,扣眼套扣在夹子上。底座是捕兽夹非常重要的部分,一方面可以平稳放置,另一方面翘起的铁圈部分有很强

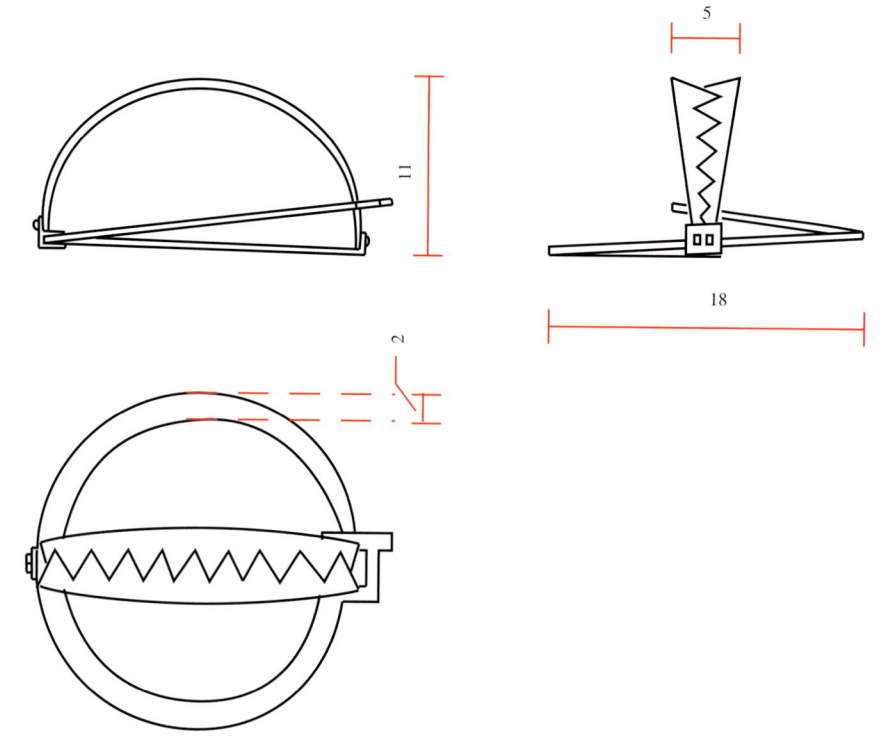

图二　毛南族捕兽器尺寸图　（单位：cm）

的弹力，将翘起的方形扣眼按下，夹子便松开。当扣眼弹起时，带动夹子，使夹子咬合。捕兽夹拴有锁链，锁链由铁条呈"S"形弯曲连环扣接，为了增加牢固性，"S"形一端铁条呈螺旋形将铁链扣接点捆死。铁链的一端与捕兽夹连接处设有可回旋装置，另一端有铁钩。捕猎时，用脚踩下方形扣眼，松开半圆形夹子，用一机关装置将夹子固定好，机关一端设在圆形底座中间，类似踏板。当捕捉小型动物时，可以在中间的铁片上洒一些谷物或其他诱饵。若捕猎野狗、野猪等大型动物时，则需要将捕兽夹固定在动物经常出没的地方，上面铺上杂草，将它隐藏起来，顺便做上标记，以免村民造成不必要的伤害。当动物触碰或踩踏到捕兽夹中间的机关时，底座弹起，方形扣眼将夹子扣死，夹住猎物。从设计学角度看，捕兽夹的设计有三个优点：1.充分利用钢铁材料的弹力，将底座与弹簧的功能一体化。2.半圆形夹子，中间宽两头细的设计，在方形扣眼弹起时，可收缩夹子，使夹子咬合，将猎物牢牢夹住。3.铁链"S"形一体化的扣接方式，非常牢固，使铁链不会被猎物拉断。4.铁链回旋接口的设计，在猎物挣扎扭动时，对铁链起到缓冲保护作用。

毛南族捕猎的形式和方法多样，大多是老百姓根据动物的习性，利用随手可得的材料制造机关，有时简单的一块石头和一根木棍就能捕猎动物。捕兽夹是毛南族捕猎工具中设计较为成熟的一种，这种捕猎工具在我国其他地区也有使用，形制大体相同。它是何时产生的，我们不得而知，但这种捕兽器至少在明清时期在毛南族地区已经出现，现在仍在使用。

图片来源
图一　刘明来　摄影
图二至图六　阮晨　制图

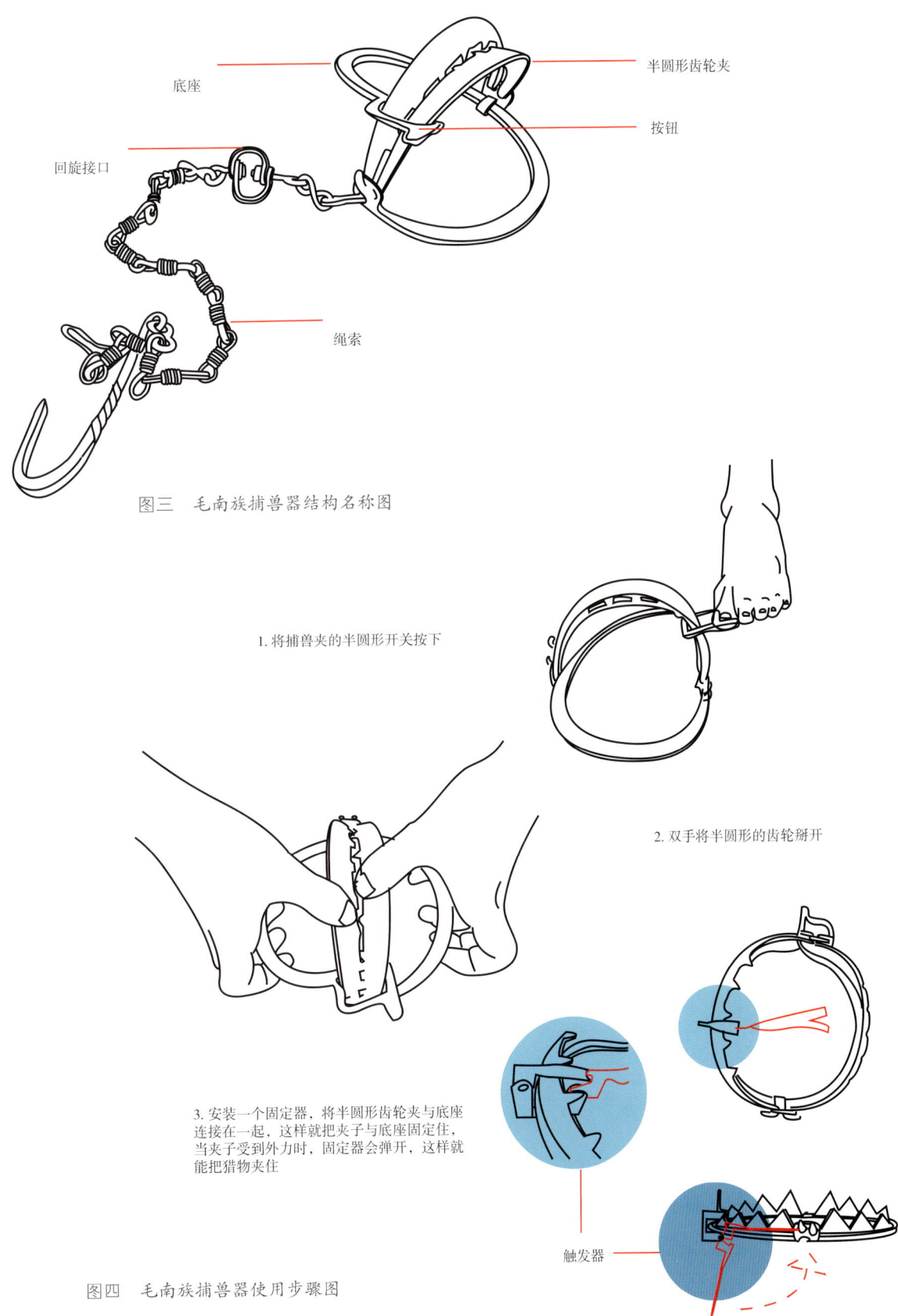

图三　毛南族捕兽器结构名称图

图四　毛南族捕兽器使用步骤图

将捕兽夹掰开，机关设置好，放置在猎物出没的地方，并用杂草覆盖伪装，绳索固定在树干或木桩上

当猎物踏入捕兽器中，触动机关，捕兽夹就会弹起

底座的弹力将齿轮夹合拢，尖锐的齿轮牢牢夹住猎物

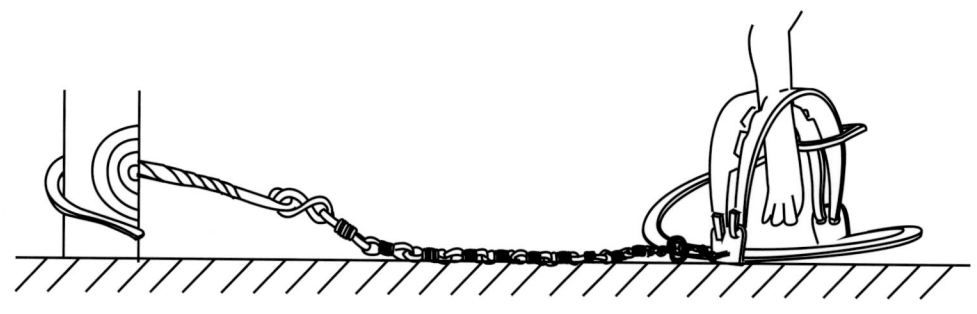

图五　毛南族捕兽器捕猎过程图

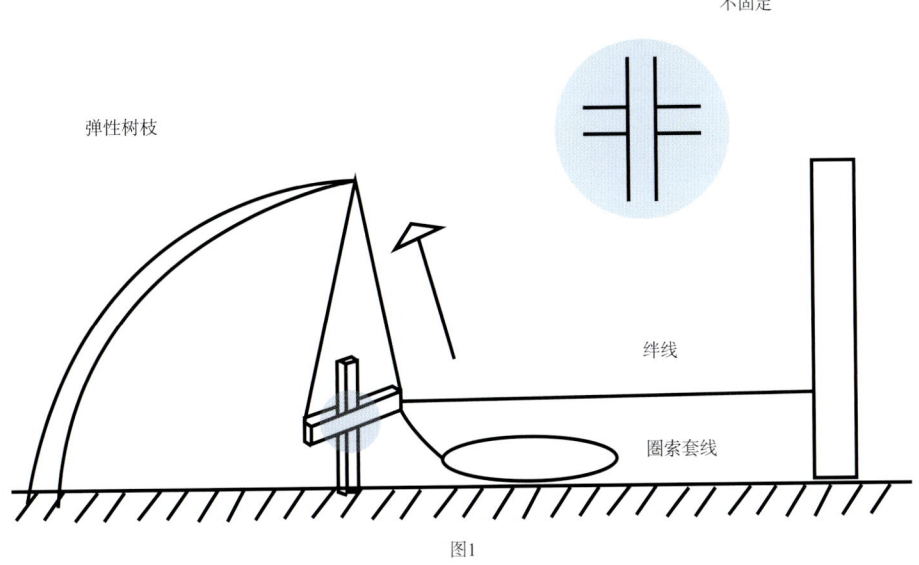

图1

该图演示的是一种套索捕猎方法，将两个树杈呈十字形拼接在一起，一根插入地下，另一根两端连上细线，固定在弹性树枝上，细线另一头固定在某个物体上使之成为一个绊线，而索套放在地上隐藏起来。如图所示，当猎物绊倒时，树枝会有一个向上的拉力，带动套索套住猎物，捕猎成功

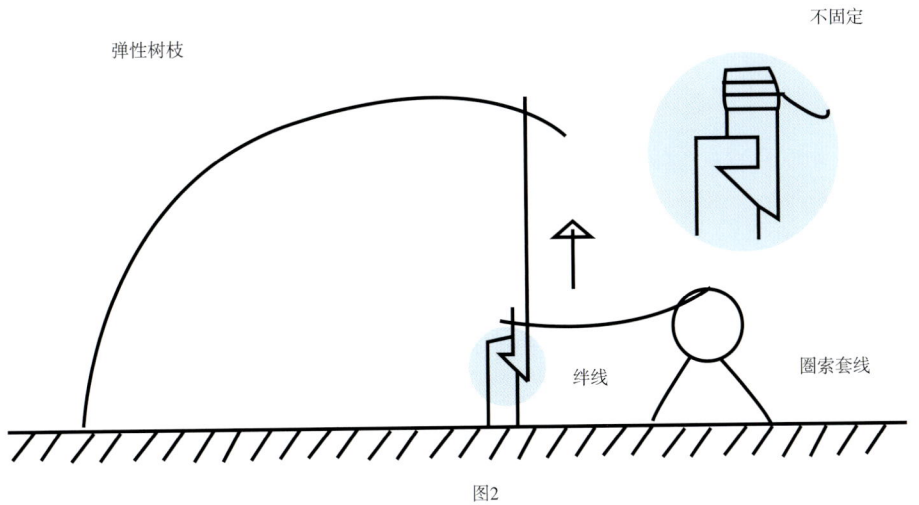

图2

该图演示的是一种简易套索工具，将套索固定在某处，并连在绊线上，绊线的另一端固定在弹性树枝所连接的机关上，当猎物被绊倒时，弹性树枝将套索弹起，套住猎物

图六　毛南族其他捕猎方式演示图

毛南族竹制捕鼠器

竹筒套鼠器　　　　　竹夹捕鼠器

图一　毛南族竹制捕鼠器主图

　　竹制捕鼠器，是毛南族民间常见的捕鼠工具，形制多样，但都利用竹篾的弹性力量，捕捉老鼠。最常见的有竹筒套鼠器和竹夹捕鼠器。本案例采自环江县毛南族博物馆。竹制捕鼠器尺度不一，一般弹力竹片长100厘米左右。竹制捕鼠器对于农业生产和公共卫生非常重要，在毛南族这种捕捉工具，都由老百姓手工制作，并代代相传。

　　竹筒套鼠器，它是由一段长20厘米，直径9厘米的毛竹筒和一根长90厘米，宽1厘米，厚0.5厘米的弹力竹片组成。毛竹筒一端利用竹节作为底，一端作为老鼠的入口。弹力竹片用刀削成尖角，从竹筒的竹节部位斜插穿过竹筒，穿过竹筒的尖角作为插地用的插头。竹筒上面用锯子锯一个小方孔，弹力竹片上端系一根拉绳，拉绳下端系一根10厘米左右的平衡杆，平衡杆一头系有触碰器，另一头扣有一段拉绳，平衡杆中间由套索穿过竹筒。捕鼠时，将食物诱饵放入竹筒底部，拉动拉绳，将弹力竹片拉成弯弓状蓄力，然后将平衡杆上的触碰器扣在竹筒上的小方孔中，触碰器下端挡住老鼠取食。在平衡杆的另一头套上拉绳，保持平衡杆的平衡，套索隐藏在竹筒内部的套索槽中。将竹筒套鼠器插在老鼠出没的地方，等待老鼠的到来。老鼠闻到诱饵的香味，进入竹筒，碰到触碰器，平衡杆失去平衡，弹力竹片弹出，带动套索，套住老鼠。

竹夹捕鼠器与竹筒套鼠器的工作原理相似，都是通过弹力竹片蓄力。但形制有所不同，竹夹捕鼠器的下端以竹夹代替竹筒，有一根长35厘米，直径3厘米左右的细竹竿，竹竿两侧开有14厘米长的开口，竹夹穿过开口，穿过的竹夹端口系上绳索，绳索上系一

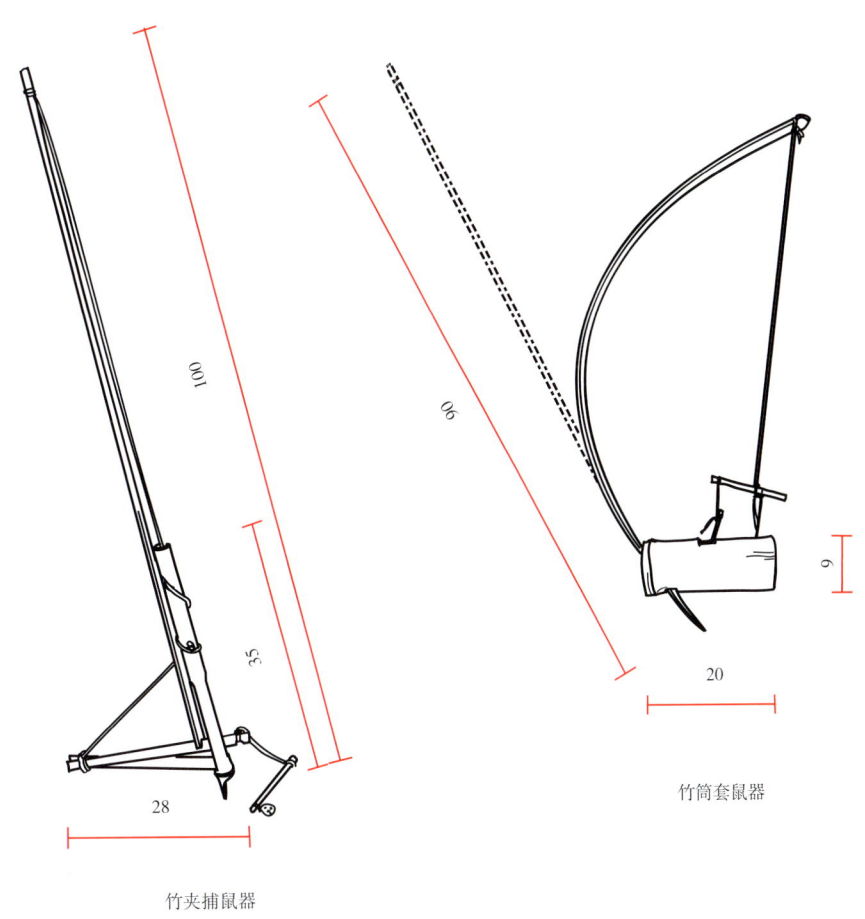

图二　毛南族竹制捕鼠器尺寸图　（单位：cm）

根小竹棍（放置诱饵）。弹力竹片下端开凹形槽口卡在竹夹上面，扳动竹夹，弹力竹片呈弓状蓄力，鼠类触碰诱饵，弹力竹片下压竹夹，将鼠类夹住。这两种捕鼠方法在毛南族相当普遍，既可用于家庭捕鼠，也可在野外田间大范围捕鼠，可捕捉20~350克重的鼠类。毛南人的竹制捕鼠器，材料和形制都很简单，但设计非常巧妙，充分发挥了材料的特性，利用竹片的弹性蓄力，联动的机关设计，精准高效，捕捉率达到70%~90%。

我国民间捕鼠的方法多种多样，竹制捕鼠器在西南少数民族地区较为常见。毛南族的竹制捕鼠器材料易寻、制作简单、实用高效。尤其是材料性能的把握和联动装置设计上，值得设计者借鉴。

图片来源
图一　刘明来　摄影
图二至图六　刘明来　制图

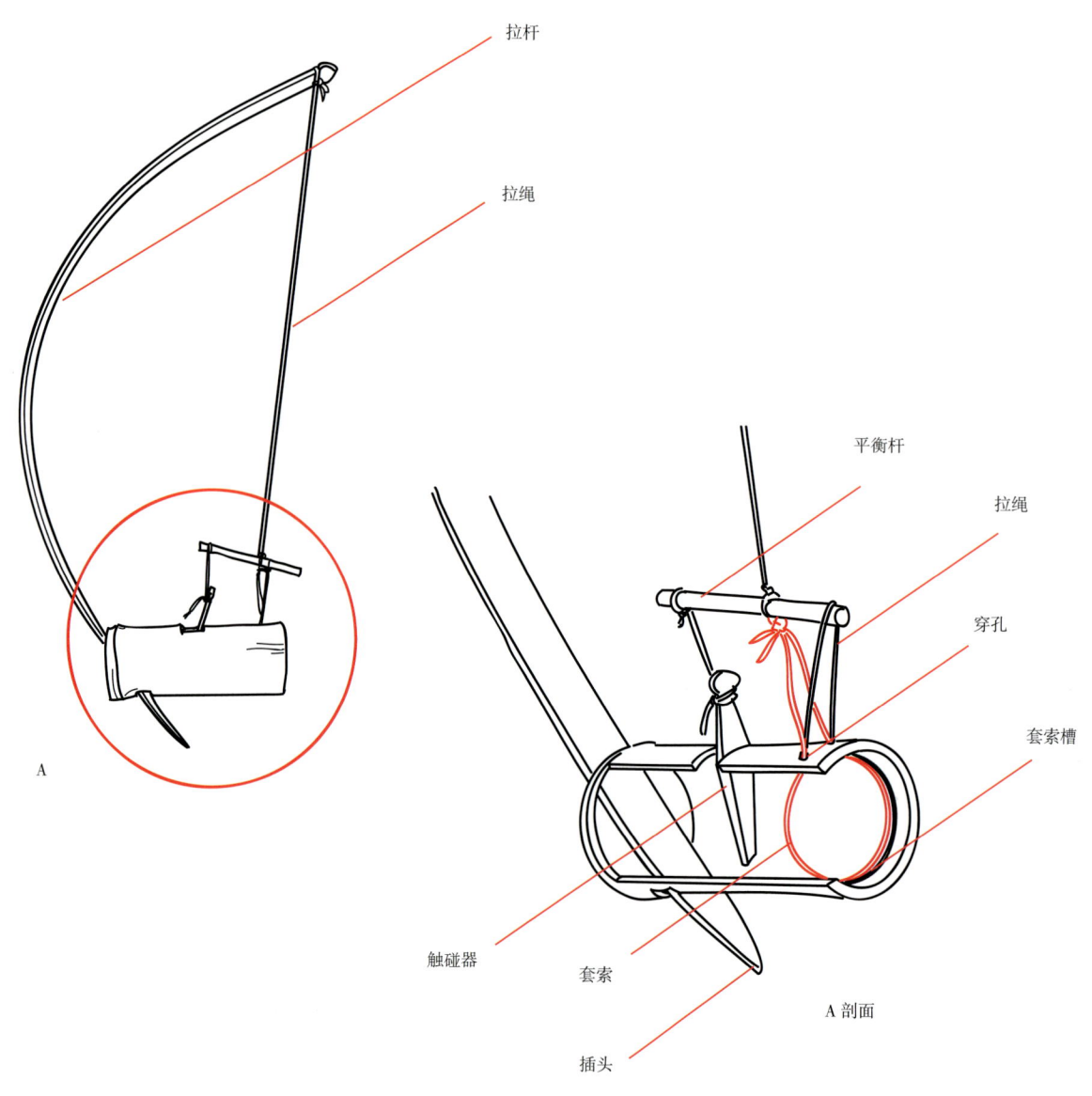

图三　毛南族竹筒套鼠器结构名称图

1.准备

将饵料放入竹腔内,拉动拉绳,拉弯拉杆,将触碰器钩入槽口,用小拉绳平衡固定,并将套索隐藏在套索槽内

2.置放(剖面示意)

将捕捉器置放于老鼠出没的路径,插头插入泥土中固定,等待猎物

3.捕捉

老鼠闻到诱饵的香味,进入竹腔,触碰到触碰器,拉杆弹出,带动套索,套住老鼠

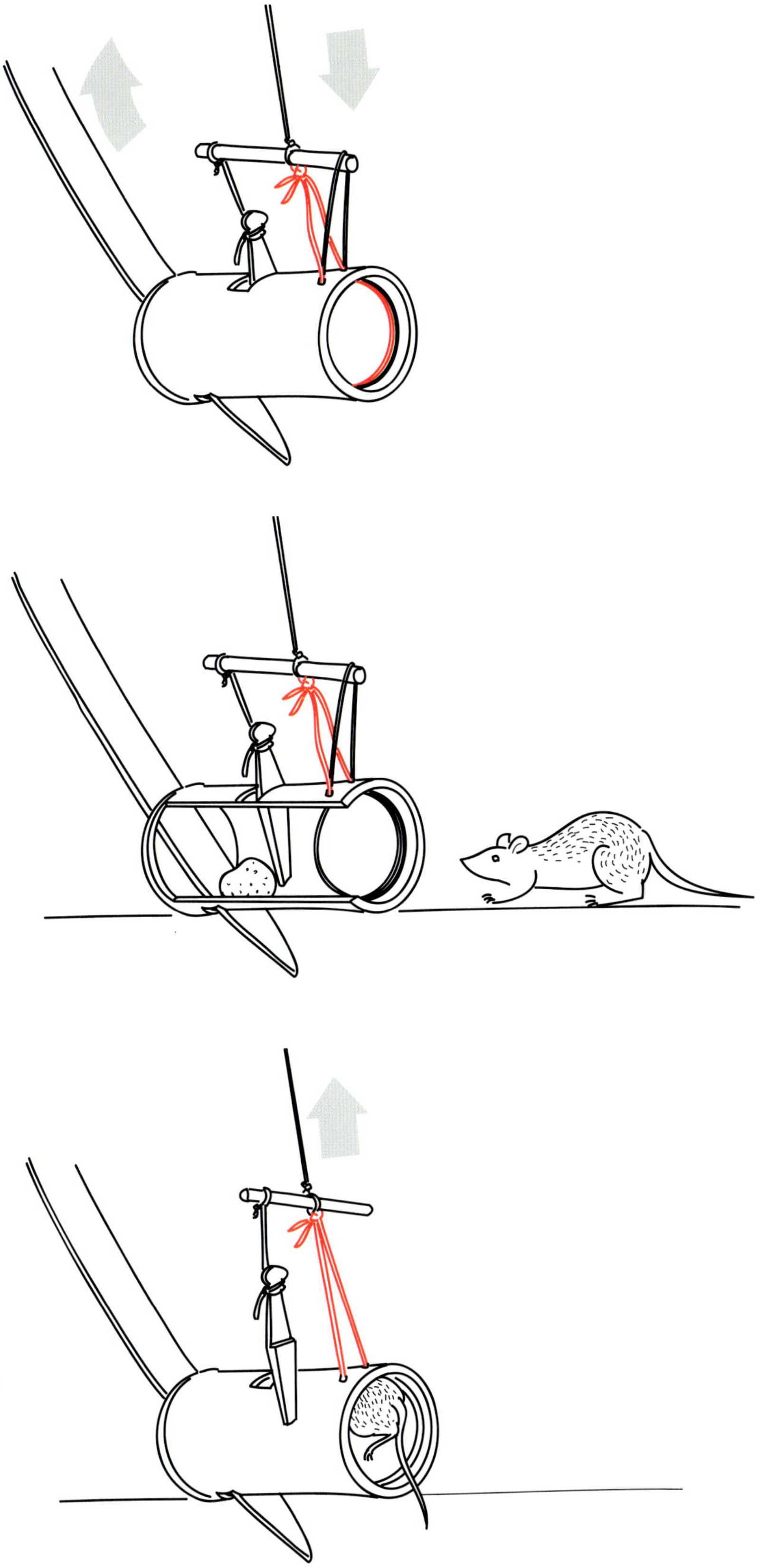

图四 毛南族竹筒套鼠器使用方法图

第五章 毛南族传统生产工具

263

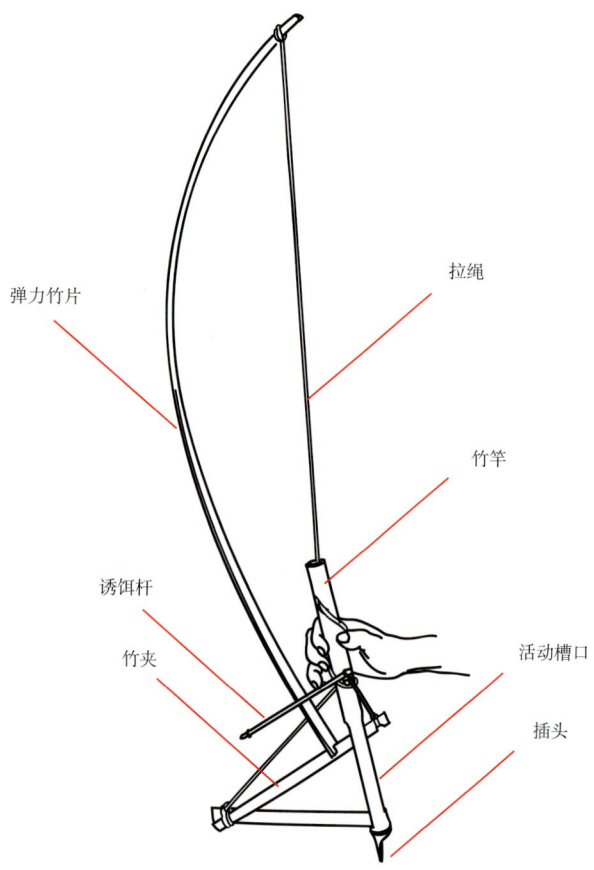

图五 毛南族竹夹捕鼠器结构名称图

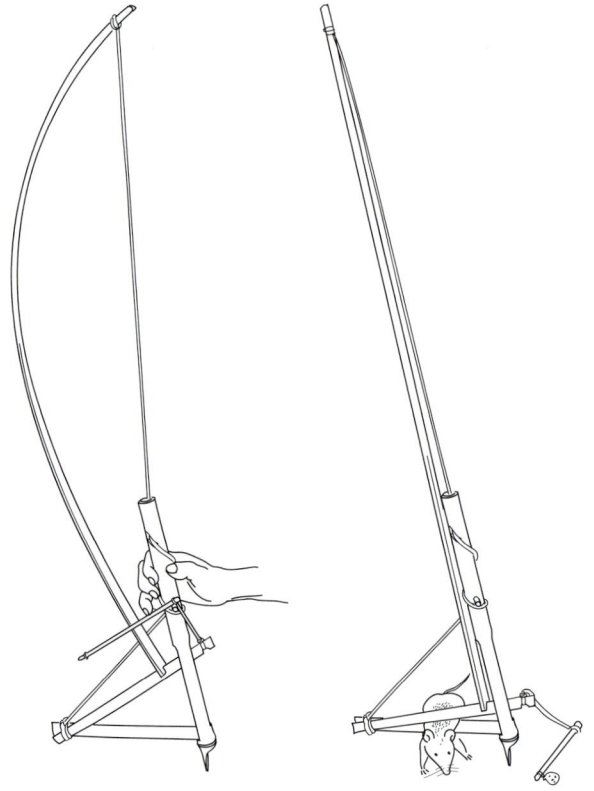

图六 毛南族竹夹捕鼠器使用方法图

毛南族木质榨糖机

图一　毛南族木质榨糖机主图

传统榨糖机，是一种将甘蔗的糖汁榨出的生产器具，其尺度较大，形制多样。一般用石头或硬木加工而成，由人力、牛力和水力之分。我国西南地区的气候适合甘蔗的生长，自宋代以来就成为全国蔗糖的生产基地之一。毛南族属于西南地区的一部分，甘蔗种植较为普遍，榨糖机成为毛南族蔗糖生产必不可缺少的工具。本案例采自环江县毛南族博物馆，为20世纪前叶的遗物。

毛南族传统木质榨糖机，除石质糖槽之外，其他部分均为木质，由机架、榨磙、糖槽和拉杆几个部分组成，靠牛力制动。机架是用粗大的方木构成，中间用坚硬的圆木制成两个榨磙，安置在框架的上下两块厚实的方木之间。榨磙上端制作阴阳契合的齿轮，右边榨磙的上轴高出支架上方的横木40厘米，上轴的末端加工成正方形榫头，拉杆和上轴榫卯连接，拉杆粗大厚实供牛拉动。榨糖机的尺度为：机架长150厘米，宽64厘米，高160厘米。榨磙直径40厘米，高55厘

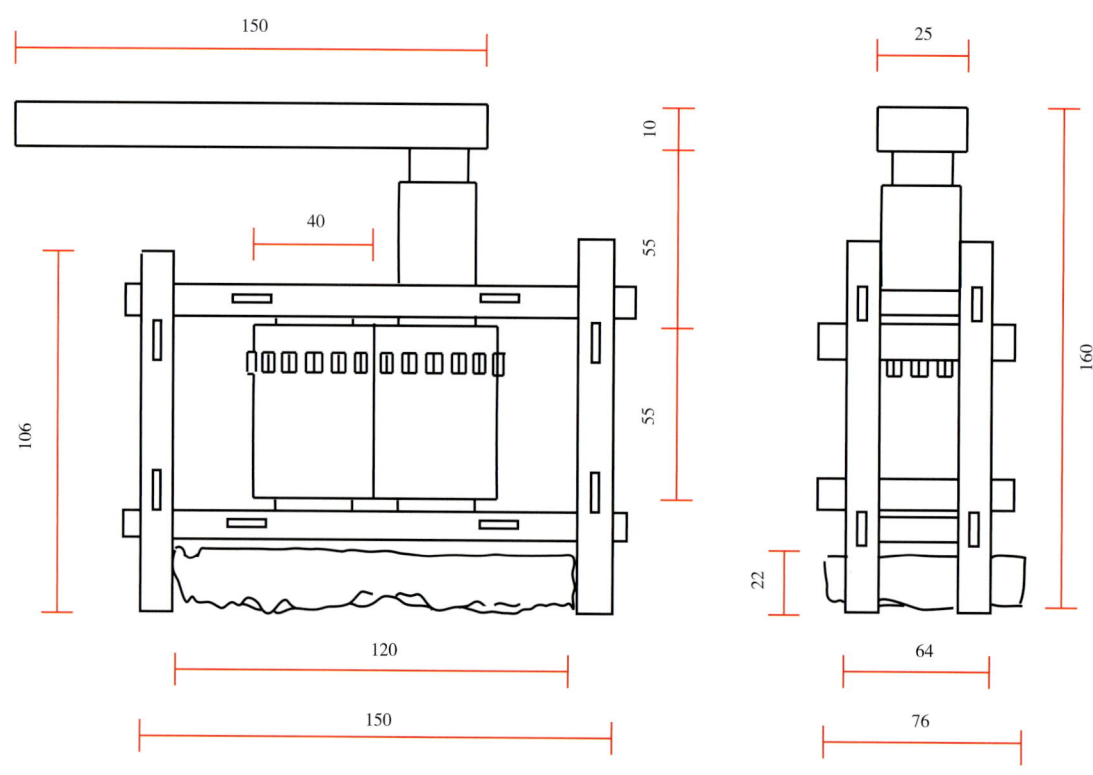

图二 毛南族木质榨糖机尺寸图 （单位：cm）

米。拉杆长150厘米，宽25厘米，厚10厘米。底部石槽长120厘米，宽76厘米，厚22厘米。石槽中部有两个圆形突起面，直径为40厘米，专门为托起榨礃的下轴设计，榨礃架于其上，上下轴定位在方木之中，防止在礃压操作中榨礃移位。榨礃在设计上注重整体性，榨礃和轴为整根圆木加工而成，齿轮的结构简单，在榨礃上凿方形凹槽，凹槽的左半边打榫眼，将方木块卯入其中即成。这种简单的一体化的设计增加了榨礃的结构强度，使其更加耐用。榨糖机工作一般需要两个人，一人将拉杆系于牛的身上，驱赶牛围绕着榨糖机转动，牛力使榨礃滚动。另一人将甘蔗从两个榨礃中轧过，糖水顺榨礃流入石槽。榨糖的工作一般在户外甘蔗地附近进行，这样减少了运输的环节，节省了人力，也便于甘蔗渣废料的处理。这种传统的榨糖方式，每天可压榨甘蔗8~10吨。50年代以后传统的压榨制糖逐步被现代机械制糖技术取代。50年代后期的机械榨糖机为铁质榨礃，用电机和减速机带动榨礃运转，每日可榨500吨甘蔗，生产率大大提高，传统的榨糖机逐渐停止使用。

木质榨糖机虽然已淡出历史舞台，但在机械制糖之前是一种设计科学合理、应用极其广泛的榨糖生产工具，对毛南族的生产生活起到了重要的作用。它的齿轮机械传动设计和榨礃压榨的方法被现代榨糖技术所采用。

图片来源
图一　刘明来　摄影
图二、图三　阮晨　制图
图四、图五、图六　刘明来　制图

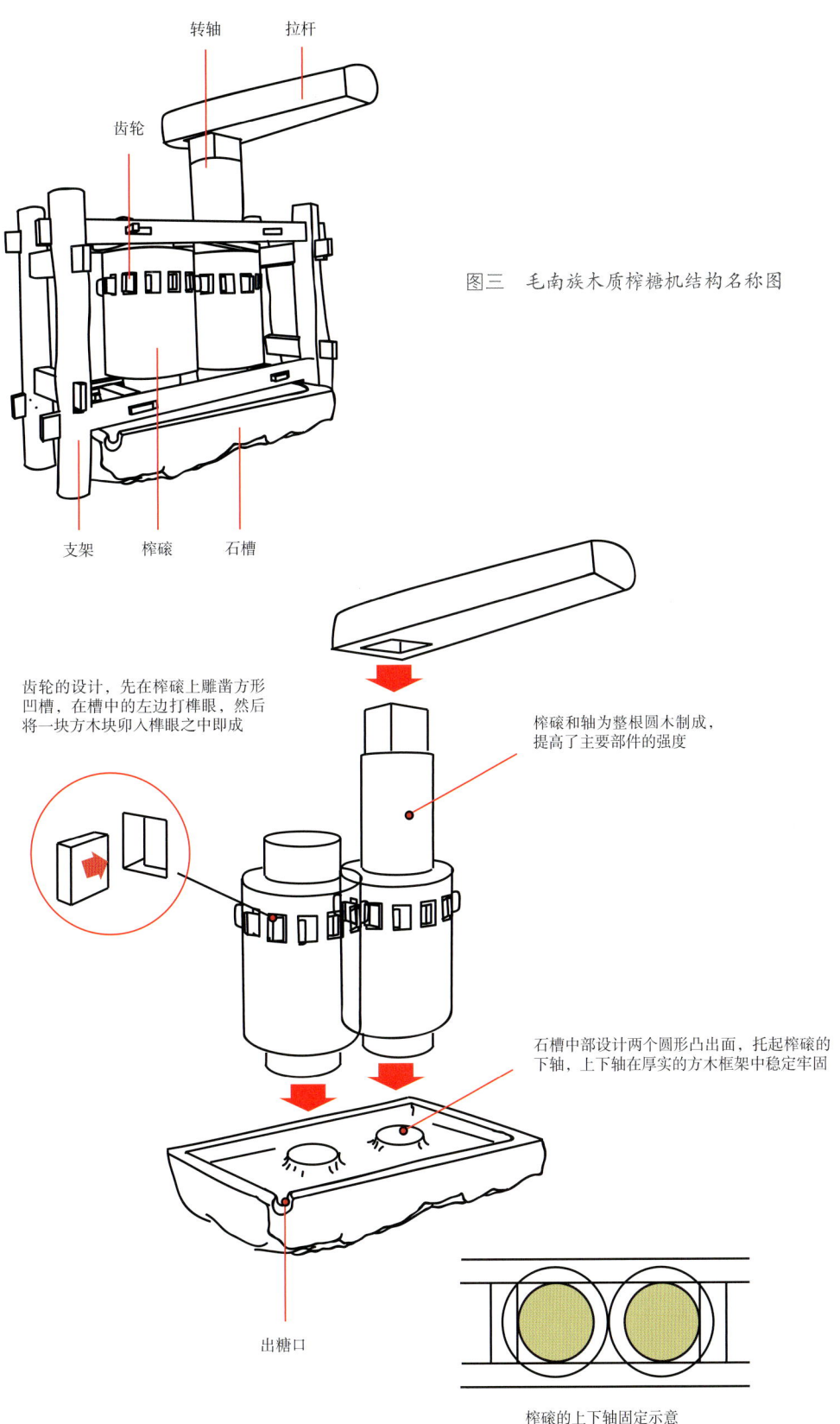

图五 毛南族木质榨糖机使用情境图

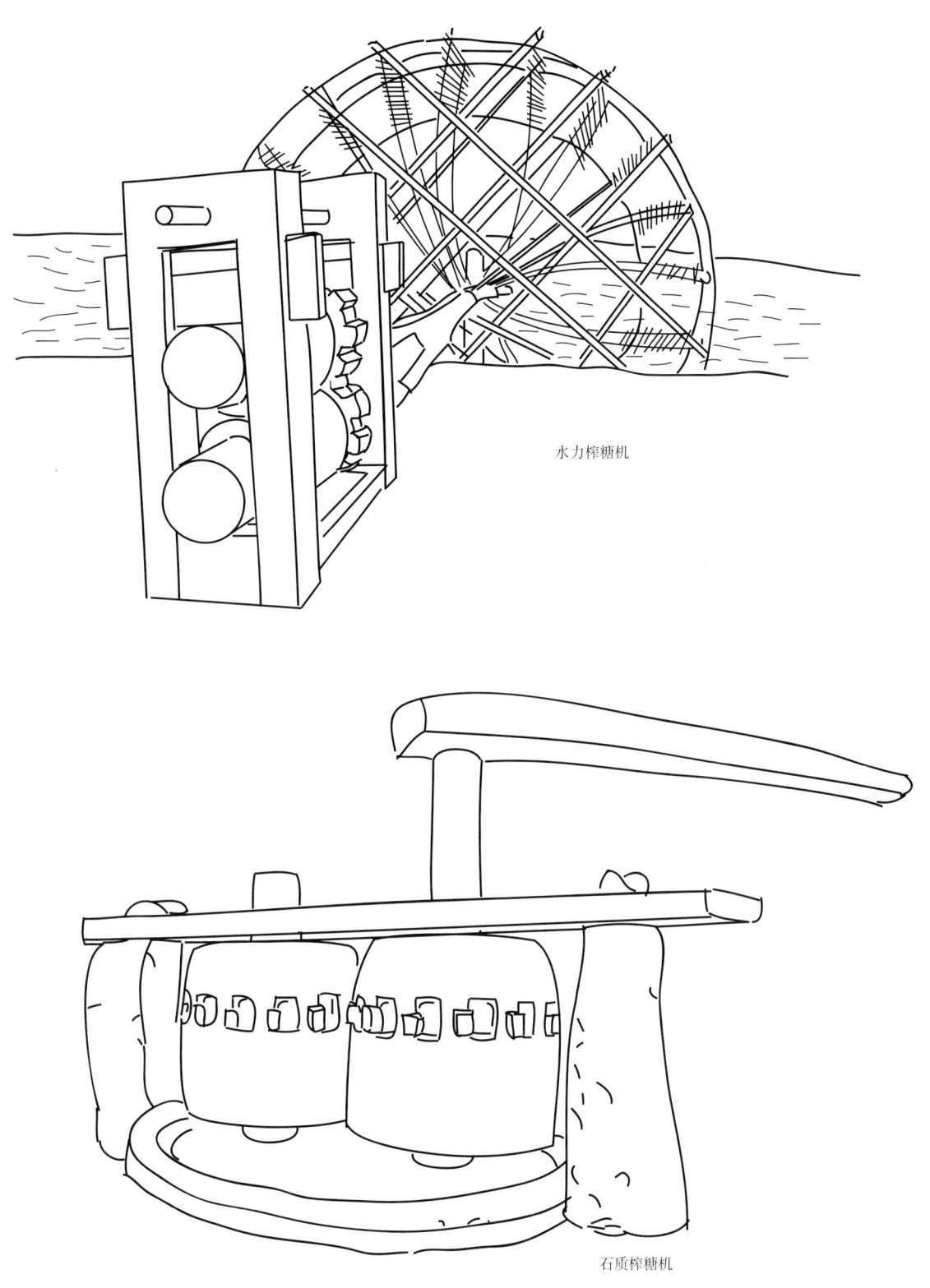

水力榨糖机

石质榨糖机

图六 延展图:毛南族其他样式榨糖机

清代毛南族石雕香炉猪槽

图一　清代毛南族石雕香炉猪槽主图

从古至今，养殖业是毛南族重要的收入来源，主要是家庭性养殖，规模不大，但却是剩余农产品转化为商品的最佳途径。其中，养猪最为普遍，农户几乎家家养猪，因此，猪槽成为养殖户必不可少的器具。毛南族猪槽主要为石质，石料来源于周围石山，猪槽的设计大多以实用为目的，表面不做雕饰。而此案例正面却雕刻得非常讲究，中间有香炉突出，因此称之为"石雕香炉猪槽"。案例采自环江县毛南族博物馆，是川山镇乐衣村下衣屯蒙耀和捐展，为清代遗存。

毛南族生活的地区山多地少，山石自然成为毛南人不可或缺的生活材料。自古以来，他们以巧妙利用石头获得生活用品而闻名于桂西北。石雕香炉猪槽只是众多精美石制品中较为突出的一种。该猪槽长95厘米，宽38厘米，高30厘米，壁厚6厘米左右。猪槽正面满是雕刻，正面中部位置雕凿一香炉突出于猪槽表面，香炉高与猪槽高度相等，宽26厘米，厚在10厘米左右。香炉双耳呈"S"形立于香炉两侧，炉身上部雕有莲花座托，下部刻有山茶花，有禅静永生之意。两足有曲线牙口，端庄秀美。以香炉为中心、左右为对称的麒麟祥瑞图案，麒麟弓背回首，目睁口张，仰天长啸，夸张的表现手法，使画面显得异常壮美。麒麟周围装饰有金钱、葫芦、犀角、艾叶，分别寓意着富有、福禄、胜利、驱邪。整个雕刻饱满丰润，精美细致，一派祥瑞之气。毛南族造物强调实用,猪槽雕刻如此精美并不多见,这说明使用该猪槽的主人,在该地区比较富裕,地位较为显赫,深受汉文化的影响。从尺度上看,其高度方便成猪进食,猪槽一次可供四五头猪使用,大小适度。从毛南族干栏式建筑上看,猪圈在建筑的底层,如此精美的猪槽,很难想象会放置在阴暗的猪圈之中,它很可能放在猪圈门口,雕刻的一面向外,这一方面方便喂食,另一方面,显示家族的富有,对环境起到装点作用。

石雕香炉猪槽是毛南族又一石雕工艺的杰作,虽然是生活中实用性很强的器物,但其雕刻的内容和形式有着强烈的精神和审美需求,反映了毛南族文化和汉文化的交融的特点。它深刻的内涵和历史、文化、艺术价值给后人留下了一笔宝贵的财富。

图片来源
图一　刘明来　摄影
图二至图四　刘明来　制图

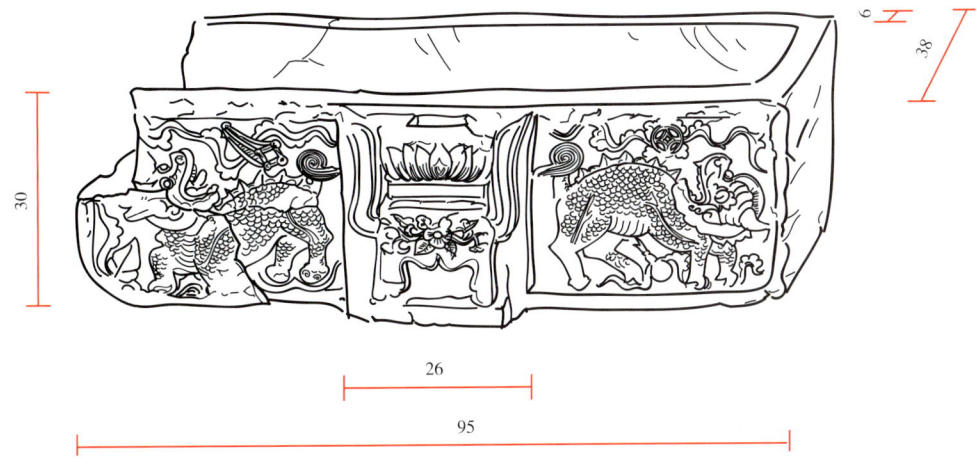

图二　清代毛南族石雕香炉猪槽尺寸图　(单位:cm)

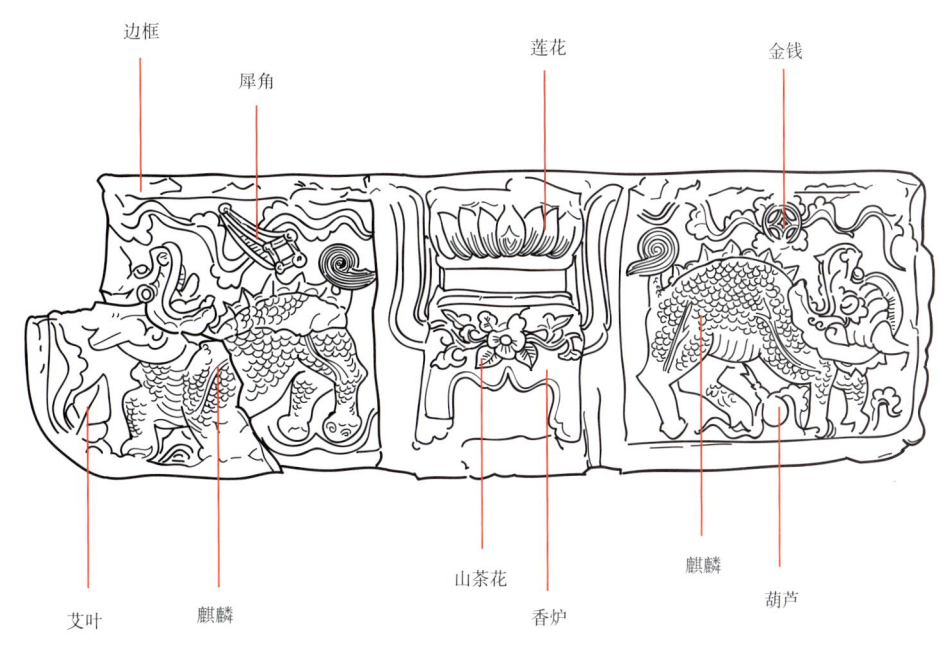

图三　清代毛南族石雕香炉猪槽图案分析

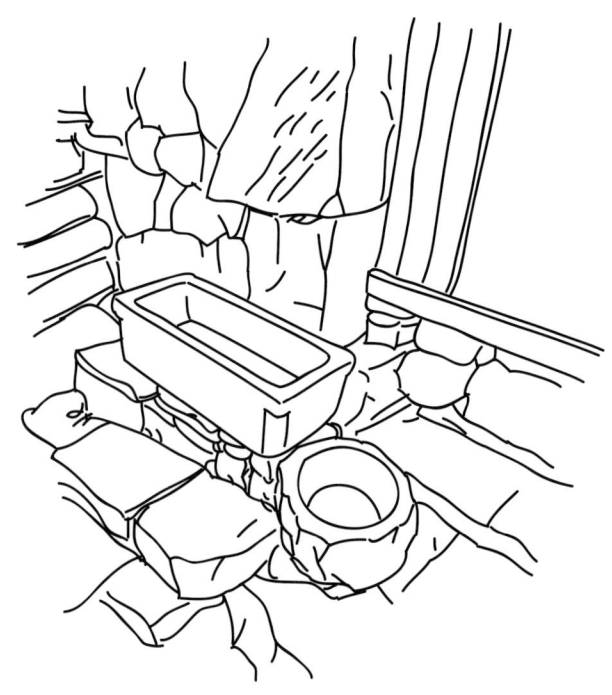

中南村南昌屯谭日胜家的石猪槽石猪槽摆放在猪圈门边的墙角处，便于喂食。这种石猪槽的形制，在毛南族家庭最为常见

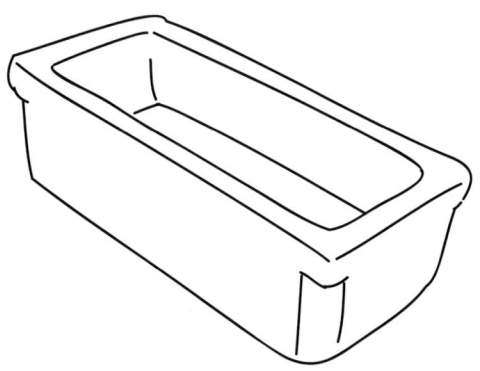
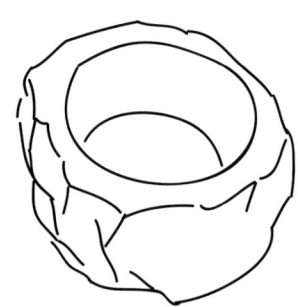

图四　延展图：中南村南昌屯石猪槽

第六章 毛南族传统民俗和宗教造像

毛南族婚礼习俗

图一　毛南族婚礼习俗主图

毛南族婚姻习俗允许族外和同姓通婚，但同宗五服内不得通婚，一般为一夫一妻，旧时少数纳妾。毛南族男女青年有对歌恋爱的自由，但婚姻不能自主。广西环江毛南族与贵州平塘等地的毛南族婚礼的形式有所不同。环江毛南族在婚姻礼仪上有"落典"相亲、"穿耳"定亲和"踩门"迎亲的习惯。正式婚礼的举办主要有迎亲、折被、送亲、开被、回门等过程。

迎亲是在挑选好的吉日里进行，清晨，新郎和迎亲的队伍在一位双全、有口才、有名望的男人带领下，挑着彩礼在爆竹声中浩浩荡荡地前往新娘家迎亲。迎亲的队伍中包括媒人、一个未婚女子和帮忙的小伙子们。未婚女子要带上一把雨伞，负责为新娘打伞指路。一般迎亲的彩礼有三担：一担谷物；一担红色糯米饭，上有染红的豆腐圆、方形扣肉、生猪腿、一只煮熟的鸡蛋和红纸包的盐等，该担要满120公斤；一担装着活鸡、生猪肉、酒和面条等。到了新娘家，迎亲的队伍在新娘家吃饭，正午时分，新娘家在中堂举行隆重的折被仪式。由新娘家两位子女双全的姑嫂伯娘来折被，新娘的母亲将事先准备好的喜糖、红蛋、粽粑、花生等象征吉祥的物品放在被子里。一边折被，一边由女歌师唱《折被歌》："叠好锦被第一床，来年生个好儿郎；叠好锦被第二床，荣华富贵美名扬；叠好锦被第三床，夫妻白发偕老享安康——"新被折好后放在一个事先准备好的四方木架上。木架分两层，底层放木箱，上层放新被，新被上放脸盆，顶上放茶壶。然后用红布条捆扎绑紧。四周挂上新娘亲手做的布鞋，以显新娘的心灵手巧。这个堆放新被的四方木架，毛南语称为"岗棉"。"岗棉"捆好后，新郎家迎亲的小伙便抬起"岗棉"与新郎一起回去。新娘上香叩拜祖宗，告别父母亲人，与新郎同来的伴娘、媒人一起，打着伞或坐上花轿不回头地走向新郎家。

在新郎家门前，摆放着三个用竹片和红纸做的象征性小拱桥，新娘来到桥前撑开雨伞，用左脚一次将三座桥踢翻，表示已过了桥，正式成为男方家的一员了。上新郎家的阶梯时，新娘由来迎接的子女双全的新郎姑嫂搀扶迈上台阶，姑嫂呼喊"我家新媳妇进门，哪个有孕的快躲开"。然后脱掉新娘左脚的鞋，跨入门槛后再将鞋穿上。新娘进入新人室后，由伴娘陪坐。

晚宴时，姑嫂叫新娘吃饭，新郎新娘一起敬酒、敬茶。晚宴后，再摆一桌特殊的宴席，桌上架一个大猪头，旁边有红糯饭和菜肴酒水。男女歌师对面入座。女歌师对着猪头唱"吉日敬神歌"，毛南语叫"欢吉辰"。接着男女歌师与众宾客自由对唱起来，歌声悦耳，热闹非凡。青年男女也趁此机会到屋外对唱，发现自己的意中人。此晚通宵达旦，以歌"驱困"、以歌"代床"。毛南族不闹洞房，当晚，新房中铺两张床，女床用深蓝色蚊帐和被单，男床用白色蚊帐和印花被单以示区别，称"鸳鸯床"，新娘与伴娘们同住新房。据传，此习俗源自盘古兄妹羞于结婚的传说。

第二天午饭后，在新郎家的厅堂举行"开被"仪式。将"岗棉"打开，一张张挂起来供亲友观赏。开被由新郎的两位双全的姑嫂进行，新郎的母亲端起"岗棉"上拿下的新盆，把红蛋、喜糖、粽粑等装入盆中。每开一张就有男女歌师对唱一首"开被歌"。最后，新郎母亲将食品撒向周围的宾客，众人争抢沾喜气。开被结束后，新娘拿着新郎家翁家婆给的"哄媳妇钱"在一行人的陪同下回娘家去了。新娘在娘家住三天，新郎便带着礼物去请新娘回来。新娘回来吃过晚饭后，家婆当着全家人的面，给新娘带

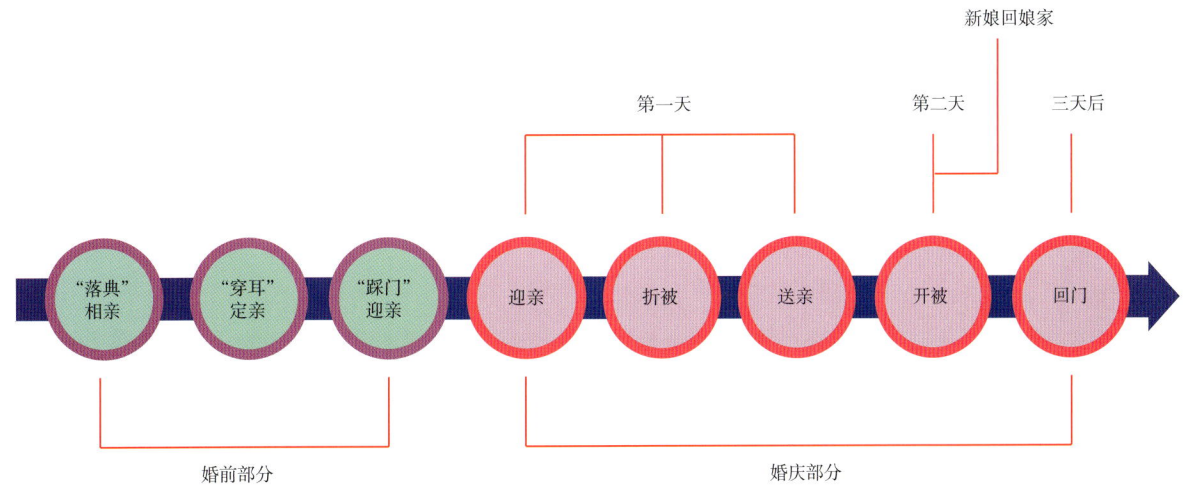

图二　毛南族婚礼次序图

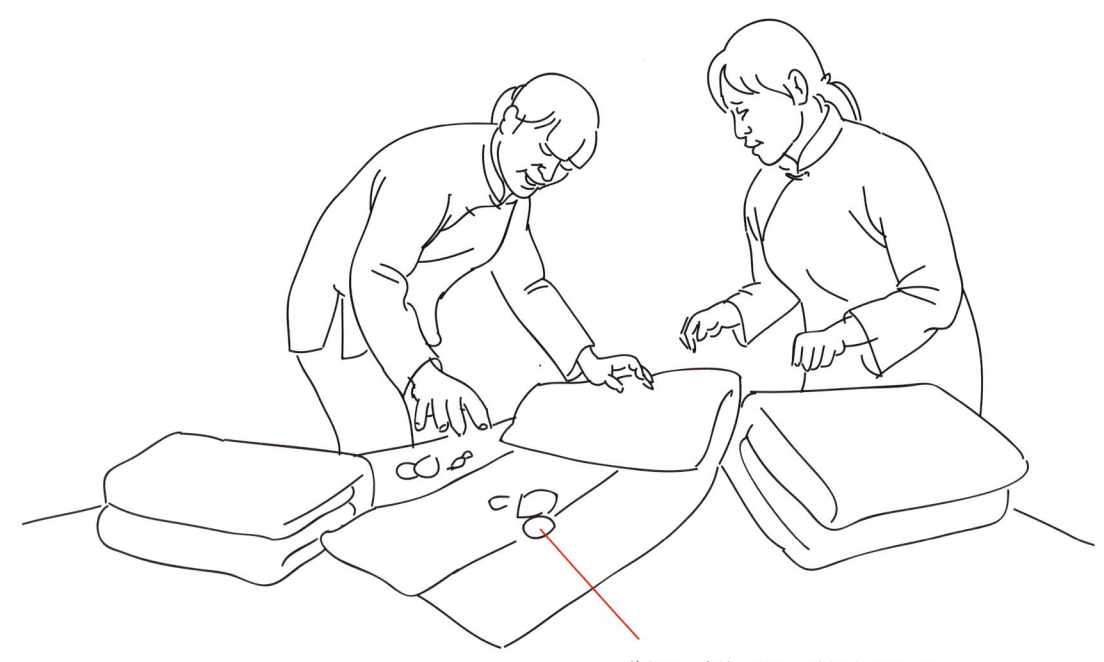

将红蛋、喜糖、花生、粽粑放入被子中

图三　毛南族婚礼的折被

上银手镯等饰品,并将一捆棉纱交给新娘,意思是授权,将家里的棉麻纺织活计交由新娘主管,这一仪式毛南族叫"发棉"。以前,有"不落夫家"的习俗,"发棉"后的第二天新娘又回娘家住,现在"发棉"后,新娘就和新郎就住在一起,开始他们的夫妻生活。

贵州毛南族婚礼,婚前需要定亲和讨八字,婚礼过程主要有过礼、迎亲、送亲、接老外婆等环节。入夜出阁和接老外婆有别于环江毛南族和周边少数民族,出阁前新娘与母亲哭嫁惜别,然后拜祖出阁。入夜出阁要有"踩路马"开路,过沟过桥要由舅爷、亲兄弟背着或骑马而过。到了男方家需在粑槽上坐着等待吉时入门,粑槽意为婚后把家爱家。拜祖入阁后,新娘在男方家住三天,但不能与新郎同房。然后由新郎亲自去女方家接"老外婆",老外婆并非岳父岳母,而是由女方家内亲妇女组成,她们一路欢歌笑语来到男方家。男方家准备了火车(孩子的玩具车拼成)、轿子(竹竿和椅子组成)来迎接老外婆,用竹竿当门唱"拦门歌",其场景滑稽幽默,热闹喜庆。老外婆进门后,男方家以贵宾之礼款待,通宵达旦对唱席歌,其乐融融。

毛南族婚俗内容极为丰富,过程较为复杂,它是毛南族文化重要的组成部分。它与宗教文化、民间传说、价值观念、生活习俗紧密联系,尤其是以男女对歌的形式助兴,反映了毛南人乐观向上的精神和对美好生活的追求。然而,随着经济文化的发展和渗透,毛南族婚俗也逐渐受到汉化和西化的影响,许多老的婚俗环节被简化或取消。

图片来源
图一、图六　谭和宾　摄影
图二至图五、图七、图八　刘明来　制图
图九　梦龙　摄影

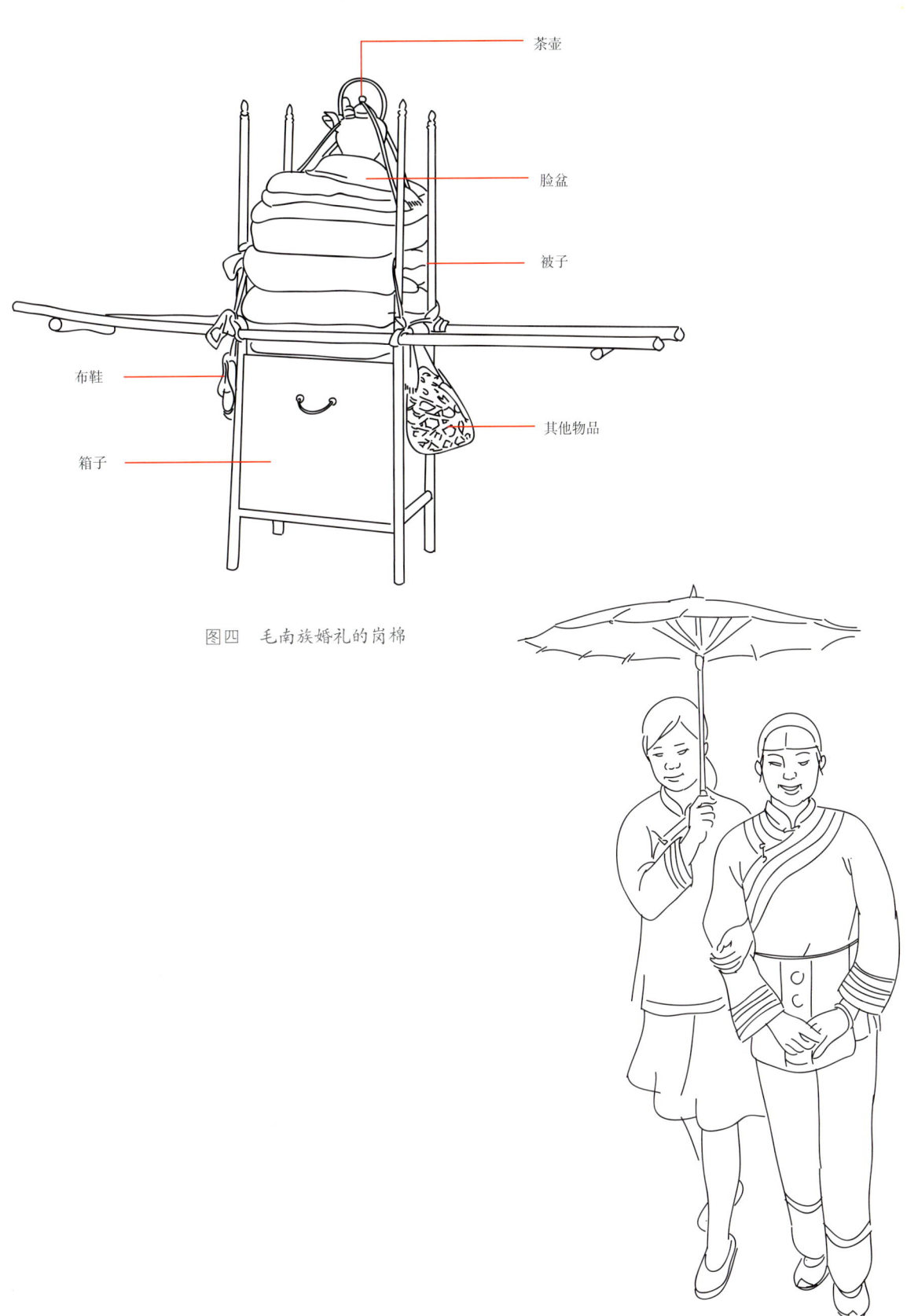

图四　毛南族婚礼的岗棉

图五　毛南族婚礼的新娘去新郎家

第六章　毛南族传统民俗和宗教造像

图六　毛南族婚礼的新娘踢花桥

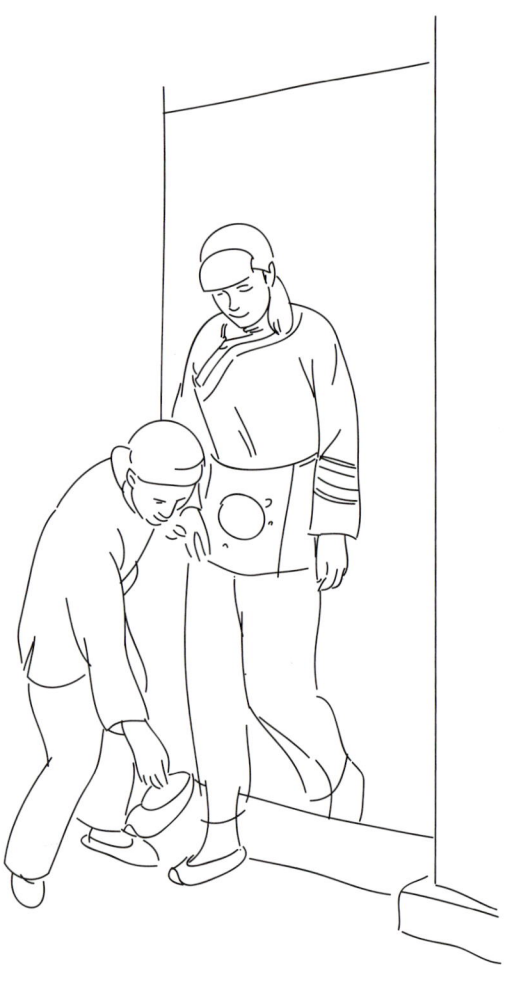

图七　毛南族婚礼的新娘脱鞋跨门槛

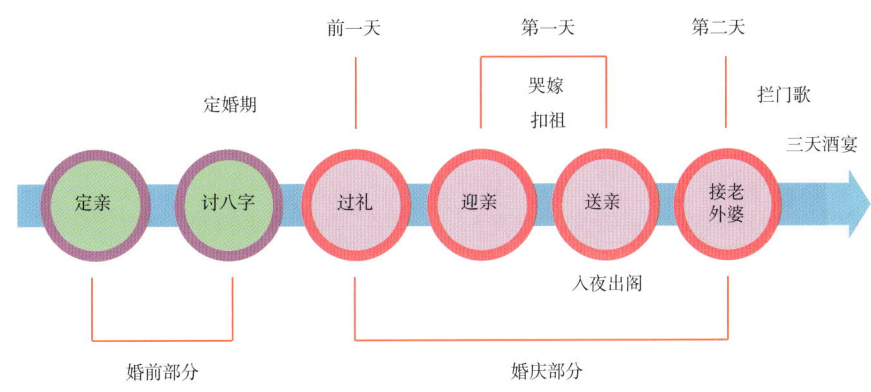

图八　贵州毛南族婚礼习俗次序图

图九　贵州毛南族婚礼情景

毛南族丧葬习俗

图一　毛南族丧葬习俗主图

毛南族实行土葬，丧葬习俗可分为正常死亡和非正常死亡两种形式。男子36岁以上和女子45岁以上病死属于正常死亡，为国捐躯、见义勇为而死的，按正常死亡对待。非正常死亡主要有早亡、伤亡、湿亡（妇女难产而死），遗体不得葬于祖宗墓地内，名字也不能列入家族行列。正常死亡者，下葬用两根木杠抬棺木，非正常死亡者用单根木杠抬棺木。正常死亡者，年岁高或声望大，葬礼就更显隆重。

正常死亡的葬礼过程是：1. 买水洗身。老人一过世，孝男在一邻居的陪同下，手拿谷穗、纸钱、香和一条白布，两人提桶到井边买水。一路上边走边撒纸钱，到达井边先燃香祭拜，焚烧纸钱，然后，孝男向井中投些钱币，意为买水为死者洗身。水打回后，将死者扶坐在靠椅上，脸面朝西。然后孝男孝女为死者象征性地剃头梳妆（用手在死者额头刮三次），用孝布浸水象征性地为老人洗身。洗毕，给老人穿上三件新衣（也有较多的，但总数取单数），两条新裤和白底黑面布鞋。然后把死者的床板铺在卧室地上，将死者安放其上，把一枚硬币放在死者的舌下，脱掉布鞋，用麻绳将死者的两个脚拇指捆住，意为死者已离开阳间，在道士没来念经开路之前，不让老人说话、乱跑。然后再用白布盖住死者全身上下。2. 舅家报丧。报丧分为两次，即"报素丧"和"报荤丧"。将死者安排好后，孝男穿戴孝服，用黑色锅灰抹于额头，手持竹篮（竹篮中放有死者牌位、纸钱、一斤米酒、三斤黄豆、一碗米及点燃的香），在邻居的陪同下去舅家报丧。在报丧的途中，孝男不能回头，不能与人打招呼和说话。逢三岔路口要撒纸钱，过桥时要焚香烧纸，意为买路。到了舅家，孝男低头跪于门外，陪同的邻居进门说明来意，直到舅父出来，将其扶起。登梯入门后，孝男跪拜舅家祖宗灵位，再跪拜舅家长辈。由舅父扶起入座后，孝男报告死者去世的经过，并向舅家征询料理后事的意见。报丧后在舅家吃一餐素饭，再拜舅家祖宗灵位，点燃香唤死者一起回家。此为报素丧。报荤丧是在出殡当天的清晨，孝男带上当天宰杀的牲口肉和酒等到舅家，请舅家主持葬礼仪式。3. 超度。一般进行三天左右，也有做七天的，整个过程分开路、打斋、肥谱等，超度请道士主持。所谓开路，就是请神灵将死者的灵魂带到天堂或阴府。这时孝男解开捆绑脚拇指的绳子，让死者与祖神天仙出去。道士用毛南语在灵牌前唱《开路科仪》。打斋，是请阎罗王审查死者的功过，为其超度。夜幕降临后，凄惨的乐曲奏起，道士在坛前用哀怨的声调念唱经书。肥谱（毛南语），就是请道士代表孝男孝女唱挽歌，《吊丧歌》为七字歌，内容根据死者及家庭的情况即兴发挥，请祖宗回来赴筵，护送亡灵上路。肥谱按停尸的天数来，停一天做一晚。4. 入殓。道士算好吉日，按吉日入殓。入殓时，事先在棺材里垫白布，撒纸钱，然后用白布裹尸，头、腰、脚用麻绳捆成三节，由三人将死者平放于棺材中，金属器物不能带入棺材中。死者入殓后，棺材置于屋檐下，用篷布盖上，不让阳光照到棺材。棺材头上还要点一盏长明灯，一般孝女守在棺材边，孝男则守在屋内的祭桌旁焚香烧纸。5. 出殡入土。出殡时，道士手捧一碗清水，用嘴将清水向周边喷三次，打碎长明灯，意为死者一去不回头，平安到达。送葬的队伍，前面有人撒

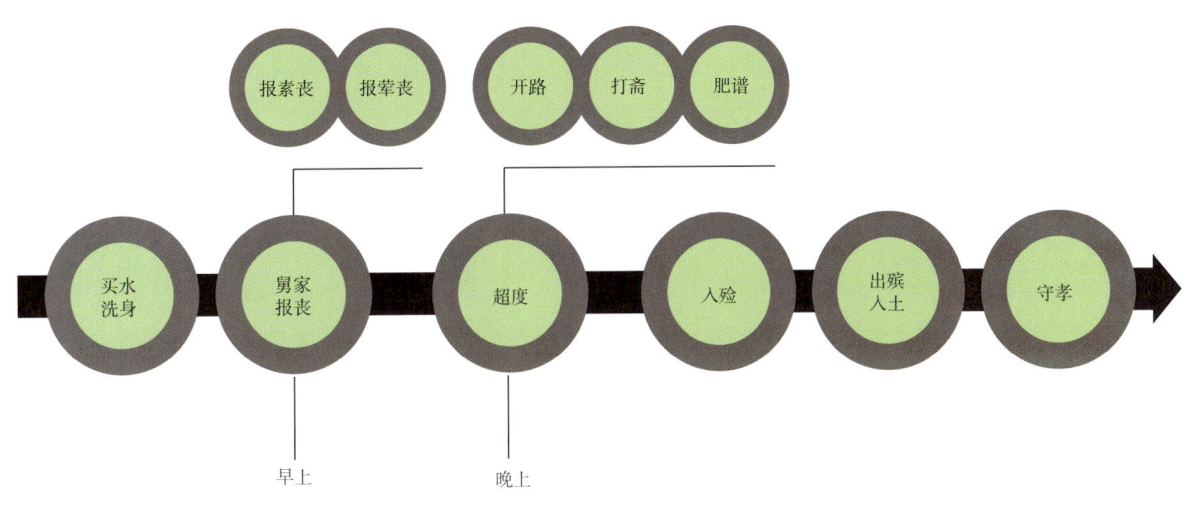

图二　毛南族丧葬习俗次序图

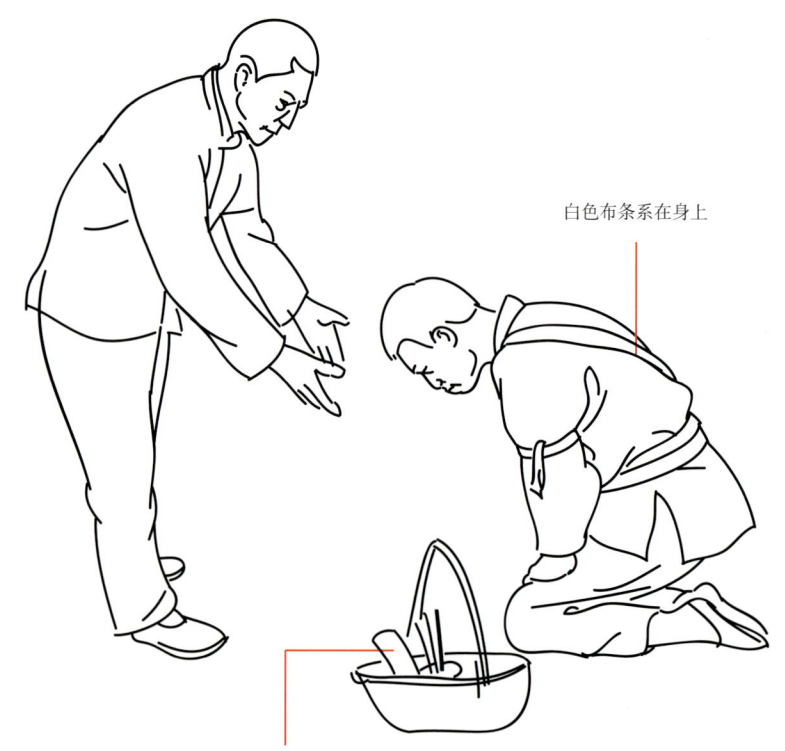

白色布条系在身上

竹篮中带有：死者牌位，一碗米插上点燃的香，
一斤米酒、三斤黄豆

图三　毛南族丧葬的舅家报丧

图四　毛南族丧葬的道士超度

纸钱，随后有人举灵幡，孝男孝女随其后，再后为棺材，棺材后面是敲锣打鼓的道士，走在最后的是参加葬礼的亲朋好友。到坟地后，道士手捧一只公鸡，用牙咬破鸡冠，将鸡血喷洒在墓穴东南西北四个方位。然后撒些白米，孝男孝女将参上鸡血和泥土的白米包起来带回家中，放在香炉中供奉，保佑后人兴旺发达。棺材入穴后，道士将第一锹泥土撒在棺材上，接着众人一起动手砌石填土，最后在坟上插上剪纸花。孝男孝女回家要选择另一条路，以免将亡灵带回。

毛南族丧葬习俗是民间自然形成和发展而来的，程序较为复杂，过程一丝不苟。它体现了毛南人对死亡的朴素认识和生者对死者的敬重之情，充满着宗教文化的神秘色彩，是毛南族文化的重要组成部分。

图片来源
图一、图四、图五　谭家乐　摄影
图二、图三、图六、图七　刘明来　制图

参考文献
1. 谭自安.中国毛南族.银川：宁夏人民出版社，2012.
2. 匡自明，黄润柏主编.中国民族村寨调查丛书.昆明：云南大学出版社，2004年.

图五　毛南族丧葬的孝男在祭坛前烧香守夜

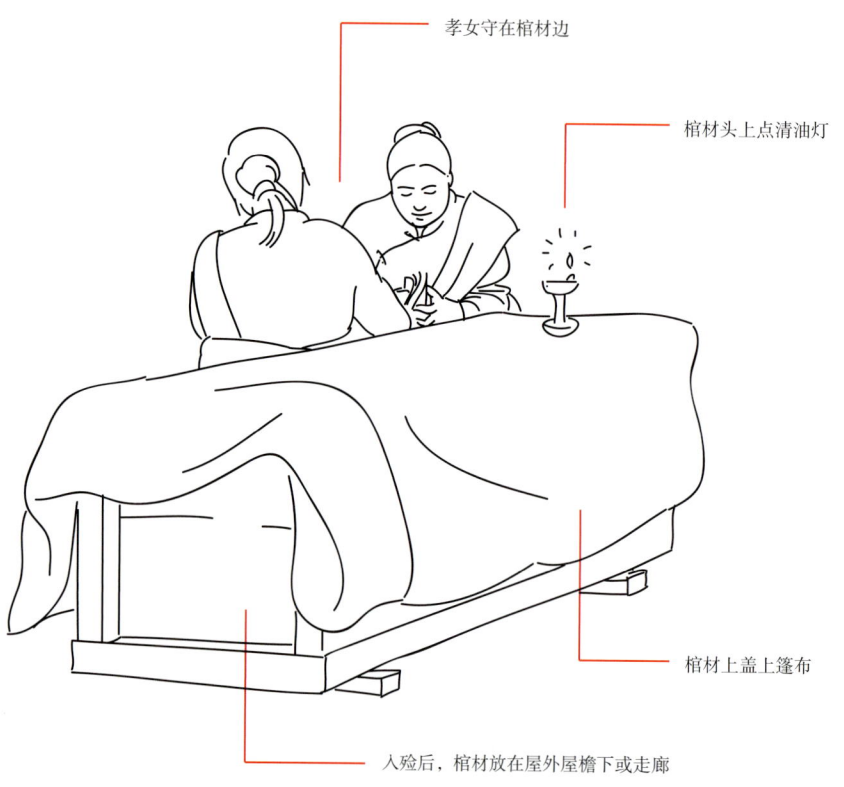

图六　毛南族丧葬的入殓后棺材的摆放

图七　毛南族丧葬的出殡

毛南族同顶和同背

图一　毛南族同顶主图

同顶和同背是毛南族最为喜爱的民间体育运动项目，项目的起源与毛南族生活紧密联系。同顶来源于毛南族圩市中青年男女的娱乐活动；同背则是从毛南族婚嫁中新郎背新娘的习俗中演变而来。两项活动都有简单易行、便于操作的特点，因此广为流传。

同顶，是两个人用腹部对顶一根棒子的体育运动项目。它有比赛场地小，器材简易，可以随时随地开展的特点。比赛的器具是一根木棒或竹杠，长约200厘米，直径在5～8厘米之间，在杠子中间吊一重物垂直于地面，地面上画一中线，中线的两旁设置相等距离的平行线作为比赛线，即可以开展比赛。比赛时两人相对而立，各自用棒子抵撑在腹部，棒子中心的垂掉物对准地面中心线，双方半蹲马步，运气于腹中，由裁判发令开始比赛。比赛时，两人手握棒子末端，以气发力相互对顶角力，谁能把棒子中心垂掉物推过对方的比赛线，谁即获胜。现在，同顶经过毛南人的再创新，产生了多人组合的协力对抗形式，更增添了运动的快乐气氛。由于同顶有利于人民群众的身心健康，又因它的力量性、技巧性、对抗性和观赏性，因此成为广西壮族自治区一项名为"顶竹杠"的全区少数民族体育竞技运动项目。

同背，是不用任何器材，两人一组背负奔跑的竞赛活动，它分为"都劲""都麻"（毛南语）两种形式。都劲是一人两臂伸直撑于另一人的两肩上，要求背上的人身体绷直，两脚离地，奔跑中不能落地，最先跑到终点的组获胜。都麻是两人背对着背，两臂互相扣紧，由一人弯腰背着另一人按照规定的跑道向前奔跑，先跑到终点的获胜。比赛的跑道一般20米左右，在民间如果场地不大，也可来回奔跑进行比赛。同背源于毛南族婚嫁时，新郎背新娘翻山越岭回家入新房。这是毛南族特殊的地形环境下，男女爱情的产物，经过不断演变发展成为今天的体育运动项目。现在的同背，集体育竞赛和娱乐为一体，比赛时，男女两个人一组，女子骑在男子的背上，男子背着女子与其他各组争抢"鸟粽"，抢得最多的一组获胜。

除同顶和同背之外，毛南人还创造了两人用肩膀对撞的"同填"，以及两人扭动棍棒较劲的"同拼"，人们亲切地称之为"四同"。这些运动项目是毛南人在生产生活中创造的，反映了毛南族在艰苦环境中乐观向上的生活态度。如今"四同"已进入毛南族中小学体育课程，它因趣味性和观赏性也常作为毛南族重要节日的娱乐项目。

图片来源

图一至图三　李晓　摄影
图四至图七　刘明来　制图

图二　毛南族同背主图

图三　毛南族协力同顶

图四　毛南族协力同顶四人架势图

图五　两人同顶架势图

图六　毛南族同背比赛图

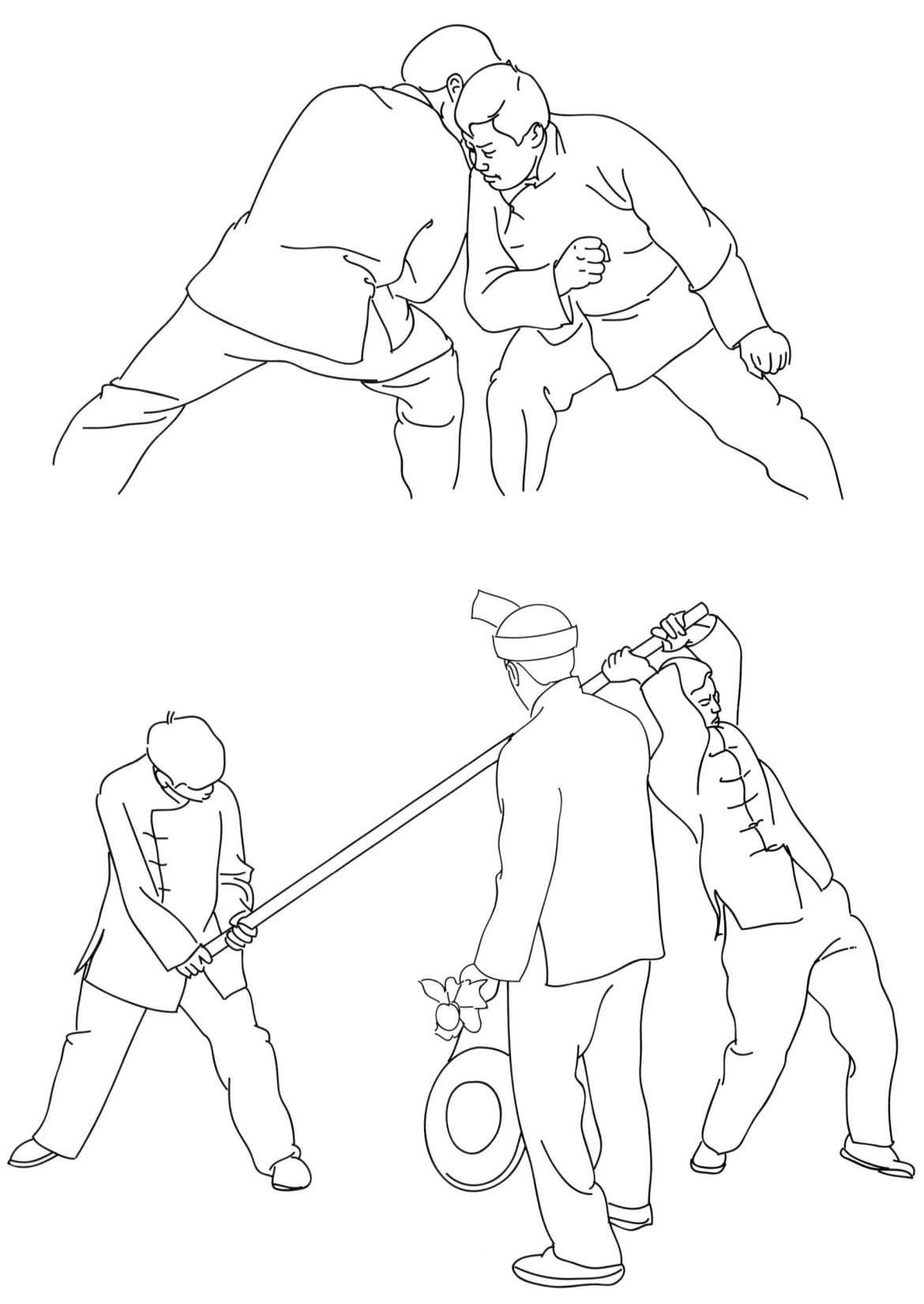

图七　毛南族同填和同拼运动

毛南族马革球

图一　毛南族马革球主图

"马革球"是毛南族特有的民间体育项目。"马革"是毛南语,即用两根一人多高的长木棍,在木棍下端离地各插入木质脚踏而成;马革球为灯笼状竹编球。比赛时,运动员手执木棍,脚踏于木榫之上,手脚配合,带动木棍行走,用马革踢打竹球,以进球多少论胜负。这项运动源自毛南族的传统节日"南瓜节"。每逢农历九月九日重阳节这天,毛南族都要举行隆重的祭南瓜活动。人们把自家最大最好的南瓜挑出来,评选"南瓜王"。人们骑上马革,滚动"南瓜王",用马革踢打,表示庆贺。踢开的"南瓜王",取瓜子作为种子来年播种,预示着五谷丰登。现在马革球已成为毛南人最为普及和喜爱的运动项目,并多次参加全国少数民族运动会。

马革的形制简单,由长木棍和脚踏组成,木棍高度根据年龄和身高而定,约在150～200厘米之间。在离地10～50厘米的位置分别安插木榫作为脚踏,脚踏长度在10～15厘米之间,脚踏与木棍是以榫卯的形式结合在一起的。为了脚踏更加结实,有的在脚踏下方加木条或三角形木块进行支撑加固,使马革更加耐用。竹编球有大、中、小之分,直径分别在40厘米、30厘米和20厘米左右,采用材料是当地的金竹,编织工艺非常讲究。先用10～12根宽2厘米的粗竹片,以一点向四周交叉分布,然后用细篾与粗竹片呈经纬交织,形成均匀细密的球体,编织到球的另一端以粗竹片封口。上下两极形成统一对称的图案,非常美观。在编织中将球内放置铃铛,球滚动时发出悦耳的响声,给人以视听享受。竹编球的造型充分体现了形式美、结构美和材质美。毛南人骑马革行走自如,由于马革不像汉族的高跷捆绑固定在腿上,靠手握脚踩配合,增加了运动的自由性,也产生了许多高难度的动作技巧。

马革球的设计看似简单,但却是器物、运动和文化的完美结合,凝聚了毛南族人民的情感夙愿,也深受广大民众的欢迎。这一极具文化性、趣味性和观赏性的体育运动,是毛南族宝贵的财富。在今后的经济和文化的发展中,将会不断地发挥其自身的价值。

图片来源
图一、图四 刘明来 摄影
图二、图三、图五 刘明来 制图

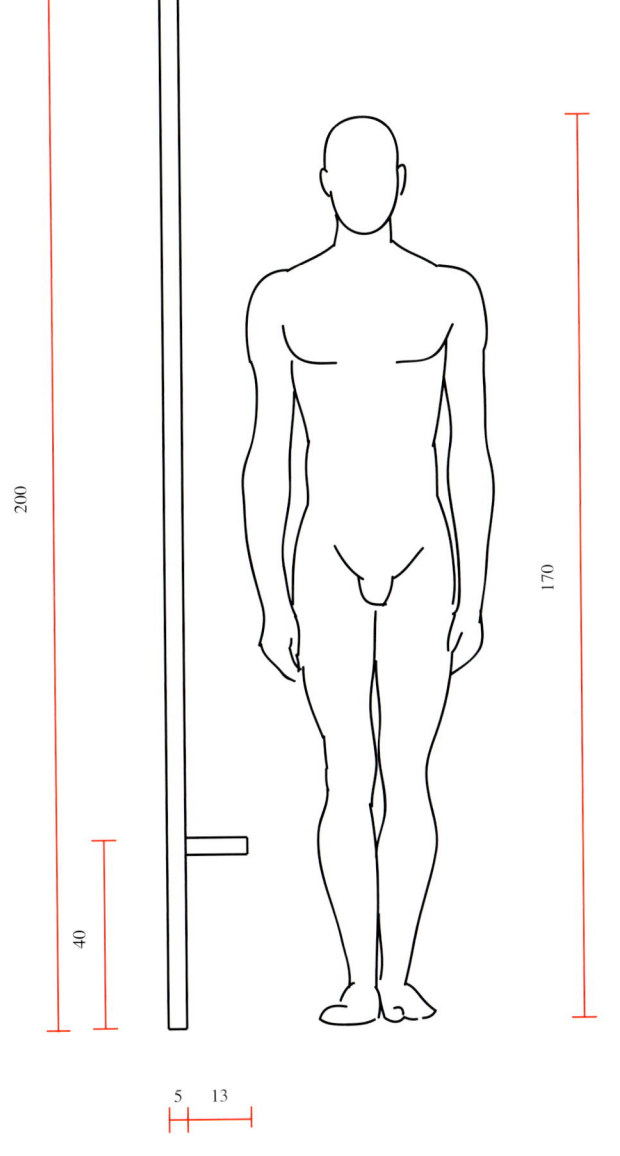

图二 毛南族马革尺寸图 (单位:cm)

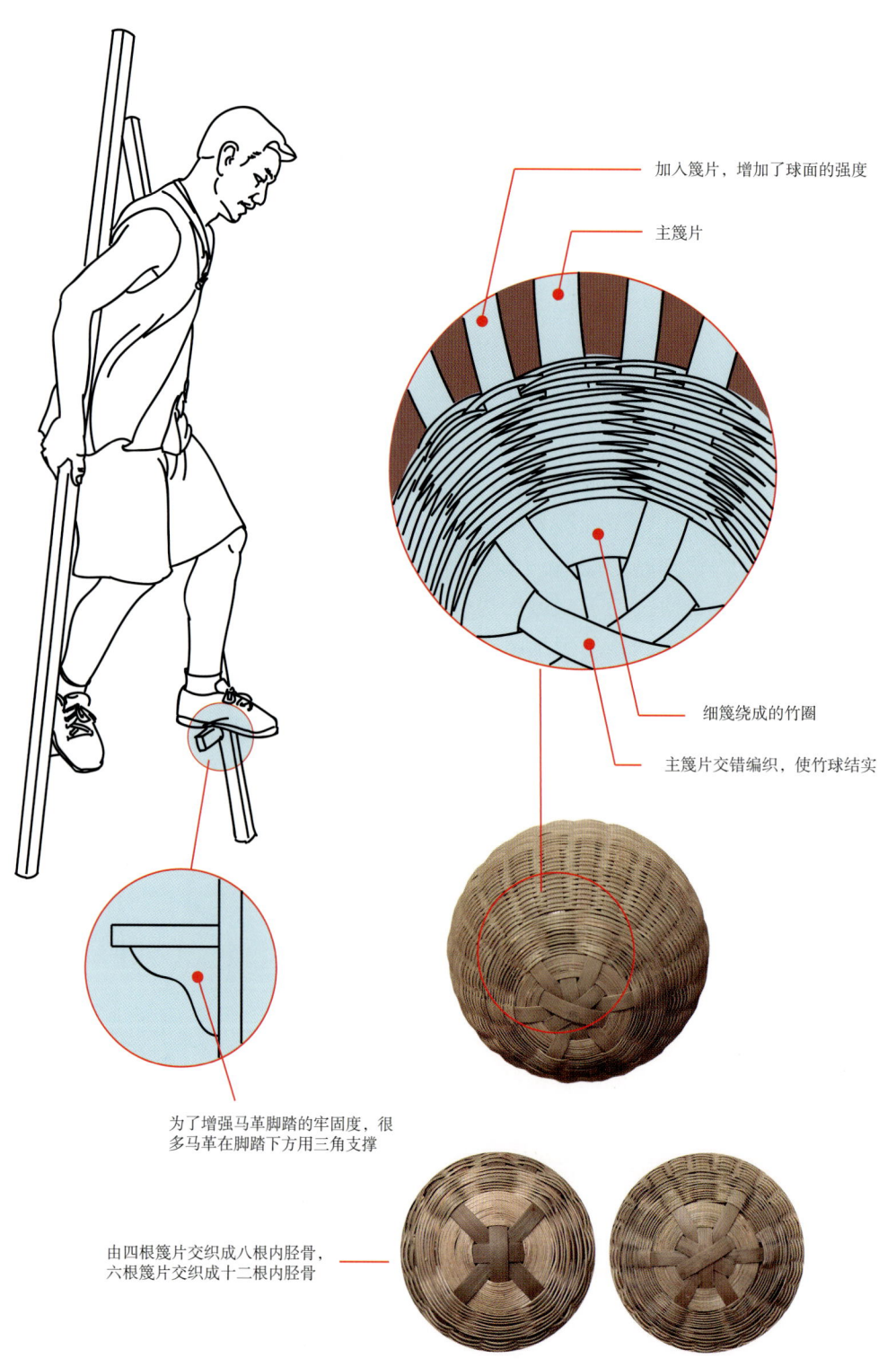

图三 毛南族马革和马革球设计分析图

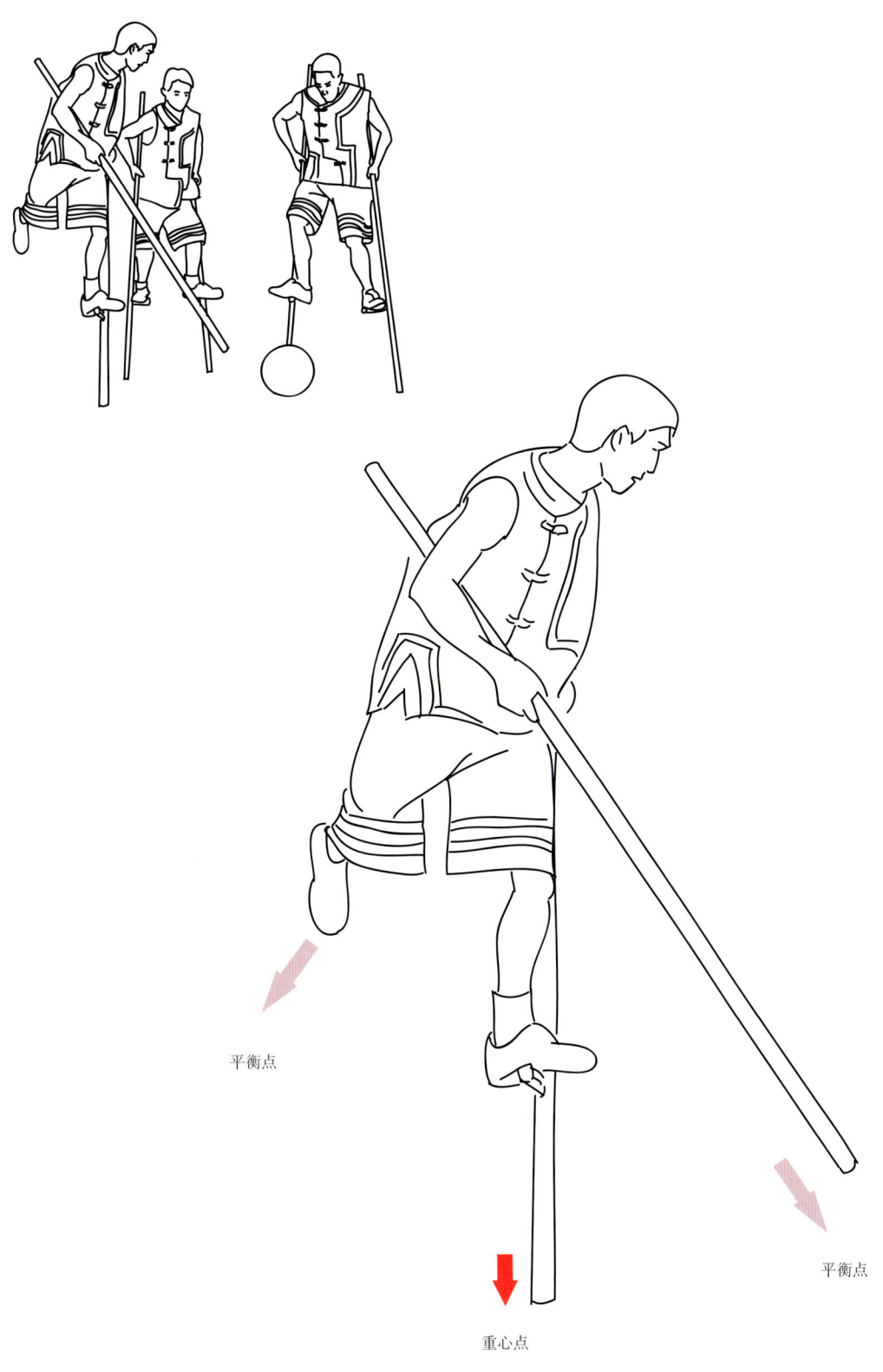

图四　毛南族马革球运动分析图

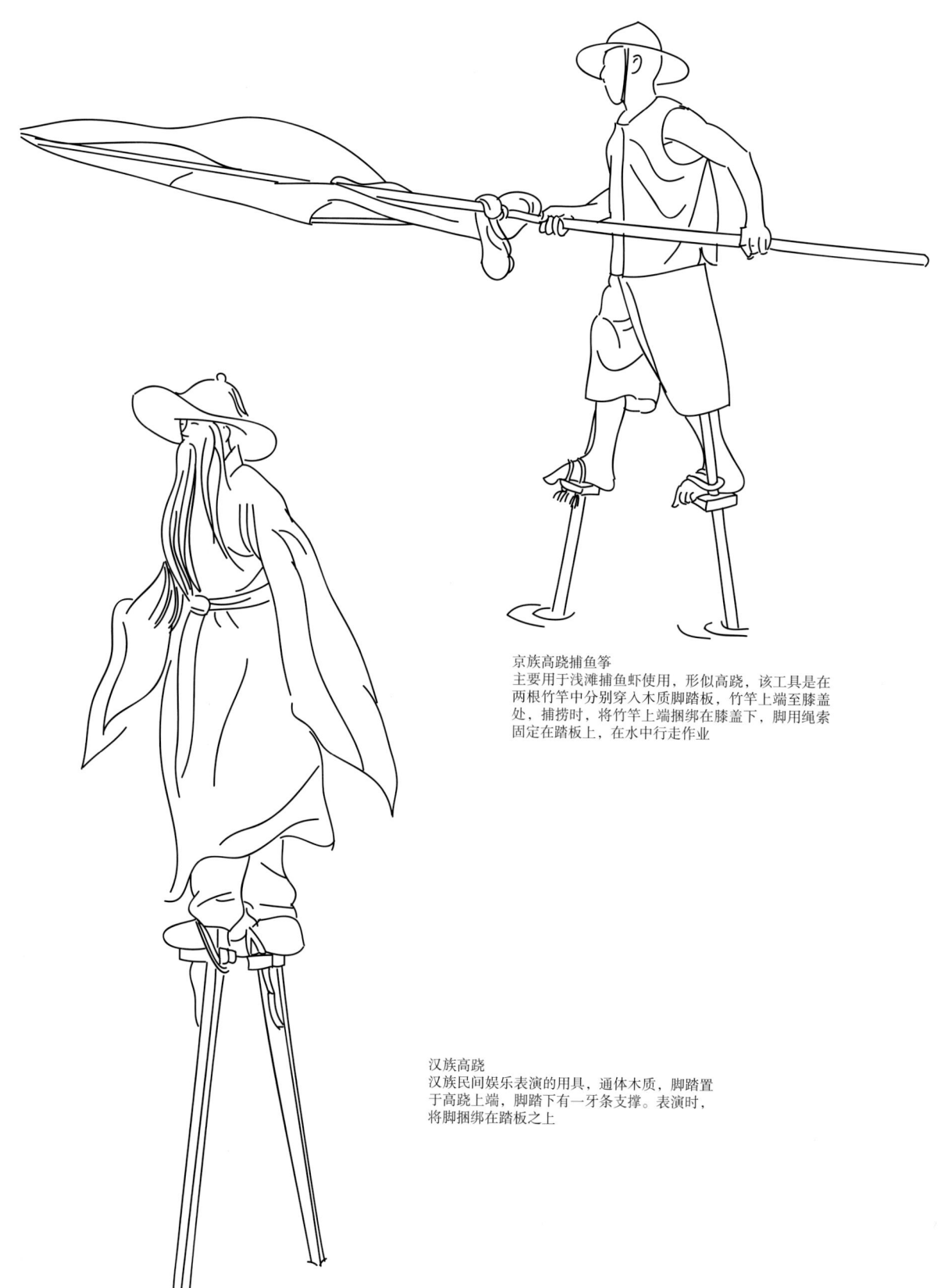

京族高跷捕鱼箏
主要用于浅滩捕鱼虾使用，形似高跷，该工具是在两根竹竿中分别穿入木质脚踏板，竹竿上端至膝盖处，捕捞时，将竹竿上端捆绑在膝盖下，脚用绳索固定在踏板上，在水中行走作业

汉族高跷
汉族民间娱乐表演的用具，通体木质，脚踏置于高跷上端，脚踏下有一牙条支撑。表演时，将脚捆绑在踏板之上

图五　延展图：京族高跷捕鱼箏和汉族高跷

毛南族石棋

图一　毛南族石棋主图

　　下棋，是毛南族民间喜爱的娱乐方式，经过世世代代的积累，棋的种类很多。毛南人居住在石山中，将棋盘刻在石板上，用随手捡来的两色卵石作为棋子，因而当地人又称之为石棋。在毛南山乡的村头、大树下、小河边随处可见刻在石板上的棋盘。在中南村南昌屯的村头大树下，有几块磨得油光发亮的青石棋盘，据当地人说，棋盘刻于清代。可见毛南族棋艺的历史由来已久。毛南族棋类主要有飞行棋、簸箕棋、禾剪棋、皇棋、牛角棋、老母棋、三点棋、射棋等。

　　飞行棋，也叫五行棋。棋盘是由两个十字交叉的长方形组成，共十二个棋点。对弈双方在棋盘的两个角各摆上四个棋子，一边念"金木水火土"一边走子，每次至少走两个点，最多可走五个点。一方在走子的过程中压到对方的某个棋子即可"吃"掉它。谁先把对方的棋子"吃"完谁就获胜。

皇棋，毛南语叫"棋皇"，棋盘较为复杂，极富装饰性。共三十二个棋点，三人对弈，每人手中有三颗棋子，得数一四七、二五八和三六九分别代表甲乙丙三人。每人先在各自的起点放一颗不同形状或不同颜色的棋子。首先是"猜子"，即三人各在手中握0或1、2、3颗棋子，然后同时伸开手，将三人手中棋子数相加，得数合谁猜的数，由谁走棋，每猜中一次即将自己的棋子向前走一步。最先到达顶端者为第一名，随后者依次为第二名和第三名。

簸箕棋，也叫圆棋、筒棋，因形似簸箕而得名。棋盘为两个大小不同的同心圆，在两个圆中画上十字线，十字线的四个角画有半圆弧。整个棋盘上有二十一个棋点，对弈双方先在棋盘大圆上的棋点各摆上六个棋子，猜拳胜者先走，每次只能走一步，取胜的方法是设法用多颗棋子将对方棋子分割，然后包抄，将对方某一颗棋子围困"吃"掉。而要围困对方的棋子至少需要三颗棋子，如果最后剩下的棋子少于三颗，就只能认输。

禾剪棋，也叫铡刀棋。棋盘类似"区"字。两人对弈，每人两颗子，分别摆在"区"字上下两个端点上。两人轮流走棋，一次一步，以一方被困无法走动时为输。禾

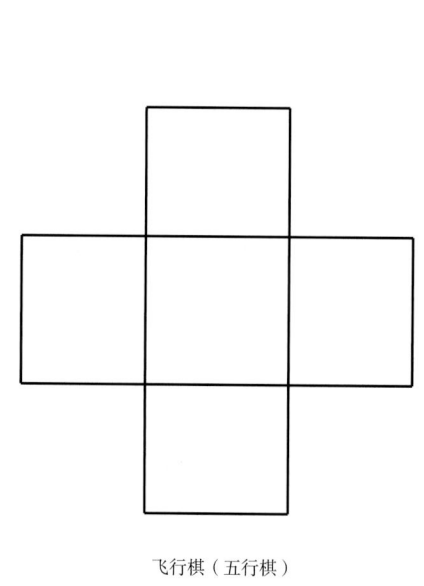

飞行棋（五行棋）

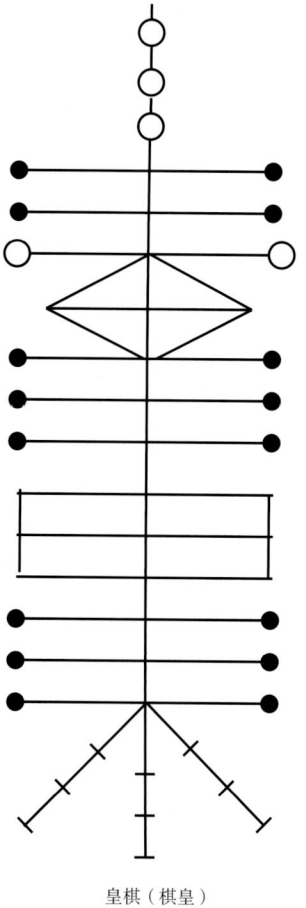

皇棋（棋皇）

图二　毛南族五行棋和皇棋

剪棋棋盘简单，棋子少，适合儿童活动。

牛角棋，也叫赶牛角。棋盘形似牛角，牛角中画上由长到短的折线。下棋前猜拳，胜者为赶牛者，对方为被赶者。赶牛者执两颗棋子，被赶者执一颗棋子。下棋时走一步或数步均可以，直到把被赶者赶入牛角尖处无路可走时为胜。

老母棋，也叫围母棋。棋盘分为两层，下面是一个包含十六个小方格的大正方形，由五条经线、五条纬线和六条斜线交叉成二十五个点。大正方形之上有一个菱形。母棋一颗，子棋十六颗。两人对弈，一人执母棋，一人执子棋。母棋先走，走棋时，每次只能在同一线路空位上走动一步。母棋在走子过程中压到子棋即可"吃"掉它，并以母棋一方把子棋一方的棋子"吃"完为胜。而子棋一方要取胜只有三种情况：一是当子棋还有六颗以上时，需把母棋围进菱形圈内困死；二是当子棋仅剩四颗时，把母棋围到正方形四个角的方位困死；三是子棋只剩两颗时，可采用"打炮"的办法取胜。

三点棋，又叫三棋，毛南语叫"棋伞"。棋盘由三个正方形和一个菱形，加上三个正方形同边中点的四条连线组成。三个正方形分内中外，一个套着一个；菱形由外正方形的中点连线围成。一共二十四个交叉点。下棋时分两个大环节。第一个环节为下子，猜拳决定谁先下第一颗子，然后双方轮流下子，一次一颗，直至24个棋点全部占满为止。下子时，尽量使自己的棋子三颗连成一排（即棋点上的三子在一条直线上）。一旦三颗连成一排，便可以选择对方一颗要害的棋子将它压住（另找一棋子来压），避免对方棋子"三子成排"。第二个环节为走子，先把棋盘上相压的那组双方的棋子全部拿走，剩出空位，方可走棋。走棋时，由第二个下子的人先走，每次走一步，前后左右斜都可以走。在走子时应努力使自己的棋子"三子成排"。一旦三子成排，便可以"吃"掉对方要害部位的一颗子，使对方一时无法实现"一排三子"。直至某方只剩下两颗子时即为输。

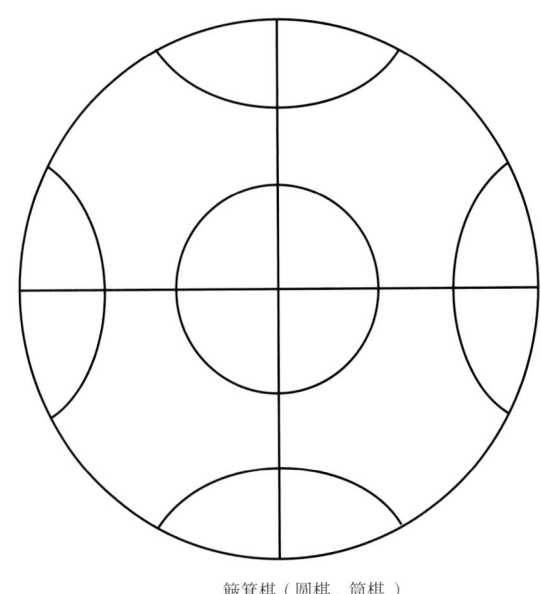

簸箕棋（圆棋、筒棋）

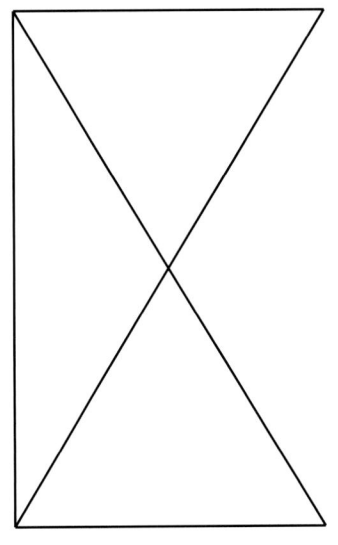

禾剪棋（铡刀棋）

图三　毛南族簸箕棋和禾剪棋

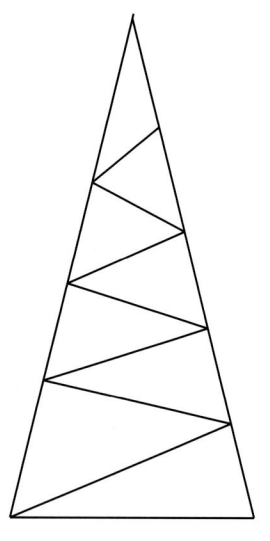 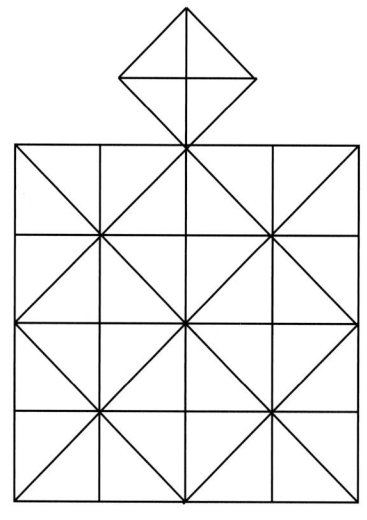

牛角棋（赶牛角） 　　　　　　　　老母棋（围母棋）

图四　毛南族牛角棋和老母棋

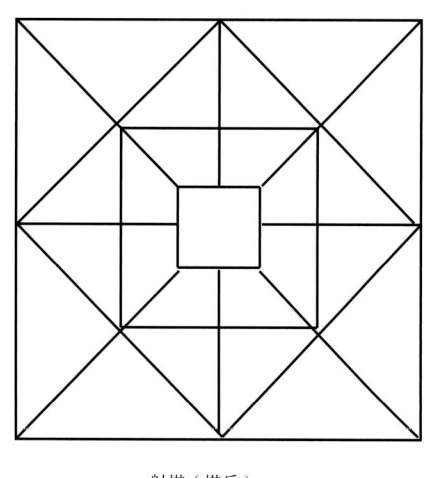 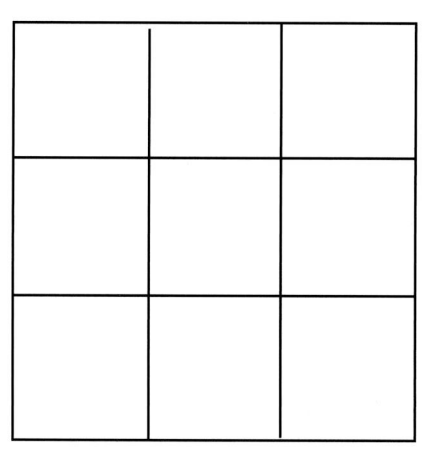

射棋（棋乓） 　　　　　　　　三点棋（三棋、棋伞）

图五　毛南族射棋和三点棋

　　射棋，也叫炮棋，毛南语叫"棋乓"。棋盘由四条经线和四条纬线交叉而成，九个小正方形合成一个大正方形，共十六个棋点。下棋前双方分别先将四枚棋子对阵摆好。轮流走棋，每次一步，可前后左右走。甲方走子设法形成"甲甲乙"这样的攻势，就可把乙方的这颗棋子"射"掉捡走。同理，乙方走子也要设法形成"乙乙甲"的攻势，就可以将甲方的这颗棋子"射"掉。直至某方棋子全无为输。

　　毛南族人民丰富的棋艺活动，对于民众开发智力、活跃生活、增进交流有着积极的意义，是一笔宝贵的精神财富。

图片来源

图一、图七　刘明来　摄影

图二至图六　刘明来　制图

图六　毛南族石棋中南村南昌屯老树下对弈

图七　毛南人河边下棋

毛南族分龙节

图一 毛南族分龙节主图

"分龙节"毛南语称为"肥庙",是毛南族特有的民俗节日之一,也是毛南族最隆重的祭神求雨保丰收的农业祭祀节。毛南族先民根据自己的气象经验和宗教观念,认为每年夏至后的第一个辰日是水龙分开之日。人们在此时,祈求神灵合理分龙,避免旱涝灾害,以保风调雨顺、五谷丰登,十分灵验。分龙节内容丰富,主要有:纳牛仪式、祭三界公、傩戏表演、结丰收树、接米纳福、放天鸡、放飞鸟等。其中祭祀能与天地人相通的毛南族神灵"三界公"成为分龙节的主导。

纳牛仪式,俗称椎牛仪式,安排在分龙节祭祀活动的前一天,仪式通常在个村屯的三界庙前举行。选择膘肥体壮的黄牛，把牛牵到纳牛福地，将牛的四肢和头绑在五根柱子上，用剪纸花盖住牛的脸。师公们围着牛念唱，意为：感谢大自然的恩赐，我们把这么好的牛献给三界公，请三界公保佑风调雨顺等。为了减少牛的痛苦，用铁锤一锤砸向牛的头顶，瞬间将牛杀死。次日，是分龙节活动的高潮。各家各户都蒸制了五色糯米饭。并用五色糯米饭捏成丰收果或如意果。然后各家准备小树，将丰收果和如意果黏结在小树上，称作丰收树。人们在制作丰收树的同时，也将一年的愿望寄托在丰收树上。这一天，人们将牛头、香猪、鸡鸭等供在三界公神像前，祭祀盛典在热烈的鞭炮声中开始，神职人员戴着面具装扮成诸神，通过吟诵，将三界公请到神坛上坐下，众人依次上香叩拜，并狂欢庆贺。头戴面具的诸神，将象征"福、禄、寿、喜"的香糯米向人们抛洒，从天而降的米点是三界公对人们祈愿的应答，谁接到的米粒多，就意味着得到三界公的应允多，人们纷纷接米纳福，气氛热烈。接米纳福后，开始放天鸡。在毛南人的观念中，鸡能通阴阳。一人背上背着一只大公鸡，在神职人员的护送下将公鸡驮到三界公神坛前，人们通过公鸡向三界公以及天地诸神禀报人间的善举和愿望。天地诸神也借助神职人员的经文和舞蹈，以放飞鸟的形式将神的意志传递给人们。这里的"鸟"实际上是用菖蒲叶包扎糯米制作而成的粽子，粽子的造型仿佛形状各异的鸟。神职人员将"幸福鸟"抛向天空，人们双手将"幸福鸟"接住，接到了"幸福鸟"就得到了诸神的保护。人们将"幸福鸟"挂在自家的门上和树上，预示吉祥。毛南族下团和上团举办分龙节的日子不同。下团的分龙节选在夏至日之后的第一个辰日即龙日，而上团则比下

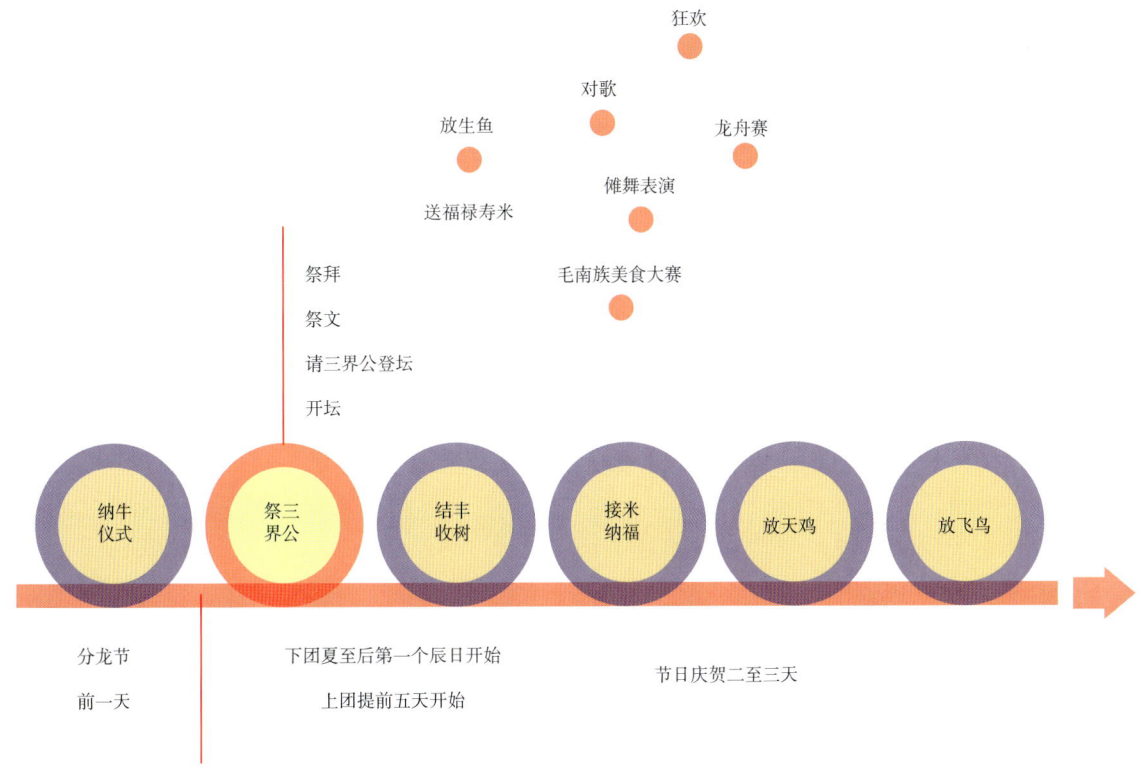

图二　毛南族分龙节内容及行序图

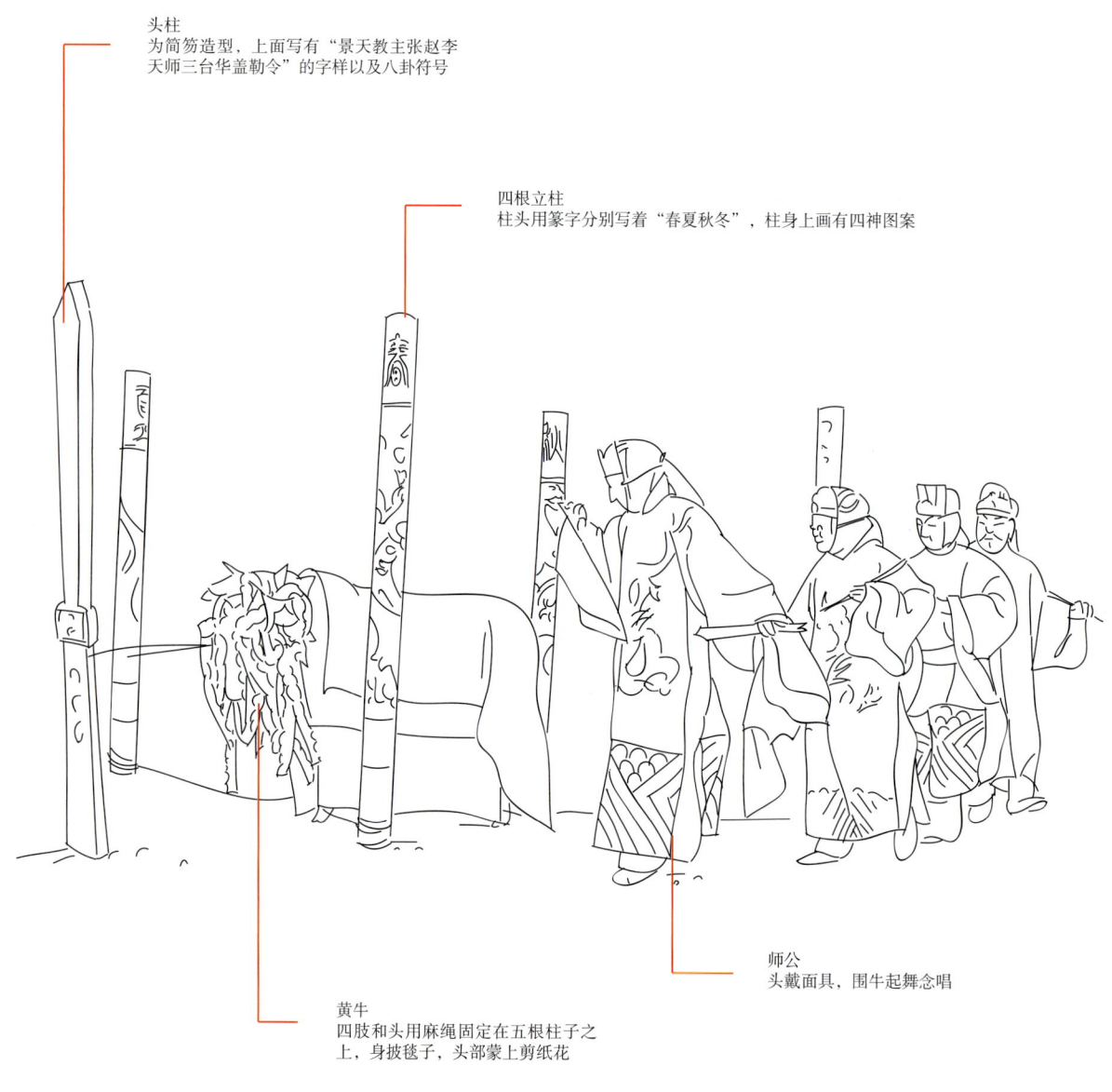

头柱
为简笏造型，上面写有"景天教主张赵李天师三台华盖勒令"的字样以及八卦符号

四根立柱
柱头用篆字分别写着"春夏秋冬"，柱身上画有四神图案

师公
头戴面具，围牛起舞念唱

黄牛
四肢和头用麻绳固定在五根柱子之上，身披毯子，头部蒙上剪纸花

图三　毛南族分龙节纳牛仪式

团提前五天，这样延长了节日的长度，方便毛南人走亲访友，加强情感交流。

分龙节气氛热烈，内涵丰富，有浓郁的民族特色，文化性和观赏性极强。现在的分龙节除了各个村屯举办，每年还由政府组织，在环江毛南族自治县县城和下南乡举办，其内容也变得更加丰富多彩，增加了龙舟赛、狂欢夜歌舞晚会等现代内容。

图片来源
图一、图四、图五、图八、图十一、图十二　刘明来　摄影
图二、图三、图六、图七、图九、图十　刘明来　制图

图四 毛南族分龙节结丰收树

图五 毛南族分龙节开坛请三界公

图六　毛南族分龙节诵读开坛祭文

图七　毛南族分龙节抛福禄寿米

图八　毛南族分龙节福禄寿米

图九　毛南族分龙节放天鸡

菖蒲叶包糯米制成的小鸟粽子

毛南族青年男女，将得到的小鸟粽子挂在树上，寓意着生活幸福美满

图十　毛南族分龙节放飞鸟

第六章　毛南族传统民俗和宗教造像

图十一　毛南族分龙节祭祀用的牛和香猪

图十二　毛南族分龙节盛大的场景

毛南族肥套

图一　毛南族肥套主图

"肥套"为毛南语，"肥"是做的意思，"套"指还愿，肥套即是毛南族民间极为普遍的大型还愿祭祀活动，毛南人一生中必须要隆重地举办一次。它分红筵和黄筵，红筵还的是婆王愿，黄筵还的是雷王愿。还愿活动主要通过木面舞表演和相关祭祀活动来体现。

肥套活动较为繁杂，先做好还愿活动的准备工作。准备工作主要有搭神坛和摆放供桌。神坛搭在屋子的宽敞处，用几张桌子作为台案，选择较为修长的竹子制成三道门，中间的门里挂上三界公的神像，两边分别挂万岁娘娘和雷王的神像，神坛周围挂三元和花林仙官的神像，台案中央放上竹子和纸糊的花楼，专供万岁娘娘降临居住。台案上还摆放着糯米饭、猪肉、豆腐等供品。此外还要准备许愿桌、亲官桌、保筵桌、敬宗桌、洗面桌、剪花桌，以便仪式活动使用。

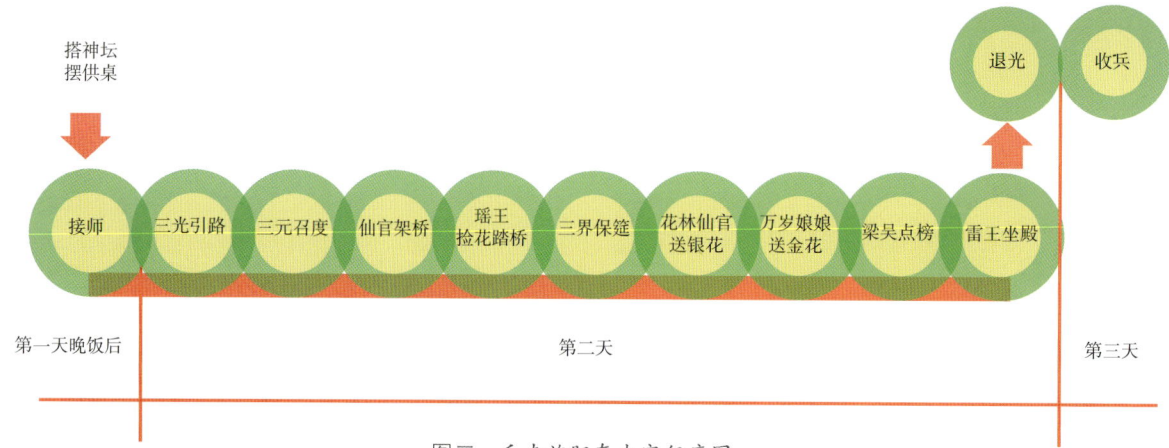

图二 毛南族肥套内容行序图

"肥套"在晚饭后开始，全过程由主唱的师公掌管和指挥，主唱的师公念唱，各路神仙根据念唱的内容依次出场表演木面舞。表演的顺序如下：1.接师，也就是接三元祖师，是还原仪式的第一个舞蹈。活动在主家外边进行，门外屋檐下的许愿桌上放有酒、肉、糯米饭等供品，桌子两边绑有朝镖（法器）。由一个资格最老的师公头带三元祖师的面具表演，三元祖师右手执铃，左手持简笏，来到许愿桌前站立，主唱师公坐在桌前念唱，请祖师下凡。主家拿来蓝布铺在干栏建筑的楼梯上，由主唱师公和主家一起扶祖师踩着蓝布登梯入门，来到神坛前，三元祖师接过剪花公手中的花枝，递给主家以示祝贺。2.三光带众神，也叫三光引路。三光是日、月、星三神合称的光明之神，在众神到来的夜晚为他们照亮来路。由三位师公分别扮三光、瑶王和土地神，瑶王为众神开路，土地神负责通知各神赴筵。3.三元召度。三元神是唐、葛、周三位祖师，他们创立了梅山教，成为道教的一支，被后人尊称为上、中、下三元。三元召集社王、灶王和家仙跳"穿针舞"（四人舞灵活交叉转身的俗称），以保人畜健康、安宁。4.仙官架桥。由瑶王、鲁班、陆桥三神表演，一段三人舞后，陆桥向瑶王说明架桥的原因，瑶王献出木材，鲁班伐木架桥。架桥用红、白、蓝三条布，红布铺在条凳上，称红桥，是万岁娘娘、花林仙官等神仙送花入室要通过的桥，白布和蓝布铺在地上，白布表示阴桥，蓝布表示阳桥，表示主家阴阳畅通。5.瑶王捡花踏桥。由瑶王独舞，表现瑶王把捡到的花送给失主的情景。在急速的鼓点的伴奏下，瑶王做观花和赏花的动作，其中有动作夸张、表演诙谐幽默的求偶交配表演，场面热闹。6.三界保筵。三界公和蒙官的双人舞。三界公和蒙官是毛南族神，一善一恶，请他们入筵，目的是让蒙官不要发怒，并带众神领愿。7.花林仙官送银花。由花林仙官表演的独舞，表演前诵念一段花林仙官身世的经文，说明她是孤儿，后被万岁娘娘收去在花山上管花护花。花林仙官入筵主要是给主家送银花（女孩），同时也为主家的母亲送长生鸡。8.万岁娘娘送金花（男孩）。还原仪式中的重要环节，是万岁娘娘和瑶王的双人舞，万岁娘娘的舞步轻缓庄重，与瑶王一起走进房间，瑶王把花篮放在床后，师公们对着花篮念唱。瑶王则跳出房间，在厅堂中，手中分别拿插着花的三角粽(代表女人)和草束（代表男性生殖器）跳求偶舞。师公将竹片弯成拱桥，围上红布，搭在卧室门上，红桥上贴有剪纸花，红布两端缝成三角带，分别放一个三角粽和一个红鸡蛋，预示子孙满堂。9.梁吴点榜。肥套中还雷王愿的第一个仪式，梁吴是管黄筵牺牲供品的神，入黄筵手持刀或简筊舞蹈，表示清点主家的供品。10.雷王坐殿。为雷王与夫人的双人舞，开始由梁吴、雷兵开路造势。然后雷王与夫人起舞，雷王舞蹈刚劲有力，夫人的动作却带有女性的柔美。11.退光。肥套结束的标志性舞蹈，由三光引导众神离开坛场。12.收兵。整个肥套最后一个仪式。收兵仪式不能简化，必须做足，主家才能吉利。仪式所用的剪纸花、对联、花楼、竹片等，全部烧掉，还愿仪式结束。

毛南族肥套，从表面上看是一系列木面舞蹈的表演，但实际上它是一个设计有序的还愿活动。活动的文化内涵丰富，反映了毛南族的宗教信仰和生活观念。它巧妙地将仪式活动与戏剧、舞蹈结合起来，人们喜闻乐

图三　毛南族肥套请三元祖师

见，达到了寓教于乐的目的。诸神木面增加了活动的神秘感和可看性。肥套虽是诸神的表演，但却充满着生活中人的气息，如三界公和万岁娘娘的稳重、花林仙官的妩媚、瑶王的诙谐、雷王的刚毅凶猛等都给人留下了深刻的印象。

肥套历经了漫长的历史发展，从毛南族博物馆存放的三界公神像来判断，至少在乾隆年间已经盛行。肥套在"文化大革命"时期被禁止封杀，此后一度濒临失传的危险，后经政府的抢救和神职人员的努力已逐渐恢复。这一极富民族特色的文化遗产，包含着音乐、舞蹈、美术、民间传说、民间文学、宗教文化等诸多内容，在今后的社会发展中还将焕发其独特的光芒。

图片来源
图一、图四、图十至图十二　刘明来　摄影
图二、图三、图五至图九　刘明来　制图

图四　毛南族肥套瑶王捡花送花

剪花公　　还愿者　　师公（万岁娘娘）

图五　毛南族肥套转红桥

图六　毛南族肥套将红桥从神坛引入花房

第六章　毛南族传统民俗和宗教造像

图七　毛南族肥套花林仙官送银花

图八　毛南族肥套万岁娘娘送金花

图九　毛南族肥套雷王坐殿

图十　毛南族肥套万岁娘娘住的花楼

第六章　毛南族传统民俗和宗教造像

图十一　毛南族肥套师公用的衣服

图十二　毛南族肥套神像头冠（广西民族博物馆藏品）

毛南族肥套木面

图一　毛南族肥套木面主图

木面是毛南族傩文化"肥套"中的木刻面具。主要在举行"肥套"祭祀仪式时,"师公"跳神、娱神使用。有上元、中元、下元、师公、鲁仙(鲁班)、灶王、社王、欧官、蒙官、谭九官、三界公、三光、桥仙、花林仙官、万岁娘娘、良吾、六曹、雷王、雷兵、土地、小土地、家仙、莫一、莫二、太师六官、挑夫、瑶王、瑶婆、三娘、灵娘、雷王夫人、神团像、鸿石、鸿敖、鸿远、锣鼓官共36神面具。面具大多用当地的恩木刻制,木面尺度一般长30厘米,宽17厘米左右。现遗存较早的木面为清代刻制,应该说毛南族傩文化木面在民间传承至少有数百年的历史。

毛南族木刻面具是神与人的融合,这些被创造出来又从未谋面的神,需要以较为固定的形象让人们认知和膜拜。在毛南族很少有寺庙供奉神灵,因而,认识这些神灵主要是通过祭祀活动中的木面。人们雕刻神的面具是在自己生活的认识范围内进行的,神的形象打上了人的烙印。从毛南族肥套中的木面整体来看,诸神性格鲜明,形象生动。面具有善凶之分、性别之分、年龄之分。如三界、"三元"、瑶王、万岁娘娘、花林仙官、三娘等面具,神态自如,和蔼可亲。雷王、蒙官的面具,使人望而生畏。在性别

图二 毛南族肥套木面尺寸图 (单位:cm)

上，遵从中国传统的审美观进行塑造，男神脸部方正端庄，呈现阳刚之美，女神脸部呈鸭蛋形，有阴柔之美。毛南族面具极具人性化和世俗化的特点，一张张神的木面，有着典型的人的特性，这些木面实际上是毛南族人民生活、理想和审美的集中体现。为了增强诸神的识别性，面具的头饰、帽饰都设计了不同的符号，以表现神的法力和职能。如雷王帽子中间有类似闪电的花的形状；雷兵帽子上有"勇"字；瑶王有高高立起的发束；花林仙官的头饰上盛开着数朵鲜花，每朵鲜花都是孩子的笑脸。这些图案有着诸神的象征意义，同时又具有极强的装饰作用。面具根据神的特点施色，性格刚烈的武神，面部施红色；文神施淡黄色；年轻的女神面部施白色或粉红色；老年肤色较深。通过清代毛南族面具和现代刻制的面具比较，毛南族面具诸神的形象变化不大，程式化明显。这说明诸神形象在毛南人心中已根深蒂固。

木面的制作工艺较为复杂，耗时较长。经毛南族木面传人方振国介绍和示范，木面的制作大致经过以下工序：1.选料。木面一般选用质地细腻、软硬适中、不易开裂的恩木（紫威科）雕刻，要求恩木材料外观匀称，无巴结，直径在20厘米左右。将选用的恩木锯成长约32厘米的圆木，每根圆木破成两半，用半圆木雕刻面具。2.挖脸部轮廓。在半圆木的平面部分用凿子挖出能覆盖人脸部的空间。3.画中线，取耳线。在弧形面上画出中线，以中线为基准，用手测量耳朵的位置，定位以后，用斧头砍出耳朵的轮廓。4.确定五官的比例和位置，以横线标出眉、眼、鼻、口的位置。5.雕刻脸部大轮廓。先用锯子锯出鼻子和上下唇的线段，然后用斧子砍出脸部高低层次。突显鼻子的高度和嘴唇、下颌的形状。6.雕刻五官。用凿子挖出脸部细微的起伏变化。7.打磨。用锉刀、砂轮机、砂纸进行表面磨光处理，与过去相比，砂轮机大大提高了工作效率，通过各种形状的砂轮磨制，细小的起伏更加有形。8.上色。上底色，表面再罩一遍光油，对底色起到保护作用。9.开光。上色最后一步为点睛，同时将木面放好，焚香，供酒，诵经。

目前，毛南族木刻面具还保持手工制作的特点，制作面具的民间艺人为数很少，现有知名的木面传人孙振国和谭信慈两位老人，均已80多岁，面具制作面临失传的危险。

图片来源
　　图一、图七、图八　谭家乐　摄影
　　图二、图三、图四　刘明来　制图
　　图五、图六　刘明来摄影
参考书目
韩德明.毛南族肥套.北京：北京科学技术出版社，2012.

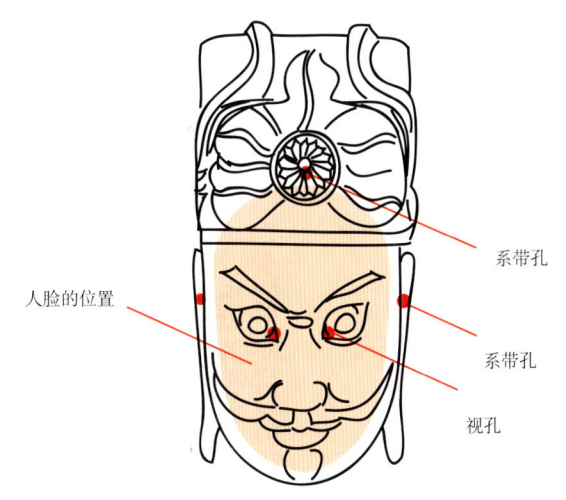

图三　毛南族肥套木面与人脸比例示意图

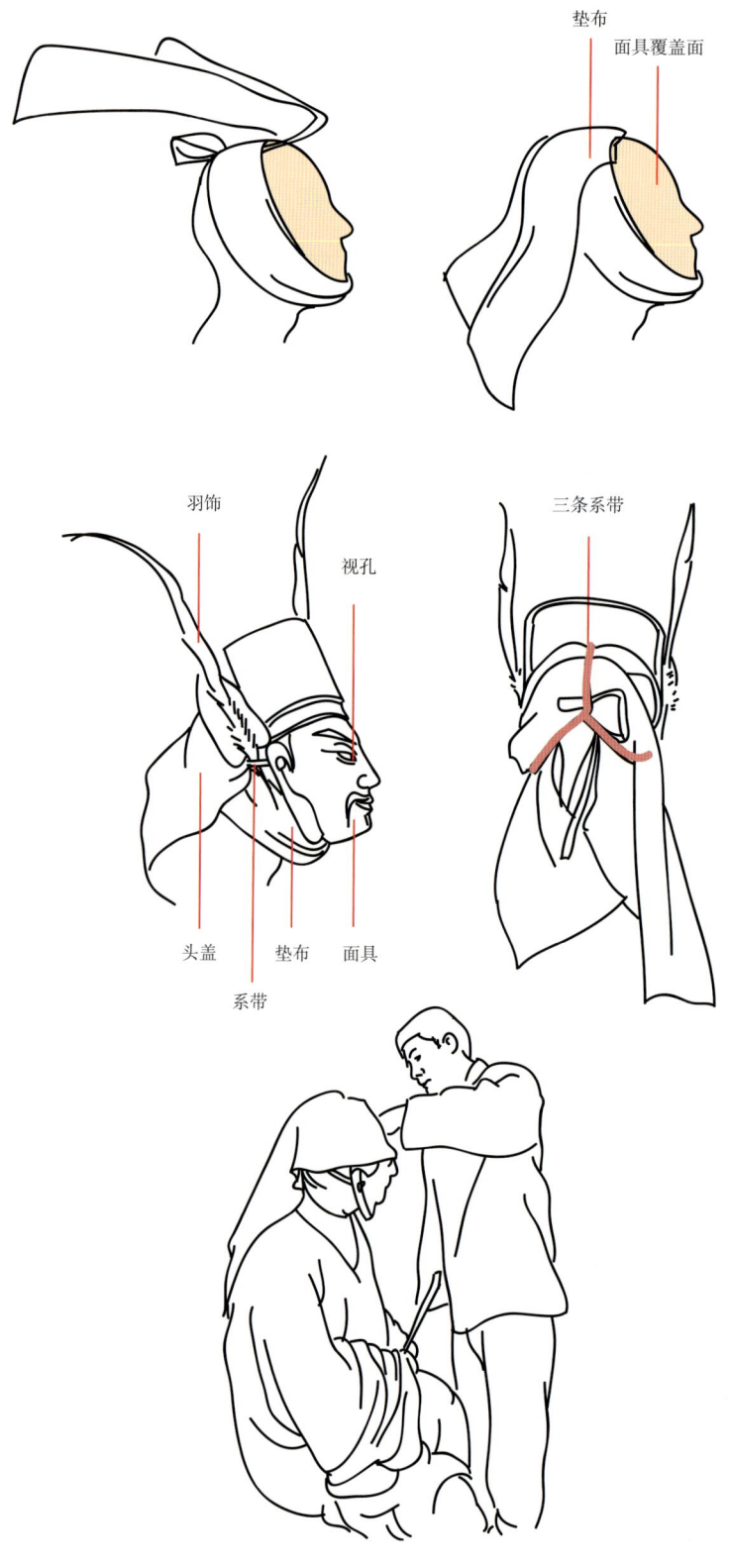

图四　毛南族肥套木面的佩戴示意图

图五　毛南族肥套木面制作工具

图六　毛南族肥套木面制作工艺图

第六章　毛南族传统民俗和宗教造像

图七　毛南族肥套木面表演

图八　毛南族博物馆馆长谭家乐介绍木面雕刻

图九　走访毛南族肥套木面传人方振国

图十　毛南族肥套木面传人方振国家中祖传的清代木面

图十一　毛南族肥套木面传人谭信慈

第六章　毛南族传统民俗和宗教造像

毛南族纸面（广西民族博物馆收藏）

毛南族木面（广西民族博物馆收藏）

图十一　延展图：毛南族木面和纸面

清代乾隆年间万岁娘娘神像图轴

图一　清代乾隆年间毛南族万岁娘娘神像图轴主图

万岁娘娘神像图轴，是毛南族民间肥套祭祀活动中的法器。本案例为清代乾隆年间绘制，作品是画在牛皮纸上的工笔重彩画，高115厘米，宽53厘米。其勾画的内容为万岁娘娘种花送子的场景，祭祀活动时挂于神坛的正中央。该图轴现藏于环江县文物管理所。

万岁娘娘，又称婆王、三尊圣母，是毛南族的生殖大神。毛南族"肥套"中有"红筵"和"黄筵"两种，其中"红筵"就是还婆王愿。相传古时候毛南族有个孤儿叫韩仲定，因为贫穷，年过三十娶不起媳妇，为此常一个人叹气。他的叹气声惊动了万岁娘娘，万岁娘娘问其原因，仲定祈求万岁娘

图二 清代乾隆年间毛南族万岁娘娘神像图轴尺寸图 （单位：cm）

以中轴线上下分布六个层次，万岁娘娘居于中上部，成为视觉中心点，上部延伸两层，下部延伸三层。左右人物面向中部，进一步强化了视觉中心。画面均衡稳定，节奏感强

图三 清代乾隆年间毛南族万岁娘娘神像图轴视觉分析图

娘赐福于他，并写下了许愿书。万岁娘娘赐予他妻子，生下七个孩子。生活美满的韩仲定，对许愿之事不以为然，把许愿书扔到河里，惹怒了万岁娘娘，万岁娘娘收回了七个子女。失去子女的韩仲定整日悲痛欲绝，被神仙知道，告知万岁娘娘。万岁娘娘说："你吃了甜果砍了根，若有悔意，必须还愿。"韩仲定回家杀猪宰牛敬众神，还了婆王愿。一家终得团圆，幸福美满。这个故事在毛南族民间广为流传，还愿成为毛南人必做的一件事。

该图轴与前面两个图轴为同一个时期作品，在材料运用、绘画的方式和表现风格上是一致的。图轴以中轴线的构图方式，将画面从上到下分成六个层次，上面两层为道教乾坤八卦图，图文并茂，文为八卦所指内容。第三层居于画面中上方，为万岁娘娘花楼送子的内容，图中万岁娘娘手捧类似花朵的小人，左右众神呵护。第四第五层为种花护花的场景，最下面一层表现的是人间得子的场景。画面大小人物112个，场面隆重壮观。毛南族的《红筳开坛歌》唱道："初开苍天先有乾，浩浩荡荡广无边。先前混沌已注定，生养百姓过千年。红门花朵初绽开，开坛初盏献婆王。"是对作品意境的极好描写，画与歌相互映衬，勾勒出毛南族做"红筳"的情景。从视觉上来说，画面的主要内容集中在中轴线上，这种中轴线构图方式，有效地引导人们的视线沿中轴线上下移动，万岁娘娘居于画面中上方，成为整个画面的视觉焦点，万岁娘娘在花楼的衬托和众神的簇拥下更显其突出地位。上下六个层次在中轴上都有主图分布，左右人物的视线均朝向中轴线，使画面更有聚心力。画面上端的九个圆形八卦图文和下端的三座弓形桥图案（有童子过桥，表现了童子过桥来到人间）相互对应，图案即是画面的一部分，同时对画面起到了装饰烘托作用。作者在施色上，巧妙透出牛皮纸的本色，使画面呈现出黄褐色主基调，并以红色、土黄色、古蓝色和黑色加以勾勒和渲染变化。色彩和谐美观，轮廓清晰可辨。人物的表现上虽然有程式化的一面，但神态和动作的变化突出了人物的个性和地位，百余人的画面被安排得井井有条，浓厚的生殖崇拜观念通过叙事性人物的表现跃然纸上。

图轴中万岁娘娘的形象为毛南人虚拟，这一虚拟形象是毛南人综合女性神灵的又一创造，同时体现了毛南族对母系的生殖崇拜。这是较早出现的万岁娘娘的形象，对以后肥套中的形象影响很深。

图片来源
图一　谭家乐　摄影
图二、图四、图五、图六　张强玮　制图
图三、图七　刘明来　制图

参考书目
吕瑞荣，谭亚洲，覃白昆. 毛南族神话的生态阐释. 南宁：广西人民出版社，2012.

万岁娘娘花楼送子

图四　清代乾隆年间毛南族万岁娘娘神像图轴局部分析图1

种花和护花场景

人间得子场景

图五 清代乾隆年间毛南族万岁娘娘神像图轴局部分析图2

道教八卦图

图六 清代乾隆年间毛南族万岁娘娘神像图轴局部分析图3

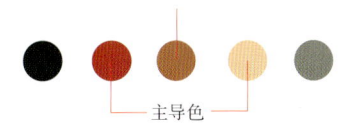

主导色

图七 清代乾隆年间毛南族万岁娘娘神像图轴色彩分析图

清代毛南族三界公神像图轴

图一 清代毛南族三界公神像图轴主图

　　三界公神像图轴是毛南族民间"肥套"还愿祭祀活动中的法器。画像是在牛皮纸上绘制的工笔重彩画，高112厘米，宽53厘米。画面左右上角和画面下端正中有题跋和款识，祭祀活动时挂于神坛的正中央。本案例是1987年环江县文物管理所在毛南族下南乡希远村收集，为乾隆庚子年（1780）绘制。

　　三界公是毛南族人民自己创造的宇宙大神，主管天上、人间和阴间三界，由于管辖

图二 清代毛南族三界公神像图轴尺寸图 （单位：cm）

皇上乾隆四十五年岁次庚子十月十九日彩画

普天得道三界公爷始世尊神之位

图三 清代毛南族三界公神像图轴视觉分析图

第六章 毛南族传统民俗和宗教造像

329

的范围大，保佑的范围宽，成为毛南族信奉的主要的神灵。三界公神像图轴的表现形式和风格与清代帝王和武将的画像非常相似，画中三界公头戴将军头盔，身着战袍，脚穿皮靴，手抚环腰玉带，端坐虎皮交椅之上。面部端庄严肃，有武将的威严，又有帝王的气度。这种把神、帝王、武官融在一起的形象，反映了毛南族的从王心态和对仕途的追求。画面呈"A"字形构图，有极强的稳定性，三界公的脸部形象和战袍上的龙头形象，居于画面的核心部位，共同构成画面两大最佳视域。龙是帝王的象征，这种构图方式突显了宇宙大神的至高无上。画幅右上角题跋为：普天得道三界公爷始世尊神之位；左上角款识为：皇上乾隆四十五年岁次庚子十月十九日彩画；下端为作者的落款。三者构成"V"字形上升之势，与画像"A"字形构图交相辉映，有效地烘托了主体画面，也满足了人们阅读的视觉流程。画面色彩以黄色、黑色和红色为主色调。黑色战袍突出了三界公的老成持重，同时也使画面产生极强的稳定性和厚重感。红色和黄色在黑色的对比下，更加鲜明透彻。画面整个色调统一，层次丰富。

在神话传说《坡团》中，三界公原本是穷苦的放牧人，在山上被仙人超度后，成为有法力的神。三界公的身世，是毛南人真实生活的反映，三界公得道成仙，也是毛南人对现实生活的美好愿望。在条件恶劣的生存环境中，毛南人希望有代表本民族的神为

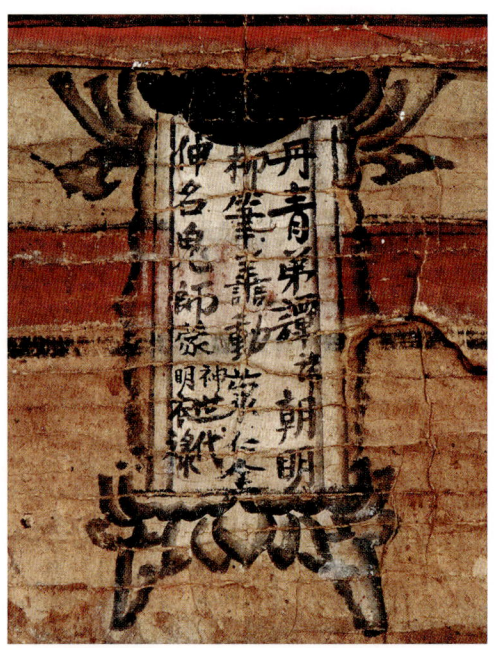

图四　清代毛南族三界公神像图轴局部

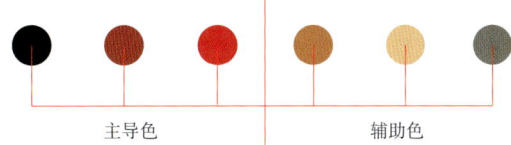

主导色　　　　　辅助色

图五　清代毛南族三界公神像图轴色彩分析图

自己遮风挡雨，消灾避难。因而，三界公成为毛南族最为亲近的善神。相传三界公得道后，又回百草峒放牧，用莎树苗和竹叶草喂养菜牛，并把饲养菜牛的方法传授给毛南人，使毛南菜牛成为毛南族的特色产品。由于三界公在毛南人心中的特殊地位，在还愿祭祀活动中，三界公神像图轴必不可少，通常挂于神坛的中央位置供奉。

三界公神像图轴作为毛南族肥套造型艺术的一种形式，在毛南族民间祭祀活动中经常出现，而大多数都是后人以此案例为范本绘制而成，可见该案例中的三界公的形象已得到毛南人的普遍认同。三界公是毛南族人民创造出来的，是毛南人的精神寄托，神像图轴作为还愿祭祀的重要法器，蕴含着丰富的社会文化价值，有着特殊的社会意义。图轴造型生动，绘制精美，反映了毛南族民间美术的高超技艺。

图片来源
图一　谭家乐　摄影
图二至图七　刘明来　制图

参考书目
1　韩德明.毛南族肥套.北京：北京科学技术出版社，2012.
2　韦秋桐，谭亚洲.毛南族神话研究.南宁：广西人民出版社，1994.

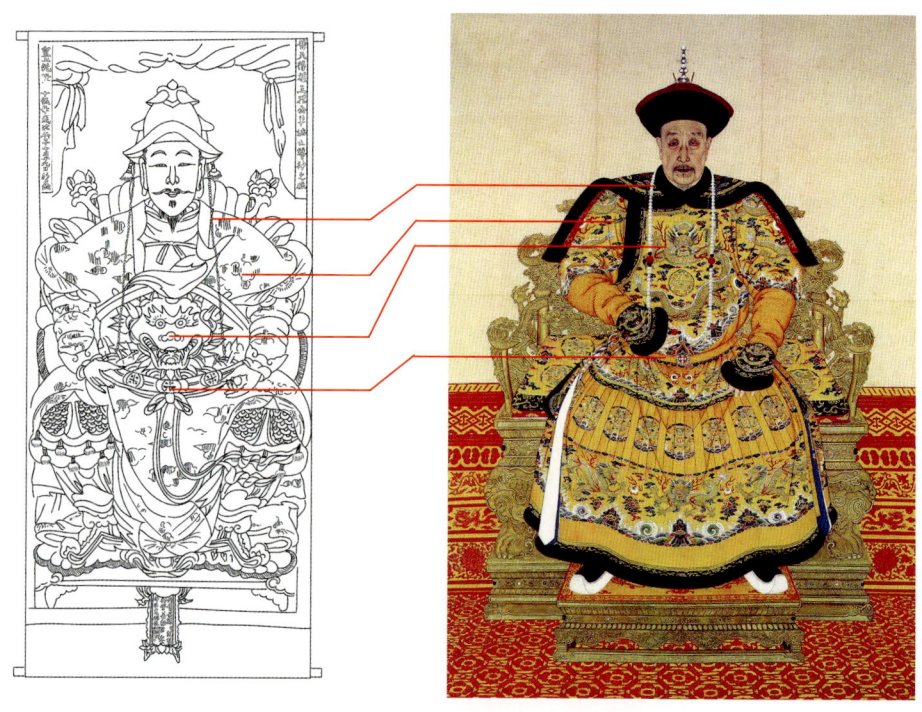

图六　清代毛南族三界公神像与乾隆画像比较图

图七　清代毛南族三界公神像图轴的使用环境图

清代乾隆年间毛南族雷王神像彩绘图轴

图一 清代乾隆年间毛南族雷王神像彩绘图轴主图

雷王神像图轴，是毛南族民间肥套祭祀活动的法器。祭祀活动时悬挂在神坛之上，用来敬拜。本案例为清代乾隆年间的工笔重彩画。图轴高110厘米，宽48厘米，画面用牛皮纸绘制，上下有卷轴便于卷起携带。该图轴现藏于环江县毛南族博物馆。

雷王在毛南族宗教祭祀活动中占有十分重要的地位，在还愿仪式中有红筵和黄筵两种，红筵还的是婆王愿，黄筵还的就是雷王愿。相传雷王原先是个吃小孩的凶神，由于给三界公制服后，改为吃素，并成为惩恶行善、铁面无私、播雨降福的善神，也是还愿中人与人之间的监护神。在毛南族肥套祭祀活动中，还愿神坛上挂有三界公、雷王和婆王神像，三界公居中，雷王居左，婆王居右，可见雷王在毛南族人民心中的地位。图

图二　清代乾隆年间毛南族雷王神像彩绘图轴
　　　尺寸图　（单位：cm）

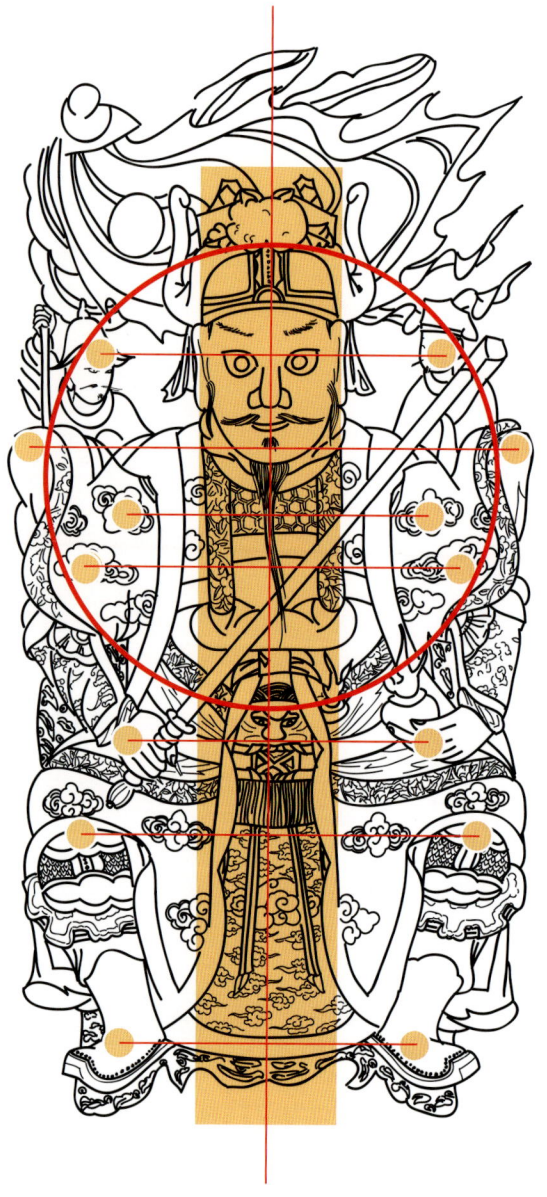

中轴对称式构图
左右图形镜像发展，画面平衡稳定。雷王的头部和胸部在画面的中上部，形成最佳视域

图三　清代乾隆年间毛南族雷王神像彩绘图轴视觉分析图

中雷王脸部方正饱满,面色枣红,怒目圆睁,右手执剑,左手拿火珠,身穿云袍,身后战旗飘扬,左右雷兵簇拥,雷王的衣袖随风而动,饱满的画面动静结合,更加突显其刚毅威猛的神威。画面采用对称式构图方法,以雷王头部垂直向下为中心轴,左右图案镜像发展,画面异常均衡稳定。雷王头和胸部处于画面的中上部,形成视觉的最佳视域。图轴采用工笔重彩的表现形式,色彩运用了红色、中黄、灰色、白色和黑色。红色构成画面的主色调,这一方面符合雷王的性格特征,另一方面红色在毛南族人民心中也是吉祥之色。画面黑色、灰色、白色穿插于红色之间,起到分割、点缀和映衬作用,也使画面层次分明、和谐稳定。在线的运用上,以弧线为主,圆润流畅弧线,使画面充

主导色

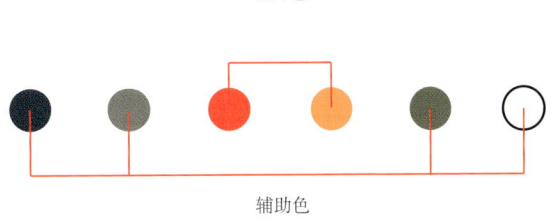

辅助色

图四　清代乾隆年间毛南族雷王神像彩绘图轴色彩分析图

335

毛南族肥套木面中的雷王和雷王夫人

汉族民间的雷公电母形象

图五　清代乾隆年间毛南族延展图

满张力，更显雷王的敦厚威严。从图轴的外观判断，牛皮纸经过双层装裱，上下卷轴部分托有棉布，以增加图轴的耐久性。

　　雷王本身就是虚构的天神，老百姓以丰富的想象赋予他深厚的内涵。在民间，雷王传说很多，形象各异，但总体来说，都是把龙和风、雨、雷、电联系在一起，汉族有雷公和电母，毛南族有雷王和雷王夫人（闪电女神）。这都是老百姓将现实生活与理想世界的结合、情感与愿望的结合。该图轴无论在雷王形象的创造上，画面艺术的表现上，还是在使用功能上，都是毛南族文化、艺术和生活的集中体现，有很高的社会价值和审美价值。

图片来源
图一、图三　刘明来　摄影
图二、图四、图五　刘明来　制图

毛南族木制祥鼓

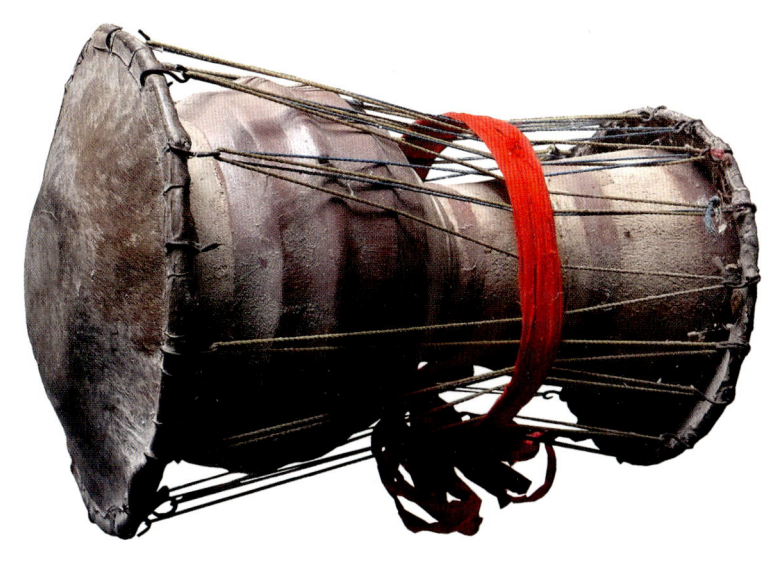

图一　毛南族木制祥鼓主图

祥鼓，是毛南族膜鸣乐器，主要用于节日演出和还愿活动，因其两端粗大、中间细小，形似蜂身，因此也有蜂鼓之称。它和朝鲜族的长鼓非常相似。北宋陈旸《乐书》中记述道："大者以瓦，小者以木类，皆广首纤腹。……右击以杖，左拍以手，后世谓之杖鼓、拍鼓，亦谓之魏鼓。"至今已有一千多年历史。本案例是毛南族木面传人方振国20世纪60年代亲手制作，距今50多年。

传统祥鼓大部分是用黄泥烧制陶身，而该祥鼓通体是用泡桐树圆木挖制而成，长50厘米，鼓腰直径8厘米，从鼓腰划分，一端呈喇叭状，口径20厘米，另一端为圆球状，口径为10厘米，鼓腔两端通透。大小口用牛皮分别固定在两个铁圈上，大口铁圈直径为25厘米，小口铁圈为20厘米。铁圈周围均匀设置铁钩，用绳索将铁圈连接系紧，绳索中间扎一根红绸带，一方面用于装饰，另一方面通过绸带调节鼓皮的松紧，以调节音高和音色。据孙振国老人说："用泡桐木制作鼓身，易于雕刻加工，减轻了鼓的重量，鼓的声音也好听。"确实，泡桐木质地细腻、轻巧、耐酸碱、耐磨损、导音性能强，故而，琵琶、柳琴、扬琴等乐器，大都以其为面材。从外观上看，两端的鼓面边缘还有少量牛毛，可见在牛皮鼓面的制作上，不刻意进行除毛加工，而只是在蒙鼓面之前，用藤条抽打牛皮表面除去牛毛，这样牛皮变得柔软、坚韧、耐用。祥鼓演奏时，在鼓身上系上绳索或彩带吊挂在肩上，鼓横向置于腹前。既可用双手拍击两端鼓面，也可手执竹木鼓槌敲击。球状一端的小口鼓面振动时，传出的声音清脆、透彻、明亮，而喇叭状的大鼓面发出的声音低沉、浑厚。与陶质祥鼓相比声音更加柔和，音色更加丰富。祥鼓是毛南族"肥套"中不可缺少的主奏乐器，在还愿仪式中，通常与盆鼓（小鼓）、铓锣、小锣、大锣配合，有时还加入钹、碰铃、木鱼等民间乐器。演奏时，祥鼓引领，其它乐器陪衬，有张有弛，层次丰富，音色悦耳，颇具地方特色。

祥鼓的式样和演奏方法，在敦煌唐代壁画、五代前蜀皇帝王建墓的乐舞浮雕中都曾出现，而现今在广西文字记载较多，实物也较多。主要流传在毛南族、瑶族、壮族聚居地，形制略有差别，名称各不相同。它独特的造型，以及原生态的演奏方式，深受人们喜爱。曾经有音乐工作者在它的基础上设计了具有定音功能的祥鼓，可以独奏、合奏和伴奏。它的历史价值、实用价值和民族赋予它的文化内涵，是留给后人的宝贵财富，也必将成为今后旅游文化可开发的重要资源。

图片来源
图一、图五　刘明来　摄影
图二至图四　刘明来　制图

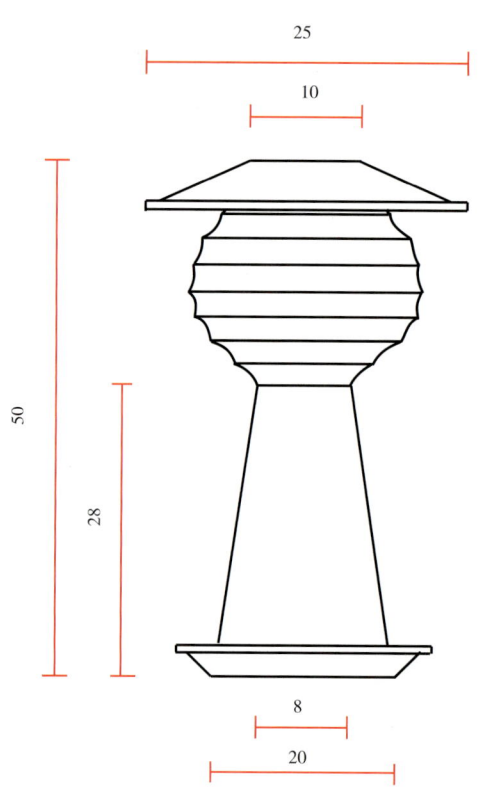

图二　毛南族木制祥鼓尺寸图　（单位：cm）

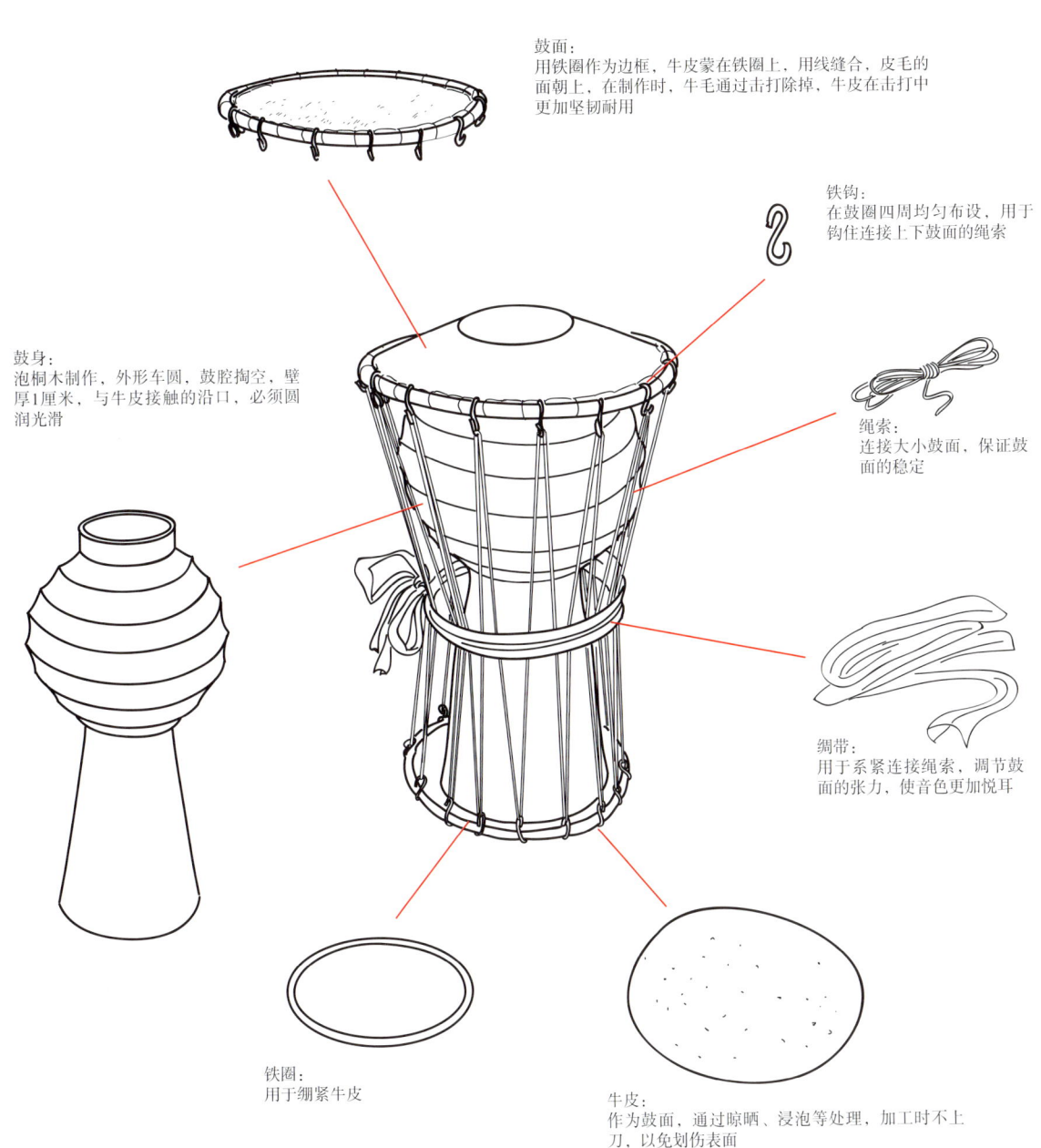

图三 毛南族木制祥鼓结构分析图

图四　毛南族木制祥鼓演奏图

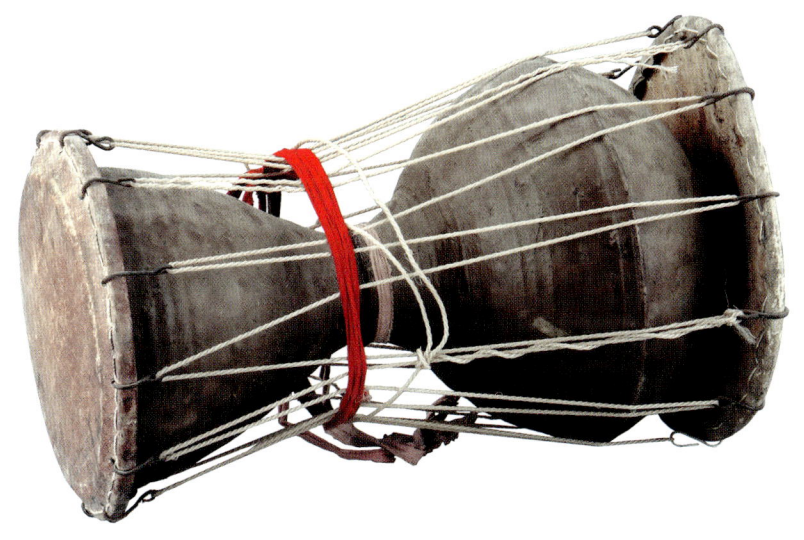

毛南族陶制祥鼓

毛南族盆鼓

图五　延展图：毛南族陶制祥鼓和盆鼓

毛南族简笏与曹标

图一 毛南族简笏主图

自古以来,毛南族相信"万物有灵",在此基础上将地方传说与道教、佛教等元素混合在一起,形成了毛南族特有的宗教色彩。这种原始的混生的宗教观念,使毛南族成为信奉神灵最多的民族,毛南族民间形成了众多的神职团队(师公班子),宗教祭祀活动非常频繁。在宗教活动中,为了使祭祀仪式具有法力的效能,师公们通过法器施以法术。常用的法器主要有简笏、曹标、法印、师公剑、笏筶、手铃等,这些法器具有道教法器的特点。

简笏和曹标,是毛南族祭祀活动中师公最常用的两个法器。均为木质雕刻,一般为师公自制。简笏,又称"圭简""朝简""朝板""奏板"等,是祭祀活动中师公或神灵（师公带木面扮演）手捧的木板。本案例简笏和曹标采自环江县毛南族博物馆，为清代末年的遗存。简笏长35厘米，宽5厘米，厚1.5厘米。毛南族简笏虽来自道教，但形制又经过了毛南族师公的改造。道教的简笏为长条形木板，微微弯曲上翘，而毛南族简笏是把一块平直的长条木板分为上、中、下三段雕刻加工，上段吸收了盛行于商代的尖首"玉圭"的特点，其形态类似宝剑的尖头，中段为方形印章的造型，下段呈燕尾状。简笏正反面均有雕刻，正面一般刻有"景天教主张赵李天师三台华盖勒令"或"上中下三元勒令唐葛周将军"等字样，以及八卦符号。中间方形印章为"三元宝印"，尖端雕有镇邪兽图案。反面刻着"乾坤艮巽震离坎兑"的八卦字样。方形印章的中央设计有"勒令"的艺术字体或道教字符，四角有时刻有"日月光明"四个字。从

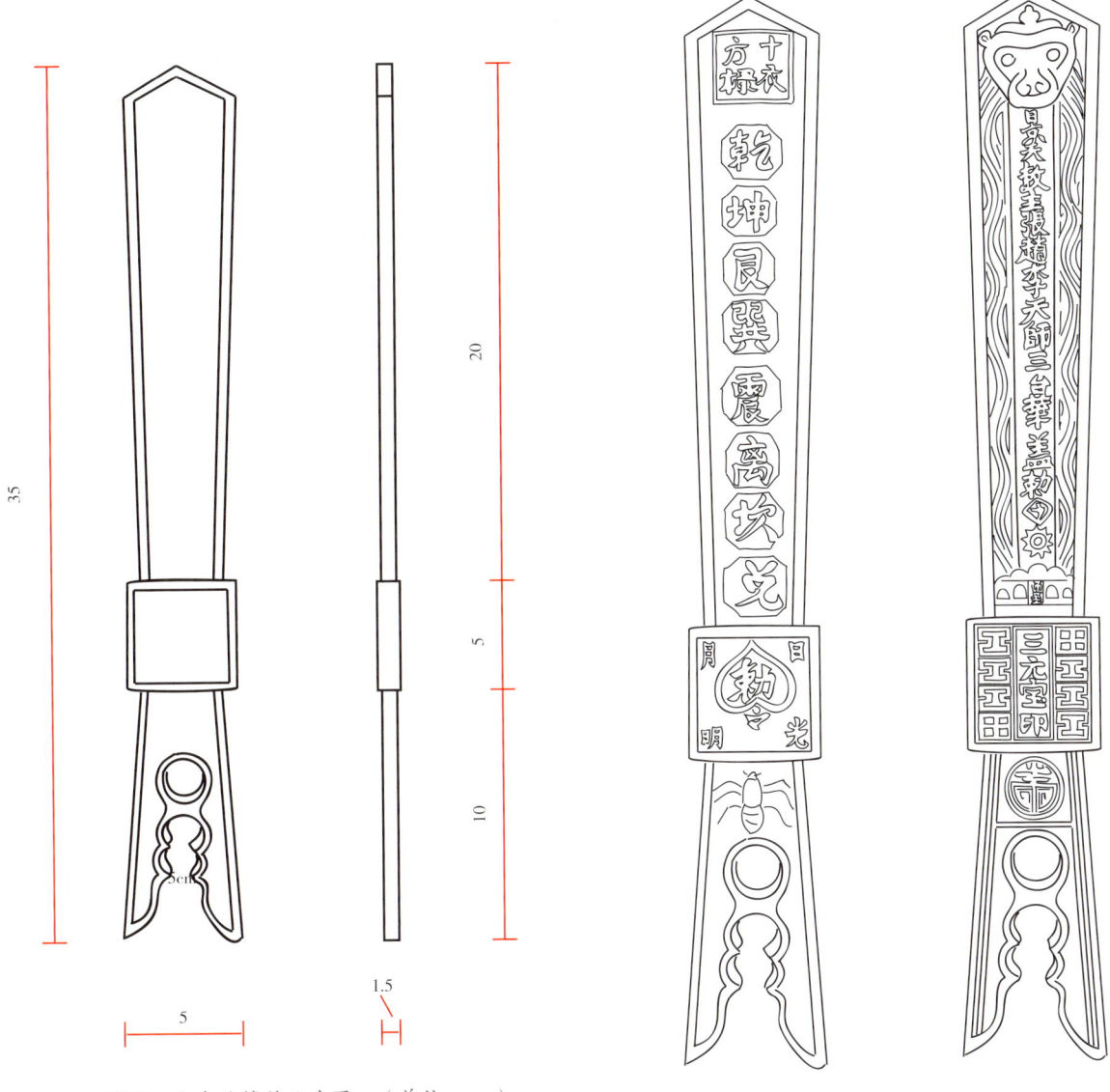

图二　毛南族简笏尺寸图（单位：cm）

图三　毛南族简笏正反面对照图

图四　毛南族简笏的其他样式

简笏所刻内容上看，毛南族信奉的主要是以驱鬼祈神为目的的道教梅山教派。这个教派主要流行于西南少数民族地区。"三元"指上元唐宸（唐文保）、中元葛雍（葛文仙）和下元周武（周厉达），三者为周厉王时谏官。毛南族简笏形制和内容大体相同，只是在装饰的图案上略有变化。它是由古代大臣上朝时手执的朝板演变而来，融入了道教文化的内容。简笏是权力和地位的象征，也是师公向天神朝告的器物。

曹标，也有人称之为朝镖，其名称的由来可能与毛南族神话中替大神们处理日常事务的神灵"功曹"有关。"功曹"全称为"六曹执印当案判官"，它是六神一体的合称。毛南族傩戏面具中的"功曹"横眉怒目，刚正不阿。因而，曹标在祭祀仪式中是见证和公断的法器，有驱魔镇妖的作用。曹标的形制为一个龙头形法器，高33厘米，龙头上扬，龙口微张。使用时，将曹标安装在长约170厘米的竹棍上，龙口中插一把铁质尖刀，尖刀刀背处有一洞孔，洞孔穿有长约80厘米的红色飘带。祭祀活动中，师公将曹标捆绑或插在祭坛上，有时师公手握曹标跳木面舞迎请众神。曹标在祭祀仪式中有驱魔镇妖的法力，也是公正的象征，因此在设计上注重庄重威严之感。遒劲的龙头上，龙口和龙角为红色，龙面为绿色，龙须涂上黑色，龙鳞施以金黄色，色彩厚重高贵，极富美感。当曹标立于祭坛之中时，随风飘动的红绸带和龙口之中直指苍穹的尖刀，令人肃然起敬。曹标将龙与刀结合在一起，是毛南人将汉族文化与本民族文化结合完美体现。

简笏、曹标，以及师公祭祀所用的其他法器，丰富了祭祀活动，增添了祭祀活动的庄严肃穆和神圣宗教气氛。

图片来源
图一、图五、图七　刘明来　摄影
图二、图三、图六、图八　刘明来　制图
图四　谭家乐　摄影

参考书目
吕瑞容，谭亚洲，谭自昆著．毛南族神话的生态阐释．南宁：广西人民出版社，2012.

图五 毛南族曹标主图

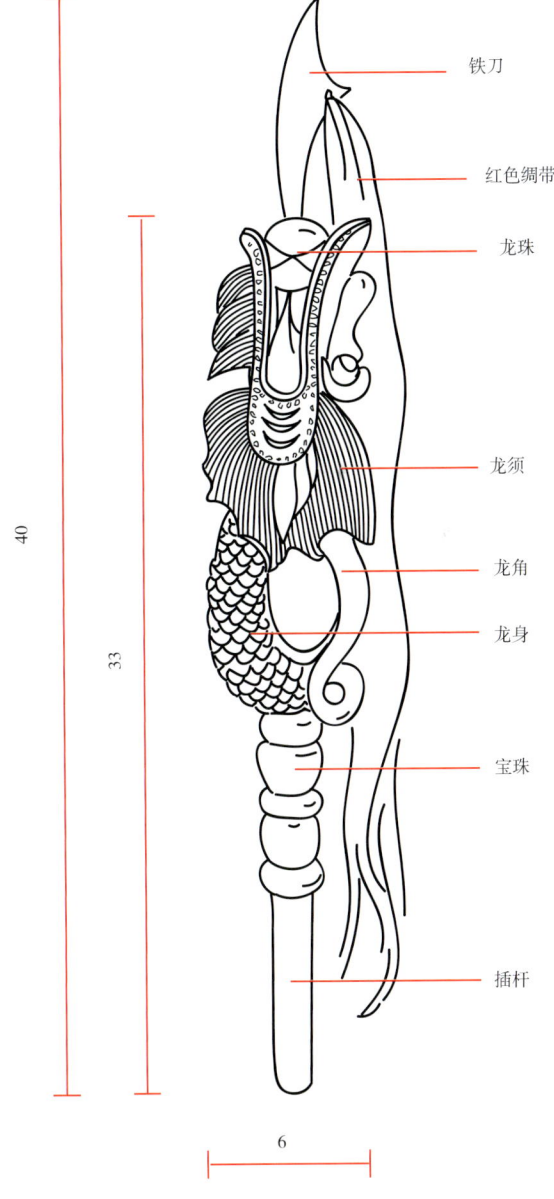

图六 毛南族曹标结构名称、尺寸图 （单位：cm）

图七 毛南族曹标使用图

三元考召印：
铜质，正方形印章中间刻有"三元考召印"字样，两边有"日月"文字和道教符号。三元大帝有赐福赦罪和考校功过的职能。在梅山教派中，三元为唐葛周大将军，是镇邪压煞的大神

笏筶：
用竹根部为材料，内置锡块，抛笏筶能使两面完全平合地面，起重量作用，配合师公念经时使用的，与敲打"木鱼"法器功用一样

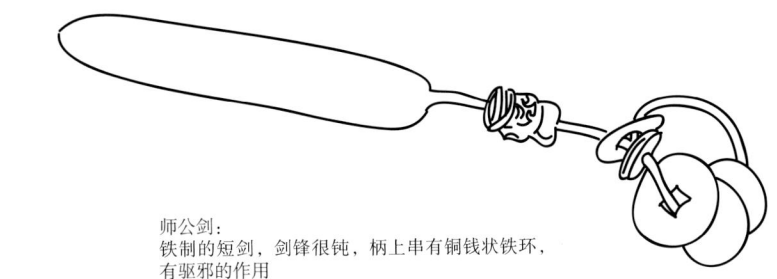

师公剑：
铁制的短剑，剑锋很钝，柄上串有铜钱状铁环，有驱邪的作用

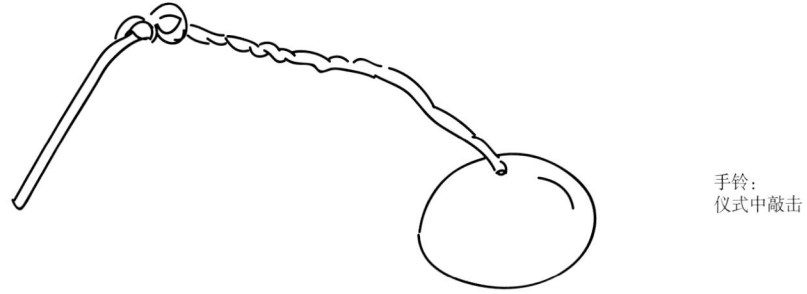

手铃：
仪式中敲击

图八　毛南族祭祀活动常用法器

清代道光年间毛南族花公婆婆案前铁铸香炉

图一 清代道光年间毛南族花公婆婆案前铁铸香炉主图

　　香炉，是焚香的器具，主要是宗教祭祀供奉神灵的礼器。早在西汉就出现了博山香熏炉，具备了清新室内空气和观赏的功能。魏晋南北朝佛教文化传入，香炉开始作为祭祀礼器普遍使用。主要用陶瓷、金属和石头等材料制成，形式多样。该案例采自环江县毛南族博物馆，为毛南人专门供奉毛南族神灵"花婆圣母"（又称"花公婆婆"）的香炉，清代道光十八年（1838）制造。通体铸铁，分上下两段铸造，为四足双耳形制，四角有棱脊，正反面铸有款文，四周有草龙和花卉图案。其尺度为长28.5厘米，宽23厘米，通高35.6厘米，上下两段高分别为14.6厘米和21厘米。

　　"花婆圣母"是毛南人生殖崇拜的神灵，毛南人认为，每个人都是一朵花，怀孕生育是花婆赐予花种的结果。如果久婚不育，就需要请师公举行架桥请花仪式。因此，在毛南人家中的神龛上经常可以看到书有"六国天尊圣母婆王之位"的字样，案前放置香炉，焚香祈求"花婆圣母"保佑生儿育女，子孙平安。"花公婆婆案前香炉"充分体现了毛南族对"花婆圣母"的敬畏。该香炉的形制受青铜方鼎影响很深，其口宽、腰窄、腹圆，四足呈"八"字形向外张开，稳定厚重。尤其四角的棱脊和两侧的乳丁设计，具有青铜鼎的风范，给人以庄严神圣之感。这种鼎式香炉在宋代瓷香炉中大量出现，香炉式样在此时得以定型。该香炉正面铸有"花公婆婆案前万福攸同道光十八年仲秋月吉旦立"的字样，背面的款文为"沐恩弟子韦祥仁长顺金钢金都金寿运开诚心敬酹"，字体突出，棱角分明。香炉的图案前后左右对称分布，口部四周及上段两侧为梅花图案，腹部前后为草龙图案，左右为菊花图案。图案均吸收了汉族图案的式样，寓意吉祥。该香炉比例协调，整体造型方中有圆，层次丰富，文字和图案铸造精细。该香炉为分型铸造，铸造工艺是：1.制模。用当地的黏土与炭末、草料等有机物混合，泥料含水量适中，降低收缩性，保证透气性，以免在焙烧中龟裂。泥模的表面用细泥掺加草灰和牛粪，确保表面光滑细腻，易于刻塑。泥模制好后，需经过焙烧方能制范。2.制范。范分外范和内范（范芯），采用泥料和砂石，并加入少量的草木纤维，以减少收缩，增加透气性。外范的制备更加讲究，要求泥料极为细腻。泥料通过堆贴、挤压的方式，保证图案的清晰细致。外范根据脱模的需要分块。内范根据外范的形状和香炉的厚薄进行塑造。3.浇注。将内外范配套固定好，中间的空隙部分就是香炉壁的厚度，然后在外围加竹木条，用绳索捆牢，以防浇注时将外范涨开。浇注香炉从底部开始，避免铁渣和气泡影响香炉表面的效果。4.修整。铁水完全冷却后，开启陶范，通过锯、锉、

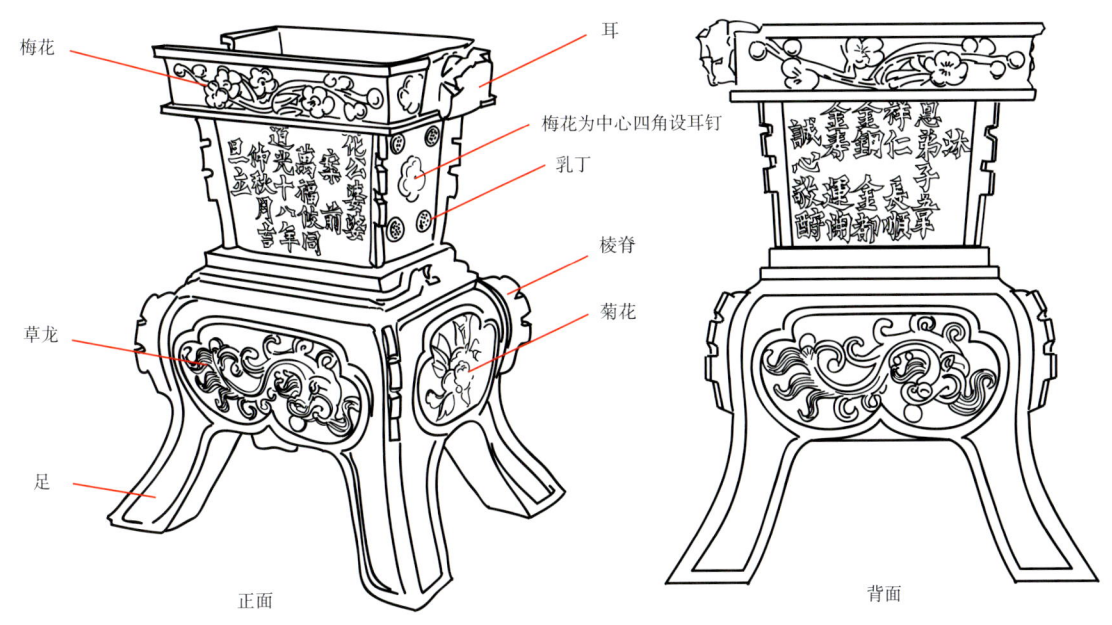

图二　清代道光年间毛南族花公婆婆案前铁铸香炉名称示意图

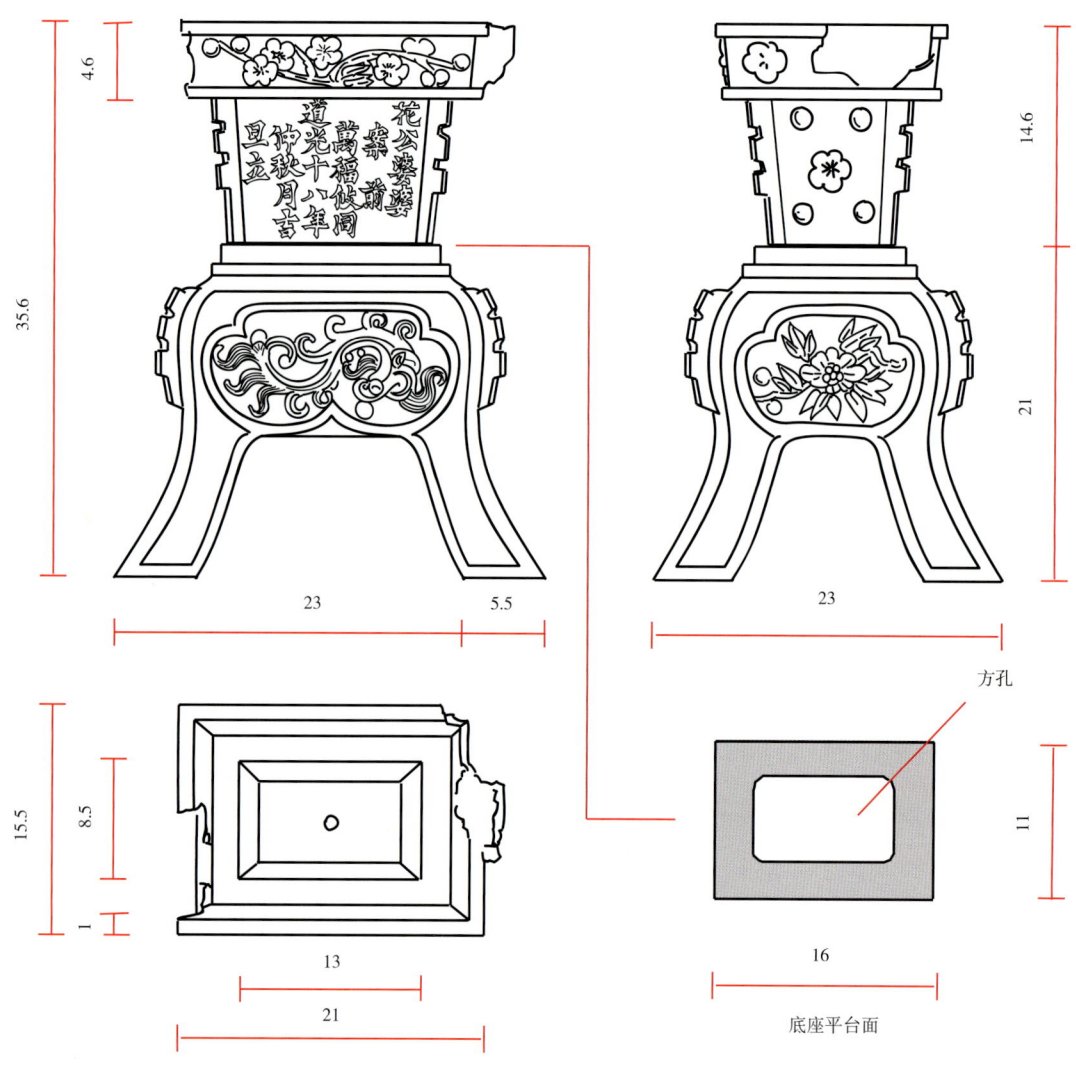

图三 清代道光年间毛南族花公婆婆案前铁铸香炉三视、尺寸图 （单位：cm）

锤打去掉香炉多余的毛边。实际上，铸造中鼎和香炉的方法在明代宋应星的《天工开物》中就有记载，其铸造方法大致相同，只是在制备上，毛南人因地制宜地发挥了自身的特点。在环江毛南族自治县西北部的上朝镇，从明代开始民间铸造业就非常活跃，目前在该地还有韦启初、韦启叁兄弟从事铜鼓铸造，铸造技术在传统的基础上已有了改进。

从历史上看，香炉继承了先秦器物的特征，是实用功能和观赏功能、宗教信仰和民族情感的融合体，它的文化性和艺术性，在今天仍然受到人们的普遍认同。该案例的形制特点也反映了毛南族文化的包容性，其严谨的造型结构、精美的图案纹饰和精湛的铸造工艺，具有很高的审美价值。

图片来源
图一 刘明来 摄影
图二至图五 刘明来 制图

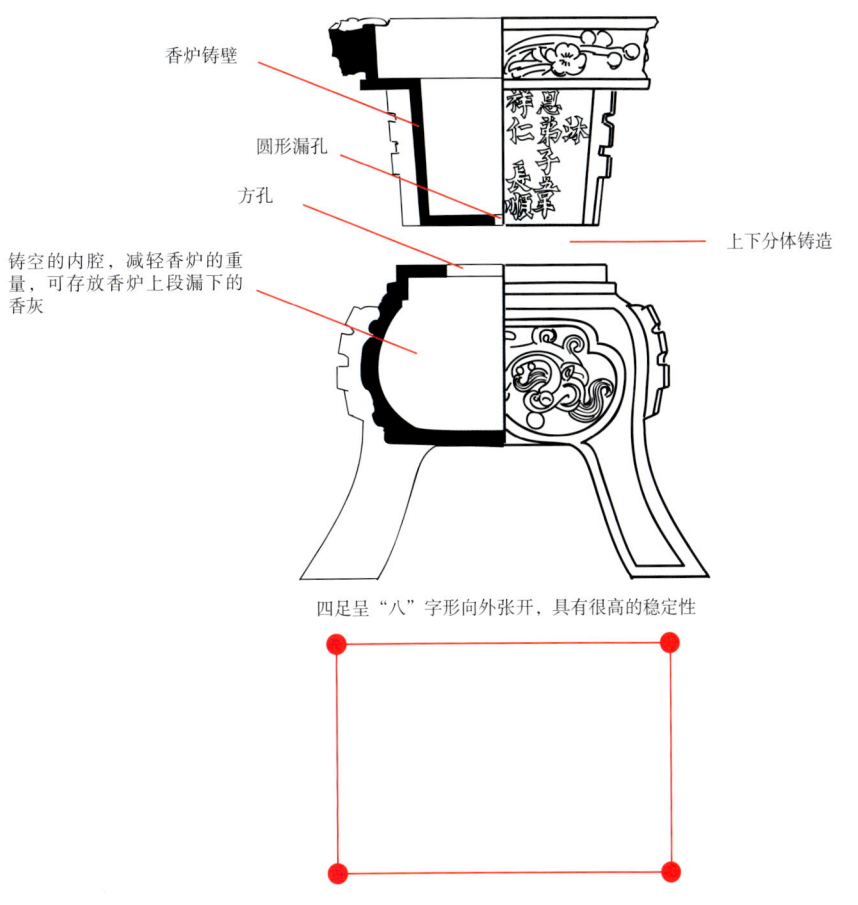

图四　清代道光年间毛南族花公婆婆案前铁铸香炉结构分析图

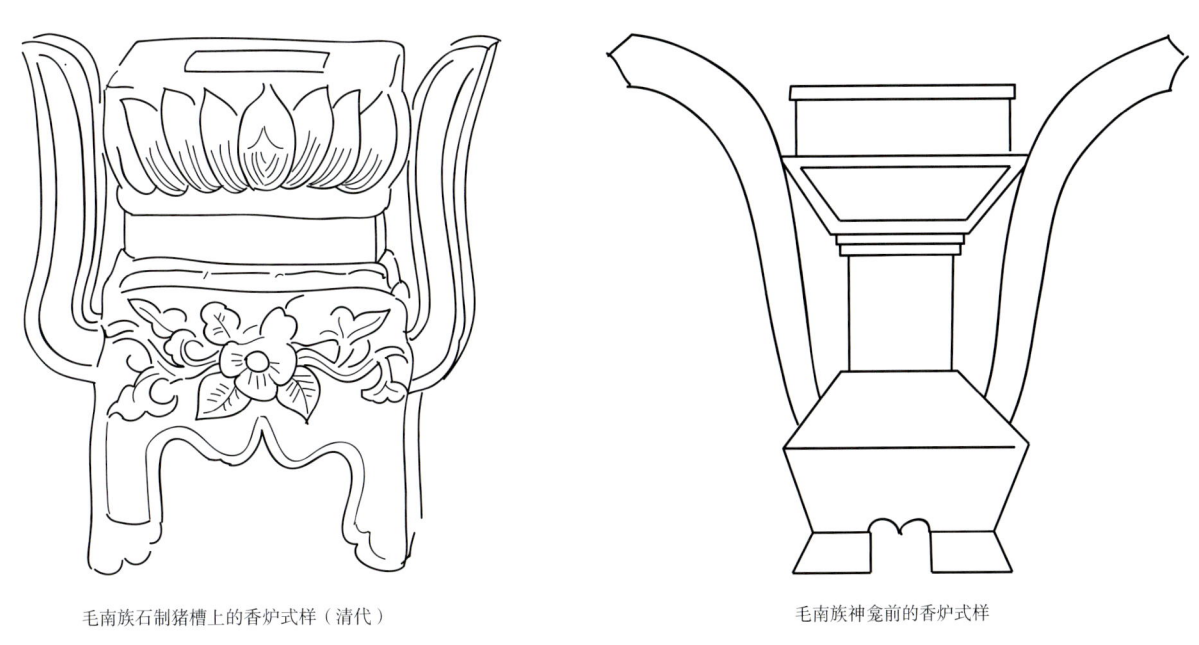

毛南族石制猪槽上的香炉式样（清代）　　　毛南族神龛前的香炉式样

图五　延展图：毛南族其他香炉式样

毛南族肥套仪式中的剪纸花

图一　毛南族肥套仪式中的剪纸花主图

　　毛南族肥套仪式中的剪纸花，是求子用的道具。先由剪花公用红色纸张剪出具有送子之意的图案，然后由守花婆将剪纸花贴在事先搭好的红桥正中央，放置在主人卧室门前，以达到人神沟通、还愿祈福的目的。

　　剪纸花的形式和内容源于毛南族的生殖崇拜的宗教信仰。在毛南人的思想观念中，每个人都是一朵花，这朵花是由管理百花的生殖神万岁娘娘（又称三尊圣母、花婆圣母）送给人间的。毛南族流传这样的传说：古时候，万岁娘娘给一个无子的毛南人送了一枝花，这位毛南人不小心将花遗失在路上，瑶王拾到花后，跋山涉水，不辞辛苦地将花送还给失花的毛南人，使主人感激不已。因此在仪式中就有"瑶王捡花踏桥""瑶王陪万岁娘娘送花"的仪式程序。

剪纸花是配合这些活动的道具。本案例高40厘米，宽30厘米，图案分为三层，每层图案为五个小人托起花篮和花束。三层小人由第一层的蹲姿，逐步向上过渡到第三层站立的姿势，小人仿佛逐渐长大，托起的花篮和花束也由稚嫩变得丰满苗壮。图案采用了我国传统图案二方连续的表现形式，给人左右连贯、上下延展的视觉感受。剪纸花的下部为根，上端为苗，十五个小人与花篮整齐地居于中部，图与地对比强烈，图案的大小、疏密，线条的长短、直曲充满着节奏感，使"求花要子"的主题更加突出。图案的风格受毛南族织锦几何图案的影响，整体感强，简洁明快。

剪纸花的材料和工具非常简单，纸张为一般红纸，工具为家用剪刀，只是对剪刀的尖头和锋利程度要求较高，以保证剪花时游刃有余。该案例采用纵向折叠的方法，将纸张折叠成十个小面，然后在最外层的小面上设计图案。剪纸公一般只是在折好的纸上折出记号，以便在剪纸时图案的整体布局不会走样。下剪时特别注意线线相连，这样剪出的图案不会断开。镂空和细小的地方用剪刀的尖头剪除。

毛南族剪纸花，是毛南人群体意识的体现，反映了毛南人的生活愿望、情感诉求和审美情趣。其内容和形式保留了我国剪纸艺术原始的功能，具有强烈的宗教巫术意识。由于代代相传，用于求子的剪纸花，基本采用此案例的形式，具有程式化的特点。

图片来源
图一　刘明来　摄影
图二至图七　刘明来　制图

图二　毛南族肥套仪式中的剪纸花尺寸图　（单位：cm）

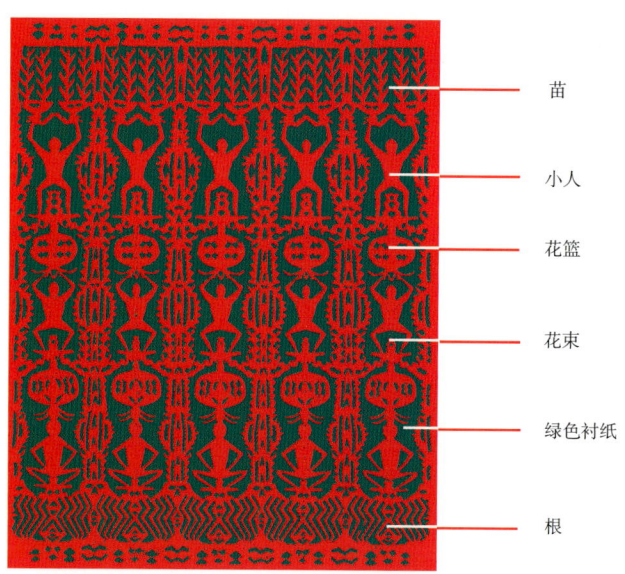

图三 毛南族肥套仪式中的剪纸花设计分析图

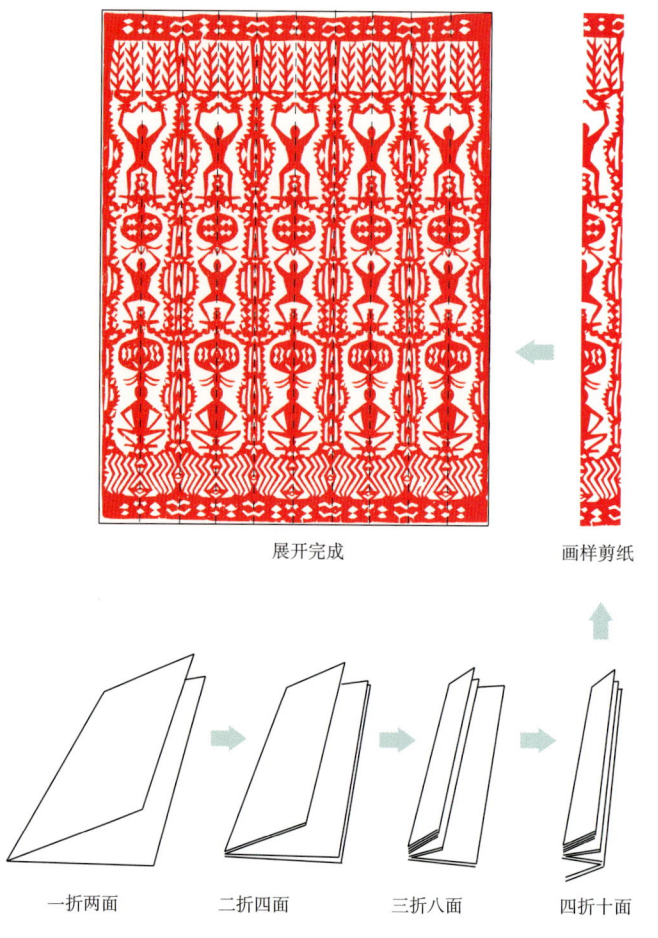

图四 毛南族肥套仪式中的剪纸花的折纸方法示意图

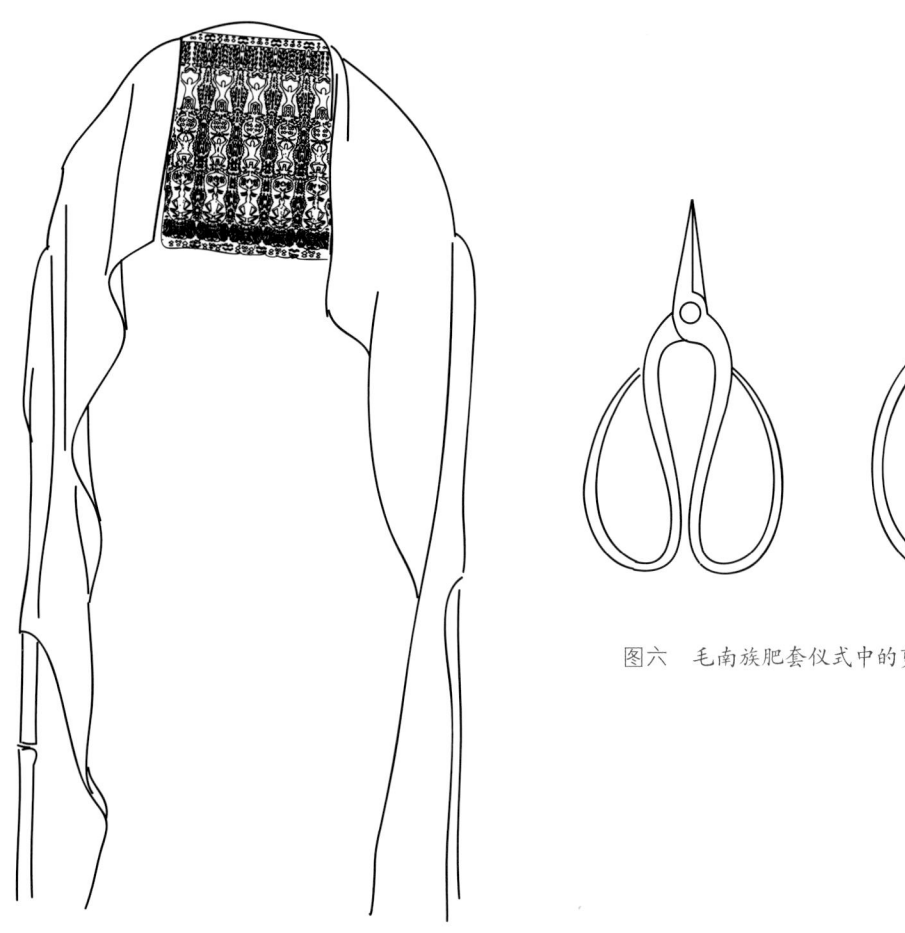

图五　毛南族肥套仪式中的剪纸花粘贴在红桥上

图六　毛南族肥套仪式中的剪纸花使用的工具

图七　毛南族肥套仪式中的剪花公

毛南族妈鸟古墓

图一　毛南族妈鸟古墓主图

毛南人有着"灵魂不死"的传统观念，历来对死者的安葬尤为重视。除了毛南族下南乡堂八村西北部凤腾山最大的古墓群之外，在许多地方都发现装饰精美的墓葬。古墓葬的形制大多为牌楼式，是生者按照自己的意愿和想象对死者的安顿，使得死者在另一个世界里生活得应有尽有。以此努力取悦鬼魂，以求避免灾难，赐福于人。

妈鸟古墓，是一座较为典型的毛南族古墓葬，位于环江毛南族自治县下南乡波川村干孟屯东畲地墓群中。妈鸟古墓中的"妈鸟"是地方俗称，指孩子他妈的名称。在当地，是对有孩子的妇女的尊称。妇女在未婚前是有自己的姓名的，但嫁入夫家后，人们就称她为"□□媳妇"，到了生孩子后，辈分提高了，直呼其名显得不够尊敬，人们就用孩子的名字来称呼她为"妈□"，久而久之，就不再有人记得该女子原来的姓名了。更有高寿者，当孙子出生后，人们又用孙子名字改称她为"奶□"。

妈鸟古墓占地面积10平方米，坐西北向东南。墓座由墓室和墓门两部分组成。墓室是用弧形石料砌成，高140厘米，墓径300厘米。正面墓门为牌楼式，通高350厘米，宽190厘米，墓门由门柱、墓碑、护碑石、门楼等构成。妈鸟古墓的墓门是墓葬最为精彩的部分，所有信息都通过墓门传递给后人。从墓门的形制上看，其采用牌楼式建筑特征，牌楼分为两层，下层的门柱是由石狮子和石鼓结合而成，石狮子呈倒趴状，下连石鼓身体与门柱融为一体，前肢向下，后肢弯曲，有一跃而下的动势，威武雄健又不失活

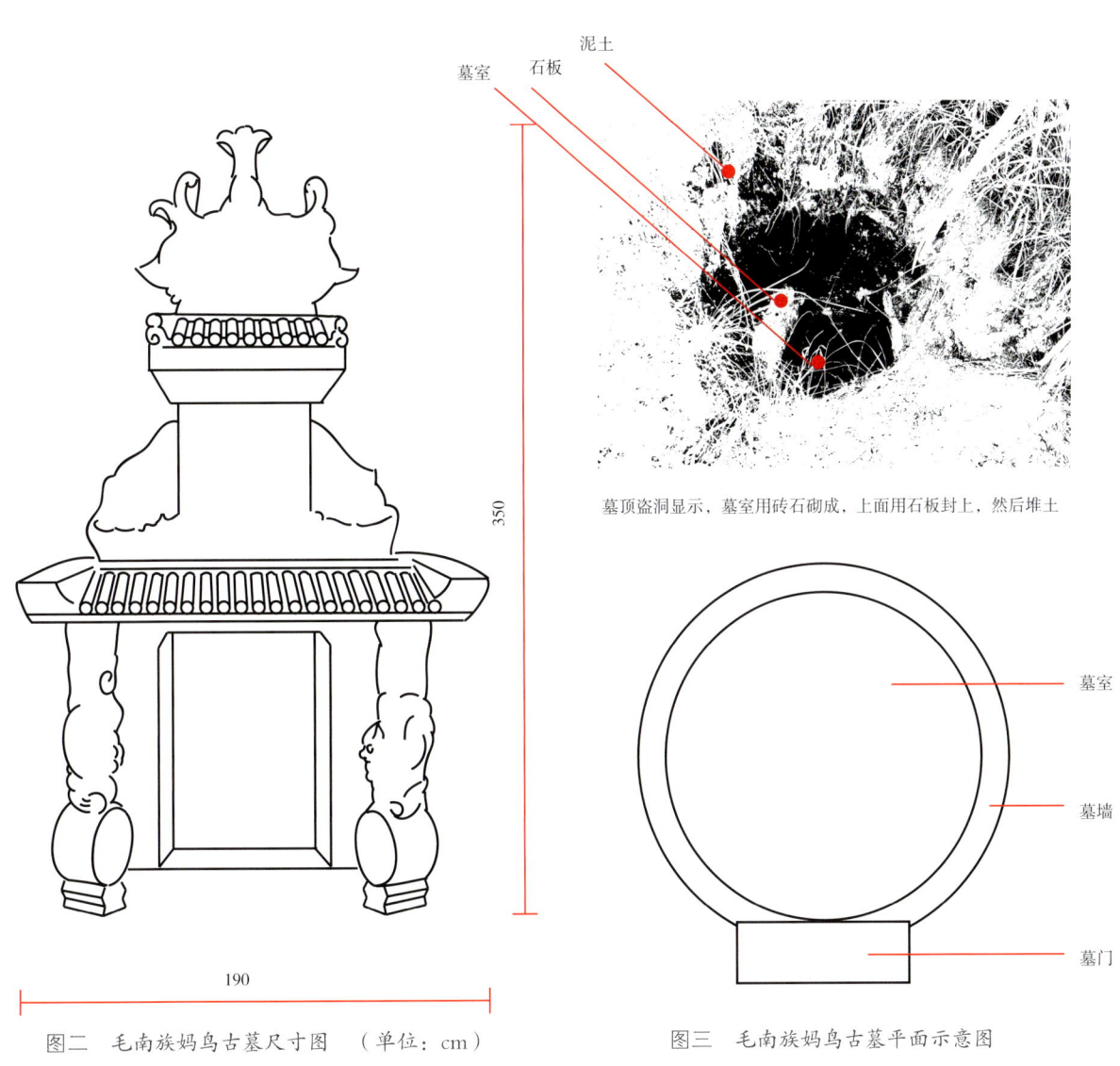

图二　毛南族妈鸟古墓尺寸图（单位：cm）

图三　毛南族妈鸟古墓平面示意图

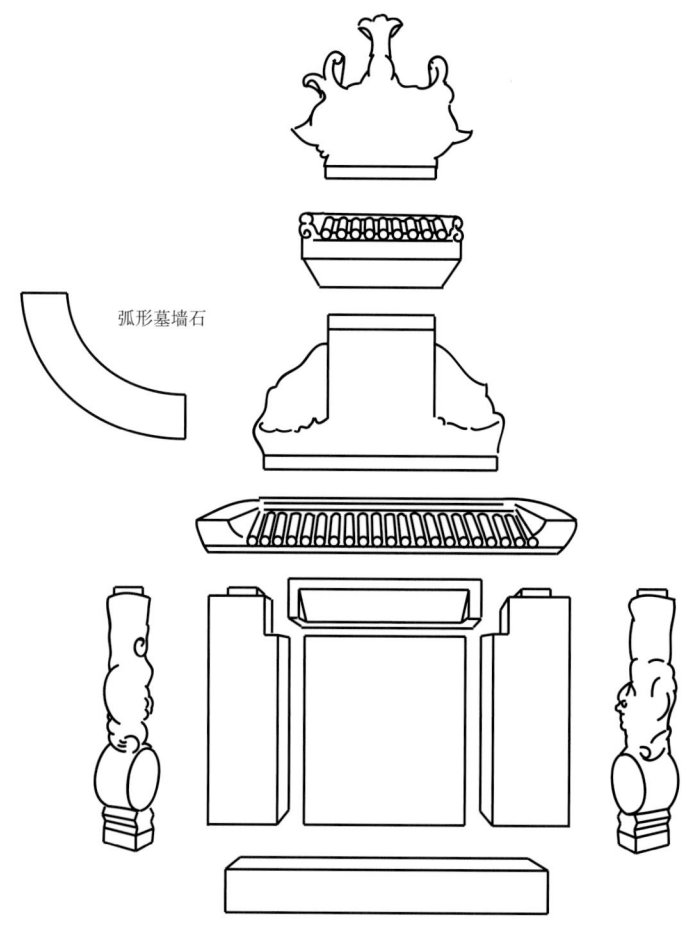

图四　毛南族妈鸟古墓结构图

泼灵动之感。墓碑有碑文，门楣有匾额的造型，匾额上刻有"瞻波苍"的字样。两侧护碑石上雕刻有花蝶、蜜蜂、猴子、飞凤等图案。花蝶是美满生活的象征，蜜蜂和猴子有"封侯"之意，飞凤具有吉运降临的寓意，这些吉祥图案是生者对死者在另一个世界的美好祝愿，同时也是生者对现实生活的期望和对未来美好生活的追求。牌楼二层上下有瓦头，中间呈山体造型，有三条蛟龙盘旋其中，两边对称雕刻有狮子，虽然雕刻繁杂，但主次分明，气势非凡。牌楼顶部中间雕有葫芦，两边对称刻有辟邪镇宅的鸱吻，瓦头巧妙地与铜钱图案相结合。整个墓门的图案雕刻精美，层次分明，栩栩如生，在毛南族墓葬雕刻中属上乘之作。墓门在制作工艺上是分块加工的，每个构件都有榫卯相连，这样的加工方式结构牢固，易于雕刻工艺操作、搬运和组装施工。在现在的毛南族下南乡石雕作坊中可以看到，墓碑的加工工艺仍然承袭了这种方式，只是在工具的使用上，增加了切割机、磨光机等现代电动工具。

妈鸟古墓是毛南族传统观念、生活习俗、社会意识的总体表现，它无论在造型设计还是雕刻工艺上都称得上是当地墓葬文化的精品，是毛南族民间工艺美术研究的宝贵财富。

图片来源

图一、图七、图八、图十、图十一　谭家乐　摄影
图二至图六、图九　刘明来　制图

图五　毛南族妈鸟古墓墓门雕刻装饰图案

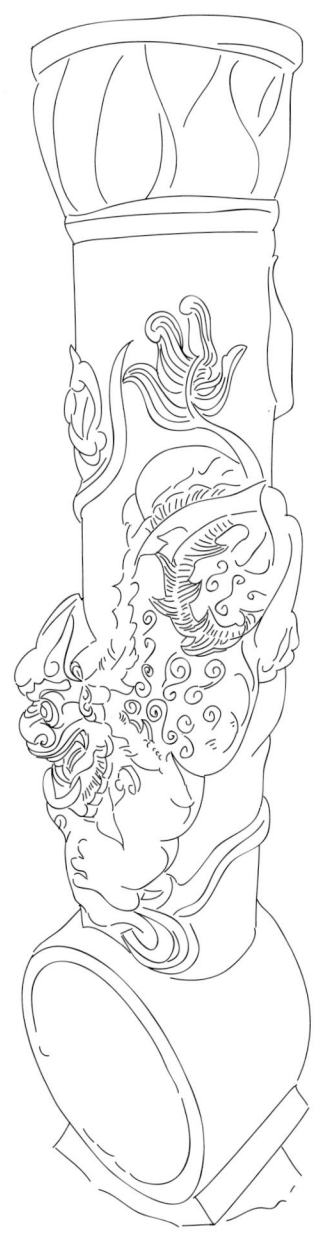
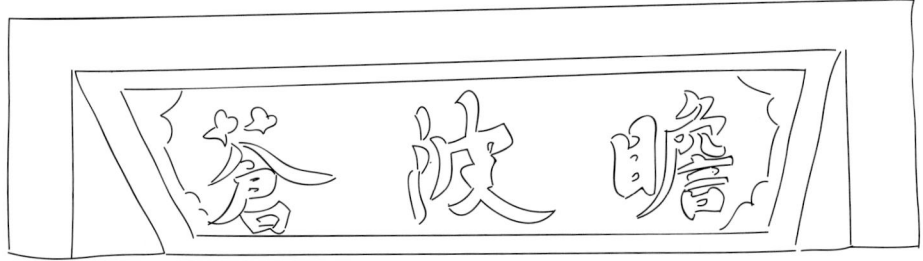

图六　毛南族妈鸟古墓墓门狮鼓门柱和匾额字样

图七　毛南族妈鸟古墓环境图

图八　毛南族妈鸟古墓局部雕刻图

螺蛳墓，无字碑

牌楼式多为两层，墓墙为长方形

图九　毛南族其他古墓样式图

图十　毛南族凤腾山古墓群一角

图十一　毛南族下南乡石作坊中的墓碑加工（当代）

毛南族神龛

图一　毛南族神龛主图

神龛，是毛南族祭拜神灵和祖先的方形小阁。设在三开间堂屋，正对大门的墙壁上。神龛为竖立的长方形，通体木质，尺寸根据墙壁的大小而定。神龛的正中，用红纸黑墨写着"天地君亲师位"的字样作为供奉的位牌，位牌两边写有联，大多为"金炉不灭千年火，玉盏长明万岁灯"的内容。神龛悬挂有两米多高，下面有一挑出的案板托起，上面摆放香炉、灯盏等。神龛下摆放小方桌，生活和祭祀两用。在毛南族家家户户必设神龛，摆放的格局几乎一样。

毛南族大部分神龛设计制作好后直接挂在木板墙上，但本案例神龛则是嵌入木板墙壁之中。神龛高110厘米，宽80厘米，厚度30厘米。厚度分三层向里延伸，每层约10厘米左右，三层都有龙形门罩，由外向里逐渐收缩至最里层的神灵牌位，这种设计增强了神龛由外向内的透视感，强化了神灵牌位的中心地位。层层的门罩和龙形图案曲线变化,给人以层次丰富、充满律动的感觉。神龛门脸设有对称的门柱,门柱为八棱形,柱下有仿照须弥座的柱础造型,柱础两侧有对称的鸱吻烘托。整个门柱立与立方形平台之上,平台正面装饰有镂空的古钱图案。在门柱后层(第二层)底部安装有供台,供台为桥头案形制,有对称的牙条装饰。神龛的顶部有伸出的龛帽,龛帽的曲线造型与供台的牙条相互照应,庄重美观。整个神龛从第二层开始,镶嵌在木板墙上,也就是说神龛的一半嵌入墙后,加上前面有长260厘米,宽30厘米的案台作为底撑,因而神龛安置得非常牢固。神龛没有复杂的圆雕,装饰上均是对中国传统图案的高度概括,注重平面化和轮廓化,重视从空间布局中求得层次的变化。在制作上,神龛依附于木板墙,门罩安装在边框和门柱之上。门罩和鸱吻等图案的加工,是将两块木板叠合在一起,用线锯按照画好的图案锯出轮廓,打开后就形成了标准的对称图案,然后用刻刀刻出装饰线条,稍加打磨即成。这种表现方法产生的视觉效果符合远看的视觉要求,同时,简单易行,节省了制作的成本。

毛南族神龛的形式和内容吸纳了道教的思想观念。神龛供奉了天地间诸神,遵循"天地君亲师"五位一体的诸神序列,是毛南族多神信仰的需要,也是教化子孙的需要。神龛放置家中最为显要的位置,便于毛南人频繁的祭祀活动(毛南族很少有大的寺庙,除了传统节日祭祀活动外,平时祭祀均在家进行),婚丧嫁娶,头疼脑热,随时可以祭拜神灵,保佑平安,赐福家人。

图片来源
图一 刘明来 摄影
图二至图五 刘明来 制图

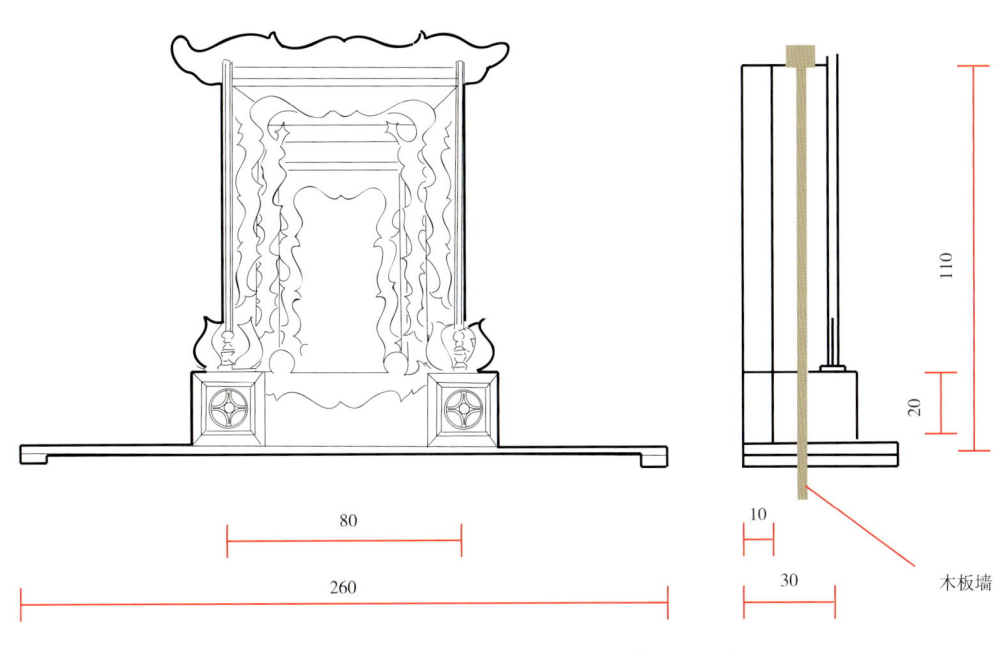

图二 毛南族神龛尺寸图 (单位:cm)

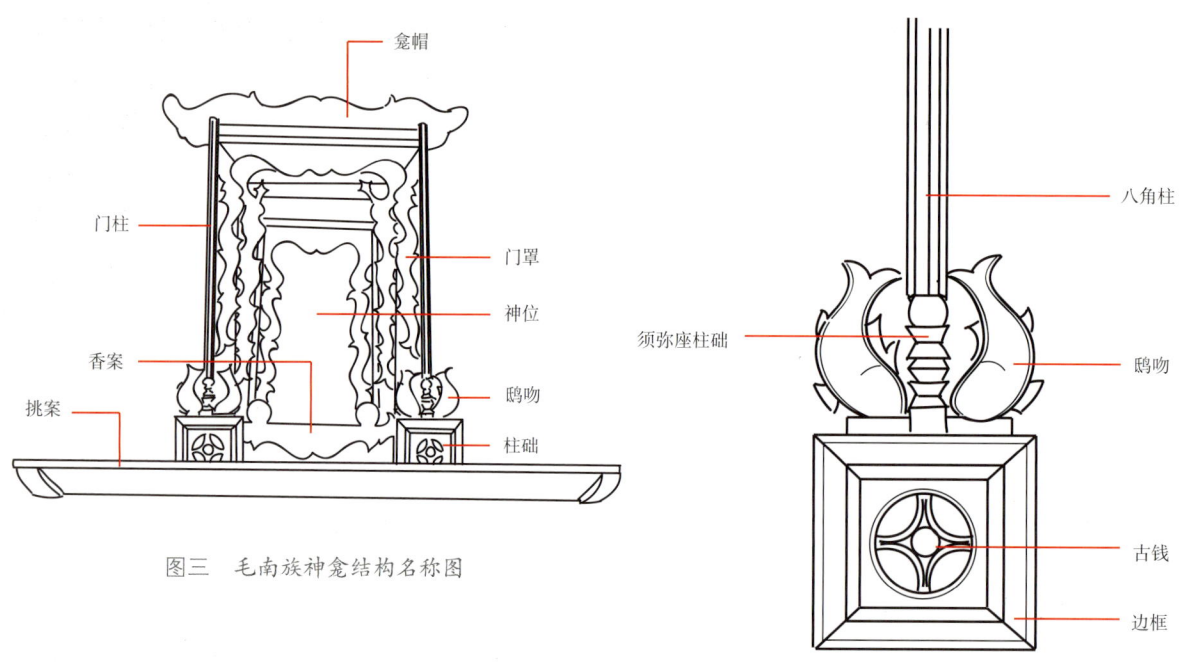

图三　毛南族神龛结构名称图

图四　毛南族神龛局部设计图

图五　毛南族神龛摆放环境图

申　明

本书编写时收入的个别图片，因条件所限，未能同相关著作权人取得联系，获得授权，敬请谅解。请相关著作权人及时与编者联系，以便奉上稿酬。谢谢！